《歧路灯》与豫西南方言语法比较研究

A Comparative Study of Grammar between *QiLuDeng* and Southwest Henan Dialect

张 辉 著

中国社会科学出版社

图书在版编目（CIP）数据

《歧路灯》与豫西南方言语法比较研究 / 张辉著. -- 北京：中国社会科学出版社，2024.9. -- ISBN 978-7-5227-4346-2

Ⅰ. H172.1

中国国家版本馆 CIP 数据核字第 20242S76N9 号

出版人		赵剑英
责任编辑		张　林
特约编辑		宋英杰
责任校对		冯英爽
责任印制		李寡寡

出　版		中国社会科学出版社
社　址		北京鼓楼西大街甲 158 号
邮　编		100720
网　址		http://www.csspw.cn
发行部		010-84083685
门市部		010-84029450
经　销		新华书店及其他书店

印　刷		北京君升印刷有限公司
装　订		廊坊市广阳区广增装订厂
版　次		2024 年 9 月第 1 版
印　次		2024 年 9 月第 1 次印刷

开　本		710×1000　1/16
印　张		24.75
插　页		2
字　数		445 千字
定　价		139.00 元

凡购买中国社会科学出版社图书，如有质量问题请与本社营销中心联系调换
电话：010-84083683
版权所有　侵权必究

国家社科基金后期资助项目
出 版 说 明

　　后期资助项目是国家社科基金设立的一类重要项目，旨在鼓励广大社科研究者潜心治学，支持基础研究多出优秀成果。它是经过严格评审，从接近完成的科研成果中遴选立项的。为扩大后期资助项目的影响，更好地推动学术发展，促进成果转化，全国哲学社会科学工作办公室按照"统一设计、统一标识、统一版式、形成系列"的总体要求，组织出版国家社科基金后期资助项目成果。

全国哲学社会科学工作办公室

目 录

绪 论 ……………………………………………………………………（1）
  第一节 《歧路灯》、豫西南方言与河南中原官话概况 …………（1）
    一 《歧路灯》与河南中原官话概况 ………………………（1）
    二 豫西南方言与当今河南中原官话概述 …………………（8）
  第二节 《歧路灯》与豫西南方言研究概述 ………………………（13）
    一 《歧路灯》的语言研究 …………………………………（13）
    二 豫西南方言研究 …………………………………………（17）
    三 《歧路灯》与豫西南方言语法研究中存在的问题 ………（18）
  第三节 本书的研究思路、内容、方法 ……………………………（19）
    一 研究思路 …………………………………………………（19）
    二 研究内容 …………………………………………………（19）
    三 研究采用的理论与方法 …………………………………（20）
    四 相关说明 …………………………………………………（22）

第一专题 《歧路灯》与豫西南方言共有方言特征词语法特征比较研究

第一章 《歧路灯》与豫西南方言之动词"捞""董""聒""引" ……………………………………………………（32）
  第一节 《歧路灯》与豫西南方言之动词"捞" ……………（33）
    一 《歧路灯》中的"捞" ……………………………………（33）
    二 豫西南方言中的"捞"及古今比较 ……………………（38）
  第二节 《歧路灯》与豫西南方言之动词"董" ……………（42）

一　《歧路灯》中的"董" …………………………………… (43)
　　二　豫西南方言中的"董"及古今比较 …………………… (49)
　　三　《歧路灯》与豫西南方言中的"古董" ……………… (52)
 第三节　《歧路灯》与豫西南方言之动词"聒" ……………… (54)
　　一　《歧路灯》中的"聒" …………………………………… (55)
　　二　豫西南方言中的"聒"及古今比较 …………………… (62)
 第四节　《歧路灯》与豫西南方言之动词"引" ……………… (66)
　　一　《歧路灯》中的"引" …………………………………… (66)
　　二　豫西南方言的"引""领"及古今比较 ……………… (72)
 小　结 …………………………………………………………… (75)

第二章　《歧路灯》与豫西南方言之副词："通""休""可" …… (76)
 第一节　《歧路灯》与豫西南方言之副词"通" ……………… (77)
　　一　《歧路灯》中的副词"通" …………………………… (78)
　　二　豫西南方言的副词"通"及古今演变 ……………… (97)
 第二节　《歧路灯》与豫西南方言之副词"休" ……………… (106)
　　一　《歧路灯》中的否定副词"休" ……………………… (106)
　　二　豫西南方言中的否定副词"休"及古今比较 ……… (112)
 第三节　《歧路灯》与豫西南方言之副词"可" ……………… (118)
　　一　《歧路灯》中的副词"可" …………………………… (118)
　　二　豫西南方言中的副词"可"及古今比较 …………… (122)
 小　结 …………………………………………………………… (127)

第三章　《歧路灯》与豫西南方言之结构助词、人称代词、
　　　　量词例举 ………………………………………………… (128)
 第一节　《歧路灯》与豫西南方言之结构助词"哩" ………… (129)
　　一　《歧路灯》中的结构助词格局及结构助词"哩"
　　　　现有研究中的歧异 …………………………………… (129)
　　二　豫西南方言与《歧路灯》结构助词"哩"的古今
　　　　比较 ……………………………………………………… (140)
 第二节　《歧路灯》与豫西南方言之人称代词"俺""您" …… (145)

一　《歧路灯》与豫西南方言中的人称代词"俺""您"……（146）
二　豫西南方言中的人称代词"俺""您"及古今比较……（156）
三　《歧路灯》与豫西南方言中的称谓"老+姓/名"及古今比较……（161）
第三节　《歧路灯》与豫西南方言之量词"号""起"及古今比较……（167）
一　《歧路灯》与豫西南方言中量词"号"及古今比较……（168）
二　《歧路灯》与豫西南方言中的量词"起"及古今比较……（174）
小　结……（179）

第二专题　《歧路灯》与豫西南方言共有/相关短语中特色构式比较研究

第四章　《歧路灯》与豫西南方言之"X+讫"……（184）
第一节　《歧路灯》中的"X+讫"……（184）
一　《歧路灯》中"X+讫"的语法意义及句法分布……（185）
二　《歧路灯》中"X+讫"的内部构成……（188）
三　《歧路灯》与其他文献中"X+讫"的比较……（194）
第二节　豫西南方言中的构式"X+讫"及古今比较……（201）
一　豫西南方言"X+讫"的语义和用法……（201）
二　豫西南方言"X+讫"的古今异同比较……（209）
小　结……（211）

第五章　《歧路灯》与豫西南方言之"没蛇弄"与"没啥VP"……（212）
第一节　《歧路灯》中的"没蛇弄"……（213）
一　明清文献中的"没蛇弄"……（213）
二　《歧路灯》中的"没蛇弄"与豫西南方言的"没啥弄"……（216）

第二节 《歧路灯》与豫西南方言中的"没啥VP" …………… (222)
　一 《歧路灯》中的"没啥VP" ………………………………… (223)
　二 豫西南方言中的"没啥VP"及古今比较 ……………… (225)
小　结 ……………………………………………………………… (227)

第六章 《歧路灯》与豫西南方言之动补构式"X 的/哩 Y" …… (228)
第一节 《歧路灯》与豫西南方言中的"X 的/哩慌" ………… (228)
　一 《歧路灯》中的构式"X 的慌" ………………………… (229)
　二 豫西南方言中的"X 哩慌"及古今比较 ……………… (240)
第二节 《歧路灯》与豫西南方言中的构式"X 的/哩 Y" …… (245)
　一 《歧路灯》中的构式"X 的 Y" ………………………… (245)
　二 豫西南方言中的构式"X 哩 Y"及古今比较 ………… (249)
小　结 ……………………………………………………………… (252)

第三专题 《歧路灯》与豫西南方言共有/相关句式特点比较研究

第七章 《歧路灯》与豫西南方言之比较句 ………………… (255)
第一节 《歧路灯》中的差比句 …………………………………… (255)
　一 《歧路灯》中的"比"字差比句 ………………………… (256)
　二 《歧路灯》中的非"比"字差比句 ……………………… (260)
第二节 豫西南方言中的差比句及古今比较 …………………… (270)
　一 豫西南方言中的"比"字差比句及古今比较 ………… (270)
　二 豫西南方言中的非"比"字差比句及古今比较 ……… (273)
第三节 《歧路灯》与豫西南方言中的平比句 ………………… (279)
　一 《歧路灯》中的平比句 …………………………………… (279)
　二 豫西南方言中的平比句及古今比较 …………………… (285)
小　结 ……………………………………………………………… (288)

第八章 《歧路灯》与豫西南方言之被动句 ………………… (290)
第一节 《歧路灯》的被动句 ……………………………………… (290)

  一　《歧路灯》中的"被"字被动句 …………………………（290）
  二　《歧路灯》中的"叫（教）"字被动句 ………………（294）
  三　《歧路灯》中的其他被动句 …………………………（297）
 第二节　豫西南方言的被动句及古今比较 ……………………（299）
  一　豫西南方言中的被动句 ………………………………（299）
  二　《歧路灯》与豫西南方言被动句的古今比较 ………（302）
 小　结 ……………………………………………………………（305）

第九章　《歧路灯》与豫西南方言之处置句 …………………（306）
 第一节　《歧路灯》中的处置句 …………………………………（306）
  一　《歧路灯》中的"把"字处置句 ……………………（306）
  二　《歧路灯》中的"将""叫"字处置句 ……………（315）
 第二节　豫西南方言的处置句及古今比较 ……………………（318）
  一　豫西南方言中的处置句 ………………………………（318）
  二　《歧路灯》与豫西南方言处置句的异同比较 ………（321）
  三　从《歧路灯》到豫西南方言处置介词"给"的
    发展变化 ………………………………………………（323）
 小　结 ……………………………………………………………（333）

结　语 ………………………………………………………………（334）
 第一节　从《歧路灯》与豫西南方言语法的主要异同看语言
    演变 ……………………………………………………（334）
  一　从《歧路灯》到豫西南方言语法比较看判断河南方言
    语法现象性质的条件 …………………………………（335）
  二　《歧路灯》与豫西南方言语法主要的共同点及历史
    层次 ……………………………………………………（335）
  三　《歧路灯》与豫西南方言语法主要的不同点 ………（336）
  四　从《歧路灯》到豫西南方言看河南方言语法现象发展
    演变的特点 ……………………………………………（339）
 第二节　有关汉语方言语法历时比较研究的理论思考 ………（342）
  一　选择合适的比较切入点至关重要 ……………………（342）

二　坚持"以古证今"和"以今推古"相结合 …………… (342)
　　三　坚持多角度、多方法结合的动态研究 ……………… (343)
　　四　语言接触的研究视野 ………………………………… (343)
　　五　加强汉语方言语法的调查研究 ……………………… (344)

附　录 ……………………………………………………………… (345)
　　一　《歧路灯》栾校本中的"豫语"评议 ………………… (345)
　　二　《歧路灯》中的疑难字词 ……………………………… (357)
　　三　豫西南方言词汇举要 ………………………………… (362)

参考文献 ………………………………………………………… (375)

绪　　论

第一节　《歧路灯》、豫西南方言与河南中原官话概况

一　《歧路灯》与河南中原官话概况

清代李绿园（1707—1790）的长篇白话小说《歧路灯》主要讲述河南省会祥符（今河南省开封市）官宦子弟谭绍闻，早年丧父，受母溺爱，遭匪人引诱，误入歧途，日趋堕落，以致倾家荡产，最终又浪子回头，重整家业的故事。小说虽假托明代嘉靖年间，实际反映的却是清代康熙、雍正、乾隆年间的社会生活，为读者描绘出一幅幅18世纪浩瀚的社会生活画卷，具有较高的文学价值与文献价值。

朱自清评价《歧路灯》："若让我估量本书的总价值，我以为只逊于《红楼梦》一筹，与《儒林外史》是可以并驾齐驱的。"[1] 郭绍虞则指出："我们假使撤除了他内质的作用与影响而单从他文艺方面作一质量的标准，则《歧路灯》亦正有足以胜过《红楼梦》和《儒林外史》者在。"[2]《歧路灯》校注者栾星认为在艺术成就上，"《歧路灯》是《红楼梦》和《儒林外史》之外的又一巨著，手笔逊色于雪芹，与敬梓则伯仲之间，各有短长，难分高下""作者运用的民间语辞或方言俚语相当丰富，设意遗辞，多态多姿，既是语言学资料，又可供作家借鉴"[3]。

《歧路灯》的作者，姓李，名海观，字孔堂，号绿园，晚年别署碧圃老人。栾星校注的《歧路灯》署名为李绿园。《古本小说集成》编委会《歧路灯》署名为李海观。

---

[1] 朱自清：《歧路灯》，《〈歧路灯〉论丛》（一），中州书画社1982年版，第12页。
[2] 郭绍虞：《介绍〈歧路灯〉》，《〈歧路灯〉论丛》（一），中州书画社1982年版，第2页。
[3] 栾星：《〈歧路灯〉校本序》，《新华文摘》1980年第10期。

李绿园，祖籍河南新安县北冶镇马行沟村，祖父李玉琳、父亲李甲都是秀才。康熙三十年（1691），李玉琳因新安发生灾荒携家逃难到河南汝州宝丰县宋家寨定居（今属河南省平顶山市湛河区）。16年后，李绿园出生于宝丰，幼年至50岁以前也主要在宝丰度过。他是乾隆丙辰（1736）恩科举人，曾任贵州印江县知县，有"循吏"之称。他沉潜好学，学问淹博，经史子集无不贯通，自称通儒，通韵律，善吟咏，重视交游和教育子弟。约在50岁时，因仕宦而"舟车海内"20年，足迹至冀、鲁、苏、浙、皖、赣、湘、鄂、川、黔十个省份和北京、天津、重庆、贵阳等都邑。乾隆五十五年（1790）李绿园卒，享年84岁。其一生历康熙、雍正、乾隆三朝，几与18世纪共始终。

李绿园见于著录的著述共有《歧路灯》（全部）、《家训谆言》（一卷）、《绿园诗稿》（四卷）、《绿园文集》（不分卷）和《拾捃录》（十二卷）五种。他的各种著述均无刻本。除《家训谆言》随《歧路灯》流传下来，诗钞现仅存残本，其他均已佚。如今看来，李绿园在小说创作上的成就，远远超过他的诗作。但在清代，他的诗却比他的小说更受人推崇。赖于他的诗名，他的生平梗概才被记录下来，成为今天研究他的重要资料。

从现存李绿园的诗文或其他文献记载中可知，约在乾隆十三年（1748），他42岁时开始写作《歧路灯》，50岁时仅成前半。因"舟车海内"小说中间曾辍笔二十载，约在1774年68岁返回宝丰继续撰写《歧路灯》至70岁。1777年他71岁时受河南新安族人邀请去新安，做教书先生，整理诗集并最终完稿《歧路灯》结尾部分。李绿园将一生阅历所得，寓意于小说《歧路灯》中，前后历时三十载。①

（一）《歧路灯》的版本流变

《歧路灯》完稿后，没有刻本，长期以抄本形式流传于河南境内，直到民国初年才有石印本、排印本。《歧路灯》的手稿，迄今尚未发现。从18世纪中期至今两百多年，《歧路灯》有许多版本，如清代的多个抄本、冯友兰抄本、洛阳清义堂石印本、上海明善堂排印本、朴社排印本、栾星校注本以及其他铅印本等。清代主要抄本、朴社排印本，分别为河南省图书馆、郑州市图书馆、开封市图书馆、北京国家图书馆、上海图书馆、北京大学图书馆以及河南省社科院的栾星先生所收藏。目前对《歧路灯》

---

① 以上李绿园的生平、履历、著述主要据栾星编著《歧路灯研究资料》，中州书画社1982年版。

版本系统的研究主要有两种划分方法:一是20世纪80年代栾星提出的"新安传出本""宝丰传出本"二分法,二是王冰博士所说以国家图书馆、上海图书馆所藏抄本各为代表的新二分法。"全书故事梗概,各本基本相同。细节描写,各有出入。晚出之本,有删省的,也有抄录人臆增臆改的。"① "各版本之间在思想内容、艺术风格上并无多大差异,除文字上由于辗转抄录及抄录者水平的原因而呈现错脱漏讹现象以及个别地方语言表述上的不同外,各版本之间的差异大多反映在时间先后、保存回目的多少和序、跋、附录、纸质、行次、传出地等的不同上。"② 主要版本情况如下:

1. 国家图书馆与上海图书馆所藏清抄本

根据王冰(2017)的研究,国家图书馆藏清代抄本(下称国图本)、上海图书馆藏清代抄本(下称上图本)是现存抄本中两种最重要的抄本,分别代表了两个不同的版本系统。两个系统的版本定稿时间不同,内容上也有部分差异。

国图本共20卷,105回。卷首依次为抄录人题记文字、家训谆言八十一条和《歧路灯》序,序后署"乾隆四十二年七夕之次日绿园老人题于新邑之东皋书舍"。内容完整,抄写认真,是截至目前已知的保存最为完整的清代抄本。抄者应是李绿园的新安学生。目前存世的安定筱斋抄本、晚清抄本(甲、丙)、洛阳石印本、明善堂排印本与国图抄本有较多的联系和相同之处。据王冰研究,近年新发现的绿野堂抄本、吕寸田评本也应属于国图抄本系统。

上图本共18卷,总目标为106回,第十回重出,实为107回。卷首依次为序、歧路灯目录,目录下署"绿园观堂李海观著"。自序已残,正文,如第70回末、第90回末、第106回末等也略有残损。上图抄本与乾隆抄本、卢本和朴社排印本及其底本之间有较多的共同点。上图抄本很可能是由朴社本底本抄录而成,在抄录过程中又发生了一些变化。乾隆抄本的抄写时间晚于上图抄本。上图抄本在回目上比国图抄本多出两回。

2. 洛阳清义堂石印本

由热心读者杨懋生、张青莲等人集资于民国十三年洛阳清义堂石印,属非正式出版物。据王冰(2015)研究认为该本属于国图抄本系统。全

---

① 栾星:《校勘说明》,《歧路灯》(下),中州书画社1980年版,第1019页。
② 徐云知:《李绿园的创作观念及其〈歧路灯〉研究》,博士学位论文,首都师范大学,2005年,第229页。

书共 20 卷，105 回。栾星先生和北京图书馆、中国社会科学院文学所均有收藏。作为第一部刊印本，突破了《歧路灯》自问世后一直以抄本流传的格局，为《歧路灯》后来的广泛流传奠定了良好的基础。

3. 朴社排印本

民国十六年（1927 年），北京朴社出版的冯友兰校阅、冯沅君标点的排印本《歧路灯》（下称朴社本），是《歧路灯》的第一次正式出版物，北京图书馆收藏。该书前有冯友兰《序》和董作宾《李绿园传略》，无《家训谆言》。第一回前署"宝丰李海观绿园著"。朴社本只印了占全书四分之一的前 26 回，但卷前总目录显示全书共有 20 卷、105 回。由于第十回分上、下，第八十四回有两个，全书事实上是 107 回。朴社本所用底本已佚。《歧路灯》因冯友兰的推介而走出河南，开始为学术界，主要是文学界所认知、了解和关注。

4. 栾星校注本

1980 年中州书画社（即后来的中州古籍出版社）出版的简化字版《歧路灯》是第一个铅印本。该本（下称栾校本《歧路灯》）由栾星花费十年之功，据乾隆抄本、旧抄本甲、旧抄本乙、安定筱斋抄本、晚清抄本甲、晚清抄本乙、晚清抄本丙、荥泽陈云路家藏抄本、冯友兰抄本、洛阳清义堂石印本和朴社排印本共 11 个版本，"择善而从，合为全璧"。栾校本《歧路灯》，不分卷，108 回，78.1 万字，分上、中、下三册，封面由冯友兰题写书名，书前有姚雪垠序和栾星的《校本序》，书后附有栾星的《校勘说明》。《歧路灯》从栾校本开始才算真正广泛地流播开来。

刘畅（2004）根据国家图书馆网络数据统计情况指出：目前在大陆能够看到的已经出版的《歧路灯》有 15 个版本，加上在台湾出版的《歧路灯》，一共有 19 个版本。栾校本《歧路灯》是目前流传最广、影响最大的版本。虽然栾星先生在 20 世纪 60 年代整理校注《歧路灯》时，未能对国图和上图这两个重要抄本加以利用[1]，而时代的原因又使栾校本无校勘记录，其"对情节上的不连贯处，曾少施针线"[2] 处也未作标志，这是"它的最大缺憾"[3]。但它"也可能要算一般研究者目前所能利用的较

---

[1] 参见王冰《〈歧路灯〉版本考论》，《求索》2012 年第 7 期。
[2] 栾星：《校勘说明》，《歧路灯》（下），中州书画社 1980 年版，第 1018 页。
[3] 王冰：《〈歧路灯〉版本考论》，《求索》2012 年第 7 期。

佳版本"①。该书出版、发行后，反响强烈、影响极大。30 年来的《歧路灯》研究，学术界使用最多的就是该版本，从中可见其校注质量与巨大影响。

(二)《歧路灯》是 18 世纪河南中原官话的重要载体

1. 《歧路灯》明显的时代性特征

王力（1980）在《汉语史稿》中指出近代汉语是指公元 13 世纪到 19 世纪，自 1848 年鸦片战争到 1919 年五四运动为过渡期。吕叔湘（1983）《近代汉语指代词·序》以晚唐五代为界，把汉语的历史分为古代汉语和近代汉语两个大的阶段。现代汉语只是近代汉语内部的一个阶段。蒋绍愚（2005）《近代汉语研究概要》提出，近代汉语的上限是晚唐五代，下限是 18 世纪中期，或者粗略一点说，定在清初。清初至今为现代汉语。袁宾（1987）指出：汉语的历史阶段是由主干部分和交替部分重叠组成，南宋、元、明、清是近代汉语的主干，但近代汉语不限于这个时期，可以上下推延几个世纪。就汉语史来看，18 世纪是汉语由近代汉语向现代汉语演进的关键时期，该时期汉语言的各个方面特别是语法和词汇方面，具有明显的过渡性特征。

李绿园一生几乎与 18 世纪共始终，其《歧路灯》开笔于 18 世纪中期，完稿于 18 世纪后期。因此，《歧路灯》正处于汉语由近代向现代过渡的关键时期，其语言呈现出此时期明显的过渡性特征。《歧路灯》语言的过渡性特征即其时代性特征。对于《歧路灯》语言时代性特征的研究，主要有：张生汉以大量实例考察了《歧路灯》语言在词汇上的过渡性特征，"具体到个别的词语上，它们在《歧路灯》中往往是近代的与现代的用法并存，原有的意义与新生的意义同在"②。王秀玲（2007）从代词、助词、副词等方面研究《歧路灯》语法上的一些过渡性特点。崔晓飞（2015）则从李绿园生活的时代与小说的语言文字、语词更替、语法表现（以语气词为例）等方面考察了作品语言的时代特征。

2. 《歧路灯》鲜明的河南通语特征

以下评价充分体现了《歧路灯》语言鲜明的河南通语特征：

著名哲学家冯友兰 1895 年生于河南唐河，曾在开封学习、工作过。他在 1927 年北京朴社出版的《歧路灯·冯序（第 10 页）》中指出："《歧路灯》是用方言的文学。在旧小说里面，《金瓶梅》《水浒传》用山东话，《红楼梦》《儿女英雄传》用北京话，……《歧路灯》用的是河南话，河

---

① 冯春田：《〈歧路灯〉结构助词"哩"的用法及其形成》，《语言科学》2004 年第 4 期。
② 张生汉：《〈歧路灯〉词语汇释》，河南大学出版社 1999 年版，第 1 页。

南南部的话。河南话与其他的北方话,虽大致相同,而的确自有其风格,自有其土话。上所引陈乔龄的话中,'五经多是临场旋报的'的'旋'字,读去声,即是临时的意思。其例甚多,……这些话的确是河南话。这些话所代表的,的确是一种河南妇女的心理。我们读到这些地方,真觉得一种河南空气。……这些地方,除了能与人以真切的感动之外,还是研究方言的人的重要研究资料。"

冯友兰《〈歧路灯〉序》中还曾提及:"《歧路灯》所用的河南话中所特有的字句,已有董燕堂先生预备作专文研究。"[1] 而 1895 年出生于河南南阳的董作宾在《歧路灯》冯序之后的《李绿园传略》中称赞"李绿园为吾豫惟一之方言文学家"[2]。

晴天的《歧路灯与河南方言》认为:"《歧路灯》是李绿园先生用河南方言写成的一部小说。"[3]

《歧路灯》校注者栾星先生花去十年时间辑校与研究《歧路灯》:"我为全书作注千余条,主要注释了俚语、方言、称谓及名物制度。"[4]"作者运用的民间语辞或方言俚语相当丰富,设意遣辞,多态多姿,既是语言学资料,又可供作家借鉴。"[5]

河南作家姚雪垠评价《歧路灯》是"用带有河南地方色彩的语言写清初的河南社会生活"[6]。河南大学任访秋教授漫谈《歧路灯》:"在语言上《金瓶梅》用山东方言,《歧路灯》则用河南方言。"[7] 河南大学牛庸懋教授评价《歧路灯》的语言:"基本上是用生动活泼的中州方言写成的作品。"[8] 河南大学张生汉教授(2001,2010)认为,《歧路灯》大体上反映了 18 世纪河南话的实际面貌,是中原官话的重要载体。研究中原官话 300 年来的发展史,也不能不研究《歧路灯》的语言。要了解 18 世纪北方方言的基本特征就不能不了解当时的河南话,要了解 18 世纪的河南

---

[1] 《现代评论》第 6 卷第 135 期,1927 年 7 月 9 日出版。
[2] 栾星:《〈歧路灯〉及其流传》,栾星编著《歧路灯研究资料》,中州书画社 1982 年版,第 129 页。《文献》1980 年第 3 辑中谈到董作宾曾写有《歧路灯方言考》一卷,但未发表。
[3] 《中原文化》1934 年第 5 号,第 7—9 页。
[4] 《歧路灯》校本序,中州书画社 1980 年版,第 15 页。
[5] 《歧路灯》校本序,中州书画社 1980 年版,第 11 页。
[6] 姚雪垠:《歧路灯》序,中州书画社 1980 年版,第 4 页。
[7] 任访秋:《漫谈〈歧路灯〉》,《〈歧路灯〉论丛》(一),中州书画社 1982 年版,第 35—36 页。
[8] 牛庸懋:《我看〈歧路灯〉》,《〈歧路灯〉论丛》(一),中州书画社 1982 年版,第 39—48 页。

话就不能不研究《歧路灯》的语言。

以上河南籍的学者主要是依据小说的词汇与语言使用风格,把《歧路灯》的语言认定为"河南或河南南部的方言""中州方言""18世纪的河南话""带有河南地方色彩的语言",这表明《歧路灯》的语言不是当时河南某个具体地点的方言,而是河南通语。

另据栾星、徐云知等人对《歧路灯》作者的生平、交游考证,李绿园生于河南宝丰,老家河南新安距离洛阳很近。幼年在宝丰度过,幼年时也到过新安。中举及遭父丧后,因祭祖、省墓或闻讣也应该要去新安。晚年住在新安最长的一次,时间将近三年,他在那里当教书先生,编定诗稿,续写并完成了《歧路灯》。据《新安县志》,李绿园科举之路塞涩,1736年30岁时才中举,"后居开封10余年,屡次赴京应试,终未能进士及第"[①]。又据《宝丰县志》,"至40岁三次赴京,连试未第。留京谋职,教学三年。不久,受弟子李生(状元)推荐,任漕运之职"[②]。与李绿园交游密切的李秋潭、吕公溥、刘青芝等26人的籍贯包括河南的宝丰、新安、襄城、汝州、郏县、鲁山、舞阳、新郑、济源、卢氏、睢州和福建的邵武、浙江的山阴等地。尽管李绿园五十岁起曾"舟车海内"20年[③],但他一生中的大部分时间是在河南的宝丰、新安、开封等地度过的。从中我们可以推知,李绿园比较熟悉今天河南洛阳、郑州、开封、平顶山及其周边地域内的方言。汉民族在历史上早已形成了全民族的共同语,这是公认的事实。河南地处中原,"居天下之中"。李新魁(1987)指出,以中原地区河南话为基础方言的汉语共同语在我国相当早的年代就已经出现。唐宋时,它已经相当成熟,元明时代,共同语已流通"四海","通语"盛行。清代之际,它已发展至很大的规模,大大地扩展了北方的"官话"地区;清代中叶以后,北京话逐渐代替中原河南话的地位而上升为共同语标准音的代表点,实现了具有历史意义的转变。而鲍明炜亦指出,"标准语问题实际上只是标准音问题"[④]。因为从先秦以后,汉语共同语的词汇和语法一直由传世的"文学语言"作品加以继承,从总的方面来看,用的都是北方话的词汇和语法。古今大致如此。如陈廷焯《词坛丛话》认

---

① 《新安县志》,中州古籍出版社1989年版,第599页。
② 《宝丰县志》,方志出版社1996年版,第768页。
③ 据朱姗《〈歧路灯〉作者李海观印江宦迹考论——以新见清代档案史料为核心》(《文学遗产》2023年第1期)考证:李海观清乾隆三十三年(1770)十二月二十八日到任印江知县,三十八年三月卸任,三十九年(1774)才北还宝丰。
④ 鲍明炜:《略论汉族共同语的形成和发展》,《中国语文》1955年第6期,第3—6页。

为,"北宋间有俚词,间有伉语。南宋则一归纯正,此北宋不及南宋处"。① 就是指南宋时文学作品上的"文学语言"比较注意共同语词语的运用,少用俚语、方言。

虽然"中原惟洛阳得天下之中,语音最正",但李绿园适逢家乡河南话共同语的地位逐渐被北京话所取代的时期,因此撰写《歧路灯》时,极有可能在继承、遵循以往汉语共同语即传世"文学语言"作品中的词汇和语法之外,会刻意实录当时河南的俚语、方言,以备中原正音传承之用。"《歧路灯》语言的精练是很突出的。作者运用他的语言才能,对人民群众的口头语言,进行艺术的加工和提炼,使之成为既能曲尽'人情'、又精要不繁的文学语言。《歧路灯》从写人状物、叙事抒情多方面,发展了白话的表现能力。它淘汰了旧话本的一些传统手法和相应的语言形式,叫人读起来更感到亲切和真实。它既保持了人民口语的生动、朴实,又不失之芜杂土俗。"②

以上情况表明,作为一种宝贵的蕴含丰富的"语言学资料",《歧路灯》的语言具有18世纪近代汉语向现代汉语过渡的时代性特征和浓郁的河南地方特色,不是河南某个地方一时一地的方言,而是当时河南区域的通语,大体上反映了18世纪河南中原官话的实际面貌。要了解18世纪北方方言的基本特征就不能不了解当时的河南话,要了解18世纪的河南话就不能不研究《歧路灯》的语言。这使得这部作品在汉语史特别是中原官话发展史研究方面显得格外重要,其语料价值,绝不亚于其文学、社会学方面的价值。③

二 豫西南方言与当今河南中原官话概述

南阳,古称宛,地处河南省西南部三面环山、南部开口的南阳盆地中,东临河南省驻马店市、信阳市,南接湖北省襄樊市、十堰市,西与陕西省商州市相连,北与河南省三门峡市、洛阳市、平顶山市毗邻。地理坐标为北纬32°71′—33°48′,东经110°58′—113°49′。东西长为263千米,南北宽168千米,总面积26509平方千米,占全省面积的16%,是河南省土地面积最大、人口最多的一个地级市。2016年南阳市总人口为1010.75

---

① 邓红梅、侯方元:《南宋词研究史稿》,齐鲁书社2006年版,第144页。
② 张鸿魁:《在长满荆棘的道路上迈进——李绿园的保守思想对〈歧路灯〉语言的消极影响》,《〈歧路灯〉论丛》(二),中州古籍出版社1984年版,第256—257页。
③ 参见张生汉《略论〈歧路灯〉的语料价值》,平顶山《歧路灯》海峡两岸学术研讨会,2010年。

万人。全市现辖宛城、卧龙两个行政区，唐河、社旗、方城、南召、西峡、镇平、内乡、淅川、新野、桐柏十个县和城乡一体化示范区、高新技术开发区、鸭河工区、官庄工区四个开发区。地处豫西南原属南阳市的邓州市，现由河南省政府直管。

南阳市是今豫西南政治、经济、文化中心，也是东汉王朝开创者光武帝刘秀的家乡和龙兴之地，故又有"南都""帝乡"之称。汉代科学家、文学家张衡所作《南都赋》生动地描绘了东汉时期南阳郡的社会面貌、人民生活和民间风俗。秦、西汉时期，洛阳、宛（南阳古称）已经是全国著名的商业都市。东汉时，洛阳成为全国统治、商业和交通中心。南阳既是帝乡又兼有北通洛阳、西连关中、南达江汉的水、陆交通优势，使其成为仅次于洛阳的商业中心城市。[①] 李白"遨游盛宛洛"、王维"宛洛有风尘""宛洛故人稀"、谢朓"宛洛佳遨游"把南阳、洛阳并称为"宛洛"。"旧时王谢堂前燕，飞入寻常百姓家"，随着东汉之后屡有朝代定都洛阳和近代洛阳铁路交通的天翻地覆的变化，南阳与洛阳已不可同日而语，如今能与洛阳比肩的是八朝古都开封和省会郑州。

（一）豫西南方言

我们把以上17个地处河南省西南部南阳盆地中的区、县、市人们使用的方言称作豫西南方言。习惯上称豫西南南阳地区人们使用的方言为南阳方言，如胡曜汀和贾文（1984）、徐奕昌（1993）、丁全（2001）等人的研究所称。本书中，有时为了行文方便也以南阳方言称之。

丁全（2001）把南阳方言分为以下三区：

东部区：主要是指南阳东南部的桐柏县。距离南阳市区约150千米。南与湖北接界，东与信阳为邻。人口近40万。

西部区：主要包括西峡、淅川、内乡三县及镇平、邓州西部，山区居多。最远处距南阳市区约为200千米，南与湖北接界，西与陕西接界，面积约为8600平方千米。人口170万左右。

中部区：主要包括以南阳市为中心的宛城区、卧龙区、唐河、方城、社旗、南召、新野七个区、县及镇平、邓州东部。此区平原居多，南与湖北接界，面积约为15000平方千米，人口700多万。

从语言的基本构成要素上看，以上三区的语言差别，主要表现在语音方面，词汇方面次之，语法方面的差别较小。从三区本身来看，东部区与

---

① 参见程有为主编《河南通史》第2卷，河南人民出版社2005年版，第64、112—114页。

中部、西部区差别较大，中部区与西部区次之，中部区内部一致性较高。

豫西南方言的中部区，无论语音、词汇还是语法，一致性都较强。豫西南方言的声韵调①如下：

1. 声母（22 个）：

p 巴布别	pʰ 怕盘胖	m 门米木	f 飞冯付
t 到夺大	tʰ 太同天	n 难女年	l 路吕连
ts 精糟节	tsʰ 秋曹齐		s 散旋修
tʂ 招蒸争	tʂʰ 昌潮初	ʂ 扇生书	ʐ 日软忍
tɕ 经结九	tɕʰ 丘旗桥		ɕ 休玄虚
k 贵跪哥	kʰ 开葵看		x 灰红化
ø 岸言硬			

说明：①tʂ tʂʰ ʂ ʐ 实际发音时舌位比北京话靠前。
②tɕ tɕʰ ɕ 实际发音时舌位比北京话稍靠后。
③零声母前略带鼻音 ŋ 或舌根浊擦音 ɣ。

2. 韵母（41 个）：

ɿ 资此四	i 第地七	u 木出住	y 雨句女
ʅ 支知日			ər 儿耳二
ɯ 给黑圪			
a 爬大发	ia 架夹牙	ua 花刮话	
ɤ 热车哥			
ɛ 伯百带	iɛ 介界届	uɛ 国怪或	
	ie 姐爷铁		ye 绝雪穴
o 波坡馍		uo 活郭落	yo 药脚靴
ei 北对妹		uei 贵桂为	
au 饱桃烧	iau 条表要		
əu 斗丑收	iəu 流有丢		
an 胆含三	ian 检连间	uan 短酸船	yan 权圆卷
ən 根吞笨	in 紧林新	uən 魂温云	yn 群均晕
ɑŋ 党桑方	iɑŋ 讲良映	uɑŋ 光床王	
əŋ 正硬庚	iŋ 灵星兵	uŋ 永横用	yŋ 穷龙兄

---

① 笔者的母方言是豫西南方言中部区的唐河方言。笔者的家乡在唐河县东的古城乡，距离县城约 17 千米。本部分所记豫西南方言的语音情况，以古城乡古城街方圆约 3 千米内的方言为代表。

说明：ɛ 新派读 ai；yo 新派读 ye；ɤ 和舌尖后声母相拼时，舌位靠前，读 ə，和舌根音声母相拼时，舌位靠后，读 ɤ。

3. 声调（4 个）

阴平 24　高天麦　　　阳平 42　穷陈麻
上声 55　古短比　　　去声 31　四对到

（二）豫西南方言与当今河南中原官话

1. 豫西南方言与当今河南中原官话

根据中国社会科学院和澳大利亚人文科学院所编（1987）《中国语言地图集》除桐柏方言属中原官话信蚌片外，豫西南方言以上 16 个县、市、区的方言都属中原官话郑曹片。贺巍（2005）《中原官话分区（稿）》把豫西南方言（除桐柏方言归入中原官话信蚌片）划归中原官话南鲁片。本书把南阳方言称作豫西南方言，主要根据语言地理和方言分区。本书所说的豫西南方言主要指上述南阳方言的中部区。中部区是本书采集豫西南方言语料的主要来源地。

中原官话历史悠久，较长时间内是中国历史上的中心官话区，在汉语发展史上有着极为显赫的地位。中原官话历经了从优势方言影响辐射周边到自身地位逐渐下降进而受普通话影响的过程，是语言演变研究的难得样本。河南省地处中原，是中华民族的发祥地之一，历史上政治、经济、文化曾较为发达。河南境内黄河以南地区是中原官话分布的中心区域。洛阳、郑州、开封、商丘、平顶山、许昌、南阳之间的广大区域是河南中原官话的主体。"河南方言的特征即靠这个区域的语法、词汇、语音来体现。"① 该区域的方言在语音、词汇、语法方面，尤其是在语法方面具有较强的内部一致性。河南黄河以南地区已有的方言研究成果，如：陈天福等（1959）《河南话与普通话词汇语法比较》、贺巍（1993）《洛阳方言研究》、曾光平（1987）《洛阳方言志》、卢甲文（1992）《郑州方言志》、邵文杰（1995）《河南省志·方言志》、丁全（2001）《南阳方言》、刘宏和赵祎缺（2012）《河南方言词语考释》等著作，赵月朋（1958）、李宇明（1998）、郭熙（2005）、张邱林（2015）、张雪平（2005）、刘春卉（2009）、陈安平（2009）、孙红举（2012）、王自万（2012）等人的论文，都表明河南中原官话内部词汇、语法具有较高的一致性，此不赘述。

---

① 钱曾怡主编：《汉语官话方言研究》，齐鲁书社 2010 年版，第 164 页；邵文杰总纂：《河南省志·方言志》，河南人民出版社 1995 年版，第 2 页。

《歧路灯》与豫西南方言是本书语法比较的两个重要对象。《歧路灯》一直被看作18世纪河南中原官话的代表，而当今河南中原官话的代表是河南的汴、洛方言以及省会郑州所代表（自东向西汴—郑—洛）的方言。本书之所以选择豫西南方言，一是因为豫西南地区历史悠久，开发较早，西汉时期已是河南人口最为稠密的地区之一，东汉时期经济文化繁荣，是仅次于都城洛阳的经济、商业、文化中心，又是南都、帝乡，可谓宛洛一体，且"帝王臧其擅美，咏南音以顾怀"。当时的南阳话、洛阳话应是宛洛地区乃至上流社会的通语。二是因为豫西南方言与当今河南中原官话代表汴—郑—洛等方言相比，在语法方面，既有一致性，又有差异性。虽然豫西南方言在中原官话中的分量、影响远不如汴—郑—洛等方言，但地处盆地、相对闭塞、历史悠久的豫西南地区与人口更替、流动频繁的洛阳、开封、郑州等古今大都会相比，语言上更趋保守，更易存古，在当前更具研究价值。伴随着近年来中国城市化进程的加速，豫西南方言的固有特色正在逐步减弱，因而本书所研究在时间上更具有紧迫性。豫西南方言这一极其重要的特征仍然没有引起学界应有的重视。比较《歧路灯》与豫西南方言语法的异同，在语言接触视野下考察从《歧路灯》到豫西南方言的语法演变，就是考察18世纪以来河南中原官话语法发展、演变的难得样本和重要个案，对于中原官话语法的演变具有十分重要的学术意义。

2.《歧路灯》作者祖籍、出生地的方言

《歧路灯》作者李绿园祖籍地在今天河南洛阳市新安县北冶镇马行沟村。新安县是小浪底水库工程淹没面积最大的县份，北冶镇是淹没区移民搬迁人数较多的乡镇。李绿园出生地河南宝丰县宋家寨，1984年6月划归平顶山市郊区，今属该市湛河区曹镇乡宋寨村。平顶山市是河南省中南部一座新兴的工业城市，湛河区位于市区南部，是出入城区的南大门，也是平顶山与豫西南相连通的关键地带。曹镇乡宋寨村，位于白龟山水库以北，与市区交通、交流比宝丰方便，所以在语言上受市区影响超过宝丰。据河南省人民政府网站2022年9月统计，湛河区外来人口居全市首位，所以该区是观察当前城市化进程中，方言接触、演变的一个新窗口。据2012年版《中国语言地图集》，新安方言属中原官话洛嵩片，湛河区的方言和豫西南方言同属中原官话南鲁片。而1987年版《中国语言地图集》认为，前者归中原官话郑曹片，后者属中原官话洛徐片。下文提及的新安方言主要是指新安县青要山镇、铁门镇等地的方言。平顶山湛河区方言主要是指该区曹镇乡宋寨村的方言。这两地深受移民或城镇化影响，方言演变进程快，不像地处盆地又毗邻平顶山的豫西南方言那样易于存古、适合古今比较。

第二节 《歧路灯》与豫西南方言研究概述
一 《歧路灯》的语言研究

刘畅（2004）《20世纪以来〈歧路灯〉研究回眸》回顾了20世纪以来《歧路灯》研究过程的四个时期：（1）20世纪20—30年代为研究的发轫时期，肯定《歧路灯》价值，对作者生平资料作初步考证、整理；（2）20世纪60—70年代，抄本校注和相关资料爬梳，是研究的整理时期；（3）20世纪80年代，是全方位展开研究工作、成就引人注目的高潮时期；（4）20世纪80年代末至21世纪初，是研究进入潜流涌动的深入时期。

《歧路灯》的语言研究显然滞后于《歧路灯》其他方面的研究，虽然晴天（1934）《歧路灯与河南方言》对《歧路灯》中的42条"河南方言词语"，包括8个"字"、26个"词"和8条俗语进行了解释，开《歧路灯》与河南方言研究之先河，栾星也在20世纪60年代校注《歧路灯》过程中，曾注释了76条"豫语"，算是对《歧路灯》方言词语的较早研究，但《歧路灯》真正意义上的语言研究则始于20世纪90年代，属于刘畅所说的第四个时期。近30年来《歧路灯》的语言研究成果不菲，主要集中在词语释考和语法研究两个方面。

（一）词汇研究

《歧路灯》的语言研究最早从其方言词汇的考释开始。1992年到现在，研究《歧路灯》词汇的成果共有30余篇（部），主要表现在对方言词语的解释和文言词语的考证上。

1. 方言词语研究

研究《歧路灯》中方言词语的成果，题目中常可见到"豫语""中原口语词""中原语词""河南方言词汇""方言词汇"以及词语简释、杂释、例释之类词语。如伊波（1992）《〈歧路灯〉豫语拾例》和张生汉（1995—2000）《〈歧路灯〉词语例释》《〈歧路灯〉词语汇释》《〈歧路灯〉词语杂释》《从〈歧路灯〉看十八世纪河南方言词汇》《略论〈歧路灯〉的语料价值》。其中，张生汉（1999）的专著《〈歧路灯〉词语汇释》结合河南方言与古代典籍对《歧路灯》中300多条难懂的方言俚语进行了多角度诠释，是《歧路灯》方言词语考释的集大成者，是帮助读者读懂《歧路灯》的重要工具书。张生汉，充分论证了《歧路灯》在语言材料上，尤其是词汇方面突出的时代特征和鲜明的地域特征。张向阳（2010）《也谈〈歧路灯〉河南方言词语——兼与张生汉先生商榷》摘出十余条小说中的方言词语并以今音、今义分析、印证它们的河南方言特性，是对《〈歧路灯〉词语汇释》的补充。其他成果还有张明海（2000）《〈歧路灯〉中原口语词探释》、秦崇海（2003）《〈歧路灯〉中原语词考释》、刘永华（2005）《〈红楼梦〉、〈歧路灯〉和〈儒林外史〉的方言词语比较研究——以租、赁、雇、觅为例》、肖燕（2005）《〈歧路灯〉词语汇释〉补遗》和王冰（2019）《〈歧路灯〉方言词语释证》等。

2. 文言词语考释及其他

对《歧路灯》中的文言词语进行考释的，主要是苏杰（2010）的《〈歧路灯〉文言词语考异》《〈歧路灯〉引用儒家典籍考论》和《尊与亲的辩证法：〈歧路灯〉称谓现象考略》，从引经据典、生僻词语、四字成语等方面对《歧路灯》中"学究式"的文言词语进行考异求真。王冰（2019）《〈歧路灯〉文化词语考释》对四组反映中原文化的词语加以考释。

值得一提的是方平权（2006）《汉语词义探索》一书中的"《歧路灯》语词选释"一章，按名词、动词、代词、副词、助词与语气词分类，对《歧路灯》（张生汉《〈歧路灯〉词语汇释》以外）的65条方言或文言语词进行了考释。他主要结合岳阳方言和古代典籍来考释《歧路灯》中的方言词语。

《歧路灯》词汇研究的成果，专书方面有谢燕琳（2008）的《〈歧路灯〉称谓研究》。硕士学位论文方面有赵丽娜（2009）《〈歧路灯〉词汇系统研究》、马晓燕（2009）《论〈歧路灯〉中的儿化词》、李继刚（2010）《〈歧路灯〉惯用语研究》、李逢丹（2011）《〈歧路灯〉俗语研究》、郭慧（2016）《〈歧路灯〉隐语研究》等。

就目前的词汇研究来看，研究者的地域性很强，河南籍研究者居多。总的来看，对《歧路灯》中有地方特色的词语考释较多，而对字面普通而意义有别的用典类解释相对较少。结合河南方言对《歧路灯》的词汇进行系统、深入的研究不多。从专书词汇研究角度来看，《歧路灯》的词汇研究有待深入。张生汉、方平权、苏杰、张向阳的研究代表着今后词汇研究的方向。今后的研究，应加强《歧路灯》与河南中原官话以及其他方言、古代典籍的多角度比较研究。

(二) 语法研究

《歧路灯》的语法研究开始于1998年，稍晚于词汇方面的研究，但后来者居上，从1998年到2012年，在成果数量上已经超出了词汇研究。《歧路灯》语法及其相关的研究成果包括博士硕士学位论文、期刊论文、会议论文等已有40余篇。目前《歧路灯》的语法研究已经涉及有词类、短语结构、句式等多个方面的内容。

1. 词类研究

《歧路灯》词类方面的研究主要集中在助词、副词、代词、连词等几类词。单篇论文中，对虚词的研究较多，对助词中"哩"的研究最多，如高育花（1998）《〈歧路灯〉中的助词"哩"》、傅书灵（1999，2010）《〈歧路灯〉"哩"字研究》和《再谈〈歧路灯〉结构助词"哩"及其来源》、丁喜霞（2000）《〈歧路灯〉助词"哩"之考察》、冯春田（2004）《〈歧路灯〉结构助词"哩"的用法及其形成》等，从不同的角度对该书中"哩"的意义、用法、分布、性质进行了深入探讨，既有穷尽性的统计数据，也有结合汉语史对其发展、来源的考察分析，也有结合河南某些方言点进行的比较研究。其中傅书灵对助词、副词的研究，着手较早，成果也多，研究也较为深入。除"哩"之外，傅书灵（2005—2007）还有《〈歧路灯〉程度副词"极"字考察》《〈歧路灯〉中的动态助词"的"》《从〈歧路灯〉看程度副词"甚"的萎缩》等研究成果。

王秀玲（2007）的博士学位论文《〈歧路灯〉中的代词、助词和副词》对《歧路灯》中的代词、助词、副词等有代表性的实词和虚词进行了深入细致的描写、分析、讨论，意在全面深入地考察这三类词在《歧路灯》中的概貌和特点，既有对《歧路灯》语料的穷尽性统计，又有对历时文献语料的统计研究，也有就某些方面与现代方言的比较研究，可谓是《歧路灯》已有词类研究成果中的重头戏。张莹（2010）的博士学位论文《近代汉语并列关系连词研究》曾谈及《歧路灯》中的关系连词。崔晓飞（2011）的博士学位论文《〈歧路灯〉语言应用研究》也涉及《歧路灯》中一些语法问题的研究。

词类方面的研究还有李品素（2008）的《〈歧路灯〉中的"讫"》和以下的硕士学位论文：毛晓新（2009）《〈歧路灯〉连词研究》、王鸿雁（2003）《〈歧路灯〉助词研究》、李俊辉（2006）《〈歧路灯〉程度副词语法化考察》《〈歧路灯〉人称代词研究》、邵会平（2010）《〈歧路灯〉量词研究》和李华（2014）《〈歧路灯〉副词"通"研究》等。这些成果，既有用静态描写、穷尽性数量统计，也有共时历时的比较分析。

2. 句式研究

《歧路灯》句式方面的研究，稍晚于虚词研究，从 2005 年起逐渐增多。内容涉及《歧路灯》的"把"字句、"叫"字句、"被"字句、疑问句、祈使句、选择问句等。其中硕士学位论文占多数。主要研究成果有傅书灵（2004，2007）《〈歧路灯〉中的"把"字句》和《〈歧路灯〉"叫"字句考察》、王三姓（2007）《〈歧路灯〉选择问句研究》、张蔚虹（2005）《〈歧路灯〉与〈红楼梦〉〈儒林外史〉"把"字句比较》和《〈歧路灯〉中的"被""把/将"融合句》及以下的硕士学位论文：张蔚虹（2005）《〈歧路灯〉"把"字句研究》、柯移顺（2005）《〈歧路灯〉疑问句研究》、马凤霞（2010）《〈歧路灯〉祈使句研究》、庞丽丽（2011）《〈歧路灯〉被动句式研究》。上述句式研究，主要是在穷尽性调查统计的基础上，与同时期文献的共时比较。也有从汉语史角度以及结合河南方言个别方言点进行的历时考察，如傅书灵（2007）的《〈歧路灯〉"叫"字句考察》结合河南方言考察"叫"字句在《歧路灯》中的使用特点，吕丽丽（2020）的硕士学位论文《新安方言差比句的描写研究》描写《歧路灯》作者祖籍地新安方言的差比句，有与《歧路灯》及其他文献中差比句的比较。

另外，孙立新（2016）《关中方言对〈歧路灯〉有关语法现象的传承》主要研究讨论《歧路灯》里的有关语法现象在关中方言的传承问题。黄晓雪和贺学贵（2016）《从〈歧路灯〉看官话方言中"叫"表处置的现象》则根据《歧路灯》的"叫"字处置句特点讨论了北方官话中"叫"字"处置"句的演变过程及原因。鲁冰（2017）的博士学位论文《河南方言极性问的语言地理类型学研究》第九章通过把《歧路灯》作为清代河南方言的历史材料与当今河南方言进行比较，考察河南方言极性问的百年演变。

3. 特殊结构研究

对能性述补结构和介词结构的研究，目前有傅书灵（2005，2013）《〈歧路灯〉中的能性"V 不得（O）"》《〈歧路灯〉里的"V 不曾"及其历时考察》、王秀玲和秦晓华（2009）《略论〈歧路灯〉中的能性述补结构》、秦晶（2006）的硕士学位论文《〈歧路灯〉介词结构初探》。张冰凌（2014）的硕士学位论文《〈歧路灯〉述补结构研究》则考察了小说中的三大类述补结构。相对《歧路灯》中词类、句型的研究来说，对《歧路灯》中一些比较有特色的语法结构的研究还有待加强。

二 豫西南方言研究

从徐奕昌（1982）的《南阳方言概要》概述南阳方言的沿革、划分及其语音、词汇特点和发展趋势到现在，豫西南方言研究已走过30年的研究历程。30年来的豫西南方言研究成果，形式上主要表现为著作、单篇论文和硕士学位论文，内容上主要表现在语音、词汇和语法等方面。总起来看，语音、词汇成果多于语法的成果。

（一）语音和词汇研究

豫西南方言语音和词汇研究的成果，主要集中在豫西南地区的地方志和民俗志中的方言部分及以下方言著作中的语音或词汇部分：

徐奕昌、张占献编著：《新野方言志》，文心出版社1987年版
振生：《邓州方言研究》，河南大学出版社1992年版
徐奕昌、张占献主编：《南阳方言与普通话》，文心出版社1993年版
丁全、田小枫：《南阳方言》，中州古籍出版社2001年版
河南省地方志编纂委员会总编辑室编：《河南地方志资料丛编之四·河南方言资料》，河南人民出版社1984年版

另有研究论文十余篇，单篇论文如姚炎嫣（2009）《南阳方言的连读变调》、王晓红（1998）《南阳话与普通话语音差异》、聂振欧（1993）《〈说文解字〉与南阳俗语》、王焕玲和刘伟萍（2003）《南阳方言里保留的元曲语词》。硕士学位论文如侯恒雷（2008）《镇平方言儿化研究》、李妍（2011）《南阳方言古语词研究》等。

以上成果中，语音方面主要涉及声韵调、儿化、轻声、合音、文白异读和连续变调。词汇方面主要是方言与普通话的比较，还有古今对比。另外，徐奕昌、张占献和丁全、田小枫还结合豫西南方言的语音特点对该方言内部进行了分区方面的研究。

（二）语法研究

豫西南方言语法的研究，现有研究成果共20余篇。如阎德亮（1990）的《南阳方言语法拾零》较早指出南阳方言中"有一些颇具特色的语法现象"。丁全（1989—2007）的《南阳方言中的形容词重迭》《南阳方言中的程度副词》《南阳方言中的特殊副词》《南阳方言中的特殊否定词》深入描写了豫西南方言的形容词重叠形式和系列副词。其他还有

张辉（2004，2016，2017）《南阳方言的名词重叠式》《河南唐河方言的"X 讫"》和《豫西南方言中的"讫"》、杨正超（2011）《汉语中否定词"没得"的来源及其演变方向——以唐河方言为例》、李玉晶（2015）《河南南阳话的频率副词"肯"及其来源》，硕士学位论文主要有曹东然（2008）《唐河方言副词研究》、刘胜利（2009）《南阳方言助词研究》、樊守媚（2012）《南阳方言语法现象研究》等。其他则散见于方言著作、地方志、民俗志和推普测试用书中。另外，张邱林（2009）《"方—普"语法现象与句法机制的管控》对豫西南方言的语法现象也有所涉及。

三 《歧路灯》与豫西南方言语法研究中存在的问题

尽管《歧路灯》的语法研究已历时 20 年，豫西南方言的语法研究也有近 30 年，各自都取得了不菲的成绩，是我们继续研究的重要基础，但仍存在以下问题：

首先，《歧路灯》的语法研究方面，主要是描写《歧路灯》文本中的语法现象，或是就某个语法现象与其他文献进行共时、历时的比较，或是就某个语法问题与河南方言的某个方言点作比较，且研究语料仅限于栾星校注本《歧路灯》，缺乏《歧路灯》与当前河南方言语法方面的深入、系统的历时比较与演变研究。

其次，豫西南方言的语法研究方面，主要是对该方言内部比较有特色语法现象（比如副词、语气词等）的共时描写、方—普比较，与豫西南方言之外其他方言语法的共时比较较少，与近代汉语语法语料的历时比较也不多，也缺乏结合当前语言研究热点的理论探讨，研究内容有待深入，研究方法有待改进。

目前，无论是《歧路灯》还是豫西南方言，均无语法专著问世，未见有把《歧路灯》与豫西南方言以及河南境内其他方言语法结合起来而进行的深入、系统的语法研究成果。语言接触是语言发展演变的一个重要因素。一种方言很少是在不受其他语言或方言的影响下独立发展演变的。截至目前，未见有从方言接触角度研究豫西南方言语法的研究成果，更未见有在语言接触视角下考察从《歧路灯》到今天豫西南方言乃至河南中原官话语法演变的比较研究，而这正是本书要做的。

第三节 本书的研究思路、内容、方法

一 研究思路

（一）一条主线

要探寻 18 世纪以来河南中原官话在语法方面发生了什么样的变化，走过了怎样的演变过程，对《歧路灯》与豫西南方言中共有或相关的语法特色的挖掘、描写与异同比较，是贯穿在本书研究中的一条主线。通过《歧路灯》和豫西南方言语法的历时比较，厘清《歧路灯》与豫西南方言语法在共有语法现象上的共同点和不同点，从中梳理 200 多年来河南方言在语法方面发生的变化，为汉语方言史和语法化的相关研究增砖添瓦。

（二）两条辅线

《歧路灯》与其他文献中语法现象的比较研究和豫西南方言与其他方言语法的内、外部比较研究，是本书的两条重要辅线：前者主要是《歧路灯》与《红楼梦》《儒林外史》《儿女英雄传》《金瓶梅词话》等文献中语法现象的定量定性分析与比较研究，拟在通过筛选、比较揭示出《歧路灯》语法方面的特点，为近代汉语语法、河南方言语法历时比较研究打基础；后者主要包括豫西南方言与现代汉语共同语、其他方言语法（河南洛阳、新安、平顶山湛河区、郑州、开封等方言以及其他中原官话、晋语等相关方言）的比较研究，拟在通过普—方、方—方比较，充分挖掘豫西南方言语法事实与特点，梳理豫西南方言与《歧路灯》共有的语法现象，是进行古、今方言语法历时比较的重要基础，从中可揭示 18 世纪以来河南中原官话语法的历时演变轨迹，为汉语语法史和语法化的相关研究提供方言佐证，尝试为历史文献与地方方言语法比较提供研究借鉴。

二 研究内容

（一）研究对象

我们选择以下内容为本书的研究对象：第一，《歧路灯》和豫西南方言中共有或相关但普通话中没有的语法现象；第二，《歧路灯》、豫西南方言和普通话（古—方—普）三者共有但是有区别的语法现象。

上述的内容主要包括《歧路灯》和豫西南方言及其相关方言语法中目前尚未被研究和已经有所研究但仍需进行深入研究两种情况。

(二) 研究内容

研究内容主要分三个专题进行。

专题一主要对《歧路灯》和豫西南方言共有的方言特征词的语法特征进行描写、比较，如二者共有的单音节动词、副词、助词、人称代词等。

专题二主要对《歧路灯》和豫西南方言共有或相关短语中的特色构式进行比较研究，如"X+讫""X的/哩慌""没蛇弄"等。

专题三主要对《歧路灯》与豫西南方言共有或相关句式的特点进行描写、比较，如比较句、被动句、处置句等。

接着是结语：对本书进行概括。如《歧路灯》与豫西南方言语法的主要异同及其演变类型，研究过程中有关汉语方言语法历时比较研究的一些理论思考，本书的学术贡献及对相关学科研究的借鉴意义，等等。

最后有四个附录，与正文研究内容密切相关，也是对正文研究的重要补充。

三　研究采用的理论与方法

(一) 研究涉及的理论

本书主要根据研究的需要，或单一或综合采用语法化、主观化、语言接触、历史语法学和语言地理类型学等理论视角。

1. 语法化视角

Hopper 和 Traugott（1993）将语法化（grammaticalization）定义为：词汇条目和句法结构在一定的语言环境中所形成的表达语法功能的过程，同时也是这些语言成分一旦语法化之后继续发展出新的语法功能的过程。储泽祥、谢晓明（2002）则认为语法化应是与某个语法范畴和语法意义相联系的、相对稳定的表述形式的历时形成过程；语法化研究应重视句法环境和语用条件对语法化的作用；语义俯瞰与虚词的涵盖义，实词虚化的过程，就是细节义损失的过程。汉语中的副词等大都是来自原实词或短语的虚化，都与语法化密切相关。

2. 主观化视角

根据沈家煊（2001）的研究，主观性（subjectivity）是指语言表达过程中，说话人在说出一段话的同时表明自己对这段话的立场、态度和感情，主观化（subjectivisation）是指语言为表现这种主观性而呈现出来的相应结构形式或经历相应的演变过程。语言的主观化与主观性研究比较集中在说话人的视角（perspective）、说话人的情感（affect，有研究认为语言中的韵律变化、语气词、词缀、代词、副词、时体标记、情态动词、词序、重复等手段都可以用来表达情感）和说话人的认识（epistemic modality）三个方面。"主观化"的研究有侧重历时、共时两种取向。研究"语法化"的专家 E. C. Traugott（1995）从历时的角度来看待主观化，认为主观化是一种语义—语用的演变，即"意义变得越来越依赖于说话人对命题内容的主观信念和态度"。Traugott 认为主观化和语法化一样是一个渐变的过程，强调局部的上下文在引发这种变化中所起的作用，强调说话人的语用推理（pragmatic inference）过程。

3. 语言接触视角

语言接触是语言发展演变的一个重要因素。语言接触在方言研究和汉语史研究中显得越来越重要。一种语言或方言在成长的过程中不可避免会与通语或其他方言产生这样或那样的接触从而受到不同程度、方式的影响。"我们今天通过汉语书面语的历史典籍来探讨各时代的汉语基础方言，虽然受到汉语方言记录文字系统的限制和汉语书面语系统的限制。但是仍然可以从中窥测到不少信息。"①

本书在比较《歧路灯》与豫西南方言共有或相关语法现象的异同、探寻古今语法演变的过程中，重视语言理论的运用，会有意识地结合语法化、主观化、语言接触等理论进行分析、研究。比如研究《歧路灯》与豫西南方言共有的特色副词的异同时，就主要从主观化、语法化角度着手，而在解释从《歧路灯》到豫西南方言副词的演变原因时，会充分考察共同语与方言之间共时、历时的接触与影响。在研究中既注重语言内部的考察，更有语言接触视角的考察。

（二）研究方法

本书根据以上基本理论，综合运用比较法、调查法、数据统计法、历史层次分析法，在总体把握上要做到三个结合：

1. 共时与历时比较有机结合

本书的一条主线是《歧路灯》与豫西南方言语法的历时比较研究。为辅助主线的历时研究，同时还进行语法的共时比较研究。比如，既比较《歧路灯》与豫西南方言中语法现象的异同，还要把二者共有的语法现象与《歧路灯》同时期文献中的同类及相关现象进行比较；还要把二者共有的方言语法现象与现代汉语共同语、方言中的同类及相关现象互相对比。只有这样历时、共时互相结合的比较，《歧路灯》与豫西南方言语法

---

① 薛才德主编：《语言接触与语言比较》，学林出版社2007年版，第14页。

的研究才能更可靠、深入、全面。

2. 文献材料与方言事实、数据统计之间紧密结合

一方面，注重把《歧路灯》中的文献材料和豫西南方言中活的语法事实结合起来进行深入、系统的比较研究。另一方面，运用多种手段进行语料的搜寻和甄别，注重栾校本和上图清代抄本《歧路灯》语法现象的统计、分析和比较，尤其注重纸本和电子版语料的互相参照并尽量参考其他的重要版本。

3. 描写与解释密切结合

本书不仅要深入描写、比较《歧路灯》和豫西南方言中的语法现象的异同，还要对《歧路灯》到豫西南方言之间近三百年中语法的发展演变从语言接触、语法化、主观化等方面进行合理的解释。

在具体语法现象、事实本身的比较研究中，兼顾"形式—意义—语用"和"普通话—方言—古汉语"多角度的动态研究方法。还重视并使用变换分析法、历史层次分析法、语义特征分析法和语义指向分析法等具体的语法分析方法。

四 相关说明

（一）《歧路灯》的语料来源

为尽量求得研究文本语料的真实可靠性，本书采用的《歧路灯》版本主要是栾校本《歧路灯》和上海图书馆清代抄本《歧路灯》。上海图书馆清代抄本《歧路灯》主要依据《古本小说集成》影印的上海图书馆藏本和《中国基本古籍库》据此制作的电子版。使用的例句，如不加说明，即选自栾校本；若是上海图书馆抄本则注"上图抄本"字样。

其他文献的语料主要通过陕西师范大学历史文化学院的《汉籍全文检索系统》（第二版）、国家语委语料库、华中师范大学语言所语料库、《国学备要》电子数据光盘等查询语料并一一核对纸本。转引别人的用例则注出来源出处。

尽管张鸿魁（1984）指出，《歧路灯》的作者不仅文言修养深，而且经历过科场训练，熟于经典，偏爱文言，小说中的正面人物，语言都是文言的，文言句子在叙事、写景、议论上占了很大的比重。但太田辰夫在论及《红楼梦》中北京话以外的因素时也曾谈道："和其他的白话小说一样，这部作品也不会是用纯粹的言文一致的语体写成的。不止叙述部分，甚至对话部分也有相当的言文渗透进来。这种现象概括地反映了旧中国文语所占的优势，但这些文语因素并没有构成对生动活泼的口语的妨碍，相

反有助于口语的丰富。"① 因此在研究过程中,我们会尽量选用作品中的白话语料,并有意识地注意区别作品中叙述部分、对话部分语言的差别,这是本书研究得以进行的一个重要基础。

(二) 豫西南方言及相关方言的语料来源

除笔者自己调查的材料外,语料来源主要有三:

1. 豫西南各地县市、《歧路灯》作者祖籍地、出生地及河南其他县市地方史志和民俗志中与方言相关的材料。

2. 公开发表或出版的豫西南方言语法和其他相关的河南省内外的方言语法论著、论文。

3. 南阳籍作家作品中的方言语料等。周同宾(1941—2021),南阳作家群领军人物之一,河南社旗人,其"口述实录体"系列作品集《皇天后土——九十九个农民说人生》(下简称为《皇天后土》)创作于 20 世纪 80—90 年代,是 99 个不同农民的口述实录。《皇天后土》1998 年获首届鲁迅文学奖优秀奖。周同宾有感于"历来的文人不愿代农民立言,不愿把穷乡僻壤的琐屑之事和村夫村妇的鄙俗之语活脱脱原样儿写进文章"而"决定让每个农民都说一席话,说身世,说生活,说一个人,说一件事,发一番感慨,发一通牢骚"②。他"写这个系列,着力追求的是语言的质朴、自然,有生活气息,有乡土风味。也就是说,要写出地道的豫西南的农民语言,不同的农民的不同语言"③。姚雪垠(1910—1999),当代作家,河南邓州人,熟悉家乡豫西南的方言。他创作的长篇小说《长夜》《李自成》,均具有浓郁的豫西南方言特点。④ 因此,本书也重视《皇天后土》和《长夜》《李自成》中的方言语料。

(三) 与《歧路灯》及豫西南方言相关的其他主要文献语料

以下所列文献名称在书内出现时,在例句后列出文献名称及回(章或卷)数/页码数,对使用数量较多的文献名称则使用简称,即以下文献中带下画线部分加书名号。

李绿园著,栾星校注:《歧路灯》,中州书画社 1980 年版。

---

① [日] 太田辰夫:《汉语史通考》,江蓝生、白维国译,重庆出版社 1991 年版,第 216 页。
② 周同宾:《皇天后土——九十九个农民说人生》,漓江出版社 1996 年版,自序第 3 页。
③ 周同宾:《皇天后土——九十九个农民说人生》,漓江出版社 1996 年版,第 406 页。
④ 姚雪垠:《为重印〈长夜〉致读者的一封信》,《中国现代文学研究丛刊》1980 年第 1 期。

曹雪芹、高鹗著，中国艺术研究院、红楼梦研究所校注：《红楼梦》，人民文学出版社2005年版。

吴敬梓著，张慧剑校注：《儒林外史》，人民文学出版社2002年版。

兰陵笑笑生著，戴鸿森点校：《金瓶梅词话》，人民文学出版社1992年版。

西周生著，袁世硕、邹宗良校注：《醒世姻缘传》，人民文学出版社2014年版。

文康著，尔弓校释：《儿女英雄传》，齐鲁书社1990年版。

蒲松龄著，邹宗良校注：《聊斋俚曲集》，国际文化出版公司1999年版。

王全点校：《全唐诗》，中华书局1960年版。

唐圭璋编：《全宋词》，中华书局1988年版。

陈迩冬选注：《苏轼诗选》，人民文学出版社1997年版。

王季思主编：《全元戏曲》，人民文学出版社1999年版。

《大元圣政国朝典章》（影印元刊本），中国广播电视出版社1998年版。

祖胜利、李崇兴点校：《大元圣政国朝典章·刑部》，山西古籍出版社2004年版。

沈家本：《沈刻元典章》（附陈氏校补例释），中国书店2011年版。

陈高华等点校：《元典章》，中华书局、天津古籍出版社2011年版。

方勇译注：《庄子》，中华书局2015年版。

何宁：《淮南子集释》，中华书局1998年版。

司马迁著，裴骃集解，司马贞索引，张守节正义：《史记》，中华书局1959年版。

屈原著，林家骊译注：《楚辞》，中华书局2015年版。

韩非著，张觉点校：《韩非子》，岳麓书社2015年版。

黄晖：《论衡校释》（上，附刘盼遂集解），中华书局2017年版。

杨衒之著，周祖谟校释：《洛阳伽蓝记校释》，中华书局2013年版。

干宝著，曹光甫校点：《搜神记》，上海古籍出版社2012年版。

郦道元著，陈桥驿点校：《水经注》，上海古籍出版社1990

年版。

陈寿著，裴松之注：《三国志》，中华书局 2006 年版。

李百药著，唐长孺点校：《北齐书》，中华书局 1972 年版。

姚思廉著，张维华点校：《陈书》，中华书局 1972 年版。

李延寿著，卢振华点校：《南史》，中华书局 1975 年版。

戴孚著，方诗铭辑校：《广异记》，中华书局 1992 年版。

刘义庆著，沈海波译注：《世说新语》，中华书局 2015 年版。

张鷟著，恒鹤校点：《朝野佥载》，上海古籍出版社 2012 年版。

普济著，苏渊雷点校：《五灯会元》，中华书局 1984 年版。

黎靖德编，王星贤点校：《朱子语类》，中华书局 1986 年版。

脱脱等：《宋史》，中华书局 1977 年版。

宋濂等：《元史》，中华书局 1976 年版。

施耐庵著，刘一舟校点：《水浒传》，齐鲁书社 2007 年版。

吴承恩著，黄肃秋注释：《西游记》，人民文学出版社 1980 年版。

冯梦龙编，严敦易校注：《警世通言》，人民文学出版社 1995 年版。

冯梦龙编，许政扬校注：《喻世明言》，人民文学出版社 1958 年版。

冯梦龙编：《醒世恒言》，齐鲁书社 1995 年版。

凌濛初编，冉休丹点校：《初刻拍案惊奇》，中华书局 2001 年版。

凌濛初编，孙通海点校：《二刻拍案惊奇》，中华书局 2002 年版。

韩邦庆著，典耀整理：《海上花列传》，人民文学出版社 2012 年版。

吴趼人著，张友鹤校注：《二十年目睹之怪现状》，人民文学出版社 2014 年版。

姚雪垠：《长夜》，人民文学出版社 1981 年版。

姚雪垠：《李自成》（第 2 卷），中国青年出版社 1999 年版。

姚雪垠：《李自成》（第 1 卷），中国青年出版社 2005 年版。

周同宾：《皇天后土——九十九个农民说人生》，漓江出版社 1996 年版。

总之，本书充分运用现代和传统的语料搜集手段，尽量充分利用明清以来河南的地方志材料、个人著作或反映当地当时民情风俗和社会历史文化的著述，不断拓展语料范围，以增强研究及结论的科学性。

（四）使用符号及行文说明

1. 使用符号： V　动词　　　　VP　谓词性短语
　　　　　　　 A　形容词　　　 AP　形容词短语
　　　　　　　 O　宾语　　　　 O_1　指物宾语
　　　　　　　 O_2　指人宾语　 C　补语

2. 行文说明：

当所用文献《歧路灯》《红楼梦》《儒林外史》《儿女英雄传》《醒世姻缘传》《金瓶梅词话》相提并论时，简写为《歧》《红》《儒》《儿》《醒》《金》，表格中则简写为：歧、红、儒、儿、醒、金。

在例句前加星号"*"表示方言中没有这样的说法。在例句前加"?"表示这种说法不大可能出现。

本书的方言语料一般采用本字标写。如本字不明者，不追求本字的考求，大多采用同音字标写，少数用方框符号"口"代替，后面加注读音和普通话释义。如：

　　斗［$təu^{31}$］就　　儿口［$çiu^{31}$］子儿媳妇的合音　　口［pia^{24}］走步行

方言语料的普通话相应意思，在其后用下标标注。例如：

　　女哩女人　　到了［$liau^{55}$］最后

本书对方言词语的注音采用国际音标，调值以数字标于右上角，轻声不标调。儿化注出实际读音。例如：

　　地里［$ti^{31}li$］　　小孩儿［$siau^{55} xar^{42}$］

另外，书中方言例句中的一些词语注音和附录三中的注音一律省去音标前后的"［""］"。

3. 主要方言调查合作人情况：

丁　全，男，55岁，本科，河南省社旗县人，南阳师范学院教授。

李中群，男，58岁，本科，河南省唐河县桐寨铺镇人，原唐河县人大教科文委主任。

杨荣华，女，71岁，初中，河南省唐河县古城乡郭起茂村张庄村农民。

王　重，男，48岁，本科，河南省唐河县大河屯人，唐河县实验中学教师。

张　展，女，20岁，本科，河南省唐河县桐河乡人，商丘师范学院学生。

张　思，女，19 岁，本科，河南省西峡县重阳乡人，同上。
王秋配，女，20 岁，本科，河南省内乡县马山口镇人，同上。
王　洁，女，23 岁，本科，河南省新野县王集镇人，同上。
陈金鑫，女，20 岁，本科，河南省镇平县高丘镇人，同上。
李　沛，女，23 岁，本科，河南省社旗县下洼乡人，同上。
李晓南，女，23 岁，专科，河南省南阳市宛城区新店乡人，同上。
张继钦，男，24 岁，本科，河南省方城县广阳镇人，同上。
赵景辉，男，25 岁，本科，河南省驻马店市上蔡县齐海乡人，同上。
吕　壮，男，22 岁，本科，安徽省阜阳市颍泉区苏集镇，同上。
王文龙，男，22 岁，本科，河南省郑州市金水区人，同上。
侯雅男，女，22 岁，本科，河南省驻马店市泌阳县官庄乡，同上。
刘芳芳，女，22 岁，本科，河南省西峡县太平镇人，同上。
胡婧雯，女，21 岁，本科，河南省南召县崔庄乡，同上。
邓梦真，女，21 岁，本科，河南省新安县铁门镇人，同上。
李红亮，男，51 岁，本科，河南省平顶山市湛河区曹镇乡人，李绿园第九代后人。
李新安，男，54 岁，本科，河南省新安县青要山镇人，农行洛阳分行职工。
魏平花，女，54 岁，硕士，河南省许昌市人。
贾振强，男，55 岁，本科，河南省社旗县人。
陆宜新，男，56 岁，本科，河南省镇平新店乡人。
徐　冰，女，36 岁，博士，河南省开封市顺河区人。
郭　辉，男，56 岁，本科，安徽省亳州市人。
张　岭，男，41 岁，硕士，河南省唐河县古城乡人。

第一专题

《歧路灯》与豫西南方言共有方言特征词语法特征比较研究

专题导语：

1. 《歧路灯》与豫西南方言词类系统及构词法特点

与现代汉语相比，处于近代汉语后期的《歧路灯》，其词类系统具有两个显著的特点：一是过渡性，即某类词中共同拥有近代、古代汉语的新、老成员，虚词中这类特点相对较多。如《歧路灯》中既保留有古代汉语的语气词"矣、乎、哉、耶、耳、兮、也"，也出现了近代汉语才有的"哩、呀、呢、的、吗、些、了、罢、罢了、不成"等语气词。二是兼容性或者地域性，即某类词中共同语、方言词兼而用之，体现了《歧路灯》的方言色彩。《歧路灯》动词、副词、助词、人称代词中这种情况居多。如动词"捞、董、擤"、副词"通、休、难说"、结构助词"哩、的、得"等。豫西南方言属河南中原官话，是现代汉语的组成部分之一，其词类系统与现代汉语共同语大同小异，二者的区别主要表现在：其动词、代词、副词、助词、语气词等词类中拥有与共同语不同的特有成员，如动词"捞、聅、董、讫、罢"、代词"俺"、副词"通、血、休、鹁、旋、清是、清白儿、情"、结构助词"哩"、语气词"门"等都是普通话没有的成员。而在《歧路灯》与豫西南方言各自的词类系统中，除了拥有与现代汉语共同语相同的词类家族成员，二者还共有与现代汉语共同语不同或相关的系列特色词语。

在构词法上，《歧路灯》、豫西南方言、普通话中合成词的构造方式都是重叠、附加、复合，却是同中有异。如亲属称谓，《歧路灯》中重叠式的"爷爷""奶奶""爹爹""婆婆""姐姐""妹妹""哥哥""孙孙""舅舅"，与共同语相同，却与豫西南方言有别。《歧路灯》中附加式的"婆子_{婆婆}""大婶子""妗子""妹子""老婆子_{妻子、老太婆}""老婆_{妻子}""老弟""（老）哥们""老叔（们）"等，则与豫西南方言相同，而同普通话有别。而其复合式的"姑娘_{姑姑}""大姐""外婆""外父""哥弟们""大娘""儿媳"则与共同语和豫西南方言同异各有。《歧路灯》中名词的儿尾、子尾比较常见，但没有"筷子"，只有上古汉语遗留的"箸"。普通话单说的鸡、鸭，豫西南方言则是鸡子、鸭子，这也体现了二者子尾的细微区别。

2. 方言特征词及本专题主要研究对象

本专题的方言特征词，主要是指《歧路灯》与豫西南方言中共有、《歧路灯》同时期其他文献中很少见用且现代汉语共同语口语中已经消失不见或仍有见用却与前者用法有别的方言词，既能鲜明体现《歧路灯》语言的方言特点，又生机盎然活跃在今天的豫西南方言中或者河南其他的中原官话中。对这些方言特征词的语法特征进行共时、历时的比较研究，探究其中的演变轨迹，无论是对于近代白话小说语法还是方言语法比较都具有重要意义。

本专题选取《歧路灯》与豫西南方言共有的方言特征词中能凸显方言特色、比较有代表性的单音节动词"捞、董、聒、引"，副词"通、休、可"，助词"哩"，人称代词"您、俺"及"老+名/姓"等，主要结合语法化、主观化、语言接触等理论，通过纵观《歧路灯》等文献与豫西南方言，横看豫西南方言及其他方言来描写、比较这些特征词在语法方面的古今异同，并试图考察这些特征词语法演变的轨迹。

在我们考察的对象中，凡前贤时人少有涉及者，就详加描写、比较；若已有相关研究，但不够深入、系统，尚需进一步研究者，就基于现有研究，深化描写、加强比较。而对于前贤时人已有相当研究而又能体现二者方言语法特征的内容，则重在进行古今的比较、分析。

第一章 《歧路灯》与豫西南方言之动词"捞""董""聒""引"

概说

《歧路灯》中使用了大量的方言动词,如"捞拉、拉、引、侹躺[tʰin⁵⁵]、扯、聒、董、赗、挶、揞、弄、呷、啖、擎、赁、让、闪、膺作、当、学、薅、抬藏、掐抱、搦握、揭、随、攒、轰、觅、央、雇、访、瞧、应、膺记、挂牵、扯捞、捞摸"等,其中很多词具有浓郁的河南方言色彩,体现了《歧路灯》和豫西南方言中共有的方言特征。例如:

(1)你去瘟神庙邪街,作速把兔儿丝叫来。他若不来,就说我要薅他那秧子哩。(《歧》36/338①)
(2)更有一等,理学嘴银钱心,挶住印把时一心直是想钱,……。(《歧》39/359)
(3)正上马时,夏鼎已到,一面掐簪初上马,一面又来扯住绍闻……(《歧》95/896)
(4)"……俗话说,'天下老哩,只向小的。'你是咱娘的小儿子,全当咱娘与你抬着哩。"(《歧》102/955)

上例中的"薅""揞""掐""抬"意为"拔""握""抱""藏",是《歧路灯》与豫西南方言共有的方言词。不过,这些词在《歧路灯》与豫西南方言中意义、用法完全相同,并且出现次数较少,分别为4、7、3、4次,所以此类词我们不作为考察对象。

本章我们选取上述单音节动词中使用频率颇高且有代表性的方言特征

---

① "36/338"中"/"前、后的数字分别指回数、页码,其他文献的例句中"/"前的数字亦可指卷或章、"/"后的数字指页码。

词"捞""董""聒""引"作为主要研究对象，主要通过现代汉语共同语（即普通话）——现代汉语方言—近代汉语视角，对比、考察它们的语法特征及演变。

第一节 《歧路灯》与豫西南方言之动词"捞"

本节主要讨论《歧路灯》与今天河南方言共有、常见而现代汉语共同语中没有的方言特征词"捞"的语法特征。先来看下例：

(1) 又着邓祥、宋禄一班家人，出北门到黄河问信，菜园深井各处打捞……（《歧》44/403）
(2) 晌午_中午_饭吃捞 lau^{42} 面条吧？（豫西南方言）
(3) 输到四十串时，我急了，想着捞，谁知越捞越深。（《歧》24/236）
(4) 今天来牌_打牌_可要好好捞捞 lau^{42}lau 本儿！（豫西南方言）

这四例的"捞"，前两例是从水或其他液体里取东西，后两例是用赌博或其他不正当的手段获取。这样的"捞"，《歧路灯》与豫西南方言、普通话三者意义、用法完全相同，不是本部分的研究对象。下面要研究的"捞"，仅与此"捞"同形，而音义各异。

一 《歧路灯》中的"捞"

(一)《歧路灯》中"捞"的语法特征

《歧路灯》中的"捞"，一共出现32次，都是自主、及物动词，在句中作谓语。语义上与现代汉语共同语的"拉""牵"有关。

1.《歧路灯》中的"捞$_1$"

《歧路灯》中的"捞$_1$"，语义上相当于现代汉语共同语"用力使朝自己所在的方向或跟着自己移动"的"拉$_1$"和"拉着使行走和移动"的"牵$_1$"。[①] 叙述语、口语均有。"捞$_1$"常表示行为、动作，其主语常是行为、动作的施事。例如：

[①] 中国社会科学院语言研究所词典编辑室编：《现代汉语词典》（第6版），商务印书馆2012年版，第764、1032页，"拉$_1$""牵$_1$"语义相同。

（1）那贾李魁已把小人家主捞着往外走。(《歧》46/431)

（2）这焦新因突然火起，跑进自己房内救护箱笼，早被火扑了门，不能出来。多亏他兄弟舍死捞出，……(《歧》65/626)

（3）绍闻把头滚了两滚，把手一捞，捞住王氏，问道："这是谁？"(《歧》17/181)

（4）王氏早已身子软了，坐在地下，往前爬起来。巫翠姐、冰梅两个女人挽着，也捞不动。(《歧》59/551)

（5）……略有形影，伸手一捞，却是夏逢若与刘家小豆腐儿。(《歧》65/617)

（6）慧娘猛睁开眼，看见父亲在床边坐了一个杌子，把那瘦如麻秆的胳膊强伸出来，捞住父亲的手，……(《歧》47/440)

（7）a. 这宋禄小厮儿们，更要上会，早把车捞在胡同口等候。(《歧》3/22)

b. 宋禄将车捞在会边，孝移道："住罢。"(《歧》3/24)

c. 蔡湘把车套好，捞在胡同口。(《歧》47/437)

以上用例中的"捞"，主要用于"把+O+捞+V""把/将+O+捞+C""把手一捞""伸手一捞"等句法格式中。例（2）"多亏他兄弟舍死捞出"可以看成"多亏他兄弟舍死把/将他捞出"。"捞"的施事和受事之间有实质性的接触，且"捞"的宾语均为受事宾语。"捞"的对象主要是人或人的手，如前五例"捞"的对象都是人，分别是家主、焦新、王氏、夏逢若与刘家小豆腐儿，例（6）是孔慧娘父亲的手。只有例（7）"捞"的对象是车而不是人。无论是用于口语，还是叙述语，"捞"强调的是施事用手使劲的具体动作，对宾语具有明显的处置性，即能使宾语产生短距离的位移，如例（1）、例（2）使处置的对象由内往外移动，例（6）是由上往下移动，例（7）是某处到胡同口或会边。因此"捞"后常伴随有结果补语或目的补语，如上例中的"捞出/住/在胡同口/在会边"等。以上的"捞$_1$"换成"拉"后语义、语法不受影响，但不能换成"牵"，若换用会感觉很别扭。

2. 《歧路灯》中的"捞$_2$"

《歧路灯》中的"捞$_2$"，相当于现代汉语的"拉$_2$"：用车载运，主要是用于口语。"捞$_2$"主要表示行为，其主语或省略不见或是行为的工具、受事。例如：

（8）绍闻道："既是傍晚方回，把车暂借一用，到北门内，把两个皮箱捞回，全不误世兄事。"（《歧》73/712）

（9）再拨一辆车捞雷氏进城，叫薛窝窝领去，晚堂候审。（《歧》64/613）

（10）凭他怎的跳，也要生个法子拿得。若有车时，不拘横顺放在车上，就捞的去。（《歧》80/773）

（11）一辆车捞箱笼。十来个小戏子嘻嘻哈哈，又上了一辆车。（《歧》24/230）

（12）到了十四日午后，忽而戏筒戏箱捞来两车，……（《歧》78/758）

（13）"照这样说，不如开棺材铺罢。谭贤弟恶他，我更恶他。管情我两个一发再不肯捞一口到家，伤了本钱。"（《歧》69/664）

这六例句中的"捞"，主要用于"把+O+捞+C""捞+O（物）""捞+O（人）+V"等句法格式中，虽然出现的句法格式和"捞₁"相似，但"捞₁"是［+用手+拉］，而例（8）—例（13）中的"捞"则是［+用车+拉］。前五例中都有"车"字出现，例（13）虽然无"车"出现，但载运棺材、戏筒戏箱这样的物件通常不会仅靠徒手而要借助车这样的运输工具。"捞"的施事和"捞"的对象之间没有或不一定有实质性接触。所以"捞₂"的主语多为工具、受事，"捞₂"的对象主要是物，是比较重或者复数的物件，如例（8）的两个皮箱，例（12）是两车的戏筒戏箱，例（13）是单件棺材，只有例（9）是人（雷氏）。"捞₂"虽然也具有处置性，能使宾语产生较长距离的位移，如前两例是从北门内到谭府、从乡下到县城内，重在强调事件的行为过程。"捞₂"多用于口语。如例（8）—例（10）和例（13），其中例（9）还是县官的公堂用语。"捞₂"可用"拉₂"替换，但不能换成"牵₁"，若换用会感觉很别扭。

3. 《歧路灯》中的"捞"与"拉"比较

《歧路灯》中的"拉₁"有86例，与"捞₁""牵₁"语义相同，主要用于叙述语中。下面我们来比较《歧路灯》中"捞"和"拉"的语法特征。请看下例：

（14）这冰梅偷拉兴官回自己住的私室，指着孔慧娘神牌说：……（《歧》93/867）

（15）王象荩拉住双庆道："他又做什么哩？"（《歧》76/740）

（16）兴官已接柿子在手，冰梅亦拉的上楼去了。（《歧》76/740）

（17）a. 一径接着，便拉住孝移袖口，……（《歧》7/71）
b. 到我跟前，俺两个作了一个揖，一手拉到酒馆里。（《歧》42/387）
c. 滑氏抱着四象急忙出席，一只手拉住道：……（《歧》40/370）

（18）把王氏笑的眼儿都没缝儿，忍不住拉到怀里叫乖乖，叫亲亲。（《歧》28/264）

（19）拉住夏鼎往门外捞。（《歧》76/741）

这些用例中"拉"的语义及出现的句法位置都与"捞₁"相同，后跟受事宾语，均是人或人的某处，如例（17）是孝移的袖口。但"拉₁"强调的多是施事的行为和受事的位移。例（19）"拉""捞"共现，语义相同，二者区别在于"拉"重在行为，"捞"重在动作，突出位移。这些例子中的"拉"都可以与"捞""牵"换用而不影响表达。再看下例：

（20）a. 次日早晨，当主拉两头骡子，搭上褡裢，径到南园。（《歧》98/915）
b. 各家小厮，手拿笔墨并自己赏封，拉过牲口，……（《歧》97/910）
c. 王象荩、双庆拉过马来，内边值堂的送出毡包。（《歧》95/895）

（21）希侨叫宝剑儿看座儿，逢若早已拉个杌子坐下。（《歧》18/189）

（22）德喜强为挣扎，拉了一把柳圈椅，混身颤个不住。（《歧》59/550）

（23）若犁地的农夫，抡锤的铁匠，拉锯的木作，卖饭的店家，……（《歧》9/94）

这些用例中的"拉"是"拉₁"，语义上与"捞₁"相同。但宾语，或是牲口，如骡马之类，或是杌子、圈椅、锯子之类。"捞₁"的宾语则主要是人。这是"拉₁"与"捞₁"语法上的不同点。例（20）的"拉"可以与"牵"换用，后三例的可以与"捞"换用，均不影响表达。

《歧路灯》中还有下例"用车载运"义的"拉"①。例如：

(24) 恰遇一家埋人，车上拉了一口薄皮棺材，……（《歧》45/418）

(25) 见戏箱扭开了锁，他便借端抵赖，无非想兑了欠账，白拉的箱走。（《歧》30/280）

这两例的"拉"是"拉$_2$"，强调的是状态或行为，"拉"的对象是棺材、戏箱等物，语法特征及语义、用法与"捞$_2$"相同，但仅此两例。表1-1是《歧路灯》中"捞""拉"及相关的"牵"整体使用情况统计。

表1-1 《歧路灯》"捞""拉""牵"使用情况统计表

词项	出现总次数	口语次数（总数比例%）
捞	32	14（37.5%）
拉	88	17（19.3%）
牵	39	7（17.9%）

与《歧路灯》的"捞""拉"同义的39例单音节"牵"中，牵拉的对象主要是马骡驴牛等牲口和嫌犯等。例如：

(26) 相公到河边，还得下马来，俺们背着相公，一个引路，一个牵马。（《歧》72/699-700）

(27) 公差与保正、团长，开了酒馆门，牵着四个赌犯，径上衙门回话。（《歧》51/474）

(28) 正名小儿子，早牵住衣袖，又是一番欢喜团儿。（《歧》98/919）

例(26)用于口语，后两例是叙述语。例(26)的"牵"只有四例。例(28)的"牵"相当于"拉/扯"。

综合上述情况，《歧路灯》中"捞""拉"并存，总量上"拉"比

---

① 中国社会科学院语言研究所词典编辑室编：《现代汉语词典》（第6版），商务印书馆2012年版，第764页。

"捞"多，但口语中的"捞"使用较多。虽"捞""拉"语义、语法分别与"拉₁""拉₂"相同，但"捞₁""捞₂"数量上势均力敌，而"拉₁""拉₂"却数量悬殊，"捞₂"在数量上远多于"拉₂"。

《歧路灯》中还有"东拉西捞""拉纤捞船""胡扯乱捞""扯东捞西""扯捞""拉扯"等"捞/拉""扯/捞""拉/扯"并用现象，其中的单音节"扯"主要是相当于"拉₁"的扯手之类，用法相对单一。

（二）《歧路灯》与同时期文献中"捞/拉"的比较

《歧》《红》《儒》均创作于18世纪，在语言上大体分别代表了18世纪中叶的河南中原话、北京话和江淮官话。从表1-2可以看出，在同时期的三部小说中，只有《歧》有"捞"。《歧》之前的文献中也未见有与《歧》中相同的"捞"。国家语委语料库约一亿字的古籍语料库中，也未发现有《歧》中的"捞"。这表明《歧》中的"捞""拉"并用现象是18世纪中后期河南中原官话的特有用法，体现了《歧》的方言特色。三部小说中都有"拉"，"拉₁"使用数量最多，尤以《红》的"拉₁"最多。这表明"拉₁"应是当时的北方通语用法。

表1-2　《歧》《红》《儒》中"捞/拉"使用情况统计表

词项	捞	拉₁	拉₂
歧	32	86	2
红	0	292	3
儒	0	80	0

二　豫西南方言中的"捞"及古今比较

1. 豫西南方言中的"捞"

在今天的豫西南方言中，也是"捞""拉"并存，均为及物、自主动词，在句中作谓语。"捞"读 [lɑu²⁴]，"拉"读 [la²⁴]。例如：

（1）给您 nən⁵⁵ 嫂子捞回家，白_别_叫她在这儿丢人现眼哩。
（2）我没一点儿劲儿了，你捞住_拉住_我上楼吧。
（3）红薯窖太深，你叫_把_他捞上来吧。
（4）我家小侄儿捞着手能走啦。
（5）她捞着她奶袖子不丢手_松手_。

(6) a. 你捞紧绳子，别_别松手。
　　b. 捞过来桌子，准备吃饭。
　　c. 挡住路啦！叫_把架子车_{人力车}往边上捞捞！
(7) a. 光说有啥用，是骡子是马捞出来瞅瞅_{看看}。
　　b. 他捞着_{拉住}牛上西地去干活了。
　　c. 脆咋_{无论怎样}捞，小毛驴儿斗_就是不往前走。

上例的"捞"，语义上相当于普通话的"拉₁"。"捞"表示具体的动作，对宾语有处置性。"捞"的受事，可以是人和其他，如嫂子、我、他和手、奶奶的袖子，也可以是物件与牲口，如绳子、桌子、架子车和马、牛、毛驴儿等。"捞"后可以出现结果、目的补语。如"捞回家""捞紧""捞过来""捞出来"等。这些例子中的"捞"也都可以换成"拉₁"，并且不影响句子语义，但没有用"捞"显得家常、地道，可以看成是新派说法。豫西南方言中"捞"还有如下用法：

(8) 那两口子打架成了家常便饭，都没人去捞架了。
(9) a. 夜个_{昨天}黑了_{晚上}老王家的两只鸭子叫_被黄鼠狼捞走了。
　　＊b. 夜个_{昨天}黑了_{昨天晚上}老王家的两只鸭子叫_被黄鼠狼拉走了。
(10) a. 北庄儿的那个害货_{坏家伙}叫公安局给捞了。
　　＊b. 北庄儿的那个害货_{坏家伙}叫公安局给拉了。
(11) 叫_把家里麦_{麦子}都拉到街上粮站去吧。
　　＊叫家里麦都捞到街上粮站去吧。
(12) 拉麦的车装哩可真高啊。
　　＊捞麦的车装哩可真是高啊。
(13) 地头儿_{地边}上的粪得_{需要}拉到地里。
　　＊地头儿上的粪得全捞到地里。

前三例的"捞"表示行为，都不能换成"拉"。例（8）"捞架"是把正在打架的双方拉开。"捞架"即"拉架"，但不说"拉架"。例（9）的"捞"也是"拉"意，只不过不是一般的"拉走"，而是黄鼠狼在晚上乘人不备把鸭子偷走了。例（10）的"捞"意思是"逮捕""抓起来"。例（9）、例（10）的"捞"比较特殊，是"捞"的引申义，不能换成"拉"。后三例的"拉"是"拉₂"，都不能换成"捞"，是与普通话相同的用法。

豫西南方言中"捞""拉"的用法如表 1-3。① 现在豫西南方言中"捞""拉"的用法主要是语境上的不同：正式、严肃的场合用"拉"，随意、家常的场合用"捞"。

表 1-3　　　　豫西南方言中"捞""拉"的异、同对照表

词项	宾语	动作/行为/工具	语境
豫捞	人、牲畜、家禽、（小）物	+/+/+用手	随意口语
豫拉₁	人、牲畜、（小）物	+/+/+用手	正式口语
豫拉₂	（重、复数）物	-/+/+用车①	口语

① 本表格中的"+"、"-"分别表示是、非。如豫拉₂是非动作动词，是行为动词，是用车作为工具。表 1-4 的"+"、"-"同本表。本书中其他表格此种情况不再一一注明。

豫西南方言中的"捞"与"拉"的用法在现在河南境内的中原官话中颇有代表性，"捞""拉"在今天洛阳、平顶山、郑州、开封、许昌、平顶山、漯河、商丘等河南方言中使用非常普遍。但新安方言中除"捞拉着手"外，"捞"字不太常用，而平顶山湛河区方言中"捞"字则同豫西南一样常用，语法特点相同。

2. "捞"的古今异同比较

从表 1-4 中可以看出从《歧路灯》到今天的河南方言，二者"捞"的异同与变化。

表 1-4　　　　《歧路灯》与豫西南方言中"捞""拉"的对照表

词项	宾语	动作/行为/工具	语境
歧捞₁	人（车）	+/-/+用手	叙述、口语
歧捞₂	（重、复数）物	-/+/+用车	口语
歧拉₁	人、牲畜、（小）物	-/+/+用手	叙述语
歧拉₂	（重、复数）物	-/+/+用车	叙述、口语
豫捞	人、牲畜家禽、（小）物	+/+/+用手	口语
豫拉₁	人、牲畜、（小）物	+/+/+用手	新派口语
豫拉₂	（重、复数）物	-/+/+用车	口语

---

① 豫西南方言，在本书的表格中，一律简写为：豫；但表头上仍写：豫西南方言。

第一，共同点：以豫西南方言为例，今天的河南方言不仅继承了《歧路灯》"捞"的用法："捞"依然可以指用手拉、用车载运，二者的语义、语法特点相同，而且还保留着《歧路灯》中"捞"与"拉"和谐共处的格局。

第二，不同点：（1）今天河南方言中的"捞"产生了新义项，也失去了《歧路灯》中的一些旧功能。如豫西南方言的"捞"可以表示行为，发展出了"抓起来""逮捕"和"偷"等引申义。商丘方言中，若女性遭到骚扰或侵犯，会隐晦说成"叫人捞了"。豫西南唐河方言20世纪90年代以前，遇到此类事情，也用"捞"，但近年不见有这类说法了。《歧路灯》中属于"捞$_2$"的"捞箱筒""捞棺材"等说法，已经被"拉"取而代之。"拉麦秸""拉家具""拉煤""拉粪"这样和普通话一样的说法很常见。改革开放之前豫西南方言和湛河区方言中把用架子车或借助畜力为人拉货称作"拉脚[la^{24}tɕyo^{24}]"，洛阳话中用大车载客或为人送货也叫"拉脚[la^{33}tɕiə^{33}]"。因此和《歧路灯》的"捞"相比，豫西南方言"捞"的使用范围缩小了。豫西南方言的"捞"表示动作，只要是用手能使其产生位移的人、物件（包括家用的人力车）、牲畜（牛马骡驴）等都是其对象宾语，而《歧路灯》中"捞$_1$"的宾语仅限于人或车。（2）使用语境有别：《歧路灯》中的"捞"可用于县官衙门处理公务的口语中，今天河南方言的"捞"用于日常随意、非正式的口语中居多。总的来看，从豫西南方言到《歧路灯》，受共同语影响，"捞""拉"呈现出并存、合流之格局。

3. "捞"的来源及变化趋势

首先，本节探讨的与"拉"同义的"捞"[lɑu^{24}]，本字不是本节开头所说的方言和普通话都有的"捞"。因为普通话中的"捞"，其中古音为来母豪韵平声，读lāo[lɑu^{55}]，在豫西南等河南方言中今读阳平[lɑu^{42}]，本义是水中取物，引申为用不正当的手段获取利益。

其次，"捞"的本字应是与之义同音近的"拉"："捞"和"拉"是由历史上的变韵造成的。"拉"的中古音为来母合韵入声，本义是折断，牵、引、扯等为其较早的后起义，如唐刘禹锡《花下醉中联句》有"谁能拉花住，争换得春回"。清代《歧路灯》《红楼梦》中"拉"的用车载运义才偶有见用，明清"拉"的"牵、引"义渐多。在《歧路灯》中才见用的"捞"，其出现远晚于同义的"拉"字。而此时作为强势方言的北京官话里中古入声韵的"拉"，其语音已变读为la^{55}。"捞"字是在不知已有"拉[la^{55}]"的情况下又新借用的字。读[la^{55}]是本韵，读[lɑu^{24}]

是变韵，"捞［lɑu²⁴］"字即"拉"字，这可以看成是《歧路灯》时代变韵现象的残存。

据《现代汉语方言核心词·特征词》，现代汉语方言中的北京、荣成、南京、太原等方言点都有动词"捞"，意思均为"顺手拿或拉"。哈尔滨的"捞"是"拖，拉，拽"。①另据《汉语方言大词典》江苏徐州（"我的书不知让谁捞［lɔ⁴²］走了。"）、四川成都（"我放到桌子上的纸，不要随便捞［nau⁵⁵］哇！"）的"捞"相当于"拿、摸、碰，顺手偷取"。②这七个方言点同属官话区域，其中"捞"的［＋用手＋拉/拽］义，与《歧路灯》和豫西南方言"捞［lɑu²⁴］"义相同，而"捞"的顺手"拿、偷取"之义，与普通话中的"捞"的引申义接近。

《歧路灯》、豫西南方言与河南其他方言的"捞""拉"以及上述七个方言点"捞"的使用情况，是从18世纪至今汉语北方官话方言自身发展和方言接触共同作用的结果。"拉"是当时强势方言的主流用法，所以在《歧路灯》中的口语里"捞""拉"并存。随着20世纪50年代以来我们国家推广普通话工作的不断深入，河南方言受到了普通话前所未有的冲击，《歧路灯》中的"捞₂"在豫西南方言中已经被"拉"取代。《歧路灯》中"捞""拉"并存的情形，决定了今天"捞""拉"在方言、共同语的格局。当前河南中原官话中，"捞"还保持着足以与"拉"抗衡的势头。

第二节 《歧路灯》与豫西南方言之动词"董"

《歧路灯》中，除了姓氏的"董"，如"董公、董氏"等，还有下面的"董"：

（1）绍闻道："后书房原叫戏子们董坏了，还得蔡湘着实打扫打扫。"（《歧》26/247）

该例的"董"，和姓氏的"董"，仅仅是字形和读音相同，而在语义、

---

① 刘俐李、王洪钟、柏莹编著：《现代汉语方言核心词·特征词集》，凤凰出版传媒集团凤凰出版社2007年版，第138、147、162、169、190页。

② 许宝华、［日］宫田一郎主编：《汉语方言大词典》，中华书局1999年版，第4705页。

第一章 《歧路灯》与豫西南方言之动词"捞""董""聒""引"

用法上没有任何关系,在今天的豫西南方言中也有这样的"董"。因此,本节我们选择《歧路灯》与豫西南方言共有的特征词"董",研究其语法、语义特点及古今演变。同时,也顺带讨论《歧路灯》和豫西南方言共有的另一个方言特征词"古董"。姓氏的"董"不在本部分考察之列。

一 《歧路灯》中的"董"

(一)"董"的语法、语用特征

《歧路灯》中的"董",用例如下:

(2)若是不分,怕我董穷了连累他跟着受苦。(《歧》68/655)

(3)我不依,我说我是个匪人,把家业董破了些,你全全一份子,合什么哩。(《歧》86/818)

(4)张绳祖笑道:"我把你这傻东西,亏你把一个小宦囊家当儿董尽。你还不晓赌博人的性情么?……"(《歧》42/390)

(5)盛希侨笑道:"……我不长进,董了个昏天黑地。第二的,你是副榜,若不能干宗大事,只像我这宗下流……"(《歧》99/928)

(6)盛希侨道:"咦——,像我这大儿子不成人,几乎把家业董了一半子,休说咱娘不爱见我,……"(《歧》102/955)

(7)隆吉道:"……我斟上酒,老人家吃着,开口道:'这一铺张,董的人情大了,你一个人掌柜,又要还人家礼,又要打探人家喜事,……'"(《歧》100/932)

(8)他近来立志读书,再不出门。那也是董的不妥,有上千银子账在头上。(《歧》37/345)

(9)王隆吉道:"……,自幼儿咱那事体,都是憨董的,提不起来,不说他了。只是近来怎的还不省事儿,弄下这个大窟窿?"(《歧》60/557)

(10)春宇道:"蠢才。这事多亏我到,若叫你们胡董起来,才弄的不成事哩。"(《歧》27/256)

(11)谭绍闻便不欲进去。张绳祖扯了一把说道:"咱不赌,由他们胡董。"(《歧》43/396)

1. "董"的语法特征

从上例可以看出,"董"在句中作谓语是表示行为的动词,具有[+过程性]。例(3)、例(4)和例(6)的"董"均用在"把"字处置句中,"家业""家当儿"实为"董"的受事宾语。"董"的主语是"董"的行为、过程的实施者,"董"的主语均为施事主语。"董"主要出现在"董+C+了""董+了+C""董+的(得)+C"结构中。"董"后常出现结果补语,如前五例"董"后的补语分别是形容词"穷"、动词"破"和"尽"、名词短语"昏天黑地"、数量结构"一半子",多具贬义性质。例(7)、例(8)的"董的"即"董得","董的人情大了"和"董的不妥"均为动补结构。后三例的"董"之前,有表示贬义性状的"胡""憨"等作状语。从"董"前的状语和"董"后的补语来看,"董"前的状语表明行为的性质,"董"后的补语表明行为的结果。"董"的主语都是施事,施事者有董、弄事情的自主权,如盛希桥、夏逢若等破落官二代;"董"的宾语较少出现,多是家业财产的"董破""董穷"等动补结构。

2. "董"的语用特色

《歧路灯》中的方言特征词"董"一共11例,全部用于小说主人公及关键、主要人物的口语中。其中例(1)是主人公谭绍闻所说,例(2)、例(3)和例(5)、例(6)全是出自小说中的关键人物——破落官家子弟、败家子盛希侨一人之口。例(7)—例(10)是王宇春、王隆吉父子二人所言,例(4)、例(11)是赌棍张绳祖一人之言。

在"董"的全部用例中,没有一例说的是好的或正面的事情,多是不好的行为,而且都不是一般的事情,而是重大或严重的事情。如:例(1)是小戏子们在神圣之地——书房胡闹、折腾;例(2)—例(6)是败家子胡作非为、败坏家业;例(7)是指看透世事的老商人王宇春不想违心"铺张"——瞎折腾破费钱财宴请街坊;例(8)、例(9)是指年轻人吃酒赌博、与妓女或尼姑鬼混,例(10)指谭府丫头冰梅不明不白突然生了孩子之类令人不齿的事情,例(11)指赌徒赌博。

以上"董"的行为或结果都是说话者或与说话者相关的人们不希望发生的重大事情。因此"董"在语用上有个重要的特点,即说话者在使用"董"时,重在凸显事情的严重性,具有很强的主观性,表达了说话者持有的明显的否定、不赞成或不满意的态度,即"董"含有较强的贬义主观评价性。

这种主观评价性既可以从"董"的状语"胡、憨"和补语"破、坏、穷、昏天黑地"上体现,也能从"董"字前、后的其他词语中看出。比如例(3)、例(5)、例(6)中"董"字前、后都有对自己行为否定的言语,如"我是个匪人,把家业董破了些""像我这大儿子不成人,几乎把家业董了一半子，休说咱娘不爱见我，我就自己先不爱见我"和"我不长进，董了个昏天黑地。第二的，你是副榜，若不能干宗大事，只像我这宗下流"。其中加点处均为盛希侨对自己行为的否定评价。例（7）"这一铺张，董的人情大了"中"铺张"与"董"连用，就表明了商人王宇春主观上对此事的否定、不赞成的态度。例（11）"咱不赌，由他们胡董"，先说"咱不赌"，然后称别人正在进行中的赌博行为是"董"且是"胡董"。"胡董"表明说话者主观认为正在进行中的赌博行为是胡作非为、随意乱来，说话者对此种行为的否定和不赞成的评价或态度很明确。说话者或是"董"的施事本身，如例（2）、例（3）、例（5）、例（6）是盛希侨对自己行为的评价，也可以是与"董"的施事同辈分者，如例（8）、例（9），或者是比"董"的施事辈分高，如例（10）。

（二）"董"与"弄"

1. 语义方面

栾星先生指出"董"是"糟蹋""挥霍"之意①。《汉语方言大词典》把例（12）中的"董"，解释为动词"糟蹋""挥霍"②。仅就这一例来看，这样的解释就不够准确。我们先来看例（12）出现的具体环境：

（12）果然谭绍闻进了张宅，过了客厅，方欲东边祠堂院去，只听内边有人说道："你方才赔了他一盆，这一盆管保还是个叉。"一个说道："我不信。"谭绍闻便不欲进去。张绳祖扯了一把说道："咱不赌，由他们胡董。"（《歧》43/396）

小说这段文字的背景是主人公谭绍闻决定改志读书不再赌博，但在家开赌窝娼的张绳祖——谭绍闻逐步走向堕落的主要诱引者——要再次诱骗他去嫖赌。谭绍闻身不由己进了张宅后，因听到里面有人赌博就不想进去。诱赌者说"咱不赌"，且把正在赌博者的行径说成是"胡董"，是站在谭绍闻改志戒赌的立场上。其中的"董"，谈不上什么"糟蹋""挥霍"，"董"指的就是正在进行中的赌博。"胡董"就是"胡弄""胡搞""胡做""瞎折腾"。

从语义上看，例（1）"董坏了"就是弄坏了。例（2）—例（6）中的"董"都是"弄"的意思，"董穷了""董破了些""董尽""董了个

---

① （清）李绿园著，栾星校注：《歧路灯》，中州书画社1980年版，第213页。
② 许宝华、[日]宫田一郎主编：《汉语方言大词典》，中华书局1999年版，第5926页。

昏天黑地""董了一半子"中的"董",即是弄、搞、折腾、胡闹、挥霍之意。例(8)的"董",是"弄""搞""办"的意思,很像东北话、豫西南方言中的"整"。例(9)"憨董"即憨弄、憨做、瞎折腾之意。例(10)"若叫你们胡董起来,才弄的不成事"中的"董"即"弄"。因此,"董"在语义上同泛义动词"弄",相当于"搞""做",只是有贬义色彩。

2. 语法语用方面

与"董"在语义上相同的"弄",《歧路灯》中一共使用了240例,可谓是个高频词。上例的"董",都可以用"弄"来替换,但有的"董"换成"弄"后,不仅言说者的主观评价性减弱,本来是要强调的重要事情则给人以轻描淡写之感觉,比如例(3)—例(9)。这主要是由"董"语用方面的特点造成的。再来看下例:

(13)若肯念自己门第,继先世书香,收心从师长读起书来,着得力的家人王中料理起家计,亦可谓享人间极乐之福。若是再胡弄起来,这便是福薄灾生了。(《歧》28/265)

(14)王春宇道:"蠢才。这事多亏我到,若叫你们胡董起来,才弄的不成事哩。"(《歧》27/256)

(15)外父的门风叫你弄坏了。拜认干亲,外父当日是最恼的。(《歧》3/29)

(16)表弟,我央你与你舅商量,劝的老人家回心转意,胡弄台戏,挂上几幅绫条子,……(《歧》100/934)

(17)杜氏进房去,只听得说:"你为甚的把我的镜匣子弄歪了?"(《歧》67/639)

(18)我那年轻时没主意,跟着那个姐夫,原弄了些不成事。(《歧》40/372)

(19)这是巫翠姐今日没道理,就弄的合家大小齐哭乱号起来。(《歧》85/810)

(20)只是花消盘费,把几顷薄土弄尽,那戏也散了。(《歧》30/277)

上例的"弄",都是动词作谓语,前有状语,后有补语、宾语,仅"弄的/得/哩/到 C"就有61例。"弄"前可以出现状语"胡"的如例(13)、例(16)。例(13)—例(15)和例(17)、例(19)、例(20)

第一章 《歧路灯》与豫西南方言之动词"捞""董""聏""引" 47

"弄"后的"起来""坏""歪""合家大小齐哭乱号起来""尽"等均为补语。例（16）、例（18）的"弄"后有宾语"台戏""些不成事"。例（17）、例（20）的"弄"用于"把"字处置句中。

例（14）、例（15）和例（18）—例（20）的"弄"都可以用"董"替换。例（13）的"胡弄起来"是指谭绍闻曾做的吃酒、赌博、与妓女胡混之类的事情。"胡弄起来"与例（14）的"胡董起来"结构、语义都相同。例（13）用了"胡弄起来"而不是"胡董起来"，是作者根据事实所发的议论，不是主观性的评价，大概是作者偏袒自己的主人公，故意避重就轻。《歧路灯》中"胡弄""胡董"各有两例。例（15）的"弄坏"在结构、语义上与"董坏"相同。这里用"弄坏"而不是"董坏"，是说话者谭孝移根据妻弟拜认干亲的事实得出的结论，是出于对妻弟的客气而故意避重就轻。例（18）、例（20）的"弄"语义上也与"董"相同。但例（18）用"弄"而非"董"，也是由于说话者滑玉故意轻描淡写以减轻自己对姐姐的负面影响。例（20）是戏班主人的一番话——因自己胡作非为摊上官司把几顷土地折腾完了，以"弄"代替"董"，是故意轻描淡写。例（16）、例（17）两例的"弄"不能用"董"替换。因为这两例所说的都是平常事情。例（16）的"胡弄"就是应付、草率从事。"胡弄台戏"是随便唱台戏，不讲究戏的质量。例（17）是杜氏说与丫鬟的话，"弄歪了"就是摆放不正。上述11例"董"中，没有类似这两例"弄"的。

《歧路灯》11例"董"中，都可以用"弄"替换。而《歧路灯》中的240例"弄"中，有的可以用"董"替换，有的却不可以用"董"替换。来看以下"弄"的用例：

（21）这是谭绍闻一被隆吉所诱，结拜兄弟，竟把平日眼中不曾见过的，见了；平日不曾弄过的，弄了；……（《歧》17/182）

（22）盛希侨策马而来。两个弄了一付骨牌还元宝债。（《歧》84/805）

（23）那姜氏道："嫂子，拿我的汗巾来，莲菜弄了一身水。"（《歧》73/706）

（24）可惜嫁与马九方，每日弄网，弄鸟枪，打虫蚁儿，把一个女贤人置之无用之地。（《歧》64/603）

（25）"料定是宽心的话，反弄了些闷胀到心头。或者大相公有几分不妥，也未见得。"（《歧》45/420）

(26) 希侨道："这两三天，话已说尽了，胡乱弄个碗儿咱玩玩。"（《歧》20/202）

(27) 亲戚家缠搅了二三年，没弄出话差，就算极好。（《歧》8/86）

(28) 只为小弟自幼好弄锣鼓，后来就有江湖班投奔。（《歧》22/217）

(29) 既没有戏，也要弄个别的玩意儿，好等着吃你的饭。（《歧》20/201）

例（21）的"弄"相当于"吃、喝、玩、做、干"等日常行为。例（22）是两个人随便玩骨牌，但不是赌博。后两例"弄"的也都是日常的再普通不过的事情。而"董"不用于日常一般状况，只用于败家子糟蹋、挥霍家业，书生赌博、吃酒、斗鸡，与妓女鬼混、玩戏子和与丫头不明不白生下孩子等非正常状况，且多是严重的有伤风化的状况。这几例中的"弄"都带有宾语，都不能用"董"替换。这些情况表明"董"和"弄"除了语义、语法上相同，语义、语法、语用上也存在着差异："董"只能用于"董+补"结构，而"弄"则"弄+补""弄+宾"结构均可；"董"只用于口语，"弄"既可以用于口语，也用于作者议论性的叙述语言中。"董"不是一般的"弄"，而是"胡弄""乱弄""傻弄"出格的"弄"。"董"的行为或结果都是人们不希望发生的。在使用"董"时，包含说话者主观上持有明显的否定、不赞成或不满意的态度，即贬义性的主观评价。《红》《儒》中均没有《歧》中这样的"董"。《红》《儒》《歧》分别有"弄"308、240、76例。《儒》中有下面的"弄"用例：

(30) 本朝的天下，要同孔夫子的周朝一样好的，就为出了个永乐爷就弄坏了。（《儒》9/102）

(31) 他是个不中用的货，又不会种田，又不会作生意，坐吃山崩，把些田地都弄的精光……（《儒》12/135）

这两例弄坏、弄光的对象是天下、田地，"弄"不带主观评价，这样的"弄"，《红》中不见，《歧》中是用"董"。这表明，《歧路灯》的中"董"体现的是河南中原官话的特色。

二 豫西南方言中的"董"及古今比较

（一）豫西南方言中的"董"

豫西南方言中也有个与姓氏的"董"同音的［tuŋ⁵⁵］字，本书记作"董"。例如：

（1）解放前，他爹抽大烟，董光了家业。
（2）这家原来可富，叫_被俩儿_{两个儿子}给胡董穷了。
（3）这女哩_{女人}可不会过日子，光会脏/□çin³¹_傻董_{乱吵乱闹胡搅蛮缠}一气。
（4）他家小娃儿_{小儿子}大清早斗_就乱董着要分家。
（5）不想过日子的话，你就情_{只管}董_{闹、折腾、吵}了。
（6）这货_{这人}是个董将 tuŋ⁵⁵ tsiaŋ/董家儿_{擅董者}。
（7）a. 你咋 tsa⁵⁵ 董哩灰头土脸哩？
　　b. 你咋 tsa⁵⁵ 弄哩灰头土脸哩？
（8）a. 您俩好哩给一个人样_{一样}哩，为这点事儿董撑_{闹僵}了？
　　b. 您俩好哩给一个人样_{一样}哩，为这点事儿弄撑_{闹僵}了？
（9）a. 多好的事儿叫你董黄_{弄坏}啦。
　　b. 多好的事儿叫你弄黄_{弄坏}啦。
（10）a. 一个大院子，叫您俩董哩乱七八糟！
　　 b. 一个大院子，叫您俩弄哩乱七八糟！
（11）a. 才穿哩新衣裳可就董脏了？
　　 b. 才穿哩新衣裳可就弄脏了？

上例中的"董"具有以下的语法语用特征：

"董"都是行为动词，在句中主要是作谓语。例（2）—例（4）"董"前有"胡""臊"、"□［çin³¹］_傻"、"傻""乱"等作状语。"董"后主要跟补语，如例（1）的"光"、例（2）的"穷"、例（7）的"灰头土脸"、例（8）的"撑"和例（9）的"黄"。例（6）的"董"是动词作定语。

"董"的语义，前两例与《歧路灯》中"挥霍""毁掉""败坏"家业、财产之类的胡作非为相同。例（3）—例（5）的是"吵闹""吵架""折腾"，虽没有败家毁业严重，但事关家庭生活、团结和睦等重要事情，用"董"含有说话者明显的不满。这11例都含有说话者对"董"之施事的行为或其造成结果的不满或否定。尽管这种不满或否定的程度会因事态大小、性质而不同,但都是一种主观评价性。对于例例(1)、例(2)这类胡作非为败坏家业令人痛恨的"董"、例(3)—例(6)这类影响家计民生的"董",一般都不会换用"弄"。尽管后四例的"董"语义同"弄",但用"董"表现了说话者不满的态度,用"弄"则多是客观述说。

河南新安、湛河区、周口等都有与豫西南方言相同的"董家""董脏""胡董""董将"等用法。洛阳、郑州、尉氏、平顶山、许昌、漯河、鄢陵、驻马店、信阳、卫辉和陕西合阳、山西翼城等方言中都有和豫西南方言中意义、用法相同的"董"。如:

(12) 他把家业董了,到他这一辈算完了。(洛阳方言)
(13) 胡求董,啥事也干不成。(新安、湛河区方言)
(14) 屋里叫你董哩乱七八糟哩。(新安、湛河区方言)
(15) 就镇些家底,你不董净心不悦。(平顶山)
(16) a. 把你董得就像泥猪娃。(陕西合阳方言)
　　　 b. 屋里都董成猪窝啥了。(漯河方言、尉氏方言)

民国二十七年石印本《新安县志》有"挥霍曰董家"。

(二)"董"的古今比较

由以上分析可知,从《歧路灯》到豫西南方言,"董"的面貌及变化如下:

1. 共同点:《歧路灯》与豫西南方言中的"董"都是行为动词,都主要是用于败家毁业,语义上与泛义动词"弄"有相同点,都多出现在"董+C"格式中,说话者对"董"的行为都是持明显的否定、不满意态度,即"董"为贬义词。

2. 不同点:《歧路灯》中"董"只能作谓语,豫西南方言中还可以出现在定语位置上。豫西南方言传承了《歧路灯》中"董"的基本语义之外增添了"吵闹""折腾"等新义项。《歧路灯》中的"董"只用于胡作非为败家毁业之类较严重的不好状况,而豫西南方言中的"董"除了可指胡作非为败家毁业之类,较多的是指一般日常琐事。

总的来说,《歧路灯》和豫西南方言"董"从语法、语义到语用上,大同小异。豫西南方言中的"董",与《歧路灯》中的相比,使用范围扩大了，语义也得到了拓展。

（三）"董"的来源

与《歧》同时期的文献的《红》《儒》中未有上述的"董"，《歧》之前元明时期的文献中也未见有上述的"董"。接下来我们尝试考察"董"的来源。《歧》中还有下面两例"董"字：

（17）观察沈吟道："董之用威，即以用威为名，以寓教思。何如呢？"（《歧》95/894）

（18）这原是二人食难下咽，并且自己要吩咐了家事，好来董治丧事，以全生死之交意思。（《歧》12/134）

这两例的"董"，是动词"督察""监督"和"主持""主管"，这样的"董"《歧路灯》中只此二例。例（17）的"董之用威"出自《书·大禹谟》，可见此"董"古已有之。此"董"，宋元时也有使用。例如：

（19）八年，滑州房村河决，发卒塞之，命守文董其役。[《宋史》259（传）/8999]

（20）诏浚大内河道，以宦官同知留守野先帖木儿董其役。[《元史》44（本纪）/929]

（21）初议建方田，命兴董其事，寻复辍。[《宋史》280（传）/9504]

（22）复立云南屯田，命伯颜察而董其事。[《元史》21（本纪）/466]

这四例中的动词"董"，有"掌/督管"、"主持/管"等义。前后两例分别是"董其役""董其事"，"役"即"事"。前者所"董"之役是堵塞河堤疏浚河道，后者所"董"之事是屯田守边。《宋史》《元史》中这样的"董"主要用于"命+O指人+董其役/事"中。凡掌管、督办修城池庙宇筑宫殿佛寺、塞河浚水造桥修堤等均为"董其役"，凡主管、督办改造新历、屯田守边、储粮籴米、转运军需或建府筑城、导洛通汴等均为"董其事"。因此这些"董"是具有泛义性质的褒义动词，"董"的施事都是具有一定权位的朝廷命官，所董之事或重大或多有一定的规模。《歧路灯》中"董"的施事多是仍具有一定身份、地位的官二代，他们对家业处置具有话语权，言行曾为正人君子所不齿。由此可见：《歧路灯》中例（17）、例（18）是继承了宋元及其之前"董"的用法，其他贬义的"董"则是对宋元时用法的继承与发展。例（17）、例（18 的"董"与其他的"董"属于不同的历史层次。今天豫西南方言"董"的意义由掌管、主管发展、泛化而来，即使"董"的受事是生活琐事，只要说话者不满意，也可以用"董"，是对《歧路灯》中"董"的继承与发展。

复旦大学游汝杰教授曾对笔者指出：《歧路灯》中"董"和"弄"可能同源。虽然"董"和"弄"的韵母现代相同，中古相同，上古也相同，同属东部，但"董"的声母中古属端母，"弄"的声母中古属来母，端母和来母上古没有什么联系，"董"和"弄"的声调也不相同。因此，目前尚无法证明"董""弄"是同源词。由于两者都是泛义动词，所以在使用中可以互换，但因二者语用上的差异，二者各司其职。

三 《歧路灯》与豫西南方言中的"古董"

现代汉语共同语的"古董［ku^{214} tuŋ^{214}］"是名词，有两个义项：①是古代流传下来的器物，可供了解古代文化的参考。②是比喻过时的东西或顽固守旧的人。这样的"古董"《歧路灯》中也有6例，但不属于本章研究之列。

我们要在此考察的"古董"，是《歧路灯》和豫西南方言共有的方言特征词。其中的"董"与上述动词的"董"，只是字形相同。弄清楚"古董"也有利于理解上面的"董"。

（一）《歧路灯》中的"古董"

作为方言特征词的"古董"，《歧路灯》中也有六例，主要用于口语。例如：

（1）只见一个粗蠢大汉，面目带着村气，衣服却又乔样，后头跟着一个年幼小童，手拿着不新不旧的红帖，写着不端不正的字样，递于王中。王中……上下打量，是个古董混帐人。（《歧》22/213）

（2）"我不信。家兄当日因为这个宗儿，化了二百两以外。亲口许陈老师五十两，陈老师依了，老周执拗不依。那老周是个古董虫，偏偏他如今升到江南做知县了。"（《歧》34/319）

（3）王中道；"……依我说，把他的账承当下，他就说正经话。若是干研墨儿，他顺风一倒，那姓茅的就骗的成了，要赔他衣服，还不知得多少哩。休说这种古董事体，当初大爷举孝廉，还要使银子周旋哩。"（《歧》30/280）

第一章 《歧路灯》与豫西南方言之动词"捞""董""聒""引"　53

（4）虎镇邦赢的几乎够一千之数，正想散场，……夏逢若道："都是自己几个人，休歇了场儿，谭贤弟输的多了，捞一捞轻欠些儿。"虎镇邦把色盆一推，说道："他跟你是一家人，这些古董话，叫我听哩！"（《歧》58/541）

（5）那年在你这书房里，撞着一起古董老头子，咬文嚼字的厌人。我后悔没有顶触他。这一遭若再胡谈驳人，我就万万不依他。（《歧》62/586）

（6）我对你说，古董混账场中，帮客不可要两个，有了两个帮客，就如妻妾争宠一般，必要坏事。（《歧》34/321）

上例中的"古董"分别修饰人、事体、虫（比喻人）、话、老头子、场等名词，形容这些人、事体或场合的性状、行为之怪异，与现代汉语共同语中的"古董"仅仅是形同，作者只是借用名词"古董"的字形来记录前者。

栾星指出《歧路灯》中的"古董"是豫语（指河南话或河南方言），例（1）、例（2）的"古董"分别是"形容心术多、内藏险恶或行动乖觉的人""形容那些迂腐、固执或心底不清澈的人"。①肖燕把这两例的"古董"解释为"糊涂，憨，傻"。②栾星、肖燕的解释都不够准确：从出现的具体语境上看，例（1）的"古董"应是指粗蠢大汉行为乖戾。例（2）的"古董"从上文"陈老师依了，老周执拗不依"看，应该是执拗、固执、不易对付。例（3）前三个"他"是指夏逢若（坏点子多、赌博、诱骗、惹是生非、唯利是图、看风使舵），他乘人之危，讹诈小说主人公谭绍闻替他还账，否则就帮姓茅的骗子坑骗谭家，该例的"古董"应是指居心叵测、出人意料、不易对付。而例（4）的"古董"应是"居心叵测、故意找碴儿"：虎镇邦赢足了钱想散场，夏逢若却说不要散场儿让谭绍闻捞捞本，因此虎镇邦认为夏逢若说话是不怀好意、故意找碴儿。例（5）的"古董"，猛一看上去，很像《现代汉语词典》的"比喻过时的东西或顽固守旧的人"。但不惧官府、不怕无赖、平日无人敢惹的盛希侨却被"一起古董老头子"教训、驳斥了一番，且没敢"顶触"，所以此例的"古董"应是"不好对付、难缠、不好惹"之意。据例（1）—例（3）推知例（6）的"古董"应是"险恶、不好对付、变化莫测"。

---

① 栾校本《歧路灯》，中州书画社1980年版，上册第213页、中册第319页。
② 肖燕：《〈《歧路灯》词语汇释〉补遗》，《洛阳大学学报》2005年第3期。

(二) 豫西南方言中的"古董 [ku⁴² tuŋ³¹]"

今天豫西南方言的日常口语中也有 [ku⁴² tuŋ³¹] 一说，我们也用"古董"记之。例如：

(7) 这货_{这人}可古董，没人敢惹他。
(8) 大黄牛古董，老_{总是}爱_{喜欢}抵人。
(9) 几个古董货_{古董家伙}在一起，天天没事儿找事儿。
(10) 这老头子倚老卖老，胡嚛乱骂，净干些古董事情。
(11) (大人对孩子说:) 再给我古董，揍你啊。

这些"古董"也是形容词，可作谓语、定语。例 (7) 的是厉害、脾气暴或怪、不好惹。例 (8) 的是指牛不驯顺、爱抵人或者与别的牛抵架。例 (9) 的是不明事理、行为古怪、坏点子多、爱惹事。例 (10) 的是不明事理、爱招惹是非。例 (11) 的是指小孩子爱捣乱、不老实。

河南洛阳方言的"古董"，指心眼灵活但不干正事。① 河南黄河以北的安阳、濮阳、鹤壁、新乡、焦作和济源等方言的"古董"指"孬点多""质量差"。②

河南之外其他方言以及《红楼梦》《儒林外史》中均未见有上述的"古董"。

从《歧路灯》到今天豫西南方言，"古董"的语义变化不大，应用范围由人扩大至牲畜（如牛），句法位置则由定语发展至定语、谓语。

第三节 《歧路灯》与豫西南方言之动词"聒"

单音节动词"聒"，《歧路灯》同时期的近代汉语文献中有之，豫西南方言及其他方言中亦有之，但只出现于现代汉语共同语书面语。本部分比较《歧路灯》与豫西南方言"聒"的异同，追寻"聒"发展、变化的轨迹。

---

① 韩彦刚、孙素玲、尚仁杰编：《洛阳民俗志》，香港教科文出版有限公司 1999 年版，第 370 页。
② 袁蕾：《豫北方言辨正与研究》，西北农林科技大学出版社 2007 年版，第 176 页。

一 《歧路灯》中的"聒"

（一）《歧路灯》中"聒"的语法及语用特征

"聒"的本意是吵扰，声音嘈杂。《歧路灯》中一共有 15 例"聒"。例如：

（1）法圆道："……就如打平安醮一般，俱是小响器儿，全不聒人。"（《歧》63/589）

（2）王氏道："近来人说话，只嫌聒的慌。你说的我不懂的，……"（《歧》108/1013）

（3）今晚老爷还回不来哩。我给你一个地方儿，黑底里休要叫爷叫奶奶聒人。（《歧》30/284）

（4）希瑗道："人家小孩子，给十两银子，也就罢了，胡吵的聒人，是怎的。"（《歧》101/941）

（5）我一生有个毛病，但听见书声，耳朵内就如蛤蟆叫唤一般，聒的脑子也会痛起来。（《歧》86/815）

（6）晚上叫樊家女人做伴儿，人又蠢笨，半夜中喉咙中如雷一般，怪聒的人慌。（《歧》35/325）

（7）柏公扶杖相送，口中哼哼说道："老来昏聩，妄谈聒耳。"（《歧》9/98/）

（8）唱完，说道："聒耳。"隆吉道："聆教。"希侨道："果然聒耳不中听。取大杯来，咱们猜拳罢。"（《歧》15/162）

上例中的"聒"，指声音令人难受、烦恼，均为行为动词。"聒"的施事，除了例（1）是做法事念经及小响器儿发出的声音，其余各例均为人发出的声音，如例（2）至例（6）分别是人说话、叫喊、吵闹、读书和睡觉时喉咙发出的声音等，后两例是说话、唱曲的声音。"聒"出现在"聒 O""聒（的）C"等句法结构中，主要充当谓语。例（1）的"聒人"是谓语部分，例（2）比较特殊，"聒的慌"以"X 的慌"结构作"嫌"的宾语，例（4）的"聒人"位于补语位置。例（5）"聒的脑子也会痛起来"，"聒"后为程度补语。"聒"的宾语有耳、人，如"聒人""聒耳"。例（7）和例（8）的前一个"聒耳"是客套话，与例（8）的后一个"聒耳"不同。从语用上看，体现了说话人强烈的主观性。如例（1）尼姑说做法事念经"全不聒人"是尼姑劝诱人的主观说辞；例（2）

王氏听人说话则嫌"聒的慌"是其主观性在起作用；例（5）夏鼎说听见书声，耳朵内就如蛤蟆叫唤一般，"聒的脑子也会痛起来"，是夏鼎的主观感受，正人君子听见读书声则是会声声入耳。以上的"聒"成了一种主观性极强的、由他人言行引起的不舒服的感觉，含有说话者的主观感受。再看下例：

（9）幼童不许轩渠笑，原是耳旁聒迅雷①。（《歧》58/544）

（10）只这一句，巫翠姐也难提秦晋、朱陈的话。只为谭宅此时塞修联影，也就冰语聒聪，不再一一细说。（《歧》93/870）

上图抄本无例（9）。这两例为非口语用法，是作者议论评价之语。以下是"聒"的双音节用例：

（11）看官休嫌絮聒，作者便演出老实议论来。（《歧》87/822）

（11'）看官休嫌聒絮，作者便演出老实的大议论来。（上图抄本86/521）

（12）弟见世兄浪滚风飘，又怕徒惹絮聒。今既采及葑菲，敢不敬献刍尧。（《歧》63/599）

（12'）弟见世兄浪滚风飘，又恐徒惹聒絮。（上图抄本62/377）

（13）倘若再遇别事，人君早防备臣下聒噪，这'廷杖发边'四个字，当其未曾开口之先，……（《歧》9/98）

（14）只现在屠行、面房、米店里，天天来聒吵，好不急人。（《歧》81/782）

这几例的"聒"与"絮""噪""吵"连用，构成"絮聒（聒絮）"、"聒噪"和"聒吵"三个双音节动词。例（11）、例（12）的"絮聒"，上图抄本均作"聒絮"。"絮聒"与"聒絮"逆序，语义相同，意为唠叨、烦扰。例（13）的"聒噪"是声音喧闹，令人烦躁。例（14）的"聒吵"同"聒噪"。例（11）、例（12）的"絮聒"是客套语。例（14）屠行、面房、米店要账的言行被看成"聒吵"，也是绍闻的主观感受。前两例的"絮聒（聒絮）"是动词作"嫌"的宾语，后两例的"聒

---

① 《歧路灯》上图抄本卷十第57回无此例。

噪"和"聒吵"是句中谓语。

上述《歧路灯》中的"聒"主要用于反映日常生活的口语中,其中12例用于口语,例(7)、例(10)、例(12)、例(13)有较浓的文言色彩,有四例是用于客套语,例(9)—例(11)虽非口语,属于作者自身所发议论,也与口语密切相关。

(二)《歧路灯》与清代其他文献中"聒"的异同比较

《红楼梦》中"聒"一共出现8次,共中单音节"聒"1例,双音节的"聒絮""絮聒""嘈聒"各1例,"聒噪"4例。例如:

(15)贾赦自到家中与众门客赏灯吃酒,自然是笙歌聒耳,……(《红》53/758)

(16)探春因家务冗杂,且不时有赵姨娘与贾环来嘈聒,甚不方便。(《红》58/797)

(17)"二奶奶说了,多谢姑娘们给他脸。不知过生日给他些什么吃,只别忘了二奶奶,就不来絮聒他了。"(《红》62/847)

(18)秦家父前日在家提起延师一事,也曾提起这里的义学倒好,原要来和这里的亲翁商议引荐。因这里又事忙,不便为这点小事来聒絮的。(《红》7/112)

(19)我实在聒噪的受不得了。一个女孩儿家,只管拿着诗作正经事讲起来,叫有学问的人听了,……(《红》49/657)

(20)哥儿不要性急。太爷既有事回家去了,这会子为这点子事去聒噪他老人家,倒显的咱们没理。(《红》9/138)

除例(16)的"嘈聒"是唠叨、烦扰意,其余各例与《歧路灯》中"聒"的语义相同。"嘈聒""絮聒(聒絮)""聒噪"均为所在句中谓语。全部用例中口语、叙述语各半。八例中有三例是客套语。

《儒林外史》,"聒"字只有二例。例如:

(21)杜慎卿道:"偶一听之可也,听久了,也觉嘈嘈杂杂,聒耳得紧。"(《儒》30/314)

(22)四斗子骨都着嘴,一路絮聒了出去,……(《儒》6/70)

这两例中的"聒""絮聒",口语、叙述语各一例,与《歧》《红》中的语义、句法相同。例(21)的"聒耳"也体现了说话者的主观感受。

另外,《歧路灯》之后《儿女英雄传》《海上花列传》和《二十年目睹之怪现状》等文献中也出现有"聒",其语义、用法也与《歧路灯》相同。例如:

(23) 才点灯,便放下号帘,靠了包袱待睡,可奈墙外是梆锣聒噪,堂上是人语喧哗,……(《儿》34/795)

(24) 我暗想:大约继之被他这种话聒得麻烦了,不如我代他回绝了罢。(《二十年目睹之怪现状》63/533)

(25) 却听对过房间黄金凤台面上豁拳唱曲之声,聒耳可厌。(《海上花列传》49/420)

在语法上,以上各文献中的"聒",受事宾语主要是人,"聒"的施事以人的言行为主。

《歧路灯》与清代其他文献中"聒"使用情况见表 1–5。

从表中看出,和同时期的《红》《儒》相比,《歧》中单音节的"聒""聒+O"更常见。《歧》中"聒"的使用,在数量上远远高于同时期的《红》《儒》,尤以单音节"聒(O)"数量最多,三者单音节"聒"的使用比率为11:1:1。后三部晚清小说中"聒"的数量更少,可以忽略不计:《儿》中没有单音节"聒",只有2例"聒噪";《海上花列传》中有8例"聒",是一个"聒耳"出现了8次。《二十年目睹之怪现状》中只有1例"聒"。而含有"聒"的双音节词以《歧》《红》为主。从使用语体看,《歧》15例"聒"中有12例是用于口语,《红》和《儒》口语、叙述语各半。后三部小说的"聒"全是用于叙述语言中,没有口语用法。

表1–5　　清代《歧路灯》等文献中"聒"使用情况统计表

文献	总数	词语数①	聒	双音节词
歧	15	10	11	絮聒2+聒噪1+聒吵1
红	8	5	1	絮聒(絮)2+聒噪4+嘈聒1
儒	2	2	1	絮聒1
儿	2	1	0	聒噪2
海	8	1	8	0
二②	1	1	1	0

注:①不计重复。②指《二十年目睹之怪现状》。

从以上《歧路灯》与清代其他文献中"聒"的统计情况可以推知，到了有清一代，尤其是到了18世纪，"聒"的使用主要是以中原官话为主，北京话、江淮官话已较少使用，可以看作《歧路灯》或者是中原官话的特征词。

（三）《歧路灯》中的"聒"溯源

"聒"的使用，可以追溯到先秦。从先秦到宋元明"聒"的使用屡见不鲜。例如：

（26）以此周行天下，上说下教，虽天下不取，强聒而不舍者也……（《庄子·天下》576）

（27）鹍雀列兮哗讙，鹍鸪鸣兮聒余。（《楚辞·九思》379）

（28）千秋万岁之声聒耳，而一日之寿无征于人。（《韩非子·显学》187）

上例的"聒"，《说文》《苍颉篇》都有释义，是声音吵闹、刺耳或多声乱耳使人厌烦之意，是行为动词，作谓语。

从先秦到南北朝，只有"聒O"结构，宾语主要有"耳""天""地"等。"聒"的施事主要有人语、鸟鸣、水声、梵乐法音和蛙鸣等。例如：

（29）闻诵读之声，摇鸡奋豚，扬唇吻之音，聒贤圣之耳，恶至甚矣。（《论衡校释》2/84）

（30）分东、西长溪，溪有四十七濑，浚流惊急，奔波聒天。（《水经注》40/747）

（31）梁武陵王纪为会稽太守，宴坐池亭，蛙鸣聒耳。[《南史》37（传）/970]

（32）钟风雨之如晦，倦鸡鸣之聒耳，幸避地而高栖，凭调御之遗旨。[《陈书》27（传）/345]

（33）斑忽然令大叫，鼓噪聒天，贼大惊，登时走散。[《北齐书》39（传）/521]

（34）梵乐法音，聒动天地。（《洛阳伽蓝记校释》3/95）

此时期的"聒O"，用来写景状物，描述的是某种气势、意境，重在从客观上烘托施事之声势非同一般。

唐宋至明，"聒"的用例如下：

（35）箫鼓聒川岳，沧溟涌洪波。（李白《发白马》，《全唐诗》26/362①）

（36）翻思在贼愁，甘受杂乱聒。（杜甫《北征》，《全唐诗》217/2275）

（37）寒声入烂醉，聒破西窗眠。（陆龟蒙《引泉诗》，《全唐诗》619/7131）

（38）鸣蝉聒暮景，跳蛙集幽阑。（元稹《种竹》，《全唐诗》397/4459）

（39）始知诸曲不可比，采莲落梅徒聒耳。（岑参《田使君美人舞如莲花北鋋歌》，《全唐诗》199/2057）

（40）笙簧聒地，鸟语呢喃。（《五灯会元》19/1243）

（41）满城绣帘珠幌，暖响聒天丝竹。（史浩《喜迁莺·癸酉岁元宵与绍兴守曹景游》，《全宋词》1266②）

（42）鼓枕橹声边。贪听咿哑聒醉眠。（辛弃疾《南乡子·舟中记梦》，《全宋词》1884）

（43）聒席笙歌，透帘灯火，风景似扬州。（周邦彦《少年游·黄钟楼月》，《全宋词》591）

（44）残蝉噪晚，甚聒得、人心欲碎，更休道、宋玉多悲，石人、也须下泪。（柳永《爪茉莉》，《全宋词》54）

（45）你那里休聒，不当信口开合。知他命福是如何？我做一个夫人也做得过。（王实甫《崔莺莺待月西厢记》第二本第四折，《全元杂剧》2/253）

（46）金员外偶然察听了些风声，便去咒天骂地，夫妻反目，直聒得一个不耐烦方休。（《警世》5/53）

上列中，主要是"聒 O"结构，有"聒 CO"结构出现，如例（37）、例（44）"聒破""聒得"是"聒 C"结构。"聒"的 O 范围有所扩大，聒耳、地之外，主要有川岳、眠、暮景、（宴）席等。"聒 O"结构中的施事不外是箫鼓笙歌、蝉声鸟语，聒耳、地之外，O 主要有川岳、眠、暮

---

① "/"前后分别是《全唐诗》（全 25 册，中华书局 1960 年版）卷数、页数，下同。
② 《全宋词》（全 5 册，中华书局 1988 年版）1266 为页数，下同。

景、宴席等。虽然"聒O"依然主要是某种气势、意境的客观描述，但例（40）、例（44）的"聒O"——"苦厌（V₁）黄公聒（V₂）昼眠"和"聒C"——"其聒得、人心欲碎"已有明显的主观感受在其中了。

"聒"构成的双音节词语主要出现在宋元时期，其中"聒噪"，最早出现在宋代。例如：

（47）子张较聒噪人，爱说大话而无实。（《朱子语类》32/805）
（48）兀的不恼杀人也么哥！则被他诸般儿雨声相聒噪。（白朴《唐明皇秋夜梧桐雨》第四折，《全元戏曲》1/510）

在元代"絮聒""聒絮"共现，作谓语，用于口语。"絮聒"还有"AABB"重叠式。请看下例：

（49）休聒絮，毕竟是咱每两口受孤恓。（高明蔡《伯喈琵琶记》第十出，《全元杂剧》10/167）
（50）院君，你休要在我耳边聒絮，那畜生回家又来害我。（徐仲由《杀狗记》第十七出，《全元杂剧》10/62）
（51）我本懒的去，争奈我这虔婆絮聒杀人，无计奈何，须索跟他走一遭。（石君宝《李亚仙花酒曲江池》第二折，《全元杂剧》3/511）
（52）俺自撇下家缘过活，再无心缎匹缤罗。你休只管信口开合，絮絮聒聒。（关汉卿《包待制智斩鲁斋郎》第四折，《全元戏曲》1/380）
（53）僧家清雅，又无闲人聒噪，堪可攻书。（李好古《沙门岛张生煮海》第一折，《全元戏曲》3/263）
（54）老嬷道："谢是不必说起。只怕回不倒时，还要老身聒絮哩！"（《二刻》2/30）

这些用例中，无论是双音节的"絮聒""聒絮"或单音节的"聒"已经呈现出言说者明显的主观色彩。

自唐宋至元明，单音节"聒"依然居多，以"聒O"为主，以"聒C"为辅，"聒"的宾语除耳、天、地外，还有川岳、暮景、睡眠、（宴）席等。"聒"的施事主要有蛙蝉之鸣、鼓噪、驴鸣犬吠、箫鼓、笙簧和采莲落梅之音。但元明以来，单音节"聒"和含"聒"的双音节词语涉及的宾语发生了变化，主要是人，施事则多是人的言行，主要是话语。

上述唐宋文献的作者从籍贯上看，河南、山东、四川、江苏、浙江、福建等地均有。自先秦以至元明，"聒"几乎遍及各种文体。

"聒"以上的使用情况表明，从先秦到《歧路灯》之前，"聒"字的历史悠久，使用地域广大、范围极广，尤其是单音节"聒"的使用时间最早，使用率最高。可以说在一个相当长的历史时期里，"聒"都一直是通语词。

《歧路灯》中的"聒"，源自古代汉语共同语中的"聒"，即《歧路灯》中的"聒"是古代汉语共同语中的"聒"在18世纪中原官话中的遗留与发展。一方面，《歧路灯》在语法、语义上继承了古代汉语共同语中的"聒O""聒C"，但其"聒O""聒C"又属于不同的历史层次，"聒O"属于古代汉语早期的用法，"聒C"和含有"聒"的双音节词主要出现在唐宋及其以后的近代汉语中。另一方面，不仅《歧路灯》中"聒"的施事、受事发生了较大的变化，"聒"还体现了较强的主观性，成了一种主观性极强的、由他人言行声音引起的、给人不舒服的感觉。

我们觉得，以上《歧路灯》等六部小说中的"聒"仍是通语用法，但是很明显在使用区域上已经呈现出不平衡性，使用范围、语境也都产生了变化。《歧路灯》里的"聒"最多，且承继的主要是较早时期共同语中的用法，尤其是与同时期文献相比，所以显得比较独特，以至于成为《歧路灯》中的方言特征词。

二 豫西南方言中的"聒"及古今比较

（一）豫西南方言中的"聒"与《歧路灯》"聒"比较

1. 豫西南方言中"聒"的特点

"聒"这个字，在书面语中出现得非常早，虽然普通话口语中已不见用，但是在今天的豫西南方言中，它依然还鲜活地存在着，就像挂在嘴边一样，大人小孩张口即来。豫西南方言中的"聒"读作 [kuo^{24}]。例如：

（1）能吃聒天饭_{饭可以吃很多}，白_别说聒天话_{话不能乱说}。
（2）门外哩鸟聒哩人睡不着。
（3）a. 一天到晚聒焦_{聒噪的音转}kuo^{24} tsiɑu^{24}哩人心慌。
　　　b. 恁 nən^{55} 爹一睡着就呼噜扯_{打呼噜}的震天响，聒哩人受不了。
（4）小点儿声儿_{声音}，白_别叫小孩聒醒了。
（5）电视机开半夜，花里胡哨，支里巴叉，看着头晕；说哩唱

哩，哭哩笑哩，听着聒耳朵。(《皇天》153①)

(6) 机器彻夜呼隆隆响，聒得我睡不着瞌睡。(《皇天》235)

(7) 有时候，十几只都叫，一声高，一声低，一声粗，一声细，聒得人睡不成瞌睡。(《皇天》45)

(8) 原来在堂屋喂。我娃嫌驴尿臊，嫌驴夜里吃草聒他瞌睡。(《皇天》161)

(9) 一家炒菜，各家都能闻到香气。一家吵架，聒全庄。(《皇天》210)

(10) 他老伴，一个白发老婆婆，正织土布。吱扭，哐当，吱扭，哐当。机杼声像一支歌儿，不疾不徐地唱着。他朝内屋门叫道："你出去，聒吵人，上级领导来找我说话。"(《皇天》237)

(11) 谁也不知道她是骂谁。这叫"骂模糊"。聒吵得四邻不安。都恶心她。(《皇天》284)

(12) 自那以后，每夜都跪地呼叫，聒噪吵闹得四邻不安。(《皇天》374)

上例中的单音节"聒"和"聒焦""聒吵""聒噪"等双音节词，都是行为动词。这样的用例，在豫西南方言中俯拾皆是，使用者可能不知道是哪个字，但绝对是说得溜溜的！"聒天""聒耳""聒瞌睡"最为常用。"聒"的施事，主要是人说唱、吵闹、哭笑声、机器彻夜发出的呼隆隆声、织布机的机杼声，野猫、蛤蟆叫声以及驴夜里吃草的声音。"聒"就是这种种声音带来的使人厌烦的不舒服感觉，具有极强的主观性。如例(1)虽是劝慰或警示他人：饭可以尽量随便吃很多，不切实际震耳欲聋的大话、狂话却不能乱说，但"聒天饭"和"聒天话"明显含有对他人饭量和话语的主观看法。例(8)儿子"嫌驴夜里吃草聒他瞌睡"，也含有儿子强烈的主观看法，父亲面对同样的状况却没有"聒瞌睡"的看法；例(10)作者认为"机杼声像一支歌儿，不疾不徐地唱着"，他却认为这唱歌般的机杼声"聒吵人"，充分显示了"聒吵"的主观性，含有说话者的主观评价。"聒"的受事，天、地之外，主要是人（如聒人耳朵、聒人瞌睡）等。

2. 豫西南方言与《歧路灯》"聒"之比较

《歧路灯》与豫西南方言中的"聒"是现代汉语共同语之前汉语共同

---

① 《皇天》153 即周同宾《皇天后土——九十九个农民说人生》，第153页，下同。

语在不同时期中原官话中的遗留,就现代汉语共同语来看,可谓是"旧时王谢堂前燕,飞入寻常百姓家"。经历过两个多世纪的沉淀与淘漉,豫西南方言继承并发展了《歧路灯》的"聒",总体来看,二者同中有异、同大于异。

共同点:豫西南方言沿袭了古代汉语中的"聒 O""聒 C"句法结构,这些"聒"在语义、语法功能上,均与《歧路灯》以及之前文献中的"聒"相同。豫西南方言中也承继了《歧路灯》中的"聒"的不同历史层次,如例(1)、例(5)、例(9)的"聒天""聒耳朵""聒全庄"属于古代汉语早期的用法,其余各例则主要是近代汉语的用法。

不同点:《歧路灯》的"聒"可以用在比较正式的场合或客套语中,还有文言色彩,而豫西南方言中的"聒"不用于客套语,只用于一般较随便的场景。河南其他中原官话中也都有与豫西南方言相同的"聒"。

(二)豫西南之外其他方言中的"聒"

平顶山湛河区也有使用例(1)的"能吃聒[kuo^{24}]天饭_{饭可以吃很多},白_别说聒[kuo^{24}]天话_{话不能乱说}。"的说法,但我们的方言调查人说他自己是不知道这个的,问了别的人才知道的。新安方言则说成"能吃过头饭,不说过头话"。湛河区、新安方言还有下面的用例:

(13)大喇叭聒哩耳朵疼。

在今天陕西关中话①、山西太原话②中也有和豫西南方言中相同的"聒"。例如:

(14)整天唠唠叨叨,聒死人咧(了)。(关中方言,下同)
(15)你开你的收音机,我不嫌聒。(同上)
(16)不要把娃(小孩)聒醒咧(了)。(同上)
(17)汽车把人聒的(得)睡不着。(同上)
(18)我嫌屋里聒人_{吵人},出去转给咧一下。(西安方言)
(19)你们不用叫嘞,我嫌聒人_{使产生刺耳感}嘞。(太原方言)

---

① 孙立新:《关中方言略说》,《方言》1997 年第 2 期;杨春霖:《旧词新诂四则(续)》,陈学超主编《国际汉学论坛》(卷二),西北大学出版社 1995 年版,第 475—476 页。
② 刘俐李、王洪钟、柏莹编著:《现代汉语方言核心词·特征词集》,凤凰出版传媒集团凤凰出版社 2007 年版,第 176、167 页。

上例中的"聒"与《歧路灯》及其之前共同语中的"聒"意义、用法完全相同。

根据《汉语方言大词典》①，除河南中原官话外，现代汉语方言中的"聒"分布如表1-6。

从表1-6可以看出，"聒"不仅在官话中普遍存在，就连官话之外的吴语、徽语都仍在使用。

表里的方言点中，与《歧路灯》中单音节"聒"意义、用法相同的主要是河南中原官话之外的关中话、太原话、武汉话、梁山话等，呈以河南黄河以南中原官话、陕西关中等地为中心向周边辐射状态。表中的江淮官话只有江宁的"聒躁"与豫西南方言、关中话等中原官话相同，合肥、南京、含山等方言的则与中原官话有区别。

"聒"的这种分布现状，应是现代汉语共同语与其之前的共同语各自与方言互相影响、接触的结果：昔日的共同语被新的共同语所取代，老共同语中心地带的"聒"虽昔日辉煌不再，但依然生生不息，从其他方言现存的蛛丝马迹中还可窥见其过去的余响。

表1-6　　现代河南中原官话之外方言中的"聒"分布表

方言	地点	"聒"及其他	意义
江淮官话	安徽合肥	聒［kuɐʔ⁴］	闲谈
	安徽合肥、含山	聒淡［kuɐʔ⁴tã⁵³］	同上
	江苏南京	聒聒［kuɑʔ⁵⁻⁴kuɑʔ⁵］	同上
	安徽合肥	聒聒［kuɐʔ⁴⁻²¹kuɐʔ⁴］	同上
	安徽肥东、舒城等	聒聒	同上
	江苏江宁	聒噪	声音嘈杂烦人
西南官话	湖北武汉	聒天［kʰuɑ²¹³⁻²¹tʰiɛn³⁵］	（声音）杂乱扰人
	云南昭通	聒聒	言语繁复，使人厌烦
中原官话	陕西关中等	聒［kuo²¹］	声音杂乱扰人
	山东梁山	聒［kuə²¹³］、聒噪	同上
冀鲁官话	河北玉田	聒吵	同上
晋语	陕西绥德	聒［kuo³³］	同上
徽语	安徽绩溪	聒淡［kuɑʔ³²⁻⁵⁴tʰc⁴⁴］	声音嘈杂烦人
吴语	江苏昆山	聒噪	打扰、叨扰

---

① 许宝华、［日］宫本一郎主编：《汉语方言大词典》，中华书局1999年版，第5901页。

第四节 《歧路灯》与豫西南方言之动词"引"

《歧路灯》中的"引"一共出现 252 次。例如:

（1）克仁道："小的在家里，每日引小相公上学下学惯了，今日看见这位少爷，只想抱去大门外站站。"（《歧》1/6）
（2）我七八岁时，你舅引我来看戏，那柏树下就是他久占下了。（《歧》90/456）
（3）簧初上的阶级，道台引住手，进了三堂。（《歧》92/863）
（4）迟了些时，也有向学署透信的，也有商量递呈的，却也有引出清议谈论的。（《歧》5/45）

前两例的"引"，受事宾语是人，相当于普通话的"带""领""带领"。《歧路灯》中这样的"引"有 160 余例。后两例的"引"与前两例的不同，不是我们研究的对象。

前两例这样的"引"，《歧路灯》和同时期的其他文献中也有，今天的豫西南方言和河南其他方言中也有，但在现代汉语共同语中已经消失。本部分主要通过"引"与"带""领"等同义动词的对比，考察从《歧路灯》到豫西南方言"引"的演变情况。

一 《歧路灯》中的"引"

（一）"引"的语法特征及语用特点

"引"主要出现在"主语＋引＋O（指人）＋V"中。"引"后可以直接跟指人宾语，宾语指确定的、具体的人，包括代词、人名及其他。"引"后直接跟指人宾语的共有 13 例。例如：

（5）夏鼎道："你引我去。"王隆吉道："请。"（《歧》37/347）
（6）急与保柱下菜斟酒，打发席儿散了，到晚自引赵大儿与女儿去讫。（《歧》84/806）
（7）满相公道："天已将晚，虎将爷还没吃饭，我引你门房吃饭去。"（《歧》69/660）
（8）慧娘道："你明日与奶奶唱个喏儿，替王中讲个情，叫赵大

儿把他家小妮儿还引进来，与你玩耍。……"（《歧》35/329）

（9）四位学师仍引生童由暖阁东边转到月台。（《歧》90/845）

（10）陡生一计，扯住王隆吉的手说："你引我庙外解了手再来。"（《歧》49/456）

上例中的"引"，语义上相当于普通话中的"领"或"带"，可用"领"或"带"替换而不影响语义。前三例的宾语是代词"我""赵大儿与女儿""你"，后三例的宾语是"小妮儿""生童""我"。其中例（5）的"你引我去"是"你引我（到某处）去"或"你引我去（到某处）"的省略。例（7）的"我引你门房吃饭去"是"我引你到门房吃饭去"的省略。例（8）句法构成比较特殊，在"把"字结构中："赵大儿"既是"叫"的宾语，又是"引"的主语，"引"的受事宾语"他家小妮儿"前置。因此"主语＋引＋指人宾语＋V"中的"V"常是动词"去"或"到"，"到"后常有处所宾语。有时，"引"后的"到"或处所宾语常省略，如例（10）。

下例是"引＋O$_{指人}$＋到（＋V）"。例如：

（11）母亲王氏也时常引兴官儿到前院玩耍。（《歧》38/349）

（12）引胡其所到了后楼院、前厅房、东厨房、西马棚，各处审视一番。（《歧》61/571）

（13）小福儿要出去看，我引他到后门儿上。（《歧》6/63）

（14）"好嫂子，你把这女娃引到厨房下坐坐，我与奶奶好说句话。"（《歧》13/141）

（15）张类村道："这个还可商量。你引我就去惠人老先住的院子看看。"（《歧》67/637）

前三例"引"的宾语之后分别是"到""到了"。"引"后还可以出现"了""着""的"等助词，宾语后可以没有"V"。有时，宾语还可以省略，或者由"把"字将宾语介引至动词之前。《歧路灯》中共有"引了"11例、"引着"51例、"引的"18例。例如：

（16）适才火巷里王大叔引了一个赌家，年轻的，有二十二三岁年纪，……（《歧》33/309）

（17）正哭时，只见赵大儿引了女儿，拿一篮子嫩肥韭菜，……

(《歧》83/792)

（18）端福一看，只见一个三十四五岁妇人，引着一个十二三岁女儿，却不认的。(《歧》13/141)

（19）到午后，曲米街曹氏，引着王隆吉到来。(《歧》11/127)

（20）为礼已毕，同与孔缵经引的绍闻，向后边去了。(《歧》38/355)

（21）于是吩咐宋禄套车，只说曲米街要看亲戚，王氏引的赵大儿去了。(《歧》19/195)

（22）妇人早在门首，引（绍闻）进去，开南屋门。(《歧》29/267)

（23）王中又叫端相公引（姚杏庵）到病房。(《歧》11/125)

例（20）、例（21）"引"后的"的"相当于助词"着"。后两例省去了"引"的宾语：例（22）省了绍闻，例（23）省了姚杏庵。

《歧路灯》中还有八例"引路"，其中的"引"与"引+指人宾语"的"引"语义相同，相当于"领"或"带"。"引路"应是"引"后省略了指人宾语。例如：

（24）那德喜儿……，此时依旧罩上灯笼，提着在前引路。(《歧》59/552)

（25）德喜引路上萧墙街，多魁引路上文靖祠西边胡同。(《歧》10/118)

（26）相公到河边，还得下马来，俺们背着相公，一个引路，一个牵马。(《歧》72/700)

就使用环境来看，"引"的施事，或是环境的主人，或熟悉环境。"引"的受事，多是外来者（如客人等）。"引"的施事与受事相比，多有某些方面的优势，相对来说是优势方。例如：

（27）柏公引着孝移到东书房，乃是一个敞院。(《歧》9/96)

（28）（绍闻）引胡其所到了后楼院、前厅房、东厨房、西马棚，各处审视一番。(《歧》61/571)

（29）手本进去，不多一时，内宅请会，门上引至桐荫阁，观察已在檐下恭候。(《歧》96/898)

（30）必定是夏大哥引的在谁家闲玩，人家知道是萧墙街谭宅，……（《歧》25/241）

（31）母亲王氏也时常引兴官儿到前院玩耍。（《歧》38/349）

（32）王隆吉道："我七八岁时，你舅引我来看戏，那柏树下就是他久占下了。……"（《歧》90/456）

前两例"引"的施事柏公、谭绍闻是在自己家中，受事孝移、胡其所是客人。例（29）"引"的施事是内宅门人，自然熟悉宅门的内、外路径。后三例"引"的施事都是优势方：例（30）夏鼎在"闲玩"上面和谭绍闻相比，明显是优势方。例（31）祖母王氏是优势方；例（32）"你舅"（说话者父亲）是优势方。

以上的"引"主要用于日常生活等普通场景。

（二）"引"与"领""带"的比较

《歧路灯》中的"领""带""带领""率领"等动词与"引"有着相同的语义和句法分布。我们把这些词统称"引"类词。

1. "领 + O$_{指人}$（+V）"。一共25例。例如：

（33）盛希侨道："你休要发懒，你亲去领他进来。"（《歧》69/664）

（34）奶奶与他们做不得交易。我如今领这闺女到账房盘问，看有妨碍没妨碍。（《歧》13/144）

（35）只见一个门役到门口道："犯证到全，领上去听审。"这差人领着一齐到了仪门……（《歧》46/429）

（36）这妮子他大，只是死缠，叫我把这丫头领出来，寻个正经投向。（《歧》13/141）

（37）这张正心领了伯母、妹妹，又上萧墙街来。（《歧》67/646）

（38）满相公只得亲去开门，领的夏逢若进来。（《歧》69/664）

（39）后边曹氏领着隆吉儿也到了。（《歧》12/134）

（40）点名散卷已毕，四位教官领着各生童由暖阁后进去。（《歧》90/842）

例（35）"领"的宾语省略。例（36）"领"用于"把"字结构。"领"主要是用于日常生活等普通场景。

2. "带 + O_{指人}（+V）"。一共20例。例如：

（41）"你带人去街上治一分水礼，咱成了人家房户，少不的与主人翁致敬致敬。"（《歧》68/648）

（42）不如今日就把杏花儿带到南院里，叫侄妇承领。（《歧》67/641）

（43）绍闻只得带了新雇小厮名叫保柱，一径上盛宅来。（《歧》84/800）

（44）才开门缝儿，本街保正王少湖，带了两个守栅栏更夫……（《歧》60/560）

（45）道台观风当日半夜时，得了抚院大人密委，带了二十名干役，陆总爷带兵三百名……（《歧》91/856）

（46）师徒四人，到女儿国界，一个女驿丞，带着两个女驿子接见。（《歧》10/108）

（47）所以王少湖直到夏家，不容分说，将貂鼠皮带在县署。（《歧》60/561）

（48）双庆开门，夏鼎带了一个小炉匠，挑着担子进来。（《歧》76/738）

"带"也主要是用于日常生活等普通场景。例（42）、例（47）是"把""将"字处置句。

3. "率领/带领 + O_{指人}（+V）"。"率领"一共九例。"带领"一共六例。例如：

（49）荆堂尊笑道："……但你率领戏子，喝令打人，是何道理？"（《歧》31/292）

（50）荆公问道："你昨日拦轿回禀，说河北来了一个戏主，带领戏子行凶打人……"（《歧》31/288）

（51）道台坐了二堂，学师率领各生童上堂禀揖，谢教谢赏。（《歧》90/844）

（52）各官率领衙役，催督救护。（《歧》65/625）

（53）到了那日，各学教官、廪保，率领各县童生十四名，齐集辕门伺候。（《歧》7/81）

（54）到了定海寺，谭绍衣率领谭绍闻进见，跪呈两捆火箭。

(《歧》104/974)

（55）到了二十五日，礼部司官，带领一班保举人员，午门肃候。(《歧》10/103)

（56）至日，各学教官、廪保带领已进、未进十四人，仍在辕门伺候。(《歧》7/81)

（57）巡捕官率领四个皂役，带得犯人上堂。(《歧》91/858)

（58）次日，曹氏、法圆带领巫婆，先到侯先生家。(《歧》11/127)

（59）绍闻率领兴官挂招魂纸。(《歧》81/784)

"带领""率领"主要用于比较正式的场合。如前两例为祥符县官所用，且只有这两例用于口语。"率领"用例中，除了后两例谭家请巫婆跳神看病、拜祖扫墓，其他均和官场有关。

如上所言，"引"类词在语义和句法分布有共同点，但它们在句法、语义的关系上却有区别："引"的主、宾语多是单数，即"引"的施事与受事多为一对一，也偶尔有像例（6）的"引赵大儿与女儿"宾语为复数和例（9）的"四位学师仍引生童"主、宾均为复数。"带"的主语多为单数、宾语则多为复数，如例（44）的"带了两个守栅栏更夫"和例（45）的"带了二十名干役，陆总爷带兵三百名"。"带领""率领"的主、宾均为复数的很常见。另外在使用语境上，"引"与"领""带"相同，都是基本用于日常生活，施事基本上都是优势方。"引"既用于口语，也用于叙述语。"带领""率领"则主要用于官场或者比较重要、正式的场合和叙述语。

表1-7是《歧路灯》与同时期文献中"引"类词比较。表1-7表明，三部小说中的"引"类词单、双音节共存，代表了当时"引"类词发展演变的潮流。三部小说均是以单音节为主，在使用数量上，《歧路灯》中"引"占绝对优势，"领""带"数量相当；《红楼梦》中"带"数量最多，双音节的"带领"已与"引"持平，是近代汉语词汇双音节化的表现。《儒林外史》中则"引""领""带"数量相当。三部小说中"领""率领"的数量差别不大。

表1-7 《歧路灯》与同期文献"引"类词使用数量统计表

	引	领	带	率领	带领
岐	160	25	20	9	6
红	46	26	89	9	46
儒	42	38	41	6	13

在近代汉语向现代汉语过渡的过程中，词汇双音节化一直是发展的趋势。单音节"引"在《歧路灯》中的大量使用，以及与"领""带""率领""带领"的同时共存，是《歧路灯》语言过渡性的表现。"引"虽不是《歧路灯》中所独有，但其高频使用，也是《歧路灯》动词使用的一道独特的景观。"引"的"带领"义汉代已经可多见。例如：

（60）居数日，项羽引兵西屠咸阳，杀秦降王子婴，烧秦宫室，火三月不灭。（《史记》7/315）

（61）卫镐为县官下乡，至里人王兴在家。方假寐，梦一乌衣妇人引十数小儿着黄衣，咸言乞命，叩头再三。（《朝野佥载》4/47）

"引"的"带领"义自汉至唐都应是当时共同语的用法。我们据此推测《歧路灯》时期的"引"也应是当时共同语的用法。《红楼梦》中的"带""带领"却是代表着共同语发展演变的方向。

二 豫西南方言的"引""领"及古今比较

《歧路灯》中的单音节动词"引"，在今天的豫西南方言中已经很少使用，几乎被"领"取代了。但河南其他的方言中"引"还有使用。

（一）豫西南方言"引""领"及语法特征

豫西南方言中的"引""领"读 [in^{55}]、[liŋ^{55}]。我们先看豫西南方言中的"领"：

（1）她上哪都领着小孩儿。

（2）他领着一帮子 一群 人上 去、到 县里上访。

（3）老大领回来个外地女人。

（4）嫁来前一天，我妈，我，领着双旋，去给长顺上坟。（《皇天》63）

第一章 《歧路灯》与豫西南方言之动词"捞""董""聒""引"　73

(5) 去年……一个女人，领个娃，来我家找地方住。(《皇天》25)
(6) 村干部领我进院时，她正数落她的鸡丢了蛋……(《皇天》35)
(7) 刚一岁，就送回家，四宝他妈领着。(《皇天》13)
(8) 结婚头一年要领着新口ciu³¹子_{媳妇的合音}走亲戚。

以上豫西南方言中的"领"，与《歧路灯》"引"语义及语法分布相同，上例的"领"一般不说"引"。上例中的"领"，如果换成"带"就不是正宗的豫西南方言了。在今天的豫西南方言中，《歧路灯》中的"引"已经逐渐被"领"取代，并且产生了新义。再看下例：

(9) a. 大凤结婚6年领了仨娃儿。
　　 b. 她想要个娃儿_{男孩儿}，可又领了个妮儿_{女孩儿}。
(10) 男人不在家，是大凤一个儿_{一个人}领着仨娃儿过。
(11) 这几个孙娃子_{孙子孙女合称}都是我给领大的。

例(9)的"领"是"生育"。后两例的"领"是也有"带领"意，但主要是"照顾""照看小孩"。这几例的"领"是《歧路灯》中所没有的。再如：

(12) 年轻人把兔儿放回笼子，把兔毛放进纸箱，引我进屋。(《皇天》47)
(13) 小伙子引我进堂屋坐下，烟茶招待。(《皇天》283)

上两例的"引"是南阳作家周同宾《皇天后土》中的用例，与《歧路灯》中的"引"相同，相当于"带领"或"带"，是20世纪80年代至90年代的用法。这样的"引"在豫西南方言中已经较少使用。豫西南方言中的"引"字用法如下：

(14) 最近引河又来水了。
(15) 打水_{压水}前，先往压水井里倒点儿引水。
(16) 鸡窝里放了个引窝蛋儿。
(17) 引被子、棉袄这些活儿，她都会干。

在今天的豫西南方言中,"引"字只剩下例(14)—例(17)的用法。例(14)的"引河",是一种水渠,通过它可以把水从源头或大的水库中导引到需要之地。例(15)的"引水"是指在豫西南农村,在使用压水井往外打水之前先要倒进去的水。例(16)的"引窝蛋",是指把鸡蛋放在某个鸡窝里引导鸡去那里下蛋。例(17)的"引被子""引棉袄"是指做棉被、棉袄或棉裤时,用较大的针脚有间隔地竖直地缝制棉被、棉袄或棉裤的中间部分,既能固定其中的棉花又使其不失蓬松。上例中的"引河""引水""引窝蛋"在豫西南方言中都已成为固定用法,均为名词,"引"已经成为该词的构词语素。但就述宾结构的"引河""引水""引窝"本身来看,还依稀可见其中"引"字的"引导"义。

(二)豫西南方言之外河南方言的"引"

据调查,目前在河南的长葛、兰考、开封、通许、杞县、宁陵、夏邑、柘城、商丘等中原官话中,仍然像《歧路灯》中一样用"引"表示"带""领"之义。例如:

(18)她不知道农场咋走嘞,你引着她去吧。
(19)不用引我了,我自己认得路,能回去。
(20)你给他引引路。
(21)往哪儿走啊,你给引引吧。
(22)小红昨天就到郑州给人家引小孩了。
(23)淘淘有咱妈引着嘞,你就甭操心了。
(24)俺俩孙都是我引大的。
(25)引着小妹出去玩去。

前六例是长葛方言刘丽娟(2007)研究中的用例:前四例的"引"是"带"或"领",同《歧路灯》中的"引"。例(22)、例(23)的"引"是"照顾""照看小孩"。例(24)的"引"是"带领""照顾",相当于豫西南方言中的"领"。"引"的"照顾""照看小孩"义应是由"引"的"带领"义引申而来。前四例的"引"和例(22)—例(24)的"引"差别在于"引"的次数或时间长短:前者是只"领"或"带"一次,时间短,而后者"引"的对象都是小孩且是多次或长时间的"引",因此"引"便有了"照顾"义。商丘话中没有前四例的用法,"引"的对象都是小孩儿。长葛方言的"引"也具有"生育"义。例如:

（26）人家老许总共引了六个儿子。（刘丽娟用例）

　　这一例的"引"是"生育"的意思，商丘话中也这样用。此例的"引"和豫西南方言"生育"义的"领"相同。《歧路灯》中的"引"没有这样的用法。

　　在豫北的一些方言中，"引"也有"生孩子""带孩子"义。

　　从《歧路灯》到豫西南方言，"引""领""带"等"引"类词发生了巨大的变化。在豫西南方言中，"领"基本取代了"引"的用法，仍在使用的"引"变成了构词语素。在《红楼梦》中使用数量上与"带领"相当的"引"，到现代汉语共同语中已经被"带"和双音节的"引领""引导""指引"等取代。

　　豫西南方言等河南中原官话的"引""领"情况，是河南中原官话自身发展演变和与现代汉语共同语长期接触、影响的结果，也表明即使在同一个方言区内，其某个方面的发展具有不平衡性。

小　结

　　《歧路灯》与豫西南方言中共有的动词"捞""董""聒""引"在《歧路灯》之前已有之，多是古老的通语用法。"捞""董"为《歧路灯》所独有，体现的是《歧路灯》时中原官话的方言特色，"聒""引"则是《歧路灯》及同时期中使用数量最多者，体现的是《歧路灯》时语言的时代特色。豫西南方言继承、发展了《歧路灯》中"捞""董""聒"主要的特点、用法，"引"则主要以"领"代之，但河南中、北部的一些方言中却保留有"引"的特点、用法。"捞"在河南方言中普遍使用，在普通话中，"捞""董""引"无论是书面语或口语中都不见用。

第二章 《歧路灯》与豫西南方言之副词："通""休""可"

概说

汉语副词是汉语中地位重要且极具特色的一类词。副词的主要用途是作状语，修饰动词、形容词或者整个句子，极少数还可以作补语，内部虚化程度不等，兼具实词和虚词的某些特点。近30多年以来，人们从不同的角度、层面，积极运用不同的理论和方法，对汉语副词的各个领域展开了多角度深入研究，现代汉语副词逐渐成为汉语语法研究的热点和重点。

表2-1 《歧路灯》副词系统之部分副词数量统计表

范围副词		程度副词		时间副词		语气副词		否定副词	
古代	近代	古代	近代	古代	近代	古代	近代	古代	近代
21	10	21	25	66	51	59	78	16	10

王秀玲（2007）对《歧路灯》副词系统中的范围、程度、时间、情状方式、语气、否定等副词进行了分析研究，指出《歧路灯》中的副词系统兼容古代、近代汉语副词，具有不同时间层次且数量较多，有的在现代汉语共同语得到继承和进一步发展，有的则消失不见，有的具有河南地域性，在今天的河南方言中还有见用，体现了《歧路灯》副词系统的时代性或过渡性特点和河南方言特色。表2-1是我们对王秀玲研究中部分副词不同层次的数量统计。

豫西南方言在副词系统上一个显著的特点，就是既有与普通话相同的副词，更有普通话中没的特殊副词。下面是豫西南方言副词系统列举：

程度副词：通、肯、可、怪、老、稀、棒、血、死、齁、杠 很

kaŋ³¹、较起_稍微_

　　语气副词：可、(清)是、清白儿、情、难说、亏得

　　情状副词：很、干 kan²⁴、脆咋着_无论如何_ tsʰei²⁴tsa⁵⁵tʂu

　　范围副词：光、通共、一星儿、满共、一总管儿_总共_

　　时间副词：旋、随即、将将儿_刚才_ tɕiaŋ²⁴tɕiar、猛一哩_突然_、一猛_突然间_

　　否定副词：不、没 mu⁴²、休 xou²⁴、夔 pau³¹、白 pɛ⁴²

张谊生（2017）从宏观角度指出了副词研究中存在的问题及拓展的方向，其一，要重视汉语副词的形成、演化与相关方言的比较研究，以及与相关语言、方言接触的研究。由于目前对方言副词用法的调查、归纳做得还很不够，如果能够将方言中的特定用法与汉语史上的演化有效地结合起来，就有可能取得意外的突破。其二，汉语副词研究可在涉及多种理论接口的现象方面大有作为。如在副词演化过程的研究中，在涉及语法化、主观化、构式化、词汇化、标记化、元语化、附缀化等接口上有待进一步认识、探讨。比如副词中评注性副词的形成，既是语法化过程，也经历了主观化，所以，主观化理论对于评注性副词和语气词主观性功能获得具有重要的解释作用。

本章之所以选取副词"通""可""休［xou²⁴］"，是因为这三个副词既具有方言特征，又系连着古今演变，与现代汉语共同语也密切相关，是观察近代汉语到现代汉语语法现象发展、演变的重要窗口，且目前缺少这些副词共时、历时的多角度比较研究。本部分拟结合语法化、主观化和语言接触理论，主要比较《歧路灯》与豫西南方言中副词"通""可""休"的用法、特点并探寻"通"发展演变的特点及原因。

第一节　《歧路灯》与豫西南方言之副词"通"

《歧》中的副词"通"，数量很多，用法复杂，《红》《儒》等同时期文献中的副词"通"却使用有限。而今天的豫西南方言等河南中原官话中副词"通"则普遍存在。副词"通"是《歧路灯》与今天豫西南方言乃至河南中原官话共有的方言特征词。

本节结合已有成果和相关文献，主要从多个角度比较《歧路灯》与

豫西南方言中副词"通"的异同特点并探寻"通"语法化的轨迹。

一 《歧路灯》中的副词"通"

(一)《歧路灯》中副词"通"的分类及特点

由于副词本身的特殊性,目前学界对副词的分类有不同的看法和标准。这种情况也影响到了《歧路灯》副词"通"的分类。

《歧路灯》中的副词"通"都出现在状语位置,可以修饰谓词性成分,具有共同的语法特征。本部分讨论"通"的分类,主要根据副词"通"的语法功能特征并结合其在具体语境中的语义特点。已有研究中的共识不予多论,重点分析现有分类中的差异。

目前涉及《歧路灯》副词"通"的研究者,主要有张谊生(2004)、王秀玲(2007)、李华(2014)等人的研究。其中,王秀玲参照张谊生(2004)、杨荣祥(2005)的分类标准把《歧路灯》的副词"通"分为:"通$_1$"表示总括的范围副词,"通$_2$"表示强度的程度副词,"通$_3$"表示肯定、强调的语气副词。李华采用杨荣祥"语义特征+功能验证"的办法把《歧路灯》的副词"通"分范围副词、程度副词、情态副词。

就现有研究来看,《歧路灯》的副词"通"三分法已成共识。王秀玲与李华关于"通"的区别在于语气与情态之分。而语气和情态这两个概念又密切相关,在很多论著中甚至不加区分,被用来指同一种现象。张谊生指出有一些副词有时确实可以充当状语并表示各种语气,但其基本功能却在于充当高层谓语进行主观评注,并称之为评注性(evaluative)副词。因此《歧路灯》中王秀玲所分的语气副词、李华所分的情态副词都可以算作评注性(evaluative)副词。本书我们采用张谊生的观点仍称其为语气副词,在分析这类词时,我们强调其评注性功能。

1.《歧路灯》中的范围、程度副词"通"

首先来看范围副词"通"。范围副词是表示范围的副词,通常表示总括、无例外、统计等。《歧路灯》中的范围副词"通"是在状语位置表示动作、行为所涉及对象的范围的副词,共有 25 例,多数是用于口语中。"通"修饰 VP,语义上相当于"全""都"等。语义指向上,或前指或后指,均是 NP。例如:

(1)昨日弃了一宗薄产,得了千把卖价,今日通请<u>列位</u>,索性儿楚结一番。(《歧》48/445)

(2)今是通请<u>众客</u>,原说还债,若叫泰和号一包儿提去,当下

脸面不中看。(《歧》48/447)

(3) 希侨道:"我明日通请贤弟们,是要早去哩。"(《歧》18/190)

(4) 王氏道:"……你只办两三桌酒,明日请请送礼的女客,还想多请几位久不厮会的,吃个喜面。……"绍闻道:"这个易的很。我即写帖子,明日叫人送去,后日通请何如?"(《歧》77/750)

(5) 今日先生、世兄、姐夫、外甥,我通要请到我家过午。(《歧》3/25)

(6) 董公命门役展开礼单,见绸缎三十多样,猪羊鹅鸭之外,山珍海错,俱是各省佳产,遂哈哈笑道:"谨遵钧谕,弟通为拜领就是。……"(《歧》52/488)

"通"修饰的都是VP,前五例的是单音节的"请",后一例是双音节的"拜领"。前三例的"通"出现在"通+V+O"结构中,后三例"请"和后两例"拜领"的宾语承前省略。前四例画线部分均为复数,表明例(1)—例(4)的"通"相当于"全"或"一起"。例(5)的下画线部分包括四个人,例(6)的画线部分包括礼单的所有礼物。因此,例(5)、例(6)的"通"分别相当于"都""全"。各例"通"的语义指向,都是指向画线部分,即动词的受事宾语,均为复数。如前三例分别出现于VP之后,属于后指型的;后三例分别出现于VP之前,均属于前指型的。

下例的"通"出现在"通+VP"中,根据上下文语境很容易就能确定为范围副词。例如:

(7) 茅拔茹道:"不该费心,叫他们通过来磕头谢赏。"(《歧》22/218)

(8) "本拟明日有客,此时内边诸事多未停妥,通待至明日行礼罢。况且一说就有,也不敢当的要紧。"(《歧》78/758)

(9) 王中道:"……恳爷们恩典,赏小的一个信儿,至日必通临。小的还有一句话说。"张类村道:"至日必通去。"(《歧》55/510)

(10) 那八九顶四人轿,俱自角门而入,通进了内宅。(《歧》107/1002)

(11) 越挖越多,一发成百成千,通在井池石板之下。(《歧》

97/913）

（12）"休说夹衣，连冬衣也制得起。孩子们鞋靴袜子，也是该换的。通在谭爷身上取齐。"（《歧》23/226）

（13）夏逢若回到家中，通前后一算，邓家二百两，谭家四百两，赢的一百五十五两……（《歧》53/494）

（14）这就百十两，不在话下。通算起来，他身上也化费一万余两。（《歧》68/655）

上例中的"通"修饰的均为动词，语义上相当于"全"或"都"。这些"通"的语义均指向前指动词的施事。如例（7）的是指向"他们"，例（8）的是指向未指明的客人，包括今日、明日来的。例（9）的是指向"爷们"。例（10）的是指向画线部分。例（11）的是指向本句之外的"古钱"。例（12）的是指向夹衣、冬衣和鞋靴袜子之类。例（7）—例（12）的是前指型的，例（13）、例（14）是后指型的。以上各例的范围副词"通"，其语义指向，无论前指或后指，但都不指向谓词性成分。从组合功能上看，"通"修饰的VP均为普通的动词或动词结构。

《歧路灯》中还有形容词"通"。例如：

（15）孝移礼部过堂，方才晓得通天下保举贤良方正。（《歧》10/103）

（16）一夜泻了十余遍，床褥狼藉不堪，还泻之不已。一家子通夜没睡。（《歧》11/126）

（17）但三场俱佳，只此一句费解，……只得面禀总裁说："通场俱佳，只此一句可疑，不敢骤荐，面禀大人商酌。"（《歧》102/952）

（18）各行各款，俱是厚纸装潢，以便通省各府悬挂。（《歧》93/872）

这四例的"通"分别修饰名词"天下、夜、省、场"等，作定语，虽在语义上和范围副词"通"相近或相同，但它们是形容词。

再来看程度副词"通"。先看下例：

（19）这门斗方才晓得，本官面前是不许谵言的，羞得满面通红而去。（《歧》4/39）

（20）只见满面通红道："世叔见教极是。"（《歧》20/203）

（21）绍闻羞的满面通红。(《歧》21/211)

（22）绍闻满面通红。(《歧》24/229)

（23）"俺家没体面，你家有体面，为甚的坟里树一棵也没了，只落了几通'李陵碑'？"(《歧》82/788)

这五例的"通"作状语，修饰性质形容词"红"，"通红"表示"红"的程度高，相当于"很红"。这五例其实只是"通红"的一种用法。王秀玲指出《歧路灯》中的程度副词"通"一共只有这五例。李华也认为这五例是《歧路灯》程度副词"通"的典型用法。

再看下例：

（24）隆吉道："我一来没经过这事；二来，我实说罢，我的心通慌了。"(《歧》16/165)

（25）贱内这两天，通像儿子上任一般，一定教我买几尺绸子，做件衣服。(《歧》3/29)

（26）盛公子哈哈大笑道："我通看不上谭贤弟样子。"(《歧》17/179)

（27）我这几日，通不好意思在前柜上。对门值户的，怪不中看。(《歧》18/184)

上例的"通"仍是状语位置，就组合功能来看，分别修饰形容词"慌"[1] 和"像""看不上""不好意思"[2] 等动词或动词结构，被修饰成分为形容词、一般动词、心理动词。王秀玲把前三例的"通"看成语气副词。李华认为前四例的"通"是程度副词和情态副词的交叉："通"既可以理解为程度副词，如例（24）、例（26）的"通慌""通看不上"即"慌的程度深""看不上的程度深"；也可以理解为情态副词，加强主观表达，如例（24）、例（26）的"通慌""通看不上"强调"我慌了""我看不上"。

王秀玲只提及例句中"通"的用法相当于"全然"，没有其他解释。

---

[1] 根据吕叔湘主编《现代汉语八百词》（增订本），商务印书馆1999年版，第275页，该"慌"为形容词。

[2] 根据中国社会科学院语言研究所词典编辑室编《现代汉语词典》（第6版），商务印书馆2012年版，第518页，"好意思"为动词。

李华判定《歧路灯》"通"作为程度副词、情态副词的标准是：当修饰性质形容词、表示程度深时，"通"是程度副词；当修饰整个命题，表示加强情态时，"通"是情态副词。

程度副词是限制性质状态或动作行为表示程度的副词。根据张谊生（2004）、杨德峰（2014）的研究，程度副词可以修饰性质形容词、心理动词、助动词以及相关的短语，也可以修饰非心理动词和动作动词，只不过程度副词修饰动词、被程度副词修饰的动词都存在范畴化现象，有些程度副词是典型成员，有些程度副词则是边缘成员，心理动词是典型成员，非动作动词和动作动词是边缘成员。能够被程度副词修饰的动词都具有〔＋程度〕的语义特点。例（24）—例（27），"通"修饰的"慌""像""看不上""不好意思"都具有〔＋程度〕义，"通慌""通像""通看不上""通不好意思"即"很慌""很像""很看不上""很不好意思"。据此我们判定上例的"通"为程度副词。就具体语境来看，例（25）—例（27）的"通像儿子上任一般""通看不上谭贤弟样子""通不好意思在前柜上"在结构上是"通像/儿子上任一般"、"通看不上/谭贤弟样子"、"通不好意思/在前柜上"，而不是"通/像儿子上任一般"、"通/看不上谭贤弟样子"、"通/不好意思在前柜上"。

程度副词"通"的语义指向是其后面有〔＋程度〕义的形容词或者动词性 VP。如例（24）"通"指向"慌"，例（25）的指向"像"。

2. 《歧路灯》中的语气副词"通"

根据沈家煊（2001）、史金生（2003）、张谊生（2004）研究，语气副词反映着说话人的主观情态，是表达说话者情感认识的副词，情感（affect）包括感情、情绪、意向、态度等，认识（epistemic modality）是说话人主观上对命题是否真实所作出的判断，涉及可能性和必然性等。《歧路灯》中的语气副词"通"比较有特色，其基本功用是对相关命题或述题进行主观评注，从表意功能上看，主要是加强否定和情态，在不同的语境中大致相当于现代汉语的"偏偏、竟然、断然、断乎、实在、确实、压根儿、怎么也、一点也"等。当然，具体意义取决于特定的语言环境。先看下例：

（28）绍闻道："……不是我怕他，他是先父的家人。我通不好意思怎么他。"（《歧》22/215）

（29）我家相公，不知怎的张了风寒，大病起来。今日医生才走了，吃过两三剂药，通不能起去。（《歧》19/196）

（30）即如俺家老二，一向不省事，我通不爱见他，俺两个打官司分家，你是知道的。（《岐》86/818）

（31）夏鼎道："既然在家，怎么把大门闭着。"姚杏庵道："这门闭着好几日了，通没见开。"（《岐》37/341）

（32）王春宇说道："你坐下，我问你。不说别的，我是你一个娘舅，一年多没见，你通不来傍个影儿，是何话说？"（《岐》27/258）

（33）店主道："茅爷，你通不吃一盅儿？令叔老大爷去世，想是大数该尽，也不用过为伤心。"（《岐》22/218）

张谊生（2004）指出副词"通"用于否定词语或否定结构前加强否定，否定形式比肯定形式更能体现说话人的主观性情感。这六例的"通"都是语气副词，"通"修饰的"不/没 VP"依次是"不好意思怎么他""不能起去""不爱见他""没见开""不来傍个影儿"和"不吃一盅儿"。每一例的 VP，都是一个否定的复杂的动词短语，都能表达一个完整的意思，都可以与其施事构成一个判断或命题。"通"都强烈表达了说话人对判断或命题的主观评价。例（28）的"我不好意思怎么他"表示的是一个判断："通"相当于"委实""确实"，属于断定性的主观评价。表达说话人无可奈何的语气，有很强的主观性。虽然例（27）和该例语表上都有"通不好意思"，但前者是"通不好意思/在前柜上"，强调的是"不好意思"的程度；本例是"通/不好意思怎么他"，表现的是对"不好意思怎么他"的语气或者态度。例（29）的"通"相当于"委实""着实""实在"；例（30）的相当于"确实""实在"；例（31）的相当于"委实""一点也"。例（29）—例（31）表示对否定的加强，属于主观性很强的断定类语气副词。例（32）的相当于"竟然"，表示出乎意料的语气；例（33）的相当于"确实"，是揣测类语气副词。

从语境上看，上例"通"所在的判断所表达的是基于一定的客观事实的主观性很强的语气或者情态。如例（28）基于"不是我怕他，他是先父的家人"这样的事实，得出"确实不好意思怎么他"的主观判断。例（29）基于"张了风寒，大病起来。今日医生才走了，吃过两三剂药"这样的事实，得出"着实/压根儿不能起去"的主观断定。例（32）基于"我是你一个娘舅，一年多没见"这样的事实，得出"竟然不来傍个影儿"的主观推测性评价。

上述这样的"通＋不 VP"否定结构，《岐路灯》中只有八例。

再来看下例中的"通"：

（34）巫氏道："……那边日子近来不行，娘的贺礼，就是雪里送炭，省的我异日'马前覆水'。"巴氏道："好一张油嘴，通成了戏上捣杂的。……"（《歧》87/826）

（35）惟有孔慧娘通成一个哑子样儿。此非是孔慧娘眼硬不落泪，正是……（《歧》45/415）

（36）双庆道："夏奶奶才不在了，这只算夏叔哭的血泪，留着一表孝心。"吆喝道："通成了没规矩。"（《歧》76/742）

（37）又听的一个人要打媳妇子，说："这半个月，通不够房钱。"又听女人哭声，越吵越厉害。通听不的那少年唧一声气儿。（《歧》101/940）

前三例的"（你）通成了戏上捣杂的""孔慧娘通成一个哑子样儿"和"（你）通成了没规矩"是三个主观判断。三例"通"作状语，修饰VP"成了戏上捣杂的""成一个哑子样儿"①"成了没规矩"，均是由动词"成"构成的动宾结构。前两例的"通"前分别承前省略了主语你即巫氏、双庆。三例的"通"都相当于语气副词"简直""真真"，表示强烈的主观情态。从语境上看，三例"通"所表达的都是说话者基于一定的客观事实上的主观评价。例（34）基于巫氏一连串的油嘴滑舌和戏名"马前覆水"，母亲巴氏很主观地评价女儿巫氏的油嘴滑舌状况接近戏上捣杂的。例（35）基于谭家主要人员除孔慧娘之外都在放声哭泣，作者评价孔慧娘沉默不哭的状况接近哑子样；例（36）基于仆人双庆调侃主人盟兄，绍闻评价双庆"通成了没规矩"；例（37）"通不够""通听不的"的"通"，既像是强调主观情态，又像是强调否定，"通"隐约有范围副词的痕迹。与前三例相比，该例的"通＋不VP"正处于进一步虚化的过程中。

3.《歧路灯》中的"通是"之"通"

《歧路灯》中有"通是"18例。以下五例的"通是"之"通"是范围副词：

（38）老樊笑道："我这几日穿的踏泥鞋，通是兴相公的。"（《歧》91/856）

---

① 本部分例（25）"通像儿子上任一般"，也可以看作"真像儿子上任一般"，结合该例的句法结构、语境，"通"作程度副词看更合适。

(39) 前无弁言，后无跋语，通是训蒙俗说，一见能解，把那涵天包地的道理，都淡淡的说个水流花放。(《歧》91/854)

(40) "妹夫过我那院里走走何如？只是茅檐草舍，不成光景，恐惹妹夫笑话。"谭绍闻道："通是至亲，岂有笑话之理。但未曾进贽奉拜，怎好轻造？"(《歧》50/466)

(41) 夏逢若道："通是碎的。我爽快多拿几块儿，换了钱来，借我开发果子钱。我还有话说。"(《歧》49/452)

(42) 戴君实道："茅爷何用赌咒。通是好朋友，何在这些。"(《歧》22/219)

这五例的"通+是+NP"都是陈述句，"通"修饰、限制判断动词"是"，表示总括，语义上相当于"全"或"都"，是范围副词。"通"的语义指向均为动词"是"的主语。如例（38）的"通"指向主语——上句已经出现的"踏泥鞋"，例（40）的"通"指向未出现的主语"你和我"或"大家"，例（41）的"通"指向在上句中出现的主语"银子"。若去掉上例的"是"，句子就不能成立。若去掉"通"，句子结构依然成立，但语义上不连贯。

以下"通是"之"通"是语气副词：

(43) 谭贤弟呀，他趁未分时哄你，你就上当。不说你不能赢，即如你赢了他，你只拿一个元宝儿在你家放上一夜，他们次日就要告你盘赌兵饷；急忙原封缴回，他们还说你夜间敲了元宝边儿。你通是书谜子，他们有多大家私，就赖你输了八九百两。(《歧》69/659)

(44) 绍闻道："平素并不认的，如何去祝寿去？"逢若道："贤弟，你通是书呆子话，如何走世路？这些事，全要有许多不认的客，才显得自己相与的人多哩。"(《歧》21/208)

(45) 好难见的贤弟呀！我望你好几番，通是贵人稀见面。(《歧》37/347)

(46) 为甚的低三下四，向这些家人孩子口底下讨憨水吃？况且你将来少了他们一个字脚儿么？还承他们一番情。要承情，倒是咱们彼此济个急儿，也是个朋友之道，也不叫人看的下了路。你通是年轻没主意。(《歧》33/314)

前两例由"通+是+NP"构成，后两例由"通+是+VP"构成，其中的"通"都不表示总括或无例外,均不是范围副词。四例中"你是书谜子""你是书呆子话"、"(你)是贵人稀见面"和"你是年轻没主意"分别由一个判断构成,"通"是对这种判断的感叹式确认或强调。这种判断都基于其前后所述内容。如例(43)判断的依据是听话者被哄、骗赌却不自知,例(44)判断的依据是绍闻的话语"平素并不认的,如何去祝寿去?",例(45)判断的依据是"通是"小句之前有"好难见""望你好几番"等话语,"通是"小句即是据此得出的结论。例(46)"你通是年轻没主意"是张绳祖根据谭绍闻的言行而对谭作出的主观评价。因此"通"是语气副词"确实""的确""真""实在",是表示对判断的主观肯定,即"通"是对判断的确认或强调。"通"所在小句之前的话语,是确认或强调语气的依据。如果去掉例中"通是"的"通",各句都还能成立,但语气上平淡了很多。而如果去掉"是",各例都不能成立。因此,上例的"通是"均是"语气副词+判断动词"。

但是下例位于"通+是+AP/VP"结构中的"通是"比较特殊:

(47)巫翠姐道:"娘,你看张家三太太,我可算贤德能容的么?"王氏瞅了一眼道:"年轻轻的,通是疯了,就说下道儿去。"(《歧》67/644)

(48)夏鼎道:"……你近日与道台好相与,万望口角春风,我就一步升天,点了买办差,就过的日子。当年相处一场,也有不好处,也有好处,大约好处多,不好处少。何不怜这个旧朋友。"希侨道:"你通是胡说。道大人半天里衙门,只为这里祖上有付印板,请我弟兄二人进去说印书的话。……"(《歧》96/901)

(49)便提壶酒儿来到桌前,说道:"我看这位老兄,通是豪爽。我敬一盅。"(《歧》45/417)

(50)虎镇邦进的轩中,也作了一个揖,只说道:"好谭相公,通是把我忘了!"(《歧》62/586)

(51)生意人忙,通是不得整齐,今日择了一个空儿,少尽尽小弟辈房户之情。(《歧》30/274)

(52)夏逢若道:"俺两个的话,通是费商量着哩。"(《歧》50/461)

(53)第二的,那两家要账的通是不依,一定要一剪儿剪齐,话头都当不得的,我委的没法。(《歧》40/375)

(54)端福道:"阎相公说,等王中到了,才上账哩。"王氏道:

"他舅呀，你不知俺的家，通是王中当着哩！"（《歧》8/85）

（55）绍闻道："您这一起儿，通是反了！"（《歧》80/773）

这些用例主要以感叹句为主。首先，上例的"通+是+AP/VP"结构为"通+是 AP/VP"，"是 AP/VP"是肯定性的判断，"是"为判断动词。如果去掉其中的"通"，句子依然成立，但句子的语气就变得平淡甚至不切合语境。"通"语义上同"真""确实""实在""全然""简直"，也是表示感叹的语气副词，如例（47）"通是疯了"即真是疯了，例（49）的"通是豪爽"即真是豪爽，例（55）的"通是反了"即简直是反了。例（50）、例（54）、例（55）"通是"句中还带有"！"。

其次，上例的"通+是+AP/VP"结构为"通是+AP/VP"，若去掉其中的"通是"，句子语义不受影响，但句子的语气却发生了变化。如例（47）、例（48）的"通是疯了""通是胡说"是王氏对儿媳巫翠姐问话、盛希侨对夏鼎所说内容的强调性评价，去掉"通是"后，"疯了""胡说"依然成立，只是句子的语气发生了变化。所以这里的"通是"可以看成或者是已经虚化为一个双音节的副词来共同修饰后面的 AP 或 VP，语义同语气副词"通"。例（52）的"通是费商量"即实在费商量，例（51）的"通是不得整齐"即实在不得整齐。例（53）的"通是不依"即真是不依①。

第三，上例"通+是+AP/VP"结构中的"是"为判断动词，"通"兼有范围、语气副词、或范围、程度副词的性质。例（53），因前有"那两家"，所以"通是不依"，也可以理解为"那两家要账的都是不依"，"通"有点像是范围副词。但从下文"一定要……"来看，"通"又像是兼表程度。例（54），"通"是王氏基于"等王中到了，才上账哩"这句话而发出的愤恨王中的夸张性评注语气。如果把该例的"通"看成范围副词，"通"相当于"都""全"，也能说得过去。例（55），"您这一起儿，通是反了！"当理解成"您这一起儿，真真是反了！"时，"通"是语气副词。但根据此处的语境，"您这一起儿，通是反了！"也可以理解成"您这一起儿，全是反了！"或"您这一起儿，都是反了！""您这一起儿"是复数，是"通"的语义指向所在，指德喜、邓祥、双庆、蔡湘四

---

① 该例的"通"也有点像是范围副词。因为有"那两家"，所以"通是不依"，也可以理解成"那两家要账的都（是）不依"。但从下文"一定要……"来看，"通"应该是表程度，而不是表范围。

人。这种情况下的"通"是范围副词。

以上"通是"例句的特殊情况表明,《歧路灯》中的"通是"之"通"正处于虚化过程中。

《歧路灯》中副词"通"用法、分类如表2-2:

表2-2　　　　《歧路灯》中副词"通"用法、分类表

特点 分类	功能	语义	修饰成分	语义指向	通（是）
范围副词	范围	全 都	VP	前后之名词	+
程度副词	程度	很	VP①	后之谓词	+
语气副词	评注	确实 真	AP/VP 判断②	判断或命题	+

注：①的 VP 主要是形容词和动词或者结构简单的动词短语，不能表达完整意思。②的 VP 主要是结构复杂的动词短语，能表达完整意思。

《歧路灯》中的副词"通"一共61例，包括范围副词25例、程度副词5例、语气副词15例、兼有程度与语气副词的7例，其余则是范围与语气副词兼而有之。61例"通"中有18例"通+是"，多数是副词"通"+动词"是"，但其中有5例已经虚化成双音节副词"通是"。《歧路灯》中用于口语中的副词"通"有46例，占全部用例的75.7%以上。

王秀玲（2007）、李华（2014）和本书对《歧路灯》中的副词"通"分类的歧异处，固然和我们分类的标准有关，但更是与《歧路灯》副词"通"的虚化程度密切相关。

（二）《歧路灯》与元明及之前文献中副词"通"比较

1. 唐宋至元明文献中副词"通"概况

请看唐宋及之前文献中副词"通"的使用情况：

（56）弈秋，通国之善弈者也。（《孟子·告子上》224）

（57）病疧瘕者，捧心抑腹，膝上叩头，踦踽而谛，通夕不寐。（《淮南子集释》546）

（58）恪将见之夜，精爽扰动，通夕不寐。（《三国志·诸葛恪传》64/849）

（59）即鼠胎未瞬、通身赤蠕者，饲之以蜜，钉之筵上，嗫嗫而行。（《朝野佥载》2/23）

（60）临水通宵坐，知君此兴同。（刘得仁《对月寄雍陶》，《全唐诗》544/6292）

（61）通夜饮。问漏移几点。（吴文英《垂丝钓近》，《全宋词》2890）

（62）且华堂、通宵一醉，待从今、更数八千秋。（辛弃疾《八声甘州》，《全宋词》1876）

（63）须是踏翻了船，通身都在那水中，方看得出！（《朱子语类》114/2756）

（64）上以贤难归，诏令贤妻得通引籍殿中，止贤庐，若吏妻子居官寺舍。（《汉书·董贤》93（传）/3733）

（65）测便掘葬处，得一鼠，通赤无毛。（《广异记·李测》184－185）

（66）白灰旋拨通红火，卧听萧萧雨打窗。（《苏轼诗选》96）

（67）老人心事日摧颓，宿火通红手自焙。（《苏轼诗选》258）

（68）这个做工夫，须是放大火中锻炼，锻教他通红，溶成汁，泻成铤，方得。（《朱子语类》121/2920）

前八例中的"通"修饰"国、夕、身、宵、夜"等名词，作定语，是形容词，相当于"全"，记作"通$_{形容}$"。例（64）的"通"出现在名词"引籍"前，是"表数之全"的范围副词。例（65）的"通"，虽然语义上和"通$_{形容}$"关系密切，表示"赤"的范围，相当于"全""全部"，但修饰形容词"赤"作状语，是范围副词，记作"通$_{范围}$"。后三例的"通"修饰形容词"红"，表示"红"的程度，已经虚化为程度副词，相当于程度副词"很"，记作"通$_{程度}$"。

从上例可以看出，先秦、汉代已经出现有"通$_{形容}$"修饰名词的现象，但用例较少。魏晋起渐多，唐宋时使用已较普遍。范围副词"通"古代汉语中已经开始出现，唐宋时，程度副词"通"也有见用，可见范围副词"通"早于程度副词"通"。"通红"最早见于宋代文献。副词"通"出现在动词或动词结构之前，元明时才可见到。例如：

（69）老兄，咱主人已没，你改变形容，通不认得了，何乃自苦如此？（杨梓《忠义士豫让吞炭》第四折，《全元戏曲》758）

（70）他们通得了钱，都是一路。（《醒世》20/251）

（71）揭开舱板一看，果然通是小的。（《醒世》26/350）

(72) 宋江道："我这里弟兄，通是一般肠肚。但说不妨。"(《水浒传》98/718)

(73) 那三个女眷，通是不老成的，搬些酒食，与王庆、段三娘……(《水浒传》104/753)

例（69）的"通"是动词性偏正结构"不认得"的状语，例（70）的"通"是动宾结构"得了钱"的状语，后三例的"通"修饰判断动词"是"作状语。语义上例（69）的"通不认得了"，可以理解为"一点也不认得"或"确确实实/完完全全不认得了"，"通"是对"不认得"的强调与肯定，是加强否定的语气副词。例（70）至例（73）的"通"，语义上相当于"全"或"都"，均为范围副词。

2.《金瓶梅词话》中的副词"通"

《金瓶梅词话》是明朝中期以后（1522—1566）带有山东方言性质的白话小说。其中的副词"通"，有 60 余例，修饰 AP 或 VP，作状语，包括范围副词、程度副词、语气副词。例如：

(74) 早晨看镜子，兀那脸皮通黄了，饮食也不想，走动却似闪……(《金》54/546)

(75) 我瞧你光闪闪响当当无价之宝，满身通麻了，恨没口水咽你下去。(《金》56/738)

(76) 这金莲不听便罢，听了，粉面通红，银牙咬碎……(《金》25/300)

(77) 西门庆道："不瞒你说，相我晚夕身上常发酸起来，腰背疼痛，不着这般按捏，通了不得！"(《金》67/918)

(78) 原是两个小厮，那个大小厮又走了，止是这个天福儿小厮看守前门，后半截通空落落的。(《金》14/164)

(79) 你冷灶着一把儿，热灶着一把儿才好，通教他把拦住了，我便罢了，不和他一般见识，别人他肯让的过？(《金》75/1102)

(80) 西门庆道："又题什么温老先儿，通是个狗类之人！"(《金》77/1145)

(81) 贼不逢好死变心的强盗，通把心狐迷住了，更变的如今相他哩！(《金》35/435)

前四例的"通"都用于陈述句，分别修饰形容词"黄""麻""红"

"了不得",表示"黄""麻""红""了不得"的程度,是程度副词,相当于"很"或"完全"。例(78)、例(79)的"通"分别修饰"空落落""教他把拦住了",语义上与"都""全"相同,是范围副词。后两例的"通"后分别位于判断小句"是个狗类之人""把心狐迷住了"之前,是对"通"后判断的主观肯定,去掉"通"句子依然成立,但句子语气受到影响,所以"通"是表示强调的语气副词,带有感叹色彩,语义上相当于语气副词"真真""简直"。

《金瓶梅词话》中的"通"用于否定句的较多。在《金瓶梅词话》的60余例副词"通"中,用于肯定句的14例,用于否定句的有48例之多,否定词主要有"不""没""无"等。例如:

(82)竹山道:"小人通不认的此人,并没借他银子。……"(《金》19/221)

(83)我的奶奶,我通不知你不好,昨日他大娘,使了大官儿到庵里,我才晓得。(《金》62/840)

(84)教夏提刑限三日提出来受一顿,拷几拶,打的通不象模样。(《金》26/314)

(85)谢希大醉的把眼儿通睁不开。(《金》34/446)

(86)这李瓶儿不听便罢,听了此言,手中拿着那针儿通拿不起来,雨条胳膊都软了,……(《金》51/649)

(87)俺妈从去岁不好了一场,至今腿脚半边通动不的,只扶着人走。(《金》11/122)

(88)从门外寺里直走到家,路上通没歇脚儿,走的我上气儿接不着下气儿。(《金》49/633)

(89)自从那日别后,整日被人家请去饮酒,醉的了不的,通没些精神。(《金》56/736)

(90)你把我哥哥叫的外面做买卖,这几个月通无音信,不知抛在江中,推在河内,……(《金》93/1383)

(91)我年也将及四十,常有疾病,身边通无所出。(《金》30/361)

前三例的"通"修饰谓词性"不VP"结构,例(85)—例(87)的"通"修饰谓词性"V不C"结构;例(88)、例(89)的"通"修饰谓词性"没VP/NP"结构;后两例的"通"修饰谓词性"无NP"结构。

"通"所在的小句都是否定性陈述句,句中的"通"去掉后句子依然成立,但句子的语气发生了变化。根据张谊生(2004)研究,以上各例中的"通"都是用于加强否定,均为评注性的语气副词。就主观情态而言,否定句明显要比肯定句强。从语用倾向上看,"通"修饰的"不VP"一般带有不如意的语用义,大都含有说话人或行为者希望实现"VP"但结果就是没实现的语用义。

这些用例中的"通"兼有范围副词的特点:虽然例(82)"通不认的"、例(85)"通睁不开"、例(91)"通无所出"的"通"都可以看作语气副词"根本、绝对",但隐约仍有范围副词的影子。例(87)的"腿脚半边通动不的"的"通"既可以理解为范围副词"都",也可以看成"根本""压根儿"。例(88)的"路上通没歇脚儿"可以理解为"路上都没有歇脚",但看成"路上压根儿没有歇脚"似乎更加符合原句的语境。

可见强调否定的副词"通"是由范围副词"通"进一步引申虚化而来的,都经历过一个由范围兼强调两种功用并存的阶段,从语义蕴含看,保留了原副词的语义积淀,在进行否定强调时,都会或多或少带有各自的语义蕴含。在否定结构中发生虚化,是受更深层次的表达机制制约的,要靠人们重新分析来实现。

(三)《歧路灯》与清代其他文献中副词"通"的比较

1. 与同时期文献《红》《儒》中副词"通"比较《红》《儒》是与《歧》同时期的文献。《红》《儒》中副词"通"的使用情况如下:

(92)这里宝姑娘的话也没说完,见他走了,登时羞的脸通红,说又不是,不说又不是。(《红》32/433)

(93)邢夫人满面通红,回道:"我劝过几次不依。……"(《红》47/628)

(94)贾赦等督率匠人扎花灯烟火之类,至十四日,俱已停妥。这一夜,上下通不曾睡。(《红》17-18/236)

(95)薛蟠道:"他说的我通不懂,怎么不该罚?"(《红》28/382)

(96)那孩子还一手拿着蜡剪,跪在地下乱战。贾母命贾珍拉起来,叫他别怕。问他几岁了。那孩子通说不出话来。(《红》29/393)

(97)这会子你怕花钱,调唆他们来闹我,我乐得去吃一个河枯

海干，我还通不知道呢！（《红》45/600）

（98）那黑云边上，镶著白云，渐渐散去，透出一派日光来，照耀得满湖通红。（《儒》1/2）

（99）房中间放着一个大铜火盆，烧着通红的炭，顿着铜铫，煨着雨水。（《儒》53/544）

两部小说中的程度副词"通"都只出现在"通红"中，《红》有六例，《儒》有12例。例（94）—例（97）中的"通"位于"不曾睡""不懂""说不出话来"和"不知道"等含有"不"的动词性结构之前作状语，都可以理解为加强否定的语气副词。如例（94）的"通"既可以看成是对"都不曾睡"的强调，也可以理解为"上下都不曾睡"，所以"通"也兼有范围副词性质。例（95）的"我通不懂"理解为"我都不懂""我确实不懂"都可以，"通"也兼有语气、范围副词的性质。例（96）、例（97）中的"通"也都有语气、范围副词的影子。例（94）—例（96）是陈述句，例（97）是感叹句。再看下例：

（100）绍闻道："昨日王经千与家表兄算我的欠债，通共连本带息，是两千一十几两。"（《歧》84/804）

（101）我通共剩了这么一个可靠的人，他们还要来算计！（《红》46/625）

（102）通共五百两银子，你还想在这甲头分一个分子，这事就不必讲了。（《儒》19/206）

上例的"通"与"共"连用，表总括、统计，可以看成一个总括范围副词，总括后面的数量结构。"通共"，《红》有18例，《儒》有3例，《歧》中有2例。现代汉语共同语中也有这样的"通共"。《歧》《红》《儒》中副词"通"的使用情况比较如表2–3。从表中可见，《歧》《红》《儒》都有的"通红""通共"，应是18世纪中叶通语用法。"通不 VP"为《歧》《红》共有，且二者之比为8：4。可见"通 VP""通是 NP/VP/AP"显示的是《歧路灯》中原官话的特点，展示的是《歧路灯》语言的地域性。

表 2-3　　《歧》《红》《儒》中副词"通"使用情况比较表

通\文献	通红	通不 VP	通 VP	通是 NP/VP/AP	通共
歧	+（5）	+（8）	+	+	+（2）
红	+（6）	+（4）	-	-	+（18）
儒	+（12）	-	-	-	+（3）

注："通不 VP"包含"通 V 不","通 VP"包含"通 A"。"+"表示有,（）中的数字表示数量,"-"表示无。

2. 与《醒世姻缘传》中副词"通"比较

《醒世姻缘传》是明末清初带有山东方言语法特色的文献材料,其语言带有很强的地域色彩。① 根据王群《〈醒世姻缘传〉副词研究》,《醒世姻缘传》中的副词"通",修饰 VP 或修饰 AP,作状语,包括范围副词 14 例,程度副词 17 例、均为"通红",还有语气副词 121 例。② 例如：

（103）这烧香,一为积福,一为看景逍遥,要死拍拍猴着顶轿,那就俗杀人罢了,都骑的通是骡马。(《醒》68/907)

（104）两三次通瞒着俺,不叫俺知道,被外头人笑话的当不起,……(《醒》20/271)

（105）他在耳边悄悄的说了一句,狄周媳妇扯脖子带耳根的通红,跑的去了。(《醒》40/541)

（106）偷儿动了谗兴,扯开抽斗,桌子里面大碗的盛着通红的腊肉。(《醒》65/863)

（107）童银的媳妇好个人儿,识道理,知好歹,通是个不戴帽儿的汉子。(《醒》71/942)

（108）我那一日见了他,其实他又没有甚么不是,我不知怎么见了他,我那气不知从那里来,通像合我有几世的冤仇一般。(《醒》80/1056)

前两例的"通"是范围副词,表示总括,相当于"都""全"。中间

---

① 岳立静：《〈醒世姻缘传〉助词研究——兼与现代山东中西部方言助词比较》,博士学位论文,北京语言大学,2006 年,第 1 页。
② 王群：《〈醒世姻缘传〉副词研究》,硕士学位论文,山东师范大学,2001 年,第 5—6 页。

两例的"通"是程度副词,相当于"很",与现代汉语中"通红"相同。后两例的"通"是含有主观评价的感叹式语气副词,相当于"的确""简直"。

据王群(2001)统计,《醒世姻缘传》121 例语气副词"通"中,有 51 例是用于否定句,其中用于"感叹+否定句"的 7 例,用于"陈述+肯定句"的 44 例。"通"后的否定结构有"不+VP""没有+VP/NP"、"没+VP/NP"等,以"不+VP"为多。例如:

(109)见咱不瞅不睬的,以后这们些年通不上门了。这可是他们嫌咱穷。(《醒》22/295)
(110)你老子病了这两三个月,你是通不到跟前问他一声。(《醒》41/551)
(111)从此素姐也通不出房,婆婆也绝不到他房里。(《醒》48/650)
(112)狄周又往家里去了,这里通没人手,只怕忙不过来。(《醒》75/1001)
(113)有甚么得好!自从大爷没了,通没有人照管!(《醒》21/286)
(114)晁夫人说:"这山里荒村,通没有甚么相待,该叫学生到船上送一两程才好。他又一步不肯离我,昨日两次往府里考去,我都跟了他去,通像个吃奶的孩子一般。"(《醒》47/628)

上例中的"通"都是强调否定、具有评注性功能的语气副词。比强调肯定情态的语气副词更虚化了些。如例(114),前一个"通"强调否定,位于后一个"通"是"简直",表示肯定的情态,前者就比后者的"通"更进一步虚化了。

《醒世姻缘传》还有 34 例"通是"。例如:

(115)这一村的人更是质朴,个个通是前代的古人。(《醒》23/313)
(116)后来婆婆得了老病,不能动履,穿衣喂饭,缠脚洗脸,梳头解手,通是这两个媳妇料理婴儿的一般。(《醒》52/700)
(117)两只胳膊,嫩如花下的莲藕,通是一个不衫不履淡妆的美人。(《醒》28/377)

前两例中的"通"是范围副词,后一例是表示肯定情态的语气副词。《醒世姻缘传》中有"通共"13例,是统计副词,与现代汉语相同的"通共"意义、用法一致。例如:

(118)监生这场官事,上下通共搅计也有四千之数,脱不了都是滑家的东西。(《醒》94/1247)

《歧》与《金》《醒》中的副词"通",都包括范围、程度、语气三类。三部小说中,《金》《醒》和《歧》中副词"通"的主要差别在于:一方面,《金》《醒》的"通"多用于否定句,而《歧》的"通"多用于肯定句。《金》的60余例副词"通"中,用于肯定句的仅14例,而用于否定句的就有48例之多。三者都有"通+不/没/无+VP"格式,前两者兼有强调否定、情态两种功能的较多,而《歧路灯》的则相对较少。另一方面,《歧》中的语气副词"通",比《金》中的语气副词"通"进一步虚化,《金》中的语气副词"通"普遍兼有范围、语气副词之性质。

从《歧》与《金》《醒》中副词"通"的情况来看,"通"的使用具有地域特点,主要是出现在河南、山东等地的文献中。另外《歧》和《醒》中都有较多的"通是",其中的"通"都有范围、程度、语气三类,但二者的区别在于,前者"通是"中的"通"有兼类和虚化为双音节复合式"通是"的情况,后者则没有这种情况。

从《金》《醒》到《歧》《红》《儒》,副词"通"历时呈现出下列的虚化链:

形容词"通"→范围副词"通"→程度副词"通"→虚化为兼具范围和语气的副词"通"(范围义减弱,情态义增强,表示肯定或强调)→更虚化的语气副词"通"(用于加强否定语气)

《歧路灯》中副词"通"则在共时中展现出历时的语法化状态:

形容词"通"→ 范围副词"通"→ 程度副词"通"→兼具程度与语气副词"通"兼具范围与语气副词"通"(表示肯定或强调)→ 语气副词"通"(加强否定语气)→语气副词"通"(加强肯定语气)→双音节化副词(如"通+是")。

总的来说，副词"通"的虚化过程应该是：主观的表态功能强化，客观的表义功能弱化。语言表达过程中，说话人主观性的强化是发生再虚化的主要动因。

二 豫西南方言的副词"通"及古今演变

"通"是豫西南方言中比较常用的一个程度副词，读作[tʰuŋ²⁴]。在豫西南方言中，"通"只能修饰谓词性成分，作状语，和现代汉语共同语以及其他方言中的程度副词相比，"通"在句法分布、语法意义和使用语境上都有着独特的个性。

丁全（2001）《南阳方言中的特殊副词》从共时角度描写了南阳方言中的特殊副词"通"。笔者曾粗略描写过南阳方言中程度副词"通"的语义、语法和用法上的特点，并与普通话中的相关词语及《歧路灯》中的"通"作过简单对比。但已有的这些研究，过于简单、粗略，不够深入、系统。本部分拟在上述研究的基础上，主要描写豫西南方言中"通"的语法特点、用法并进行古今比较。

（一）豫西南方言中"通[tʰuŋ²⁴]"的特点

1."通"在句法分布上的特点

豫西南方言中的副词"通"不能单用，只能出现在"通X着哩"结构中。当X是形容词或形容词短语时，记作"通AP着哩"。当X是动词或动词短语时，记作"通VP（着）哩"。

先看"通AP着哩[tʂuli]"。

"通AP着哩"中的AP，主要是单音节或双音节的形容词，也可以是形容词短语。大多数时候，"通"修饰的是单音节的形容词。例如：

（1）涨往儿_{现在}离上堂_{上课}还通早着哩。
（2）还通远着哩。
（3）枣还通青着哩，可斗_就叫人够_摘完了。
（4）她看着还通年轻着哩，咋可斗_就退休了？

前三例，"通"修饰的均为单音节的形容词。例（4）"通"修饰的是双音节的形容词。

但并不是所有的形容词都能够进入该结构。假如该结构中A的相对或相反的状态或性质为B，那么事情变化、发展的进程如下：

始──→A──→B 终

此结构中的 A，只能是处于事情变化、发展进程中某个阶段上的状态或性质，与事情变化、发展的最终或相反的状态或性质 B 还有一定的距离，且通常不能有"A←B"这样的变化、发展进程。上例中的"早""远""青""年轻"分别处在"（时间）早→晚"、"（路）远→近"、"（枣）青→红"、"（人）年轻→年老"的变化、发展进程中。"早""远""青""年轻"总是相对于后者而言的。该结构中 A 的情况总是相对而言的。如果事情已经发展到 B，则不能用"通"修饰。例如：

（5）a. 这衣裳通新着哩，咋斗_就扔了？

*b. 这衣裳通旧着哩，咋就扔了？

（6）a. 这肉还通生着哩，再煮煮吧。

*b. 这肉还通熟着哩，再煮煮吧。

（7）a. 离上堂_{上课}还通早着哩，再玩一会儿吧。

*b. 离上堂_{上课}还通晚着哩，再玩一会儿吧。

（8）a. 风还通大着哩，等风小了再出去。

*b. 风还通小着哩，等风大了再出去。

这四例的"新""生""早""大"等分别位于"（物品）新→旧""（食物）生→熟""（时间）早→晚""（风）大→小"等事情变化、发展过程的某个阶段上。"新""生""早""大"总是相对后者而言的。再看下例：

（9）a. 天还通黑着哩，你咋 tsa^{55} 可起床了？

*b. 天还还通明_亮着哩，你咋可起床了？①

（10）a. 天通明_亮着哩，你咋可睡觉了？

*b. 天还通黑着哩，你咋可睡觉了？

按照习惯，人们总是日出而作，日落而息，是天黑睡觉，天亮起床。因此起床时间，遵循的是天"黑→亮"的变化、发展进程。而睡觉时间，则遵循的是天"亮→黑"的变化、发展进程。如果处在变化、发展进程

---

① 天黑时通常应是睡觉的时间。例（9）a 是问该睡觉的时间咋起床了。而天明时通常是已经起床的时间。例（9）b 是问该起床的时间咋起床了，所以不成立。例（10）与例（9）同理。

的最终状态位置上，就不能受"通"修饰。

"通 AP 着哩"结构是"通 + AP + 着哩"。《现代汉语八百词》（增订本）指出：助词"着呢"，多用于口语，用在形容词或类似形容词的短语后面，表示肯定某种性质或状态，多带夸张意味。①"通 + AP + 着哩"中的"着哩"相当于普通话的"着呢"。

再看"通 VP（着）哩"。

"通 VP（着）哩"结构中的 VP，不论是动词或动词性短语，都具有可以有限持续的特点。例如：

（11）要不是你劝，那两口子还通吵（着）哩 li。
（12）要不是你制止，他还在那通咋呼（着）哩。
（13）要不是你催，他还在那儿通磨蹭（着）哩。
（14）a. 要不叫他，他还通睡着不动哩。（丁全用例）
　　　b. 你要不劝他，他还通执迷不悟哩。
　　　c. 没想到他还通能说哩。
　　　d. 我比你还通了解他哩。

上例中，"通"修饰的 VP"吵""咋呼""磨蹭""睡着不动"都具有持续的特点，但是有限持续——不会无休止的一直持续下去。前三例的是单或双音节的动词，后一例的是动词短语。

"通 VP（着）哩"结构是"通 + VP（着）+ 哩"。V 后的"着"为动态助词，表示状态的持续。因为"着"前的 V 本身具有可持续的特点，有时，"着"可以不用，但与有"着"意义相同。其中的"哩"，指明事实而略带夸张，是表示持续的语气词，与普通话语气助词"呢"的一些功能相同。常和"着"搭配使用。

以上各例中的"通 + AP + 着哩"和"通 + VP（着）+ 哩"之前，大都可以出现表示行为或状态持续不变的副词"还"。"还"与"着哩""哩"一起共同约束其中的 A、V，表明 A、V 的性质或状态、行为或动作在说话时间之前已经开始，在说话时仍在持续，没有发生与之前不同的质变。如果没有"哩"或者"着哩"，"通 V""通 + A"都不能说。

在豫西南方言中，"通 VP（着）哩"的用例远没有"通 AP 着哩"多。

---

① 吕叔湘主编：《现代汉语八百词》（增订本），见商务印书馆1999年版，第667页。

2. "通 [tʰuŋ²⁴]"的语法意义

豫西南方言的程度副词"通",在语义上相当于普通话的"很""更(加)"。例如:

(15) a. 河里水深着哩,可白_别下河洗澡。
　　　b. 河里水还通深着哩,可白_别下河洗澡。
(16) a. 你要不提醒,他还想不起来哩。
　　　b. 你要不提醒,他还通想不起来哩。

例(15),b 中"通深着哩"比 a 中"深着哩"所表示河水深的程度要高得多;b 可以理解为:河水深且比通常所认为的要深得多。例(16),b 中"通想不起来哩"比 a 中"想不起来哩"所表示"想不起来"的程度要高得多;a 是一般程度上的"想不起来",而 b 则不但是"想不起来"而且是极高程度上的"想不起来"。例(15)、例(16)的"通"都可以用"很"替换而语义基本不变。因此,"通"是一个含有比较意味的相对程度副词,其语法意义与普通话的"很"相同,表示性状或动作行为的程度极高。

3. "通 [tʰuŋ²⁴]"的语用特点

豫西南方言中的程度副词"通"在实际运用中很有特色。本部分讨论该方言"通"的使用环境和语用含义。

"通"所在的句子,总伴随着一定的语境,不能以孤句形式出现,或有前句,或有后句,大多是在对话中出现。"通 X 着哩",多是说话者对事物性状、事件或活动的主观性评价,隐含着比较。例如:

(17) A. 孩子还通小着哩,白_{不要}管哩太严了。
　　　B. 都上高二了,还小?
(18) A. 树上的枣还通青着哩,就_都叫人摘完了。
　　　B. 青啥呀,都红一半子了。
(19) 这自行车修修还通能骑着哩。
(20) 这衣裳通新着哩,咋就扔了?

前两例是对话语境。后两例的语境是:例(19)是有人说自行车不能骑要换新的了,例(20)是说话者看到了被扔的衣服。

例(17)"通小着哩"是说话者对孩子大小的一种主观评价,是特意强调孩子小,隐含着对孩子大小的对比。例(18)A 说"通青着哩"是特意强调枣青,是 A 对枣颜色的主观评价,意思是说枣还不到摘的时候,隐含着对枣颜色的对比。B 的答语否定了 A,也凸显了 A 的主观性。例(19)是说话者对自行车修理后能骑程度的主观看法,隐含着对自行车能骑与否的对比。例(20)"通新着哩"也是说话者对衣服新旧程度的一种主观评价,被"扔了"的衣服不会是很新的,话里隐含着新、旧的对比。

(二)河南其他方言中的"通"

1. 洛阳、渑池方言的"痛"和新安方言的"通"

贺巍(1993)、杨帆(2011)和马谊丹(2011)[①] 都曾提及洛阳方言有个程度副词"通(痛)",在语义上相当于现代汉语共同语的"很、非常、特别"。杨帆指出"痛 [$t^huŋ^{33}$]"[②] 经常出现在"痛 + VP/AP 着哩"中,"痛"与"可"的用法相当。用例如下:

(21)a. 这个人痛好着哩。
b. 他痛难缠着哩。
(22)a. 他痛会说着哩。
b. 李明家痛有钱着哩。

彭小琴(2008)指出渑池方言中的相对程度副词"痛"与"可",都表示程度高,大体上相当于普通话的"很"。但"痛"的程度最高,"可"次之。比如"这个人可好"和"这个人痛好哩",在表达上有递进的意思。"痛"可以修饰 VP、AP,句末有"哩"。例如:

(23)a. 我痛恨他哩。
b. 他家痛有钱儿哩。
(24)a. 这长时间不见你,痛想你哩。
b. 我家闺女痛会说话哩。(渑池方言)

---

① 贺巍(《洛阳方言研究》,社会科学文献出版社 1993 年版,第 15 页)指出:有个程度副词"痛",但举的例子是:他说的通 [$t^huŋ^{33}$] 好的,就是不兑现。未注出读音;马谊丹:《洛阳方言程度副词研究》,硕士学位论文,华中师范大学,2011 年,记作"通"。洛阳市地方史志编纂委员会编《洛阳市志》第 17 卷,中州古籍出版社 1999 年版,记作"统"。

② 杨文中"痛"的读音为 [$t^huŋ^{33}$]。而《洛阳方言志》(河南人民出版社 1987 年版,第 53 页)"痛"为去声。

(25) a. 你通是 t^{h}uŋ^{34}ʂəɻ^{41} 不讲理哩。
　　　b. 你通 t^{h}uŋ^{34} 不讲理哩。
(26) 这电影通长哩。
(27) 弄得通像回事著哩。
(28) a. 你这孩子通是烦人著哩。（新安方言）
　　　b. 这块儿地哩红薯通是甜哩，不信你尝尝。（汝州方言）

例（25）—例（28）a 是新安方言用例，例（28）b 为贺晓雅[①]文章里的汝州方言例，例（25）为笔者调查，其余三例是李华所用。[②]"通是"是双音节情态副词，例（25）a、b 意义相同，较少见用。

2. 陕县（现陕州区）方言中的"统 [t^{h}uŋ^{55}]"

张邱林（1999）研究了陕县方言的"统"。该方言的"统"读上声，与普通话的"很"相当，是程度的背指表达形式，包含背指语义成分，一般在说话人看来听话人未了然于心或情况是非当前和背面的情况下使用，且使用时无所比较。"统"可以修饰形容词（语）、心理动词和能愿动词，但不能修饰动作行为动词，"统十X"可以作定语。例如：

(29) 新房布置得统美着哩。
(30) 统大两个西瓜哩，大人搬上都沉，小娃哪能搬动？
(31) 统喜欢吃奈菜。
(32) 这支笔是我伯奖的，统好使着哩。

以上三个方言点"痛（通）"或"统"用法相近，使用时都不用于比较，表示的程度较高，是绝对程度副词，所用例句在豫西南方言中基本上都不说。但这三个方言点中的"痛（通）"或"统"在语义、功能上与豫西南方言中的程度副词"可"相当，上述全部用例都可以用"可"替代。豫西南方言中的程度副词"可"与"通"的主要差别在于："可"不含比较，句末不一定非要有"着哩""哩"等语气词。

---

① 彭小琴（2008）未注"痛"音。贺晓雅《〈河南汝州方言程度副词"通"〉，《现代语文》2019 年第 5 期》记为 [t^{h}uŋ^{23}]，阴平调。

② 李华：《〈歧路灯〉副词"通"研究》，硕士学位论文，河南大学，2014 年。

3. 鲁山方言中的"通［tʰuŋ²⁴］"

孙红举（2012）描写了鲁山方言的相对程度副词"通"：只能修饰谓词性成分，作状语。"通₁"只出现在"通 + AP／VP + 嘞"中；"通₂"只出现在"通 + AP／VP + 著 + 嘞"中。"通₂"受共现的动态助词"著"的影响只能修饰具有［+无界］语义特征的"大量"性质形容词和持续性的动词性词语。"通₁"的修饰对象则不受限制。"通"在语义上表示性状或动作行为的程度"更高""更进一步"。"通"在使用中有表示比较和主观性的意味。例如：

（33）上回他买嘞苹果可大可好吃，这回买嘞通₁大通₁好吃嘞。
（34）本想着今日会凉快，没想到今日热嘞通₁狠了。
（35）恁_{你们}学校8点半才开门，阵昼儿_{现在}通₂早著嘞，你再停待一会再去吧。
（36）他嘞钱通₂多著嘞，先并_{不要}再给他了。

豫西南方言中的"通"虽然与鲁山方言"通"的读音、功能相近，使用时都有一定的比较意味和主观性，也是相对程度副词。但是在意义和用法上有较大差异：语义上，豫西南方言中的"通"相当于"很""更加"，而鲁山方言的"通"相当于"更高""更进一步"。鲁山方言"通₁"的用例豫西南方言基本上都不说，也即豫西南方言中没有鲁山方言中的"通₁"。豫西南唐河方言中的"通"与鲁山方言的"通₂"比较接近，但在对所修饰 AP／VP 的语义选择和使用语境上和鲁山方言中的"通"存在有差异。

4. 许昌、郑州等方言中的副词"通"

根据刘纪听《许昌县方言程度表示法》，许昌县方言的"通"表示程度加深，是高量级的绝对程度副词，相当于"挺"。"通 + AP/VP"结构都能作谓语。① 例如：

（37）箱子通沉着哩。
（38）他家离学校还通远着哩。
（39）你还通操心着哩。
（40）他说哩通中听着哩。

---

① 刘纪听：《许昌县方言程度表示法》，硕士学位论文，河南大学，2008年。

(41) 你还懂哩通多着哩。

"通"多修饰褒义色彩或中性色彩的词,很少修饰贬义词。豫西南方言的"通"没有类似许昌县方言那样的褒贬义限制,以上五例中除例(38)外,豫西南方言都不说。

"通"也是郑州市区方言中使用非常频繁的一个程度副词。"通"是"相当"的意思。"通+形容词/动词"所表达的一般含有说话人预料之外的口气。例如:

(42) a. 今天通冷哩。
b. 那地儿通好玩儿住哩!①
(43) a. 他才镇大一点儿,还通能长住着嘞!
b. 柿子还通青住着嘞他可摘了。②

例(42)是出乎说话者的意料:a 是说话者原以为今天不会冷,可事实与预想的不一样,在这种情况下才用"通"。b 是好玩儿的程度超出了预想,没有想到这样。如果仅仅是表示很冷、很好玩。豫西南的唐河方言中没有这种用法。例(43)的"通"强调或者评价某一个发展过程中处于某一点的状态的程度,表示随着时间的推移,这个状态将会发生变化或者消失,与豫西南方言相同。根据以上已有的研究和我们的调查,除了豫西南方言,河南陕县、洛阳、渑池、新安、郑州、开封、许昌、平顶山市区、叶县、漯河、汝州、登封、禹州等地的中原官话和豫北沁阳、济源等晋语中都有程度副词"通",语义上相当于"很"类副词"非常""特别""更加""挺"等,都要与语气词"哩"配合使用或者都能出现在"通 AP/VP(着)哩"格式中。从使用频率、对 AP/VP 的选择和使用语境来看,又存在较大的差异。

(三) 从《歧路灯》到豫西南方言,副词"通"的变化

从《歧路灯》到今天的河南方言,副词"通"发生了巨大的变化,表 2-4 是古今副词"通"的差异比较表。从表 2-4 可以看出:

1. 副词"通"种类由繁到简,用法复杂多样

《歧路灯》中的副词"通"包括范围、程度和语气副词三种,且具有

---

① 兰青:《郑州市区方言中的"很"类程度副词》,《时代文学》2010 年第 3 期。
② 弓弯弯:《郑州方言副词研究》,硕士学位论文,华中师范大学,2015 年。

兼类的特点：使用情况比在豫西南方言中要复杂得多，范围副词"通"约占副词"通"的一半多，程度副词约占四分之一以上，纯粹的语气副词最少，有部分"通"兼具程度副词、语气副词的性质。尤其是《歧路灯》中的18例"通是"颇有特点，兼具范围副词、程度副词和语气副词三种，还呈现有正在虚化的现象。《歧路灯》的"通是""通"用于否定句，今天河南方言中的副词"通"只保留了程度副词"通"的用法，还要与语气词"哩"或"着哩"共现，且主要用于肯定句。虽种类减少了，但用法变复杂了。可见从《歧路灯》到今天的河南方言中，副词"通"从形式到意义都发生了较大的变化。

表2-4　《歧路灯》和河南方言副词"通"差异比较表

	范围	程度	语气	"着哩"共现	肯/否定句
歧	+	+	+	+2	++/+
豫	-	++	-	++	+/-

注：++表示有且常用；+2表示只有2例。

2. 河南方言的副词"通[$t^hu\eta^{24}$]"继承了《歧路灯》副词"通"虚化链的早期用法

《歧路灯》和河南方言中的程度副词"通"均修饰谓词性结构，作状语。这是二者的共性，但河南方言中的所有程度副词"通"都只固定出现在"通X着哩"格式中，而《歧路灯》中这样的情况则较少。《歧路灯》中的程度副词"通"修饰AP的用例略低于修饰VP的用例，"通AP"不到10例，主要有"通红""通慌""通不好意思"。而像"通是""通成了""通看不上""通不够房钱""通不来傍个影儿"等"通VP"的用例则较多，在10例以上。而豫西南方言中的程度副词"通"则主要是出现在"通AP着哩"之中，"通VP着哩"则相对较少。《歧路灯》60余例副词"通"中，只有两例是出现在"通X着哩"中。据李华（2014）研究，副词"通"经历了"动词→形容词→范围副词→程度副词→情态副词"的发展、虚化过程。而《歧路灯》中"通"的虚化链条如下：

　　　形容词"通"→范围副词"通"→程度副词"通"→兼具程度与语气副词之"通"

而豫西南等河南方言的副词"通",继承了《歧路灯》"通"虚化链条中非末端的程度副词用法,体现了河南中原官话副词"通"语法化的特点。

河南方言的程度副词"通",现有研究中主要是用"通"字记录,也有记作"统""痛"的,"通"的中古音为透母东韵平声,结合上述"通"的发展演变,记作"通"字为宜。

第二节 《歧路灯》与豫西南方言之副词"休"

王秀玲（2007）的博士学位论文对《歧路灯》中一些方言色彩突出的副词进行了较为深入的专题讨论,比如讨论了"爽快""爽利""难说""休"等副词的用法并溯其源流及发展。但是在论及否定副词"休"时,虽有与其他否定副词的对比,也曾考其历史演变和方言分布,但缺少《歧路灯》与今河南方言中"休"的联系与比较研究,也没有提及从《歧路灯》的"休"到今天"休"的发展演变。

丁全（2007）著文描写南阳方言中的特殊否定词"白""夒""侯",但未涉及这些否定词的历时变化。虽然该文未有"休"字,但与《歧路灯》中的"休"关系密切。

本节基于上述研究,主要考察《歧路灯》与豫西南方言中的副词特征词"休"及其变化。

一 《歧路灯》中的否定副词"休"

《歧路灯》、现代汉语共同语和豫西南方言中都有否定副词"不""不要""没""没有",本部分我们主要讨论《歧路灯》和豫西南方言中共有的否定副词"休"。

（一）《歧路灯》中否定副词"休"的语法特点

1. "休"修饰 VP 的特点

《歧路灯》中的否定副词"休"共有 199 例,主要用于口语中,语义上相当于"别"。

《歧路灯》中的否定副词"休"所修饰的谓语中心词 VP 以动词性结构为主,也有形容词或形容词短语,且是自主动词或形容词。也有名词性词语,但数量上相对较少。例如:

（1）赵大儿道："……我见惯了，这没啥大意思，奶奶休怕。"（《歧》17/181）

（2）a. 管贻安道："你休胡说。……"（《歧》64/608）

b. 范姑子道："山主们今日喜事，休说那少头没尾的话儿。"（《歧》16/165）

（3）"你那个样子，休来我面前抖威！"（《歧》58/541）

（4）王中道："欠了人家债，休说脸面不好看的话。……"（《歧》48/447）

（5）……一开口便骂我："休听那守财奴老姐夫话！……"（《歧》100/934）

（6）盛希侨一声喝住戏子道："退头货，进去罢，休惹人家恶心。这些话，吓马牌子罢，休扫我这傻公子的高兴。"（《歧》79/767）

（7）学生，你休把你那肥产厚业，当成铜墙铁壁，万古不破的。（《歧》63/598）

（8）若再有人提媒，你休脚踩两家船，这可不是要的事。（《歧》49/453）

（9）希侨哈哈笑道："没的说了，休脸红。……"（《歧》27/253）

（10）别的不说，总是二公盘费休愁。（《歧》10/106）

（11）希侨笑道："谁说不去？贤弟休着急，要去如今就去。"（《歧》18/187）

（12）绍闻道："你休高声，我今晚给你运用。……"（《歧》22/215）

（13）唱净的道："正主儿说话，休七嘴八舌的！"（《歧》30/279）

前八例，"休"修饰的VP以复杂的动词性结构为主，如例（3）是连谓结构，例（4）—例（6）是复杂的动宾结构，例（7）、例（8）分别是主谓、状中结构。例（9）的VP是形容词性主谓结构，例（10）、例（11）的是形容词，例（12）、例（13）的是名词性词语。

《歧路灯》中"休"修饰的VP主要是具有消极意义的动作或行为，如上例中的"怕""胡说""说脸面不好看的话""惹人家恶心""脚踩两家船""愁""着急"等。"休"修饰的VP也有非消极意义的，如下例中

的"走":

  （14）王氏哭道："他二位老伯，千万休走，与俺娘们仗个胆儿……"（《歧》12/132）

上例中"休"修饰的 VP，除了例（9）的"脸红"外，均具有［＋自主］特点。

2."休"所在的祈使句及其共现词语

我们把"休"构成的祈使句叫作"休"类祈使句。"休"类祈使句，如上举例，皆短小精悍，从"休"修饰的 VP 具有的消极意义可以看出，该类祈使句表示禁止或劝阻，多是说话人主观上不企望发生的事情。"休"构成的祈使句句末标点符号以句号为主，也有感叹号和逗号。逗号，如例（7）、例（11）、例（12）例（17），感叹号只有例（3）、例（5）、例（13）三例。其中的"！"表现了说话者强烈的禁止语气。正如马清华（1995）所指出，祈使句不只单使用一种标点符号，也不以某种标点为主，《歧路灯》中"休"类祈使句，也印证了该观点。

"休"类祈使句，句末可以出现"哩""了"等语气助词，"休"前还可以与"千万""再""且""总""只"等副词连用，也可以与"不 X"连用。例如：

  （15）你休走哩。委实我身子不好了几天。（《歧》26/248）
  （16）这头一次，且休提哩。（《歧》96/898）
  （17）巫翠姐道："日头也不知几时就沤烂了，再休想见它了。"（《歧》57/535）
  （18）"想是底下人不认的，错说了话。千万休怪，我赔礼就是。"（《歧》22/214）
  （19）樊嫂，你掐住腿，总休放松。（《歧》59/551）
  （20）娘只休哭，留下我改志成人的一条路儿。（《歧》83/792）
  （21）你就休说我穷。（《歧》57/532）
  （22）我的儿呀！你休不得活了，可该怎的！（《歧》17/181）

前三例出现了语气助词"哩""了"。例（16）—例（21）"休"分别与副词"且""千万"组合，凸显了祈使语气的细微变化。最后一例"休"与否定结构"不得活"连用。

(二)《歧路灯》中"休"与"休要"的区别

1. 相同的句法环境

《歧路灯》中还有否定副词"休要"91 例。《歧路灯》中表祈使的否定副词"休""休要""不要""别""别要"数量统计如表 2-5。

表 2-5 《歧路灯》中"休(要)""不要""别(要)"数量统计表

否定副词	休	休要	不要	别	别要
数量(例)	199	91	8	1	1

从数量上看,《歧路灯》中的"休要"占"休""休要"总数的将近三分之一,而"不要""别(要)"则极少。从语言经济上看"休""休要"应该是有区别的,否则没必要共存。来看下例:

(23) 谭绍闻道:"委实不得工夫,休要胡缠。"(《歧》57/530)

(24) 王中道:"姓茅的,休要骗人!"(《歧》30/279)

(25) 大相公,往后休要买这宗无用的东西。(《歧》13/145)

(26) a. 我有心与你几两银子,你与我营运着,你可千万休要赌博。(《歧》40/373)

b. 慧娘道:"且休要睡哩,这些碟酌家伙……"(《歧》35/330)

(27) "你姑娘叫你在这里读书,休要淘气,与你端福兄弟休要各不着。"(《歧》第 3/28)

(28) a. "我不怎么,娘休要慌。"(《歧》32/295)

b. 希侨笑道:"谁说不去?贤弟休着急,要去如今就去。"(《歧》18/187)

(29) a. 王隆吉道:"休要叫盛大哥知道。"(《歧》37/346)

b. 绍闻道:"这话休叫盛大哥知道。"(《歧》22/216)

(30) a. 真正有天没日头。都休要走了,我去禀老爷去。(《歧》30/282)

b. 你休走,我就跟你去。(《歧》18/186)

(31) a. 你今日且不要到席上口中说长道短!(《歧》79/767)

b. 我有一句要紧话:兴官才进了学,不要叫他来,休叫他在这俗场子上走动。(《歧》100/935)

上例中"休要"修饰的 VP 也以动词性结构为主,也是具有消极意义的自主性的动作或行为。也可以与副词"且""千万"等副词组合,"休要"所在句式、句末标点符号与"休"类祈使句基本相同。

2. 语气上的轻重缓急或者强弱之别

上例中的"休要"均可以用"休"替换,但替换后句子的语义会有所变化。如把例(25)的"休要"替换成"休",与原句相比,句子的语气就显得有些轻描淡写。

据吕叔湘(1944)的研究,祈使句在意义上有刚柔缓急的差别。从以上用例我们可推知,"休""休要"的差异主要是体现在语气的轻重缓急或者强弱上。同样是表示禁止或劝诫,"休"的语气比较直截了当、不缓和,而"休要"重在特别强调,语气没有"休"那么急但比"休"的要重。这是二者互相替换后句子语义产生变化的原因。由于《歧路灯》中否定副词"别(要)""不要"分别只有两例、八例,所以"休"相当于普通话的"别",而"休要"则相当于"不要"。

如例(29)a 特别强调不叫知道,b 只是直接说别叫知道。例(30)a 重在强调,b 重在直接。例(31)的"不要"换成"休要","休"换成"别"均不影响句子语义。

《歧路灯》中有"千万休 + VP"八例,而"千万休要 + VP"只有两例。这表明"休"前可用表示劝告、请求或叮咛的祈使副词"千万"来加强语气。例(26)a 的"你可千万休要赌博。"中"休要"之前的"可""千万"可谓是三重强调。

(三)"休"的来源及明清文献中的"休"

1. 来源

吴福祥《敦煌变文语法研究》[1] 把否定副词归入语气副词,指出"休""不要"入唐以后开始使用。江蓝生《禁止词"别"考源》指出"别"最早见于元曲。[2] 据陈明富、张鹏丽《"浪"作禁戒否定副词考——兼论"漫"、"休"、"别"等》,从来源上看,"休"由休息义逐步引申为休假、罢休、停止等义,进而引申出离去、诀别、辞官、死亡等义,渐渐含有负面意义,从而引申出阻止或规劝之义,这样"休"就用

---

[1] 吴福祥:《敦煌变文语法研究》,岳麓书社 1996 年版,第 160—161 页。
[2] 江蓝生:《禁止词"别"考源》,《语文研究》1991 年第 1 期,第 42 页。

作禁戒类否定副词了。① 据此，本书梳理了唐宋至元明时期"休、不/休/要、别/别要"的使用情况，见表2-6。

表2-6　唐宋—元明时期"休、不/休/要、别/别要"使用情况表

时\词	唐五代	宋代	元明
休	见于	广泛使用	
不要	见于	广泛使用	
休要 休得要		+	
别			+
别要			+

注："+"表示有。

2. 明清文献中"休"的分布

表2-7是明清文献中"休（要）"、"别（要）"的数量统计。从表2-7可以看出，明清山东方言文献中"休（要）"和"别（要）"共存，以单音节"休"为主，但《醒》中的"别（要）"在数量上超过了"休（要）"，而《聊斋志异》中"别（要）"几乎没有。清代文献中，《歧》中的"休""休要"明显比同时期的《儒》和《红》的多，而《红》中的"别"在数量上占绝对优势。这表明18世纪河南中原官话表示禁止否定的副词以"休"为主，而北京话中则以"别"为主。这种情况势必将会影响到禁止否定副词在现代汉语共同语和河南中原官话中的格局。

表2-7　明清文献中"休（要）""别（要）"数量统计表

	休	休要	别	别要
金	405	180	3	38
醒	96	30	142	169
聊	295	97	0	2
歧	199	91	1	1
儒	24	4	0	0
红	39	2	452	2

---

① 陈明富、张鹏丽：《"浪"作禁戒否定副词考——兼论"漫"、"休"、"别"等》，《西南交通大学学报》（社会科学版）2013年第5期。

二 豫西南方言中的否定副词"休"及古今比较

否定副词"休"在现代汉语共同语中除了"休 [ɕiu⁵⁵] 想",已经不见使用,但在豫西南等北方方言中,还依然保留着这个古语词。豫西南方言中表示禁止或劝阻的否定副词有"白""覅""休"等,且与《歧路灯》中的否定副词"休"、现代汉语共同语中的否定副词"别"关系密切。

(一) 豫西南方言中的"休 [xou²⁴]"

1. "休 [xou²⁴]"的读音、语法特点及地理分布

豫西南方言中,"退休"的"休"读作 [ɕiu⁵⁵],表示禁止或劝阻的否定副词"休"读作 [xou²⁴],丁全(2007)记作"侯"。

豫西南方言中的"休"读音为 [xou²⁴],用在祈使句中,可以修饰的中心语包括动词或动词短语、形容词或形容词短语,多具有 [+自主性] 和 [+贬义或消极] 的特点,也可以是中性词语。例如:

(1) 休说大话！　　　　　　(2) 你休乱花钱(了)！
(3) 你休去传销了！　　　　(4) 休没明没夜地干(了)！
(5) 休着急/慌张！　　　　　(6) 休太淘气(了)！
(7) 你休流里流气的(哩)！　(8) 休清高了！
(9) 休哭/动！　　　　　　　(10) 休去！
(11) 休走了！　　　　　　　(12) 你们休吃甜食(了)！

前四例的"休"修饰的是动词性结构。例(5)至例(8)修饰的是形容词性结构。前七例无论是动词或形容词结构均具有贬义或消极色彩。例(8)中"休"与褒义词"清高"组合,不单表示正面地劝诫禁止,还有对当事者无可奈何、讽刺挖苦之意。后四例的动词性结构则为中性词语。

上例表示禁止或劝诫,均属于祈使语义。"休"可以与句末的语气词"了"或"哩""的"同现。句末也可以没有语气词。

"休"通行于南阳市宛城区和南阳市东北部的方城中东部、社旗县东部及周边接壤地区。

2. "休 [xou²⁴]"与"休令(尐)[xou²⁴ liŋ³¹ (tɕiɛ)]"

豫西南方言中没有表示祈使的双音节禁止或劝阻性否定副词"休要",但有副词"休令 [xou²⁴ liŋ³¹]""休令尐 [xou²⁴ liŋ³¹ tɕiɛ]"。例如:

(13) a. 休令没明没夜地干了！
　　　b. 休令吶没明没夜地干了！
(14) a. 休令说三道四的！
　　　b. 休说三道四的！
(15) a. 休令淘气了！
　　　b. 休令吶淘气了！
(16) a. 休令着急！
　　　b. 休令吶慌张！
(17) a. 休令眼高手低了！
　　　b. 休令吶眼高手低了！
(18) a. 休令乱花钱了！
　　　b. 休令吶乱花钱了！

"休"后的"令""令吶"是衬音，无实际词汇意义。"休令吶"可以中和"休令"表禁止或劝阻时的强硬语气，使语气显得委婉、舒缓。

(二) 豫西南方言中的否定副词"白""嫑"

豫西南方言中的否定副词"白""嫑"，均用于祈使句中。

1. 否定副词"白 [pɛ⁴²]"

我们先来看豫西南方言中的几个例子：

(19) a. 这人脾气可别 偏强、固执。
　　　b. 针要别在针线包上。
　　　c. 白 别 吃/哭（了）！
　　　d. 白 别 急/慌！

上例，a 中的 " [别 piɛ²¹⁴]"是形容词，b 中的"别 [piɛ³¹]"是动词，c、d 中的"白 [pɛ⁴²]"是禁止类否定副词。豫西南方言中的禁止类否定副词"白"，其实就是普通话的否定副词"别 [piɛ³⁵]"，其意义及用法与普通话的"别"大致相同，只是声母、调类相同，韵母有别而已。例如：

(20) a. （你）白 别 动/白 走 别走！
　　　b. 白 别 去南阳（了）！
　　　c. 白 别 冲动（了）！

d. 白_别太冲动（了）。
(21) a. 白_别骄傲（了）！
b. 白_别太骄傲（了）。
(22) a. 白_别臭美（了）！
b. 白_别太臭美（了）。
(23) a. 白_别敬酒不吃吃罚酒（了）！
b. 白_别没明没夜地干了！
(24) a. 白_别打球（了）！
b. 白_别再打球了！
c. 白_别再坐公交车了！
d. 白_别再想家（了）！

这些"白"修饰的中心词也是动词、形容词均可，具有自主性，多为贬义或消极色彩。句末若与语气词"了"共现，是较舒缓的劝诫语气；若不出现"了"，则是较直接的禁止语气。

上述"白"通行于南阳市及周边地区。

2. 否定副词"覅［pɑu³¹］"

豫西南方言中的否定副词"覅［pɑu³¹］"，也表示劝阻或禁止，是"不要"的合音。例如：

(25) a. 覅哭覅哭！
b. 覅买汽车！
c. 覅懒/着急/大意！
d. 覅想太多（了）！

"覅"修饰的 VP 性质与"白"的基本相同。通行于南阳市东部的宛城、方城、社旗、唐河及周边地区。

"白""覅"都有"白令（阞）"、"覅令阞"，起中和、舒缓语气的作用。

豫西南方言中的否定副词"不"后也可以跟"令（阞）"，作用与"休""白""覅"的"令（阞）"相同。如唐河方言中有"河地_{沿河流两岸地方}娃儿们_{孩子儿}（你）不令_{不要}［pu⁴² liŋ³¹］鬼_{逞能}，四七月里涨大水"\"你不令_别［pu⁴² liŋ³¹］偷懒，学习跟不上有你好看"。唐河方言中"不令"常连音合读为［piŋ³¹］。

豫西南方言中的否定副词虽是"白""叟""休"三者共存,但"休"的使用有限。

(三)河南其他方言中的否定副词"休"及其古今演变

据我们调查,豫西南方言之外豫西、豫北及其他方言中也有否定副词"休"。

1. 洛阳、平顶山等方言中的"休"

在洛阳市宜阳县的盐镇乡的方言里有表示禁止和劝阻的否定副词"休"。① 例如:

(26) 休_别xəu³¹咳嗽,看给娃子吓醒咾_{小心把孩子吓醒了}!
(27) 你休_别走,搁俺家_{在我家}吃饭吧。
(28) 休吭气儿_{不要出声},我正搁这儿逮马知了睐_{正在这里捉蝉呢}。

新安方言的否定副词"休"主要保留在"休〔xəu³⁴〕急、休〔xəu³⁴〕动"中,意为"不要着急、不要动"。据乾隆三十一年(1766)《新安县志》第六卷记载:"休"读作"后"的阴平,而"不要"则读作"饱"的阳平。《民国新安县志》卷九:"你吼"表示不中、禁止,"吼"是"休之转"。洛阳方言有"休_{不要}〔xəu³³〕走/拿/跑"。湛河方言调查人说无这样的"休"。而鲁剑(2014)的研究中有"叫我说这事先候哩,等等再说"。"候哩"意思是"停一会儿、等一等、别忙、不要做"。

2. 豫北方言及其临近山西、河北方言中的"休"

在豫北的晋语、中原官话中,如获嘉、林州、新乡、浚县、滑县、内黄、延津等方言中也都有表禁止、劝阻的否定副词"休",修饰动词、形容词作状语。例如"休走"。

获嘉方言的"休〔xəu³³〕"与"吼""蒴"同音。

下面是郭江艳(2014)《林州方言特殊语法现象研究》所用林州方言中否定副词"后"的例子:

(29) 你后跑到人多的地方凑热闹。
(30) 后叫孩儿难受(生病)开咾。
(31) 买东西后可跌(特别)多咾。
(32) 后拿着剪子耍,你后迟到唠。

---

① 陈安平:《宜阳方言虚词研究》,博士学位论文,中山大学,2009年,第44—45页。

(33) A. 我往锅里放盐了啊。
B. 后，后，还没熟了。

这些例句中的"后［xəu³¹］"能否定动词、形容词，表示告诫、命令，从其读音、意义、用法来看，"后［xəu³¹］"就是上述的否定副词"休"。

郭青萍《安阳方言词例释》指出：安阳话里的"眗 hōu"是"候"的音讹，是否定副词，相当于"别"，如"眗动""眗走哩"，对要进行的事情进行阻止，可以说"眗嘞，眗嘞！"意思是叫对方不要行动。① 这里所说的"眗 hōu"，本字即否定副词"休"。

周国瑞《豫北方言词语简释》：候 xəu35，读如"吼"，别，等一等，甭。如："先候走，等我一会儿咱们一块走。"② 此"候"本字即"休"。
河南浚县、滑县方言的"休"用例如下：

(34) 休 xou²⁴ 走嘞，我再对你说个事儿_{先不要走呢，我再跟你说件事}。（浚县方言）
(35) 休慌嘞！叫我穿好衣裳_{先不要慌呢，叫我穿好衣服}。（浚县方言）
(36) 先休_{先不要}对他说，我再跟他爸商量商量。（浚县方言）
(37) 你侯 xou²¹³ 走咧_{你不要走}，等等我。（滑县方言）
(38) 侯 xou²¹³ 买_{不要先买}咧，等一会儿再说。（滑县方言）

滑县方言的"侯［xou²¹³］"即"休"。
与豫北地区相近或相邻的山西运城（万荣、临猗、闻喜）和阳城方言、河北邯郸方言中也有否定副词"休"。例如：

(39) 饭都做好啦，你休_{不要}走，吃了饭再走。（万荣方言）
(40) 写字休_{不要}急，慢慢写好。（万荣方言）
(41) □_{不要}xou³¹ 走，吃了饭再说。（临猗方言）
(42) 休_{不要，别}xəu³¹ 走嘞，我还有句话没说嘞。（邯郸方言）

江苏徐州方言中也有"休"，与该方言中的"眗"读音相同。如：

---

① 郭青萍：《安阳方言词例释》，《殷都学刊》1986 年第 1 期，第 98 页。
② 周国瑞：《豫北方言词语简释》，《殷都学刊》1999 年第 3 期，第 111 页。

(43) 休_{不要}xou^{313}怕。／休_{不要}xou^{313}动。

3. 从《歧路灯》到豫西南方言"休"的演变

我们今天在阅读《歧路灯》时，其中的否定副词"休"会被认为与普通话"休想"的"休"读音相同。如果把《歧路灯》的"休"读成［ɕiu^{55}］或［ɕiu^{24}］，即用今音去读古音，就很不容易让人找到《歧路灯》中的"休"与今天豫西南乃至其他方言中表示禁止、劝阻的"休"的关系。借助乾隆三十一年（1766）、民国二十七年《新安县志》所记载的"休"当时的读音和以上豫西、豫北及其相关地区中"休"的方言材料，我们得以正确把握"休"语音的前生与今世，能够考察从《歧路灯》到豫西南方言"休"的关系及演变情况。

《歧路灯》中表示禁止、劝阻的否定副词"休""休要"共有近300例，而《歧路灯》中表示禁止、劝阻的否定副词"别""别要"只有以下两例：

(44) 你别要把脸背着，写帖子去罢。（《歧》27/257）
(45) 别胡缠！快去收拾。（《歧》32/299）

尽管《歧路灯》的"休""休要"使用频率很高，但现代汉语共同语中除了"休想"，"休""休要"已经分别被"别""不要"取而代之。

豫西南方言的"白"是现代汉语共同语表祈使语气的否定副词"别"的白读音。豫西南方言中的"白""夓"分别相当于普通话的"别""不要"。虽然《歧路灯》和今豫西南方言中都有表禁止、劝阻的"休"，但由于受现代汉语共同语的影响，豫西南方言的"白"已经抢占了大部分"休"曾经使用的地盘。虽然否定副词"休"历经18世纪至今几百年时间的洗礼依然存在于豫西南、豫西、豫北的中原官话和豫北晋语及晋西南、冀南等地的方言中，并且顽强保留其古音古意，足见其在中原官话和周边地区之根深蒂固。但今天否定副词"休"的存留地区，大多是在相对偏远的山区，如豫西南盆地边缘、豫西宜阳县的盐镇乡等地的方言，在宜阳县其他的大多数乡镇已经很少听到有人说"休"了，年轻人使用者较少，多是老派在使用，运城方言也是老派在使用。

豫西南方言及相关方言的"休"，伴随着普通话推广工作的不断深入，其使用会越来越少并将逐渐被取代。从《歧路灯》到豫西南方言否定副词"休"的演变情况表明,方言语法的发展演变在地域上是不同步的,方言中的否定副词存在着不同的历时层次。

第三节 《歧路灯》与豫西南方言之副词"可"

据《现代汉语八百词》和《现代汉语虚词例释》:现代汉语中,"可"兼作助动词、副词、连词。《歧路灯》与豫西南方言中的"可"也都可以兼作助动词、副词,本部分主要比较《歧路灯》和豫西南方言中副词"可"的异同。

一 《歧路灯》中的副词"可"

本部分主要结合《歧路灯》口语用例中的"可是"来考察其副词"可"的特点。

(一)《歧路灯》中表示疑问的语气副词"可"

1. 表示反诘的语气副词"可"

《歧路灯》12例"可是"中只有一例的"可"是表示反诘语气的疑问副词。例如:

(1)这样尊客,可是这等磁瓯子及这般茶品待的么?(《歧》75/726)

例(1)中的"可是"是"可$_{副词}$+是$_{动词}$",与现代汉语共同语中表示转折关系的连词"可是"不同,"可",语义上相当于"难道""岂",表示反诘疑问,句末有语气词"么"与"可是"搭配。下例的"可"同例(1):

(2)我问你,这世上可有女人家拿着寸丝定男人家么?(《歧》50/462)

(3)你说大爷在日,没有人敢到楼下,不知道你大爷在日,可有人在楼下骂过客么?(《歧》53/497)

根据刘坚、江蓝生等(1992)的研究,"可"在东汉前后就已经用作表示反诘的疑问副词,但是不多见,直到唐代以后,使用才十分普遍。①因此表示反诘语气"可"是汉语史上较早期的用法。

2. 表示推度询问的语气副词"可"

《歧路灯》12例"可是"中共有三例的"可"是表示推度询问语气的副词。例如:

(4) 向茅拔茹道:"你这失单怎么是目今字迹?这单上戏衣,可是你亲手点验,眼同过目,交与谭绍闻的么?"茅拔茹道:"不是。……(《歧》31/289)

(5) 灶头忽见炊烟歇,惊问行装可是真?(《歧》101/942)

(6) 孝移问潜斋道:"可是真的?"(《歧》6/56)

这三例的"可"也是疑问副词,但不是表示反诘。如例(4)之"可"是表示一种推度询问的语气,"可是"相当于"是不是",句末也可有语气词"么"。后两例的"可是"之"可"意义、用法同例(4)。下例的"可"也同例(4):

(7) 边公道:"你家可有一对金镯子么?"(《歧》54/506)

(8) "这是一百五十两,可放俺孩子走罢?"(《歧》29/270)

刘坚、江蓝生等人已有的研究表明,表示推度询问的语气副词"可"最早见于唐五代文献。② 宋代文献中仍然不多见,偶有在句末加"么"的,"可"后的动词主要是"是""能"。到明清白话小说中此类"可"大量出现,句末语气词一般为"么",如例(4)。例(8)句末有语气词"罢",其"可"同例(4)。

表2-8是表示反诘、推度语气的"可"出现的时期及与句末语气词的情况。③

---

① 刘坚、江蓝生、白维国、曹广顺:《近代汉语虚词研究》,语文出版社1992年版,第239页。

② 刘坚、江蓝生、白维国、曹广顺:《近代汉语虚词研究》,语文出版社1992年版,第239页。

③ 刘坚、江蓝生、白维国、曹广顺:《近代汉语虚词研究》,语文出版社1992年版,第246页。

表 2-8　　语气词"可"出现时期及句末语气词的使用情况表

	反诘			推度		
	始见时代	Fvp	Fvp 乎	始见时代	Fvp	Fvp 乎
可	东汉	+	+	唐	+	+

注:"+"表示有。类似情况,不再一一注明。

3. 表示选择问的语气副词"可"

《歧路灯》12 例"可是"中以下二例之"可"是表示选择疑问语气的副词。

(9) 绍闻道:"你住的城里城外,可是远方过路的?"(《歧》38/350)

(10) 嵩淑道:"可是令祖生日,是归天之日?"希侨道:"是先祖下世之日。"(《歧》20/204)

这两例的"可是"都用于选择问句中,例(9)的用于后一个分句,例(10)的则用于前一个分句。其中的"可"相当于"还",仍是表示疑问语气的副词,"是"依然是动词。但是这两例的"可是"与前例(1)、例(4)—例(6)的"可是"相比,已经明显虚化,看作连词"可是"亦可。

刘坚等《近代汉语虚词研究》指出下列元杂剧中的"可是"是充当选择问句连词,相当于现代汉语的选择问连词"还是"[①]:

(11) 我若有姑娘呵,肯着他浑家递酒?你说可是我的是,可是他的是?(无名氏《鲁智深喜赏黄花峪》第一折,《全元戏曲》7/80-81[②])

(12) 今日你接我,可是我接你?(无名氏《孟德耀举案齐眉》第四折,《全元戏曲》6/437)

(13) 哥也,你是谎那,可是真个?(无名氏《冻苏秦衣锦还乡》第三折,《全元戏曲》6/261)

[①] 刘坚、江蓝生、白维国、曹广顺:《近代汉语虚词研究》,语文出版社 1992 年版,第 240—243 页。

[②] "/"前后分别指《全元戏曲》(人民文学出版社 1999 年版)的卷数、页码,下例同。

例（11）两个分句都用了"可是"，后两例"可是"只出现在第二个分句。《歧路灯》中的选择问句中没有两个分句都用"可是"的。有一例"还是"用于选择问句：

（14）只说道："果子是下茶用，还是要包封捎回去呢？"（《歧》49/453）

据刘坚等（1992）《近代汉语虚词研究》，汉语史上疑问副词"可""还"的共时、历时使用情况如表 2-9。

表 2-9 "可""还"的共时、历时使用情况

疑问词 时间	可			还		
	反诘	推度	选择问	反诘	推度	选择问
六朝	+	-	-	-	-	-
唐五代	+	+	-	-	+	+
宋元	+	+	-	-	+	+
明清	(+)	+	-	+	(+)	+

注：表中的（+），表示比较少见。

该表中疑问副词"可"是不用于选择问的，而疑问副词"还"则从唐五代起就用于选择问句中。事实上《歧路灯》中的疑问副词"可""还"都可以用于选择问句中：用"可"的有例（9）、例（10）两例，用"还"的只有例（14）一例。

（二）《歧路灯》中表示肯定、强调的语气副词"可"

《歧路灯》12 例中的"可是"之"可"还有以下用法：

（15）孔耘轩道："我说出来二公俱要服倒。"程嵩淑道："你说。"孔耘轩道："可是谁呢，娄潜斋令兄。"（《歧》39/360）

（16）程公道："我只问你，何处交付？"白兴吾道："小人酒馆内。"程公道："可是酒馆内，你记得清白么？"（《歧》46/431）

（17）王氏道："师娘可是没啥说了。"（《歧》40/370）

（18）"这可是街上所说的虎不久儿，赌的很低，所以把一分产

业,弄的精光。……"(《歧》58/538)

（19）王氏道："是谁？"春宇道："可是咱街头三官庙那个侯先生,过年没学哩。……"(《歧》8/84)

以上诸例子中"可是"的"是"依然是动词。前两例的"可"表示肯定：例（15）的"可是谁呢",是一特指问句,是说话者明知故问;"可是谁呢"相当于"确实或到底是谁呢？"。例（16）的"可"是"确实""的确"之意,作动词"是"的状语,表示肯定的语气。后三例的"可是"相当于"就是","可"是表示强调的语气副词。

《歧路灯》中还有"可不是"两例：

（20）说起买东西,你才想起两仪来,这可是你偏心么,可不是我把你的前窝儿子丢在九霄云外。(《歧》39/361)

（21）若再有人提媒,你休脚踩两家船,这可不是耍的事。(《歧》49/453)

这两例"可不是"之"可",都是表示强调的语气副词,与现代汉语中表示转折的"可"不同。

张雪平（2005）指出明代"可"和"是"连用表强调已经出现。

二 豫西南方言中的副词"可"及古今比较

豫西南方言中的"可"既可以充当语气副词,也可以充当程度副词。

（一）豫西南方言中的副词"可"

1. 表示肯定、强调的语气副词"可$_1$"

本部分我们主要结合豫西南方言中的"可是"之"可"来考察其作为语气副词的特点。

在豫西南方言中,"可是"出现的频率非常高。"可是"是"可$_{副词}$+是$_{动词}$",主要用于对话的答语中,只要是肯定的回答,都可以说"可是"或"可是哩""可呗儿$_{可不儿}$哩",相当于"就是""确实是""当然是"等。"可是"之"可"读作 [kʰɤ³¹],是表示主观强调或肯定的语气副词。豫西南方言的"可"既可以修饰动词"是",还可以修饰其他的 VP、AP。其中的"VP/AP"多是单音节的动词或形容词。例如：

第二章 《歧路灯》与豫西南方言之副词："通""休""可"　　123

(1) 你老爷在世，人家可是真秀才，考上的，会写梅花篆字……（《皇天》136）
(2) 刘麻子来说，那黑气没了，熊二旦活不长了。可是真的。隔七天，熊二旦没影儿了。（《皇天》169）
(3) 一股腥气……这可是真的，棒槌沟何老二在坡上砍柴，亲眼看见的。（《皇天》44）
(4) 小豆啊，这妞可是个人尖儿，……（《皇天》135）
(5) A. 你会不会弄/吃不吃/洗不洗/来不来/去不去/有钱没有？
　　B. 我可会弄/吃/洗/来/去/有钱。
(6) A. 疼不疼/热不热/冷不冷/甜不甜/香不香？
　　B. 可疼/热/冷/甜/香。

上例中的"可"作状语。例（1）—例（4）的"可是"均为"可_{副词}+是_{动词}"，"可是"之"可"为语气副词，或表示主观肯定或确定。

例（5）、例（6）的"可"修饰"VP/AP"，主要是问"VP 不 VP"或"AP 不 AP"时的肯定答语。"可₁"主要是用于答语，例（5）表示主观确定，例（6）表示主观肯定。

下面的"可"还表示主观强调：

(7) 这东西有毒，可不敢吃啊。
(8) 他是小弟弟，你可不能打他。

2. 豫西南方言中的程度副词"可₂"

豫西南方言的副词"可"，既可以修饰 AP，也可以修饰 VP，在语义上，相当于普通话的程度副词"很"，是程度副词，读作 $[k^hɤ^{24}]$。例如：

(9) 娃子肉皮黑，可胖，不瘦。我算有了娃。（《皇天》10）
(10) 现在，两口子日子可美。（《皇天》124）
(11) 我那个娃没成，奶可多，憋得疼。（《皇天》36）
(12) 都叫他老冯，过黄河来的，人可好，吃我的红薯、窝头，一月给我四十斤小米。（《皇天》72）
(13) 我进城就住他家，可亲。（《皇天》24）
(14) 埋老扁的时候，马留香哭得可痛，披头散发，一把鼻涕一

把泪。(《皇天》124)

(15) 天天有人来，可热闹。(《皇天》166)

(16) 要是逮住了，那皮可主贵，能卖好多钱哩。(《皇天》193)

(17) 解放的时候，一块儿干农会，可积极。(《皇天》24)

(18) 我听说了，就叫抱来我喂。毛玉芬两口子可感激哩，……(《皇天》36)

(19) 修成了个女子，细皮嫩肉的，可俊俏。白天是石头，夜里现人形。(《皇天》44)

(20) 长顺四岁的时候，老头儿就死了。她熬寡，日子可难过……(《皇天》61)

(21) 那女子可家常，进屋拉个木墩儿也不吹灰就坐下了。(《皇天》71)

(22) 想到死，我心里可难受。(《皇天》80)

(23) 井上黑娃他妈也会说媒，给老疙瘩说个媳妇，可漂亮……(《皇天》120)

(24) 我女人可喜欢，说，正没东西腌鸡蛋哩，……(《皇天》146)

(25) 是个飞虎，有翅膀。你站高处看看，可像。(《皇天》148)

(26) 可 $k^h\gamma^{24}$ 好/长/高/甜/冷/大方/得劲/赖/短/低/苦/热/小气/难受/会说话/能捞钱

从上例可以看出，"可 VP/AP"中的 VP/AP，单、双音节词语均可，主要以 AP 为主。"可₂VP/AP"中的"可₂"，表示 VP/AP 的程度高，相当于"很""非常"。

"可 AP/VP"可以按"ABAB"重叠，如"可高可高""可冷可冷""可家常可家常""可喜欢可喜欢""可苦可苦"。例如：

(27) a. 那人个子可高。
　　　b. 那人个子可高可高哩。
(28) a. 那汤药可苦。
　　　b. 那汤药可苦可苦哩。

这两例 a 的"可高""可苦"即很高、很苦，b 的"可高可高""可苦可苦"则是极言个子不是一般之高，汤药不是一般之苦，是高得不得了，苦得不得了的意思，有夸张意味。程度副词"可₂"读作 $[k^h\gamma^{24}]$。

就目前研究看来，河南的郑州、开封、洛阳、新安、平顶山、周口、上蔡、正阳、禹州、舞阳、漯河、许昌、信阳、三门峡，山东的东明、山西的临猗、河北的邢台、安徽阜阳等地中原官话中都有程度副词"可"。河南的焦作、卫辉，山西的太谷、交城和陕西的神木等地的晋语中也有程度副词"可"，东北方言中"可"是较高等级的程度副词，属于西南官话的湖北丹江方言中的程度副词"可"相当于普通话的"很"。由此可见，程度副词"可"的使用，具有较强的地域性，主要用于我国中部和北部地区的某些方言中。

（二）豫西南方言中的程度副词"可"与程度副词"通"

豫西南方言中的"可[k^{h}ɤ^{24}]$_2$"在语义上与程度副词"通[t^{h}uŋ^{24}]"相当。"可$_2$"与"通"的不同在于："可$_2$"所在句末不必有"（着）哩"，"可$_2$"所修饰的"AP"不必是处于发展、变化进程中的相对性状，"可$_2$AP（可$_2$AP）"可作定语。例如：

（29） a. 这人可聪明。
　　　＊b. 这人通聪明着哩。
（30） a. 这枣可青，白$_别$摘。
　　　b. 这枣还通青着哩，白$_别$摘。
（31） a. 立秋了，天咋还可热？
　　　b. 立秋了，天咋还通热着哩？
（32） a. 可难（可难）哩题他也会做。
　　　＊b. 通难的题他也会做哩。

例（29），一个人聪明与否是其稳定的趋势，而不是处于发展、变化进程中的相对性状，所以 b 不成立。例（30），枣的"青"是处于枣由青变红发展、变化进程中的相对性状，所以 b 成立。例（31），立秋后天热是处于发展、变化进程中的相对性状，所以 a、b 都成立。例（32），a "可 AP"可以作定语，修饰"题"，b "通 AP"不能作定语。因为豫西南方言中"通"有以上句法环境和使用环境的限制，而程度副词"可"则没有"通"的这些限制，所以"可"的出现频率远高于程度副词"通"。

（三）《歧路灯》与豫西南方言中副词"可"的古今比较

1. 《歧路灯》与豫西南方言中副词"可"的异同

《歧路灯》和豫西南方言中都有表示肯定、强调的语气副词"可$_1$"。

《歧路灯》中虽然只有12例"可是",用例不算多,但"可"用法多样,融汇古今。既有表反诘、表推度询问的用法,也有相当于连词"还(是)"的用法,还有表示肯定、强调语气副词"确实""到底""就"等。豫西南方言中只有"可₁"与《歧路灯》中表示肯定语气的副词意义、用法相同。《歧路灯》中没有豫西南方言中"可₂"的用法。

2. 豫西南方言中"可₂"与"可₁"的关系溯源

豫西南方言中"可₂"与"可₁"的关系以及"可₂"的来源有待进一步研究。据张雪平(2005),唐代的"可"除了表绝对程度,可译为"非常""十分""很"外,还可表相对程度,译为"更",这主要见于诗句中,有时和其他程度副词对举。如刘长卿《疲病篇》"孤云望处增断肠,折剑看时可霑臆"。"可"的这种用法元明时没有明显变化。到清代随着"可煞"用法的固定化(仅修饰"作怪")和渐趋消失(现代汉语中可能只保留在某些方言中),"可"表主观强调的功能也进一步加强,于是"可"表程度的用法演变为专用于感叹句这种带有强烈主观感受的句子中了。清代中后期的《红楼梦》和《儿女英雄传》中"可"这样使用还难得见到,到清末的《老残游记》里"可"已经单用在感叹句中表主观程度了,这可以看作是对"可"本来表程度高的用法的一种继承,也可看作语法化过程中的更新现象。

综上所述,"可"表程度高的用法萌芽于战国后期,成熟于唐宋时期,由兼表主观客观程度到现代汉语中主表主观程度,这其间语法化中的语义泛化、语境影响共同作用,促使"可"的虚化程度一步步加深,因此,到现代汉语中,我们往往只注意到它表主观强调语气的意义,而忽略了其表程度高的意义。其实,"可"的这两种意义虽有主次之分,但还是共存的。"更新和强化都属于语法化的逆向产物,因为它们具有抵消和弥补语法化损耗的功能。"① 强化和更新现象的发生,使得"可"保留表程度高的功能。这样看来,把"可"归属于主观程度副词也是有历史依据的。

副词"可"的用法在近代(元明)时期比现在还要复杂,比如它还能用在选择问句中起关联作用,而且,从古至今它和能表时间、关联和语气的副词"就"似乎关系密切,有时能相互替代。

---

① 刘丹青:《语法化中的更新、强化与叠加》,《语言研究》2001年第2期,第80页。

小　结

　　本部分主要考察《歧路灯》与豫西南方言中共有特征词"通""休""可"的语法特征。

　　至迟从唐宋开始到明清，副词"通"历经了"范围副词→程度副词→语气副词"的语法化过程，《歧路灯》中的副词"通"包括范围、程度和语气三种，且有兼类的特点，这是历时变化在《歧路灯》中的共时体现。明清时"通"主要出现在山东、河南等地方文献中。与《歧路灯》同时期的《红楼梦》《儒林外史》中副词"通"较少使用，侧面体现了《歧路灯》的方言特色。豫西南方言及河南中原官话中的程度副词"通"的用法及特点是对《歧路灯》时代程度副词"通"的继承与发展。今天河南方言中程度副词"通"的特点及用法差异，是受语言地理和共同语接触的结果。普通话中已经没有今天河南方言中副词"通"的用法。

　　今天豫西南、豫西、豫北的中原官话和豫北晋语及晋西南、冀南、江苏徐州等地的方言中，常被记作"候""后""齁""吼"等表示禁止或劝阻的否定副词，本字就是《歧路灯》中的否定副词"休"，由此可见方言语音的研究对于方言语法研究的重要性。

　　《歧路灯》中的副词"可"是古已有之，用法多样。豫西南方言中既保留了《歧路灯》中语气副词"可"的意义、用法，又产生了程度副词"可"的新用法。副词"可"是方言和共同语中都有的语法现象，但用法及发展变化有别。

　　从以上对"通""可""休"的古今比较可知，从18世纪到今天，河南中原官话的副词发生了较大的变化，有的副词语音上古今变化较大，除留下点滴痕迹外，已经退出了历史舞台，如"休"；有的副词语音未变，淘汰了一些旧的意义、用法，产生了新变化，"通""可"即是如此。

第三章 《歧路灯》与豫西南方言之结构助词、人称代词、量词例举

概 说

《歧路灯》词类系统中的助词、代词、量词也颇具时代性和地域性特征。如《歧路灯》中的"的、哩、得、着、着哩、了、之、过、呢、讫、哉、耳、矣、也、呀、些、罢、将、却、么、吗、来、罢了"等，涵盖了近代汉语助词系统中的结构助词、动态助词、语气助词和事态助词等。其中的"哉、耳、也、矣"和"之、个、者、所"是从古代汉语继承下来的语气助词、结构助词；"将、讫"是近代汉语特有的动态助词；"的、哩、了、着、过、得"则是近代汉语、现代汉语共同语或方言共有的结构助词、语气助词或动态助词。"的"既可以作结构助词、语气词，也可以作动态助词，"哩"也兼具结构助词、语气助词之职。《歧路灯》中既有助词"哩"也有助词"呢"，且二者关系密切。而《歧路灯》中颇能体现《歧路灯》的方言特征，又系连着近代汉语、现代汉语助词发展演变的重要助词之一就是"哩"，尤其是结构助词"哩"。王秀玲（2007）指出，《歧路灯》中的代词系统最能体现该书的方言色彩与时代特色，《歧路灯》的人称代词中最具方言特点又与近代汉语代词发展演变密切相关的主要是第一人称代词"俺"和第二人称代词"您"。而结构助词"哩"，则是《歧路灯》之河南方言色彩最突出的体现。

《歧路灯》与豫西南方言"一号 N"和"一起 N"中的量词"号"和"起"也颇有方言特色。由于目前已有王秀玲（2007）等对《歧路灯》代词系统、助词系统的集中研究，因此本部分我们只选取《歧路灯》与豫西南方言共有的结构助词"哩"、人称代词"俺"和"您"以及量词中的"号"和"起"作为代表性方言特征词进行例举性的比较研究。

第一节 《歧路灯》与豫西南方言之结构助词"哩"

关于《歧路灯》中助词"哩"的现有研究主要有高育花（1998）《〈歧路灯〉中的助词"哩"》、丁喜霞（2000）《〈歧路灯〉助词"哩"之考察》、冯春田（2004）《〈歧路灯〉结构助词"哩"的用法及其形成》、傅书灵（1999，2006）《〈歧路灯〉"哩"字研究》和《〈歧路灯〉句中助词"哩"及其来源》、王秀玲（2007）《〈歧路灯〉中的代词、助词和副词》和张光双（2014）《〈歧路灯〉中的结构助词研究》等。关于豫西南方言、河南中原官话"哩"的研究主要是王晓红（2002）《南阳方言中的助词"哩"》和郭熙（2005）《河南境内中原官话中的"哩"》。

由于以上成果对《歧路灯》或豫西南等方言中助词"哩"的分类、用法、来源已有较为深入的研究，因此本部分我们主要考察：《歧路灯》中的结构助词格局及结构助词"哩"现有研究中存在的歧异现象、《歧路灯》与豫西南方言结构助词"哩"的异同及发展演变。

一 《歧路灯》中的结构助词格局及结构助词"哩"现有研究中的歧异

（一）《歧路灯》中的结构助词格局

1. 《歧路灯》中的结构助词格局

《歧路灯》属于近代汉语后期文献。《歧路灯》中显示的结构助词格局为：结构助词主要有"哩、的、得、之、个、者"六个，其中，"之、者"是古代汉语已有，"哩、的、得、个"是近代汉语才有的。《歧路灯》中的结构助词"哩"兼有现代汉语结构助词"的、地、得"的基本用法与功能，《歧路灯》中的结构助词"的"也兼有现代汉语结构助词"的、地、得"的功能与用法，前者是《歧路灯》特有且体现了18世纪中原官话语法的特点，后者则是《歧路灯》与同时期文献共有的特点。下面是《歧路灯》同时期文献中结构助词的一些用法：

（1）恨的金桂暗暗的发恨道："且叫你乐这几天，等我慢慢的摆布了来，那时可别怨我！"（《红》80/1131）

（2）宝钗笑道："我最怕熏香，好好的衣服，熏的烟燎火气的。"（《红》8/122）

（3）贾母等回来各自归家时，薛姨妈与宝钗见香菱哭得眼睛肿

了。(《红》47/639)

(4) 忽然起一阵怪风,刮的树木都飕飕的响,水面上的禽鸟,格格惊起了许多。(《儒》1/13)

(5) ……披头散发满地打滚,哭的天昏地暗,连严监生也无可奈何。(《儒》5/62)

(6) 回来见二位舅爷哭得眼红红的。(《儒》5/60)

这些用例中的"的"兼有结构助词"的""地""得"的用法,是近代汉语时期尤其是明清时期结构助词的共性。表3-1是对《歧路灯》中结构助词的数量统计。

表3-1　张光双《歧路灯》中结构助词数量统计表

结构助词	的	得	哩	个	之	者	其他	总数
出现次数	6290	1506	135	1821	2023	139	72	12033
比例%	52.27	12.52	1.12	15.13	16.81	1.16	0.60	100
	81.04				17.97		0.60	100

表3-1是张光双(2014)对《歧路灯》中结构助词的数量统计,其中,"的""得""哩""个"的使用分别占全部结构助词的52.27%、12.52%、1.12%、15.13%,"的"使用率最高,占总量的一半以上。表3-1《歧路灯》中的结构助词情况体现了18世纪河南中原官话结构助词格局特点:近代汉语产生的结构助词已占到80%以上,来自古代汉语结构助词不到20%。虽然结构助词"哩"仅占整个结构助词的1.12%,但是是属于《歧路灯》独有而《红楼梦》《儒林外史》等没有的语法特色。

表3-2　《歧路灯》结构助词"的"使用情况统计表

用法	定+的+中	V+的	"X的"	同"得"	同"地"	V+的+V	总数(次)
出现次数	3347	1066	1021	759	83	14	6290
比例(%)	53.1	16.91	16.2	12.04	1.3	0.4	100

表3-2统计的是《歧路灯》中结构助词"的"的使用情况。表中的"定+的+中"是《歧路灯》中结构助词"的"的典型用法,占结构助

词"的"的 53.1%；除"忽的""委的""端的"之外，"X 的"（16.2%）和"V 的"与现代汉语"的"字结构用法功能相同。这表明《歧路灯》中"的"之用法已经接近现代汉语中的用法，"的"作为定中的标志在 18 世纪已经基本形成。

表 3-3、表 3-4 是张光双（2014）对《歧路灯》结构助词"得""哩"的使用情况统计表。

表 3-3　　　《歧路灯》结构助词"得"使用情况统计表

用法	V+得	a.+得	得/不得+V	V+不得	a.+不得	不+V+得	未得+O	未+V+得	其他	总数
出现次数	528	348	101	89	81	19	13	7	320	1506
比例（%）	35.06	23.1	6.71	5.91	5.38	1.23	0.86	0.46	21.24	100

表 3-4　　　《歧路灯》结构助词"哩"使用情况统计表

用法	同"的"	同"得"	同"地"	总数
出现次数	91	41	3	135
比例（%）	67.41	30.37	2.22	100

结合表 3-1、表 3-2、表 3-3、表 3-4 来看，《歧路灯》中用法同"地"的"的"仅占"的"1.3%，用法同"得"的"的"占 12.04%，用法同"地"的"哩"仅占"哩"的 2.22%，而"动词/形容词+（不）得"的用法则达到 69.29%，这表明助词"得"在当时的用法已经趋近于现代汉语中的结构助词"得"。

2.《歧路灯》中的结构助词用字与读音

从用字上看，《歧路灯》中没有状语标记的结构助词"地"，或用"哩"表示，或用"的"表示。《歧路灯》中尽管已经有用作补语标记的结构助词"得"，还仍然用"哩""的"来表示。如果单单从字形上看，《歧路灯》中几个主要的结构助词"哩、的、得"可谓是你中有我我中有你。来看下例：

(7) a. 我一生儿没半星儿刻薄事，况且在京都中住了二年，<u>见得</u>事体都是宽宽绰绰的，难说到家进门来，便撵了一个先生？（《歧》11/112）

b. 巫氏道："我见的遭数多哩。"(《歧》75/730)

(8) a. 一付木对联，写得是"绍祖宗一点真传克勤克俭，教子孙两条正路曰读曰耕"。(《歧》19/193)

b. 程嵩淑笑道："他们不写这话，却写的是这个理。"(《歧》90/852)

(9) a. 绍闻道："娘说得是。"(《歧》35/326)

a′. 长班道："老爷说的很是。"(《歧》7/70)

b. 只见兴官儿动了动儿，……，胳膊、腿胯如藕瓜子一般，且胖得一节一节的。(《歧》35/328)

b′. 王中直是急得心里发火，欲待另请先生，争乃师娘在主母跟前，奉承的如蜜似油，……(《歧》14/147)

(10) a. 姓谭的也像一个人家，为甚拦住我的箱，扭我的锁，偷我哩衣服？(《歧》30/282)

a′. 王氏道：昨晚道台送绸缎四匹，说是我的衣服；(《歧》93/868)

b. 王氏问道："我哩孩子，你心里明白么？"(《歧》25/243)

b′. "我的孩子，一会儿不见他，我就急了，何用你嘱咐？你醉了，把酒撒了罢。"(《歧》6/63)

c. "……我想，俗话说，'天下老哩，只向小的。'……"(《歧》102/955)

(11) a. 夜里哭了几阵子，方才吃的饱饱哩，如今睡着了。(《歧》68/648)

b. 阎楷也忍不住泪珠阑干，说道："慢慢的细说。"(《歧》63/593)

例（7）、例（8）的"见得""写得"同"见的""写的"；例（9）的"得""的"都用作补语标记；例（10）的"哩""的"既可用于同样的定中结构中，也能与名词性的"老哩""小的"结构并用；例（11）的"的"一作"得"用，一作"地"用。王秀玲（2007）认为《歧路灯》中结构助词"哩""的""得"之间的这种特殊关系实际只是用字的差别，尤其是例（7）、例（8）a 的"见得""写得"用法比较罕见，极有可能是传抄校勘所致。我们觉得《歧路灯》中结构助词"哩""的""得"之间的这种互用情况，固然与用字有关，但主要是因为"哩"

"的""得"在当时的读音应该是相同或大致相同,且它们出现的句法位置用法尚未定型,所以才能够自由换用。

(二)《歧路灯》结构助词"哩"现有研究中存在的歧异

表3-5是现有研究中《歧路灯》结构助词"哩"用法与数量统计。

表3-5 《歧路灯》结构助词"哩"用法与数量统计表

歧	结构助词"哩"		
	哩₁	哩₂	哩₃
冯春田(2004)统计用例	105	8	56
高育花(1998)统计用例	67	4	39
王秀玲(2007)统计用例	67	4	39
张光双(2014)统计用例	91	3	41
普通话用法	的	地	得

资料来源:本表中高育花、冯春田、王秀玲均注明采用的是栾校本《歧路灯》,王秀玲采用的是高育花的数据。

从表3-5中看出,现有研究中把《歧路灯》中的结构助词"哩"三分为"哩₁"(同普通话结构助词"的")、"哩₂"(同普通话结构助词"地")和"哩₃"(同普通话结构助词"得"),但在统计数量上却存在着差异:一是总数不同:冯春田(2004)的是169例,高育花(1998)的是110例,张光双(2014)的是135例。二是单项数量也有别:"哩₁"最多,"哩₂"最少,"哩₃"居中。

为什么现有研究对结构助词"哩"统计数量尤其是"哩₁"的出入较大呢?下面我们结合表3-5和实例来探讨《歧路灯》中结构助词"哩"研究中存在的差异。

1. 关于"哩₁"

我们来看下例中的结构助词"哩":

(12)巫氏问道,"我哩孩子,你心里明白么?"(《歧》25/243)

(13)收了一个没根蒂哩幼童,做了徒弟。(《歧》61/565)

(14)侯冠玉道:"……'砍的不如镞哩圆',放着现成不吃,却去等着另做饭?……"(《歧》11/120)

(15)你再看管老九眉眼都是活的,何尝是憨子?只怕下手不成,不如下手了姓鲍哩罢。(《歧》34/320)

（16）第三张是在星蓼堂书坊借哩《永乐大典》十六套，装潢铺内借的《淳化阁帖》三十册，……（《歧》78/761）

（17）箱钱就是谭兄哩，长分子就是夏兄哩。（《歧》22/218）

（18）那皂役附耳道："肥哩瘦哩一锅煮着同吃。"（《歧》30/283）

（19）柜内现银三百三十两八钱五分，三大封是整哩，那小封进三十两零银。（《歧》23/223）

这八例全是冯春田（2004）用例，也是高育花（1998）、丁喜霞（2000）的大部分用例。其中的"哩"是"哩₁"，相当于现代汉语的结构助词"的"。

现有研究中的"哩₁"之所以数量区别较大，既与研究者的视角有关，也和使用的语料有关，即《歧路灯》中有的"哩"正处于发展演变过程中，有时界限不清，不易准确统计，会有仁者见仁智者见智归类不同的情况出现。冯春田的研究中"哩₁（的）"数量最多，他指出《歧路灯》中跟"的"用法相同的结构助词"哩₁"，出现了一些与"的"一样的相关用法，即在"动+哩"中的"哩"有句末语气助词化的倾向，这跟结构助词"的"到近代汉语（尤其是后期）的演变情形相似，这样的用例有14例。冯春田（2004）把这种情况的"哩"归入"哩₁"。例如：

（20）绍闻道："我属鼠哩，五月端午生，不知是啥时辰。"（《歧》8/89）

（21）一家子人家，要紧的是吃穿。吃是天天要吃哩。（《歧》85/812）

（22）孝移说："告病呈子，我是一定投部哩。"（《歧》10/112）

这三例的"哩"均出现在"动+哩"中，位于句末，"哩"去掉后，句子依然成立，只是语气上有些差别。例（20）、例（21）的"动+哩"可以看成是"是+动+哩"的句法形式，"我属鼠哩"即"我（是）属鼠哩"，带有说明性；例（21）的"是天天要吃哩"带有描述性。冯春田指出像例（20）、例（21）这样的"是+动+哩"中的结构助词的功能容易弱化成语气词。下例的"哩"冯文（2004）认为也属于结构助词语气助词化：

第三章 《歧路灯》与豫西南方言之结构助词、人称代词、量词例举 135

（23）我瞌睡了，也不知他什么时候睡哩。（《歧》83/794）

（24）况且丈人给没过门的女婿请先生，好哩不好哩，人家怎好深管？（《歧》8/84）

（25）那人道："我是管街保正王少湖，你是那里来哩？"（《歧》30/278）

再看下例：

（26）那孙四妞接口道："我在街上做生意，管九宅见了我问：……九宅哩就催我叫去。"（《歧》33/313）

（27）你看堂楼哩说的话，叫人好不难受，登时把两三个月小孩子，做了家主，别人该赶出去。（《歧》67/646）

（28）你不认的我，我在娘娘庙街北哩住，我姓盛。（《歧》79/766）

（29）a. 孙四妞道："你两个不如摘开罢。"那戏子道："九宅哩，摘了罢？"（《歧》33/312）

　　　b. 夏逢若道："九宅哩，比前几月在我家的那排场何如？……九宅哩，来罢！来罢！"（《歧》17/607）

高育花（1998）认为例（26）—例（28）中的"哩"只起凑足音节的作用，无词汇或者语法词义，去掉后句子仍然成立，是音节助词。例（26）的"九宅哩"即"管九宅"，指《歧路灯》中的人物管贻安（兄弟中排行第九），小说中共有四例"九宅哩"都是指这个人："哩"出现在表示排行或具有行第性质的词语后，用于对面称呼，等于一个人称名词。例（26）、例（29）a 出自同一人之口，例（29）a 中的"九宅哩"是冯春田（2004）的"哩$_1$"用例，"九宅哩"即"九宅的"。例（29）b 中的"九宅哩"同例（26）、例（29）a 中的"九宅哩"。所以例（26）的"哩"不是音节助词，而是"哩$_1$"。我们的看法与冯文一致。

例（27）的说话者是张类村之妾杜氏，"堂楼哩"即"住在堂楼的人"，指张类村之正妻梁氏，去掉"哩"后就文意不同了，所以该"哩"也不是音节助词。可以看作"哩$_1$"或者是方位词"里"。例（28）中的"哩"是"哩$_1$"，也不是音节助词。

2. 关于"哩$_2$"

冯春田（2004）指出《歧路灯》里跟现代汉语共同语结构助词

"地"用法相同的"哩₂",基本是用在跟"AA 地"相同的"AA 哩"式中,作"动+的(得)"后的补语或动词修饰语。例如:

(30) 到了三更后,才慢慢哩会动弹。(《歧》18/183)
(31) 大婶子不容他,我慢慢哩劝。(《歧》76/737)
(32) 他临走时,把孩子托于先生,先生跟的紧紧哩。(《歧》8/84)
(33) 夜里哭了几阵子,方才吃的饱饱哩,如今睡着了。(《歧》68/648)
(34) 走到门首,偏偏哩大清晨,对门邢小泉伯来取绸子。(《歧》18/184)

前两例为高育花用例,后三例为冯春田(认为"哩₂"共八例)用例。① 前四例"AA 哩"的 AA 是单音节形容词重叠,后一例是叠音副词,前两例修饰后面的动词作状语,例(34)的"哩"位于句前作状语,例(32)、例(33)的"哩"在动词之后作补语。

接着看下例:

(35) 头发梳的光光哩,爬角上绑了一撮菜子花儿,站在门边,(《歧》83/793)
(36) 把鸡、肉供在石桌上,跪的远远哩,……(《歧》81/784)
(37) 夏逢若道:"骑着骆驼耍门扇,那是大马金刀哩,每日上外州外县,一场输赢讲一二千两。"(《歧》56/524)
(38) 谭绍闻只得依言,吩咐邓祥套车。一面哩逼雷妮收拾行李,坐在车上。(《歧》64/610)

这四例连同例(34)是丁喜霞(2000)的研究用例,丁文认为"哩"用在形容词、副词后面,表示行为的状态,一说是语缀助词。高育花也认为例(38)的"哩"是音节助词。但我们认为,例(35)、例(36)的"光光哩""远远哩"即"光光地""远远地",是形容词"光""远"的重叠,分别作动词"梳""跪"的补语,同例(32)、例(33)的"跟的

---

① 关于"哩₂"的数量,高育花《〈歧路灯〉中的助词"哩"》(《甘肃社会科学》1998 年第 4 期)认为有四例,冯春田《〈歧路灯〉结构助词"哩"的用法及其形成》(《语言科学》2004 年第 4 期)认为有八例。

紧紧哩""吃的饱饱哩"。因此我们认为例（35）、例（36）的"哩"同"地"是"哩$_2$"。而例（37）、例（38）的"大马金刀哩""一面哩"可以分别看成是"每日上外州外县，一场输赢讲一二千两""雷妮收拾行李，坐在车上"的伴随状语，其中的"哩"都可以看成是同"地"的"哩$_2$"。

3. 关于"哩$_3$"

《歧路灯》里跟现代汉语共同语结构助词"得"相同用法的"哩$_3$"，冯春田（2004）的统计数量共56例。例如：

（39）把色盆打烂，一付好色子也打哩不知滚到那里去了。（《歧》51/473）

（40）正说哩入港，忽听的西厢房叫一声道："林伙计快来，不好了！"（《歧》72/795）

（41）咱姐妹们权且计议搁住，我再踪迹踪迹，休要办哩猛了，惹姐夫回来埋怨。（《歧》8/84）

（42）人多挤的慌，又热又汗气，也隔哩远，……（《歧》21/207）

（43）王氏问道："前院吵嚷什么？你脸上怎的白哩没一点血色？"（《歧》76/742）

（44）咱哥是个忙人，你不记哩咱在乡里时，咱哥不是地里就是园里。（《歧》40/368）

（45）白兴吾道："他三舅，你坐下罢。你不认哩，这是西街谭相公。"那牙子道："我认哩，只是谭相公不认哩咱们。"（《歧》33/303）

这七例都是冯春田（2004）文章的"哩$_3$"用例，前四例分别是"动词+哩+动词或形容词补语"，表示动作行为的后果或状态、程度。例（43）是"形容词+哩+程度补语"。但最后两例中"记哩""认哩"的"哩"，我们认为不是"哩$_3$"而是构词语素。下例的"哩"也是构词语素：

（46）做了官，人只知第一不可听信衙役，这话谁都晓哩，又须知不可过信长随。（《歧》105/982）

（47）"就是任凭再忙，再顾不哩，也该进城来瞧瞧，略遮遮外

人眼目,说是你还有个哥哩。"(《歧》40/368)

我们认为《歧路灯》里的"记得/的""认得/的""晓得/的""顾得/的"都宜看成双音节词。"记得/的""认得/的""晓得/的""顾得/的"出现次数如表3-6所示。

表3-6　　　　《歧路灯》中的"V哩/得/的"次数统计表

用例	记哩/得/的	认哩/得/的	晓哩/得/的	顾不哩/得/的
次数	1/39/11	6/32/90	1/57/32	3/25/22

表3-6的"V哩/得/的",一方面表明这些词之词形尚不固定,另一方面表明《歧路灯》时期"哩""得""的"之互用情况。

如果把表3-6中含"哩"的词(语)去掉的话,冯春田(2004)文章统计的"哩$_3$"的数量就和高育花(1998)统计的很接近了。

4.《歧路灯》中与结构助词同形的语气助词"哩"

《歧路灯》中的结构助词"哩"兼有现代汉语结构助词"的""地""得"的功能与用法,《歧路灯》中还有个与结构助词同形的语气助词"哩"。

表3-7是王秀玲(2007)的研究数据。

表3-7　　　　《歧路灯》中"哩""呢"用法及数量统计表

	疑问							非疑问			总计
	特指问句	NP呢	VP呢	选择句 句中	选择句 句末	选择句 句中句末	反问句	是非问句	非疑问句末 陈述等语气	非疑问句末 表持续	句中停顿	
呢	135	36	2	0	9	1	64	2	11	0	8	268
哩	90	29	0	0	1	0	79	9	650	99	11	969

从表3-7来看,《歧路灯》中语气助词"哩""呢"兼用,但"哩"在数量上远远多于"呢",几乎是"呢"的四倍。二者的用法也有较大的差别:只有209例的"哩"用于疑问句,占语气助词"哩"总数的21.6%,而有760例的"哩"用于非疑问句,占总数的78.4%,尤其是表示陈述的功能强大。而"呢"则是表示疑问的功能强大,92.9%用于疑问句,只有7.1%用于非疑问句。

表 3-8 是《歧路灯》中语气助词"哩""呢"的数量统计表。从表 3-8 可以看出，一方面，《歧路灯》中的语气助词"哩"在数量上远远多于结构助词"哩"，也还远远多于语气助词"呢"；另一方面，研究中语气助词"哩"的数量统计也存在着差异：丁喜霞（2000）统计出的语气助词"哩"最少，其他统计的语气助词"哩"则不相上下。

表 3-8　《歧路灯》中语气助词"哩""呢"（部分）的数量统计表

歧	语气助词"哩"	语气助词"呢"
高育花（1998）统计例	969	219
丁喜霞（2000）统计例	803	
王秀玲（2007）统计例	969	268
郭熙（2013）统计例	969	273
本研究统计	972	268

注：本表数据见高育花、王秀玲、丁喜霞、郭熙等人的研究。

来看下例：

（48）谭孝移便叫德喜儿……禀师爷说，今日王相公上学哩，刻下就到。（《歧》3/28）

（49）这几年就是这个样子。自今以后，我要从程大叔读书哩。（《歧》14/151）

（50）我先说明，速改便罢，若仍蹈前辙，小四呀，我的性情，咱可就朋友不成哩。（《歧》50/462）

（51）什么人？问着不答应，我就拾砖头砸哩！《歧》70/668）

（52）天色已晚，咱回去罢，再迟三两天，便来上学哩。（《歧》3/28）

这五例的"哩"，丁喜霞（2000）认为都是事态助词"了$_2$"。高育花（1998）则认为例（52）是表示强调的语气助词，我们也认为宜把上例（48）—例（51）的"哩"看作指明、提醒事实的语气助词。再看下例：

（53）我要走哩，（家里还忙着哩。）（《歧》20/201）

140　第一专题　《歧路灯》与豫西南方言共有方言特征词语法特征比较研究

(54) 就此失陪,我要去哩。(《歧》64/601)

(55) 但今日午间,有一个远客,要候他过午,我要回去哩。(《歧》64/606)

王秀玲(2007)认为这三例的"哩"是事态助词"了₂"。我们认为这三例的"哩"宜看作表示提醒的语气助词。

5.《歧路灯》与其他文献结构助词"哩"数量比较

据翟燕(2006)《明清山东方言助词研究》统计,在《金》《醒》等山东地方文献中只有《金》有结构助词"哩"四例。其中三例如下:

(56) 不想到了粘梅花处,这希大向人闹处,就权过一边,由着祝日念和那一个人只顾哩寻。(《金》42/525)

(57) 说罢,不觉地扑簌簌哩吊下泪来。(《金》55/728)

(58) 西门庆拿着笔,哈哈哩笑道:"力薄,力薄。"(《金》57/751)

表3-9是《歧路灯》与其他文献中结构助词"哩"的数量统计。

表3-9　《歧路灯》与其他文献结构助词"哩"的数量统计表

文献	金	醒	歧	红	儒	儿
哩	+4	-	+	-	-	-
普通话	地 得		的 地 得			

从表3-9中可以看出《歧路灯》中的结构助词"哩"的确是中原官话的特有的语法现象。

二　豫西南方言与《歧路灯》结构助词"哩"的古今比较

王晓红(2003)《南阳方言中的助词"哩"》研究了南阳方言中结构助词、语气助词"哩"在句中的位置、语法功能和语法意义,郭熙(2005)《河南境内中原官话中的"哩"》对河南境内中原官话中兼具结构助词、动态助词、语气助词和构词语素"哩"的分布与功能进行了系统的分析、描写。本部分主要比较《歧路灯》与豫西南等河南方言中结构助词"哩"的异同、考察其古今演变。

(一) 豫西南方言中的结构助词"哩"

1. 豫西南方言的结构助词"哩"

豫西南方言没有现代汉语共同语中的结构助词"的""地""得"，豫西南方言的结构助词"哩 [li]"兼具这三个结构助词的功能与用法。

豫西南方言中的定语标记的"哩$_1$"用于"定 + 哩 + N"中，大致相当于普通话的结构助词"的"。定语可以是体词性词语，也可以是谓词性词语等。例如：

（1）我哩书/恁$_你$哩家具/他哩头发白了/天上哩云彩/这是谁哩车子/谁动了这儿哩东西/熟哩瓜才甜/调皮哩小孩儿大多聪明/多冷哩天他都不迟到/下一步哩计划。

（2）这是买哩红薯/这是治咳嗽哩药/你新买哩手机真好使/炒糊哩豆角不能吃。

普通话中"我的妈妈"，豫西南方言中是"我妈""俺妈"或"俺娘"，而不是"我的妈/娘"。但在表示比较强烈感叹、吃惊的特殊语境下会有下面的说法：

（3）我哩妈/娘呀，吓我一大跳。/我哩妈/娘也，镇多哩钱哪。

"妈"后面要有语气词出现，但没有"我哩 li 爹/爸/奶/爷"之说。

"哩$_1$"还可构成名词性的"X 哩"结构，即"定 + 哩 + N"省略了 N，括号中是可以补出的 N，相当于"X 的"，在句中作主语、宾语或者单独成句，X 可以是体词、谓词性词语。例如：

（4）这是南阳哩$_的$（特产）。/我哩$_的$（鞋）大，你哩$_的$（鞋）小，大哩$_的$小哩$_的$一个价。/她爱吃甜哩$_的$，你爱吃酸哩$_的$。/有天上飞哩$_的$、水里游哩$_的$。/你买哩$_的$（鞋）便宜。/修锁哩$_的$（人）不在。/这是谁哩$_的$（东西）？我哩$_的$。

（5）隔两天就来记者，采访哩$_的$，录音哩$_的$，照相哩$_的$，拍电视哩$_的$，把我说成一朵花。（《皇天》72）

状语标记的"哩$_2$"用在谓词性偏正词组中状语和中心语之间，大致相当于普通话的结构助词"地"，但不如普通话的"地"常用；补语标记

的"哩₃",用在述补结构的中心语和补语之间,意义用法与普通话的结构助词"得"相同,比较常用。例如:

(6) 白_别急,慢慢儿哩_地吃。/好好哩_地学,赶明儿_{将来}考个好大学。

(7) 风呼呼哩_地刮着,雨哗哗哩_地下着。

(8) 他气呼呼哩_地走开了。/他一个人可_很着急哩_地站在门口。

(9) 这枣甜哩_得很。/她气哩_得不得了_{气得很}。/手割流血了,疼哩_得不行_{疼得很}。

(10) 屋里扫_{打扫}哩_得干干净净。/她唱哩_得可_很好听。/笑哩_得肚子疼。

例(6)、例(7)的"哩"都可以省略:用"哩",凸显强调状语的描写性并略带些夸张,句子语气显得舒缓些。例(6)用"哩"有劝告的意味,不用"哩"时,语气显得有些急促,有责备的意味。例(7)不用"哩"时只是对事实的一般如实描写。例(8)的"哩"不能省略,其前的状语相对比较复杂。

2. 豫西南方言中的"A哩B哩""A哩A,B哩B"

豫西南方言的"A哩[li]B哩[li]"结构中,A、B可以是相关的动词、形容词,"哩"同结构助词"的"。"A哩[li]B哩[li]"可以是名词性的,也可以是谓词性的。例如:

(11) 吃哩住哩都安排好了。/老哩少哩都伺候好了。/多带些吃哩用哩。

(12) 早哩_的晚哩你反正得过这关。/多哩_的少哩你反正要出钱。

例(11)的"吃哩住哩""老哩少哩""吃哩用哩"是名词性"哩"字结构并列,作主语或宾语,意为"吃的住的""老的少的""吃的用的"。而例(12)的"早哩晚哩""多哩少哩"名词性"哩"字结构联合充当状语,意为"无论早或晚……都……""无论多或少(钱)……都……"

下例的"A哩B哩"是谓词性的,在句中作谓语:

(13) 他们家来客了,出哩li进哩li,接哩送哩,忙哩很。

第三章 《歧路灯》与豫西南方言之结构助词、人称代词、量词例举   143

(14) 电视机开半夜,花里胡哨,支里巴叉,看着头晕;说哩唱哩,哭哩笑哩,听着聒耳朵。(《皇天》107)

(15) 和她妈闹一场,死哩活哩,翻脸了,连夜跑到俺家。(《皇天》63)

这三例"A 哩 B 哩",其格式、意义相当于"又……,又……"例(13)的"出哩进哩,接哩送哩",不能从语表上理解为"出的进的,接的送的",而是相当于"又出又进的,又接又送的";例(14)的"说哩唱哩,哭哩笑哩"即"又说又唱的,又哭又笑的";例(15)的"死哩活哩"相当于"又是(寻)死的又是(不)活的"。

豫西南方言中还有"A 哩 [li] A,B 哩 [li] B"结构,其中的 A、B 可以是相关的动词、形容词。例如:

(16) 他家哩小孩儿一天到晚哭哩哭,闹哩闹,真是烦人。/大街上买哩买,卖哩卖,可热闹。

(17) 这个地方穷哩穷,富哩富,差别可大。/他家老哩老,小哩小,日子不好过。

该例的"A 哩 A,B 哩 B"作谓语,A、B 对举,意为"有的……,有的……""哩"仍是结构助词"的"。"哭哩哭,闹哩闹""穷哩穷,富哩富""老哩老,小哩小"即"有的哭有的闹""有的穷有的富""有的老有的小"。

所以豫西南方言中的"A 哩 B 哩"、"A 哩 A,B 哩 B",不能简单看作"A 的 B 的"、"A 的 A,B 的 B",要结合语法结构、功能和格式意义来理解把握。

3. 河南其他中原官话的"哩"类结构助词

表 3-10 是河南中原官话和豫北晋语中"哩"类结构助词例举。

表 3-10　河南中原官话和豫北晋语中"哩"类结构助词例举表

方言	南阳	洛阳	郑州	平顶山	漯河	许昌	范县	商丘	周口	获嘉	安阳
结构助词	li	li	li	li	li	li/lɛ	li	嘞	嘞	li	咧
方言	开封	中牟	尉氏	通许	滑县	内黄	范县	清丰	浚县	濮阳	原阳
结构助词	lɛ	lɛ	lɛ	lɛ	lɛ	li/lɛ	li	li/lɛ	lɛ	lɛ/liɛ	lei

豫西南方言的结构助词"哩"读轻声［li］。豫西南方言之外河南其他的中原官话中也都普遍存在集普通话结构助词"的""地""得"功能、用法于一体的结构助词"哩",如洛阳、新安、郑州、平顶山湛河区和新华区、叶县、鲁山、范县、清丰等市、县的方言。而开封、尉氏、中牟、通许、商丘、周口、濮阳、浚县、内黄、滑县等地方言中则是使用"嘞"或"唎"来兼表普通话"的""地""得"的功能与用法。

在调查中我们发现,河南方言中的"哩"与"嘞""唎"由于同为轻声词,在自然的语流中,除去语调等因素,它们的读音是比较接近的:声母相同,韵母语音相近。我们把豫西南方言的结构助词"哩"记作 li,而阎德亮（1990）30 多年前则记作"唎"。我们把河南方言中的"哩"与"嘞""唎"等结构助词统称为"哩"类结构助词。

河南之外的一些方言中也有这种情况。如山西朔城区方言的"哩"兼有结构助词"的""地""得"的功能,山西和顺方言有结构助词"哩$_{1,2}$",兼有"的""地""得"的功能。

就现有研究看,河南方言中的"哩"类结构助词,通常都有同音同形的语气助词,这是现在河南方言语法中助词的一个重要特征。表 3 – 11 是部分北方方言中相当于"哩"的结构助词和语气词表。

表 3 – 11　　部分北方方言中相当于"哩"的结构助词和语气词表

方言点	乌鲁木齐	武汉	西安	哈尔滨	徐州	南京	银川	万荣	牟平	忻州	荔浦	贵阳	昌黎	宝鸡
结构助词	ti	ti 的地 tə 得	ti 的地 得	ti 的地 tə 得	ti 的地	ti 的地	ti 的地	ti 的地 得	ti 的地 得	ɕi 的地 得	ɕi 的地 得	ɣ 的地	ti 的地 得	ti 的地 得
语气词	le	ni	lɣ	li	ni	li				ɔ		lɣ	lie	哩

资料来源：甘于恩:《南方语言学》（第 2 辑）,《庆祝詹伯慧教授八十华诞暨从教 58 周年专辑》,暨南大学出版社 2010 年版。

注：读音后面的汉字表示与普通话相应的词。没有音标只有汉字的是相关著作中直接用汉字注的音。

（二）《歧路灯》与豫西南方言结构助词"哩"的异同

表 3 – 12 是《歧路灯》结构助词系统与豫西南方言的结构助词"哩"比较表。从表中可以看出,虽然在字形上《歧路灯》的结构助词只有"的、得、哩"三个（无字形"地"）,但其"哩""的"却分别有着现代汉语共同语"的、地、得"的功能,即助词"得"之外,《歧路灯》还有"哩"和"的"两套助词系统。

表 3-12　　　　《歧路灯》结构助词"的、哩、得"
　　　　　　　与豫西南方言、普通话结构助词对应表

	歧	豫	普通话
的	的₁：定语、名词性标记	哩₁	的
	的₂：状语标记	哩₂	地
	的₃：补语标记	哩₃	得
哩	哩₁：定语、名词性标记	哩₁	的
	哩₂：状语标记	哩₂	地
	哩₃：补语标记	哩₃	得
得	补语标记	哩₃	得

而豫西南方言的结构助词"哩"却集《歧路灯》"的、得、哩"和现代汉语共同语"的、地、得"于一身。《歧路灯》结构助词"的"用例：

（18）潜斋道："商议也不行。家兄的₁性情，我所素知。"（《歧》2/16）

（19）管贻安道："适才你赔我的注儿，还不曾动，怎说不是你的₂?"（《歧》54/502）

（20）盛希侨道："有啥费商量？到我家看着排戏，慢慢的₃商量。"（《歧》50/461）

（21）这虾蟆一见，飞告柏公；走的₄大急，绊了一跤。（《歧》10/114）

这四例中"的"的语法意义、功能与豫西南方言的"哩"完全相同。从《歧路灯》到豫西南方言，结构助词系统呈现出数量减少、功能合并的特点。

第二节　《歧路灯》与豫西南方言之人称代词"俺""您"

《歧路灯》、豫西南方言与现代汉语共同语中共有或相关的主要人称代词如表 3-13 所示。

表 3-13　《歧路灯》、豫西南方言与普通话人称代词系统表

	歧	豫	普通话	
我/我们	+	+	+	第一人称
俺/俺们	+	+	-	
咱/咱们	+	+	+	
吾	+	-	-	
您/您们	+	+	≠	第二人称
你/你们	+	+	+	
尔/汝	+	-	-	
他/他们	+	+	+	第三人称
其/伊	+	-	-	
自己	+	+	+	反身代词
各人	+	+	-	

注：表中，+ 表示有，- 表示无，≠ 表示字同而有别。

从上表中可以看出，《歧路灯》的人称代词系统，体现了后期近代汉语人称代词的特点：除了用于文言或政府公文中的"吾""尔""汝""其""伊"和方言成分"俺（们）"、"您（们）"，与现代汉语基本相同。

从表中可见，《歧路灯》与豫西南方言都有第一人称代词"俺（们）"、第二人称代词"您（们）"，但现代汉语共同语中没有"俺（们）"，虽有同形的"您（们）"，但意义、用法与《歧路灯》和豫西南方言的有别。鉴于王秀玲已有对《歧路灯》人称代词系统的综合研究，本部分主要探讨《歧路灯》与豫西南方言中人称代词"俺""您"及相关称谓的异同及发展演变。

一　《歧路灯》与豫西南方言中的人称代词"俺""您"

已有研究表明，"俺""您"是近代汉语才有的人称代词，都始见于宋代，而"您"比"俺"稍晚些。从来源上看，"俺""您"分别是"我们""你们"的合音。自产生至元明，"俺""您"既可以指单数，也可

以表复数。①

（一）《歧路灯》中的第一人称代词"俺"

《歧路灯》共有"俺"280 例、"俺们"42 例。其用法如下：

1. "俺"作主语、宾语、定语、兼语，共 245 例

（1）俺到盛宅，门上哄俺，说大相公在他家。(《歧》25/239)

（2）a. 王氏跪下道："若叫俺儿过来，观音堂重修三间庙宇！" (《歧》59/551)

b. 我待说声张起来，俺这皮肉本不值钱，争乃干系着大叔。(《歧》29/270)

（3）我算东院邻居，写俺的小儿张正名，阎仲端又是南邻，又是证佐。(《歧》98/919)

（4）姓谭的，你既当不的家，就不该叫俺推车子来。(《歧》25/243)

（5）a. 是俺曲米街新发的一个大财主，近日一发方便的了不成。(《歧》49/456)

b. 心中想到："人人说祥符县是个好爷，比不得俺县绰号叫做'糊涂汤'……"(《歧》31/291)

"俺"作定语时有两种情况：类例（2）、例（5）的"俺+N"，共 163 例，类例（3）的"俺+的+N"，只有七例。

2. "俺"兼表单、复数及"俺+数量或群体名词"

《歧路灯》中的"俺"既存在有标复数形式"俺们"，本身又兼表单数（我）、复数（我们）。例如：

（6）a. 轿夫道："这样惹气的事，俺们也不敢抬的。"(《歧》82/790)

b. 这个说："老大爷在世，见俺们才是亲哩。"(《歧》33/306)

c. 红玉，你去伺候谭爷去。俺们的还早哩，你奉陪一盅罢。(《歧》24/234)

---

① 吕叔湘著，江蓝生补：《近代汉语指代词》，学林出版社 1985 年版，第 77—86 页；冯春田：《近代汉语语法研究》，山东教育出版社 2000 年版，第 42 页。

(7) 老生道："既是戏主不肯，俺就与戏主磕头罢。"(《歧》23/222)

(8) 说是俺们季太爷，有了什么事故，像是不得在俺郑州做官的样子。(《歧》94/880)

(9) a. 绍闻道："俺娘说，明日请舅到西街坐坐，……"(《歧》49/458)

b. 三才儿见了，说道："娘，俺伯来了。"(《歧》40/365)

c. 就是前日咱往俺妗子家去，俺隆吉哥商量请盛大哥。(《歧》19/192)

(10) 姚皂役道："一姓即了家。谭相公意下何如？休嫌弃俺这衙门头子。"(《歧》30/284)

例（1）—例（4）和例（9）的"俺"均为单数，例（5）、例（7）和例（8）的"俺"均为无标的复数形式，同例（6）—例（8）有标的"俺们"，例（6）c"俺们的"是"俺们+的+N"的省略式。"俺们"均为排除式，不包括对话方。在"俺+N"定中结构中：当N为亲属称谓时，"俺"为单数，占此类结构的一半以上，如例（9）；当N为方所名词时，"俺"多视作复数，如例（5），"俺+方所"有14例。在7例"俺+的+N"中，除了例（3）的"俺"是单数，其余"俺的主人家""俺的锁""俺的衣服""俺的家""俺的经棚""俺的衣裳"的"俺"均为复数。例（10）的"俺"为单数，"俺+这N"有12例，"俺"单复数均有，"俺+那N"只一例，为单数。

"俺+数量或群体名词"中的"俺"为复数，属于数量或群体中的成员。其中的"俺两个"有20例、"俺家"有67例。例如：

(11) a. 冰梅笑道："你赢了钱，俺两个请你的，休嫌席薄。"(《歧》35/327)

b. 夏逢若道："俺两个的话，通是费商量着哩。"(《歧》50/461)

c. 俺几个说话俱不入耳，你与谭绍闻有神前一炷香，……(《歧》59/547)

(12) 像俺这一起儿狗攘的，舍着娘老子的皮肉，撅着屁股朝天，尽着的挨。(《歧》66/631)

(13) 王氏道："男人们，一发是这个光景。像俺女人们拜过干

姊妹，隔二年不见还想的慌。"(《歧》100/930)

（14）王氏哭道："他二位老伯，千万休走，与俺娘们仗个胆儿，就住下也不妨。"(《歧》12/132)

（15）白鸽嘴道："俺众人承情，大家奉一杯，珍大姐唱罢。"(《歧》58/543)

"俺"与其后的数量或群体名词构成同位语的有35例，如例（11）、例（12）和例（14）、例（15）。《歧路灯》中"俺"的用法及使用数量统计如表3-14所示。

表3-14　《歧路灯》中"俺（们）"的句法位置及数量统计表

频率分布 词项	主语 （%）	宾语 （%）	定语（%）有"的"	定语（%）无"的"	兼语 （%）	同位语 （%）	总数 （%）
俺	50（25.7）	25（10.4）	7（2.9）	163（59.3）	2（1.8）	35	280（100）
俺们	34（80.9）	4（9.5）	1（2.4）	3（7.1）	0（0）	0（0）	42（100）

3. "我"与"俺"共现强调人际关系对比

《歧路灯》中的"我（们）"有5080例，仅从数量上看，"我"远远多于"俺（们）"，从句法功能来看，双方大体相同。在同一语境中，常有"我""俺"共现的情况，即在一个人的话语会交替使用"俺""我"。例如：

（16）a. 我家大爷请谭爷，有一句要紧话说。请刻下就到，俺家大爷在书房立等着。(《歧》68/650)

b. 一发俺们不肯依。我们太爷才来时，是一个胖大的身材，只因连年年成不好，把脸瘦了一多半子，俺们怎舍得叫他升哩！(《歧》94/880-881)

（17）即如俺家老二，一向不省事，我通不爱见他，俺两个打官司分家，你是知道的。(《歧》86/818)

（18）谭绍闻慌道："我瞧瞧俺娘，我就跟你去。"吴二山道："你先跟我瞧瞧俺哥哥去。"(《歧》65/622-623)

(19) 我是周家口人,我姓刘。俺儿叫狗岂儿,媳妇儿姓雷。听说觅在管宅,他再也不叫俺父子见面。我在他庄上打听,……叫我见俺儿子媳妇一面,我死而无怨。(《歧》64/609)

上例中的"我(们)"充当的句法成分有定语、主语、宾语。例(16) a "我家""俺家"共现;b"俺们""我们"共现,"我们"用在定语位置。后三例中主语、宾语用"我",定语、同位语用"俺"。

在"我""俺""你"共现的语境中,往往凸显的是"我"与"你""俺"与修饰语的关系。例如:

(20) 你家有库,我就缴;你若无库,俺弟兄们就不欠你一分一厘。我有罪,请回罢。俺还有正经话计议哩。(《歧》69/660)

(21) 姓夏的少要放屁拉骚,我茅拔茹也不是好惹的!像如扭了俺的锁,偷了俺的衣服,你就不说?(《歧》30/282)

(22) 我实对你说,俺家男人不是好人,专门拿我骗人。(《歧》29/267)

例(20)凸显的是"你"和"我"的对比关系,"俺"则是强调"俺"与"弟兄"之间的重要关系。例(21)凸显的是"你"与"我"的对比关系,"俺"强调的则是与"锁"和"衣服"的领属关系。例(22)凸显的是"我"和"你"的对比关系,"俺"强调的则是与"男人"的特殊关系。

"我""俺"的使用取决于人际关系,或者说是人际关系的远近亲疏决定了"我"或"俺"的使用。再看下例:

(23) 问道:"老谢,谁叫你来了?"老婆子道:"俺奶奶叫我来接姑娘。……"(《歧》63/590)

(24) 德喜道:"俺到盛宅,门上哄俺,……俺恐怕大相公在那里睡了,俺们出来时,大门又上锁了。……费尽多少唇舌,才开开门,俺们才得回来。街上又撞着一位老爷查夜,把俺两个盘了又盘,只说俺犯夜。……那老爷提起俺老爷名字,俺说是老家主。……"(《歧》25/239)

(25) 王氏问道:"你娘在家可好?"王隆吉答道:"俺娘叫我看看姑娘、表弟。"(《歧》60/556)

（26）a.（孝移）定省一会，问道："你娘哩？"端福含泪答道："我娘一夜没睡，往东楼下歇息。叫我在这里守着爹爹。"（《歧》12/130）

　　　b. 潜斋道："你伯吃饭不曾？"学生道："我娘与我嫂子已安排吃完。"（《歧》2/16）

例（23）下人回答小姐对话，例（24）是下人德喜回应女主人王氏埋怨的话，无论主语、宾语、定语、同位语，都是用"俺（们）"。例（25）问答双方是姑侄关系，王隆吉用"俺娘"是要凸显其母，用"我"是要凸显王隆吉与姑姑、表弟的关系。例（26）两例中问答双方都是父子关系，答话人均为十来岁的孩子，"你""我"相对，直接回答父亲的问话。而例（25）的答话者王隆吉虽然同样是晚辈，但他是成年人，家境不如姑姑家，话语谨慎，使用了"俺娘"而不是"我娘"。

《歧路灯》中的"俺""我"共现情况，既与它们的句法位置相关，也是听说双方的身份使然。相对来说，"俺"的口语性比较强，使用者主要是社会中下层人物，一定语境中位卑者使用较多，但没有"谦卑的意味"，强调是为了凸显，是说话人的语用行为。吕叔湘（1985）《近代汉语指代词》认为："在同时容许俺跟偺代我的方言里头，俺字多少带有谦卑的意味。"冯春田（2003）《〈聊斋俚曲〉语法研究》所说："从句义来看，'我'似乎倾向用于一般自称，而'俺'很像是自称的强调式。"王秀玲（2007）认为《歧路灯》的有些句例中"俺"明显带有自豪、桀敖不驯的口气。

（二）《歧路灯》中的第二人称代词"您"

《歧路灯》中的第二人称代词"您""你"出现的次数分别为94、3949。相比"你"，"您"虽数量较少，却体现了《歧路灯》第二人称代词的特色。小说中的"您"，不是现代汉语普通话中的"您"，其用法如下：

1. "您"作主语、宾语、兼语、定语，共有74例。例如：

（27）您是有根基的人家，比不得俺这庄农人家。（《歧》63/598）

（28）"请坐下。我实对您说，家母昨日从山东家母舅家才回来……"（《歧》16/170）

（29）盛希侨道："凭您怎么说，我的确不去讨厌。"（《歧》84/803）

(30)"您家不要我了,说明白送我个老女归宗,不过只争一张休书。"(《歧》85/808)

(31)你们只管在对厅上,扎你们的头盔架子,摆您的箱筒。(《歧》19/193)

"您"作主语、定语较多,分别为 35 例、32 例。定语有例(30)的"您+N"类 27 例和例(31)的"您+的+N"类五例。

2. "您"兼表单、复数及"您+数量或群体名词"。"您"的有标复数形式"您们"只有一例。例如:

(32)滑氏把认冰梅、指日投启、添上束金的话,述了一遍。惠养民笑道:"凭在您们罢。"(《歧》40/371)

(33)"我从来不会说套话,今日备一杯酒,请众位老哥到舍下,是托舍弟于众位的意思。您今日都身列科目……"(《歧》99/926)

(34)王氏道:"你两口子还回来罢。邓祥蔡湘们几个,近年陆续走了。您原是咱家老本的人。……"(《歧》83/794)

(35)a. 这是我与您两个买的糖,您拿去吃。(《歧》40/366)

b. "您四个干您的正经事,左右叫他慢慢收拾罢。"(《歧》56/522)

c. 绍闻道:"您这一起儿,通是反了!"(《歧》80/773)

(36)您这些读书的憨瓜,出了门,除非是坐到车上,坐到轿里……(《歧》44/412)

(37)我当初在您那萧墙街,开了个小铺儿……(《歧》63/598)

(38)a. 王氏道:"昨日已向您家王中说过。他今日在南园做什么?"(《歧》83/794)

b. 若像这样饿瘦了,您娘就再不敢叫姐夫走亲戚了。(《歧》50/466)

例(28)—例(33)的"您"虽是无标复数,但根据上下句语境中可以判断出是复数:前两例的"您"指说话者面对的两个人;例(33)"您"前有"众位"、后有"都";例(34)前句有"你两口子"。例(35)、例(36)中的"您"是其后数量或群体中的成员,均为复数,与其后的名词构成同位语结构。例(37)、例(38)中的"您那萧墙街""您家""您娘"则构成定中结构,如果把"街""家"看作群体性的名词,"您"应该看作复数。

《歧路灯》中"您(们)"的用法及数量统计如表3-15。

表3-15　　《歧路灯》中"您(们)"的用法及数量统计表

频率 分布 词项	主语 (%)	宾语 (%)	定语(%)		同位语 (%)	总数 (%)
			有"的"	无"的"		
您	36 (38.3)	5 (5.3)	5 (5.3)	28 (29.8)	20 (21.3)	94 (100)
您们	0	1 (100)	0		0	1 (100)

而关于"家"还有以下用例:

(39) 王氏道:"谁知道你家王中依不依。"(《歧》13/143)

该例的"你"指王中老婆赵大儿,是单数。小说中的三例"您家王中"与两例"你家王中"所指相同,所以"您家"之"您",也并非全是复数。

王秀玲(2007)认为《歧路灯》中只有下例(40)中的"您"才是单数。

(40) 姐夫只管吃,……若像这样饿瘦了,您娘就再不敢叫姐夫走亲戚了。(《歧》50/466)

(41) 王氏向焦丹道:"您焦大哥,咱这号亲戚,你勤走着些。"(《歧》51/478)

(42) 王氏道:"这事我也打听明白,多亏您夏哥费心。"(《歧》53/492)

后两例"您"也是单数:"您"与后边的称谓是同位语。"您"即"焦大哥""夏哥"。

3. "您+亲属称谓(面称或背称)"凸显特殊人际关系。例如:

(43) 王氏道:"亲戚们何在礼不礼,这就是您妗子关心。"(《歧》11/127)

(44) a. 他舅从南顶回来，又上亳州去。(《歧》11/127)
　　　b. 王氏道："你既已应承，这娄先生话，你一发替他舅转达罢。"(《歧》3/48)
　　　c. 王氏道："他舅呀，你不知俺的家，通是王中当着哩！"(《歧》8/85)
(45) a. 隆吉道："到底该叫他还进来，你舅常对我说这话。"(《歧》74/715)
　　　b. 你看你舅，也会热你爹的剩饭吃。(《歧》28/261)

例（41）—（43）的说话者是小说主人公谭绍闻母亲，"妗子"是王氏娘家弟媳妇，"焦大哥""夏哥"是儿子同辈且关系不近者，"您妗子""您焦大哥"和"您夏哥"，均是王氏故意从儿子角度与听话者套近乎的说辞，"您"表单数。例（44）、例（45）"他舅""你舅"与例（43）异曲同工，例（44）a 是妗子站在外甥的角度背称自己的丈夫，b、c 是王氏站在儿子角度分别背称、面称自己弟弟；例（45）a 的"你舅"是从表弟的角度背称自己的父亲，b 是从儿子的角度背称自己的弟弟，从而凸显听、说者之间的亲近关系。

4. 人称代词后的"家"有虚化的趋势。《歧路灯》中的"您/我/俺/他"都可出现在"家"前。例如：

(46) a. "您家有良心，俺公公也不得吊死在您门楼上。"(《歧》64/612)
　　　b. 偏您家好信那医生，不管是病不是病，开口就要吃药！(《歧》32/296)
(47) a. 我实对你说，俺家男人不是好人，专门拿我骗人。(《歧》29/267)
　　　b. 我家大爷请谭爷，有一句要紧话说。请刻下就到，俺大爷在书房立等着。(《歧》68/651)
　　　c. 王氏道："我家孙孙哩？"(《歧》85/808)
(48) a. 我明日叫邓祥赶的车去，连你家媳妇、闺女，都接回来。(《歧》56/520)
　　　b. 夏逢若道："你家大相公回来了？"(《歧》73/704)
(49) 夏鼎道："我再也不敢管他的事，他家盛价厉害。"(《歧》77/749)

上例中人称代词您、俺、你、我后的"家",去掉后不影响语义表达,可见这些代词后的"家"有虚化的趋势。尤其是较多的"您家+N"用例中"家"已经成为可有可无的音节。据统计,《歧路灯》中的 15 例"您家"、67 例"俺家"、69 例"你家"中分别有 9、40、14 例的"家"已经虚化。《歧路灯》中的"您/你/俺/我/(家/们)"数量如表 3-16 所示。再看下例:

(50) 细皮鲢道:"……你就说你家里哭哩。"乌龟道:"你听俺家在后院笑哩,怎的说哭?"(《歧》57/530)

(51) 我若输了,你把俺家的衣裳票儿,输一张递与我一张……(《歧》58/540)

(52) 王象荩……说:"这菜园的茄子,俺家用醋酸了一罐子……"王氏道:"叫你家费心。小女儿长的高了?"(《歧》76/740)

这三例中,例(50)、例(51)的"你家里""俺家"都是指乌龟的妻子,例(50)的"家"不能去掉,例(51)的"家"去掉后表意不明确。例(52)的"俺家"也是指王象荩妻子赵大儿,去掉"家"后,句子已然成立,但表意有别。

表 3-16 《歧路灯》中的"您/你/俺/我/(家/们)"统计表

词项	您	你	俺	我
数量	94	4579	280	4599
词项	您们	你们	俺们	我们
数量	1	122	42	125
词项	您家	你家	俺家	我家
数量	15	69	67	75
词项	您们家	你们家	俺们家	我们家
数量	0	1	0	0

(三)《歧路灯》同时期及其他文献中的"俺""您"

表 3-17　《歧》与《醒》《俚》《红》《儿》《儒》等"俺"使用情况统计表

文献	俺（单数意义）					俺（复数意义）				
	主语	宾语	定语	兼语	本位语	主语	宾语	定语	兼语	本位语	数量
醒	54	12	364	6	5	104	28	36	10	1	78
俚①	333	88	254	115	2	95	30	21	22	0	46
歧	27	7	161	7	4	17	4	0	1	1	33
红	2	2	1	0	0	0	0	1	0	0	0
儿	2	0	2	0	0	0	0	0	0	0	2
儒	6	2	4	3	0	3	0	0	0	0	0

注：①《俚》即《聊斋俚曲集》。

表 3-18　《歧》与《醒》《红》《儿》《儒》"您"使用情况统计表

文献	代词	主语	宾语	定语	兼语	其他	总数
醒	您	43	10	6	7	14	80
红	您	4	0	0	0	0	4
儿	您	0	0	0	0	0	0
歧	您	36	5	33	0	0	94
儒	您	0	0	0	0	0	0

表 3-17、表 3-18 是《歧》之外清代北方文献中"俺""您"句法功能统计情况。从表中可以看出，《醒》有 80 个"您"，《儒》无"您"，《红》四例"您"全在第 63 回的唱词中，《红》六例"俺"也主要用于唱词中，可见清代"俺""您"的使用以河南、山东等北方方言为主。

二　豫西南方言中的人称代词"俺""您"及古今比较

（一）豫西南方言中的第一人称"俺"

豫西南方言中的"俺"读 [an^{55}]。

1. "俺"可作主语、宾语、兼语、定语。定语位置用法居多。例如：

(1) 俺 an^{55} 没 mu^{42} 坐过飞机。（我没有坐过飞机。）／俺姓张。（我姓张。）
(2) 他们借俺 50 块。（他们借我 50 块。）
(3) 俺 an^{55} 妈叫俺去学校看看俺妹。（我妈叫我去学校看看我妹。）

"俺"作定语时领属关系居多，主要用于："俺+亲属/其他称谓"，如俺（爷、奶、娘、妈、爸、叔、婶、哥、姐、弟、嫂、闺女……）、俺（老师、同学、村长、支书、当家的、庄稼人……）等。"俺"与被修饰语之间可以出现"这（那）"，如"俺这同学""俺那老头子"等。"俺+群体/方所名词"，如俺（家、庄、大队、乡、县、学校、街上、地里、这儿）。此处的"俺"也可以是"俺们"。"俺（们）"和修饰的名词之间还可以出现"这（那）"，如"俺这（那）个庄""俺这（那）街上"等，但不说"我这个庄"。

2. "俺"的有标复数形式是"俺们"。无标情况下，"俺"单、复数同形。

"俺+亲属称谓"中的"俺"多表单数，"俺妈（姐）"即我妈（姐）；"俺+其他称谓"中的"俺"多表复数，如"俺老师（村长）"即我们老师（村长），也可以说成是"俺们老师（村长）"。女儿在谈及自己父母时还有"俺爸们""俺妈们"的说法，二者都是泛指爸妈。

"俺"和复数形式组成同位短语，表复数，如"俺俩""俺几个""俺娘仨""俺姊妹们""俺爷儿四个"，也可以说成"俺（们）俩"、"俺（们）几个"、"俺（们）娘仨"、"俺们爷儿四个"。"俺+群体/方所名词"常组成定中短语，如"俺（们）庄（县、乡、家、学校、老师）"、"俺（街上、镇上）"等。

（二）豫西南方言中的第二人称"您"

豫西南方言中的"您"音［nən^{55}］，不表敬称。

1. "您"可作主语、宾语、兼语、定语。定语位置用法居多。例如：

(4) 您$_{你}$nən^{55} 妈最疼您$_{你}$nən^{55} 弟。
(5) 妮儿$_{女儿}$看$_{照顾}$好您$_{你}$弟弟，妈回来给您$_{你们}$nən^{55} 买好吃哩$_{的}$。

（6）您_{你们}nən⁵⁵明儿miŋr⁴²上街不？

（7）他嫌您_{你（们）}nən⁵⁵说话难听。

"您"作定语时，也是领属关系居多，主要用于以下情况："您+亲属/其他称谓"，如您（爷、奶、娘、妈、爸、叔、婶、哥、姐、弟、嫂）、您（老师、同学、村长、支书、当家的）等。"您"与被修饰语之间可以出现"这（那）"，如"您这同学""您那老头子"等。"您+群体/方所名词"，如您（家、庄、大队、乡、县、学校、街上、地里、这儿）。这些"您"一律不表敬称。

2. "您"的有标复数形式是"您们"。无标情况下，"您"单、复数同形。

上例（4）和例（5）前一个"您"是单数，例（5）后一个"您"和例（6）是复数；例（7）的"您"视具体语境单、复数均可。

"您+亲属称谓"中"您"表单数；"您+其他称谓"中的"您"表复数，如"您老师"即你们老师，也可以说成"您们老师"。"您"和复数形式组成同位短语，表复数，如"您俩""您几个""您娘仨""您姊妹们""您爷儿仨"，也可以说成"您（们）俩"、"您（们）几个"、"您们爷儿俩个"。"您+群体/方所名词"常组成定中短语，如"您（们）（同学、学校）"、"您（街上、镇上）"等。

（三）《歧路灯》与豫西南方言中的人称代词"俺""您"古今比较

1. 豫西南方言继承了《歧路灯》中"俺""您"的语法功能与基本用法。

第一，《歧路灯》与豫西南方言中的"俺""您"，句法功能相同，都可以充当主语、宾语、兼语、定语，作定语时领属关系居多。二者表复数的形式都有：附加词尾"们""家"，如"俺们""您们"；与（指示代词+）复数形式（指量结构居多）叠用，如"俺这一起儿""俺弟兄们""俺两个/二位""俺们四个老头儿""您们几个坏货（你们几个坏东西）""您这些/一起儿""您四个/二人/老两口儿""您那萧墙街"。

第二，《歧路灯》与豫西南方言中的"俺"与谦卑无关、"您"与敬称无关。《歧路灯》"俺""您"的使用者多属于当时社会的中下层者，多用于家庭内外主仆、朋友、邻里、兄弟、赌徒、商家与顾客、戏子与主顾之间相对较随意、私密的语境，女性人物之家长里短邻里琐事使用者多，未见公堂上官员所用。豫西南方言中的"俺""您"也是多用于家庭、亲戚、朋友等熟人、邻里之间的比较随便、私密的场合，"俺"与"我""您"与"你"常共现，何时用"俺""您"，何时用"我""你"，取决于说话者所处的语言环境和人际关系。

第三，豫西南方言中也有《歧路灯》中有"您夏哥""您妗子"这样从晚辈角度称呼对方的称谓，如嫂子称呼弟媳妇"您婶儿"、奶奶称呼外婆"您婆"等。

2. 从《歧路灯》到豫西南方言，"俺家""您家"用法的新发展。

第一，由"俺/您家＋N"到"俺/您＋N"。

《歧路灯》中67例"俺家"、15例"您家"中分别有40例、9例的"家"已经虚化，主要是在"俺/您家＋N"，如"俺家男人"和"您家女人"中的"家"可以省略而不影响语义表达，但隐约还有"家"的语义。《歧路灯》中的"俺/您家＋N"，尤其N是指人称谓时，在豫西南方言中是"俺/您＋N"，如"俺/您男哩男人""俺/您掌柜哩我/你丈夫""俺小叔子丈夫弟弟""俺他伯丈夫哥哥"等。

第二，"俺/您/他/名字家"指俺/您/他/名字之配偶。《歧路灯》中只有三例"俺家女人"、三例"俺家"和二例"俺家里"，是指说话者的妻子，有四例"俺家男人"是指说话者的丈夫。在豫西南方言中，当"俺/名字＋家"是指我们或某个具体人的家时，家的读音是"[tɕia^{24}]"。当"家"读作"[tɕiɛ]"时，指的是说话者的配偶。如丈夫口中的"[an^{55}tɕiɛ]"是指妻子。"您/他家[tɕiɛ]"可以指您或他的配偶。《歧路灯》还有面称娘家弟弟为"他舅"、背称娘家弟妇弟弟为"他妗子""他舅"的"人称代词＋亲属"称谓，豫西南方言中没有这样的说法。

（四）河南洛阳、新安、平顶山方言中的人称代词"俺""您"

人称代词"俺""您"在河南方言中使用比较普遍，如河南郑州、开封、洛阳、新安、平顶山、商丘、睢县、浚县、林县等地方言中都有"俺""您"，其中洛阳、平顶山等方言与豫西南方言、《歧路灯》的"俺"用法最为接近。下面来看洛阳、新安、平顶山等方言中的"俺""您"。

1. 洛阳、新安方言中的"俺"和相当于"您"的代词

据李荣、贺巍研究，洛阳方言的第一人称代词有"我""我们"，与之对应的是"俺[an^{53}]"和"俺们[an^{53}mən]"[1]，第二人称代词有

---

[1] 洛阳方言注音依据李荣、贺巍《洛阳方言词典》，江苏教育出版社1996年版，四种声调的调值分别为：33、31、53、412。据《新安县志》记载，新安方言四种声调的调值分别为：55、42、34、51，根据我们调查，新派四声的调值可以记作：35、42、55、31。

"你""你们",而与之对应的则是"你家 [nia³¹]"和"你家们 [nia³¹ mən]"。"你家" [nia³¹] 是你 [ni⁵³] 和家 [tɕia³³] 的合音。与《歧路灯》和豫西南方言中"俺""您"相同的是,"俺"和"你家 [nia³¹]"除了可以后加词尾"们"表示复数,也是单复数同形,需要结合其后的组合成分或语境来判断其单复数的情况。例如:

(8) a. 俺_我 达达儿_叔叔 是工人。
    b. 俺_我们 庄儿有 200 户人。
(9) a. 俺_我们 两个都是洛阳哩。
    b. 你家_你们 都走了,就留我就中了。
(10) a. 你去吧,俺_我 不去。
     b. 你家_你nia³¹ 不去,叫他去。

例(8)"俺"分别用在亲属称谓、表区域的方所词之前,作定语表示单数。例(9),a 后有复数标记量词短语"两个"作同位语,b 谓语前有范围副词"都",所以均表示复数。例(10)"俺""你家"都是句子主语,需根据上下文语境来确定单复数:a 与"你"、b 与"他"相对,因此均表示单数。"你家"不表示尊称。

新安方言和洛阳方言一样有"俺 [an⁵⁵]"和与"您"相当的"你家 [nia⁵⁵]"。例如:

(11) a. 俺_我 爸/妈/爷(爷)
     b. 俺_我们 家/同学/两个/县/镇上
(12) a. 你家_你nia⁵⁵ 爸爸/妈妈
     b. 你家_你们nia⁵⁵/ nian⁵⁵学校/公司/银行
(13) 天镇热,去给俺买个冰棍儿吃。
(14) 我来给 nia⁵⁵ 家帮忙了。
(15) 今年过年 nia 家娃子们都回来没有 miɑu³⁵?

新安方言中的"俺、你家",既可以看作单数"我、你",也可以视作复数"我们、你们"。还可以在"你家"后加"们"即用 [nian⁵⁵] 表示复数"们",也可以用"[nian⁵⁵]们"表示复数。可以说"[Nia]家_您家娃子们""[nian]们_您们家娃子"。

2. 平顶山方言中的"俺""您"

平顶山湛河区的方言中,"俺[an^{55}]"和"您[nən^{55}]"常用来作主语、宾语、定语、同位语,都可以出现在亲属称谓之前,表示单数,且"您"后的亲属称谓不能重叠,如只说"您奶/爷",不说"您奶奶/爷爷"。也可以后加词尾"们"或后接复数形式指量结构或集合名词表示复数。"俺家""您家"都常用。"您"不表示尊称,即便是很生气或是吵架时依然称对方为"您"。相对"您"来说,"你"较少说。另据李静(2008)的研究,在平顶山老城区新华区一带的方言中"俺""恁您、不表尊称"单复数同形,是最常用的第一、二人称代词,常用"恁/俺十亲属称谓"或"恁/俺家十亲属称谓"等称呼来表示亲近关系。例如:

(16) 恁爸爸　恁嫂子　恁三叔　恁二姨　恁姑
(17) 俺妈妈　俺家恁嫂子　俺家恁三叔　俺家恁二姨　俺家恁姑

"俺家恁十亲属称谓"中的亲属往往是说者的家人。这两种称谓都拉近了说、听者之间的距离,显得关系比较亲切。如"俺家恁嫂子"中,"嫂子"往往指说话人的妻子,若说成"俺家孩儿他娘/老婆",就没有建立起和听者的直接关系。豫西南方言和《歧路灯》中都有这种情况。

就豫西南方言、豫西洛阳和新安方言、平顶山方言、豫东商丘和周口等河南中原官话与《歧路灯》的方言来看,"俺"和"您"所处的句法位置、单复数形式变化、不表尊称和语用义等方面古今变化不大,只是豫西洛阳、新安等地方言"你家"语音形式比较独特,这方面有待进一步研究。

三 《歧路灯》与豫西南方言中的称谓"老+姓/名"及古今比较

《歧路灯》中的"老师、老汉、老爷、老子、老二、老兄、老叔、老婆子、老人家"等称谓,与现代汉语共同语、豫西南方言的用法一样。在现代汉语共同语、豫西南方言中,"老张""老王""老李"这样的用法也都十分常见,多是用来称呼比自己年长或同龄者,通常有尊重的意味,属于敬称范围。《歧路灯》中有个市井无赖夏逢若,曾被称作"老夏""老逢","老"为前缀,既和年龄无关,也不表敬称,"老夏"即"老+姓","老逢"即"老+名"。下面要考察的是《歧路灯》与豫西南方言中比较特殊的名词性称谓"老+姓/名"现象。

(一)《歧路灯》中的"老+姓/名"

1.《歧路灯》中的"老+姓"

《歧路灯》中的称谓"老+姓",其结构、语义与现代汉语共同语没有什么区别,但用法上有特色。例如:

(1) 你要早听我的话,再不上老张家去,怎的弄出这场笑话儿。(《歧》49/454)

(2) 夏逢若道:"到底老刁的识见不错,就依着他说的行。"(《歧》57/533)

(3) 但听见书声,耳朵内就如蛤蟆叫唤一般,聒的脑子也会痛起来。不如我去老王那边去。(《歧》86/815)

(4) 盛希侨道:"听老夏说你近日教学哩?"(《歧》86/818)

(5) 只这二两银子,我却像欠下张绳祖的皇粮了,每日叫他那老贾上门索讨。(《歧》42/387)

(6) "这二百两银子,原是行贿过付东西,……料老邓也不敢声张问我明讨,不如我带了走罢。"(《歧》53/491)

(7) 如今程公不在衙,老董署理印务,他是与咱极相好的,……(《歧》46/427)

前四例的"老张""老刁""老王""老夏"是指张绳祖(监生)、刁卓、王紫泥、夏鼎等市井无赖,这些人祖上曾做过官、自己受过教育有一定的身份,但被人诱赌堕落败家后好吃懒做又招妓诱赌坑骗他人。例(5)的"老贾"是诱赌者的爪牙,负责向赌徒们追要赌资,后两例的"老董"是指县衙管理文书的官员董守廉——"原是钱上取齐的官","老邓"是"邓老爷讳三变,新从江南吴江县乎望驿驿丞任中告休回来"的贪污受贿者。上述各例的"老+姓",均是用于口语,都和被称呼者的年龄无关,或是赌徒骗子之间互相称呼,或是称呼他们的帮凶爪牙,带有戏谑、轻蔑的意味,无丝毫尊重之意,除了例(2)是面称,其余都是背称,即说话时被称作"老+姓"者均不在场。再看以下"老+姓"用例:

(8) 昨日考了个三等前截儿五十一名,你就上落起我老张来。(《歧》36/338)

(9) 盛希侨道:"老满呀,你肚里有了两盅儿,竟是一张好嘴。

(《歧》69/664)

（10）老满你不说罢。您这做门客的人，才几天不拿扇子敲手心，装那在行的腔儿了。(《歧》78/750)

（11）你且往前边听听，是说什么。我叫老樊与你送茶。(《歧》76/739)

（12）这做酒的老张，少爷说他不小心，也打了二十木板子。老张虽做酒，不会喝酒，人又老实。(《歧》19/197)

（13）程嵩淑道："……你看老惠那个腔儿，满口都是'诚意正心'，岂不厌恶煞人。"(《歧》39/358)

（14）不说在别人脸上不好看，叫人在厨房里也难见老樊们。(《歧》36/335)

例（8）的"老张"是赌徒兼讼棍的张绳祖与同伙王紫泥对话时的自称。例（9）、例（10）的"老满"，是主人盛希侨对其门客的称谓，口语中共出现25次，在小说的叙述语言中则是"满相公"，共出现149次。例（11）、例（14）的"老樊"是指谭家的爨妇，小说中共出现75次，只有这两例是用于口语。例（12）的"老张"是盛宅佣人对盛宅做酒工人的称谓。"老张"小说中共出现11次，其中8次是指张绳祖，1次指邯郸县开黑店者。例（9）—例（11）是对自家门客、爨妇的一般随意称呼，例（12）是盛宅佣人称呼盛宅做酒工人。除了例（12），主要是地位高者对地位低者的称呼。例（13）的"老惠"是主人翁谭绍闻的老师惠人也——属于当时的知识分子阶层，身份地位不比说话者低，但其做派让刚直不阿的程嵩淑看不惯甚至极其厌恶，因此也背称他"老惠"。这些和现代汉语中表尊重的"老+姓"称谓迥异。

2.《歧路灯》中的"老+名"

现代汉语共同语中的"小+名"，如"小花""小红"等比较常见，"老+（单）名"则不多见。而《歧路灯》中的称谓"老+名"则较有特点。例如：

（15）盛希侨道："老秤，这也不算输赢。……"(《歧》27/254)

（16）主人便问道："老逢，这位客哩？"(《歧》24/232)

（17）老没呀，张天师出了雷——你没的诀捏了。(《歧》46/426)

（18）来来来，这场赌儿，头叫老西抽了罢。(《歧》34/321)

(19) 满相公道:"老晴,你就去送。"(《歧》17/179)
(20) "老慧,你在那边坐。"慧照笑道……(《歧》第16/172)

例(15)的"老秤"指张绳祖,张绳祖的绰号叫"没星秤",共三例。例(16)的"老逢"指夏逢若,只此一例。例(17)的"老没",也是指"没星秤"张绳祖。例(18)的"老西"指妓女西妮,共有二例。例(19)的"老晴"指妓女晴霞,共有二例。例(20)的"老慧",指随意宿住在破落公子哥家中吃酒赌博的小尼姑慧照,共有四例。从以上例子中可以看出,《歧路灯》中的"老+名",称呼男、女的都有,女人只称呼孀妇、尼姑和妓女,不含尊重意味。表3-19是《歧路灯》"老+姓/名"数量统计表。

表3-19　　　　　《歧路灯》"老+姓/名"数量统计表

老+姓	老满	老樊	老张	老夏	老刁	老张	老邓	老董	老贾	老王
数量	25	75	11	6	4	11	2	2	20	4
老+名	老秤	老逢	老西	老慧	老晴					
数量	3	1	2	4	2					

上例的"老+名"从构成上来看,"老"是前缀,"名"或者是被称说者绰号中的一个字,或者是被称说者名中的一个字,如例(15)、例(17)属于前者,其余属后者。这些"老+名"[①]均为当面称呼,或者是赌徒、"匪人"之间的戏谑、狎亵语,或者是地位高者称呼地位低者,没有丝毫尊重之意。

《歧路灯》中未见有地位较低者称呼地位较高者为"老+姓"或"老+名"的用例。

3.《歧路灯》中的称谓"名+老"和"姓+老"

《歧路灯》中还有"名(名之第一字)+老"和"姓+名(名之第一字)+老"这样的称谓则是敬。例如:

(21) 但咱三人之所以不及潜老者,我一发说明:类老慈祥处多断制处少,耘老冲和处多棱角处少,……(《歧》39/360)

[①] 例(18)—例(20)的"老西""老晴""老慧"若看成是妓女之艺名、尼姑之法名,是"老+名",若把"西""晴"和"慧"看成陌生的姓氏的话,则是属于"老+姓"。

(22)"嵩老说不会治家,其实善分家;不会做官,却极想升官。"(《歧》39/359)

(23)娄潜斋道:"嵩翁独非孝老密友乎?心照何必面托。……"(《歧》20/200)

(24)今日碧草轩饮酒,诸旧好俱在,谭孝老已作古人。(《歧》14/149)

(25)依我说,有一个人落的款,写上娄潜老,岂不是一事而三善备么?(《歧》77/754)

(26)先生回拜张类老、孔耘老二位老伯,今日同到程叔那边会酒。(《歧》14/152)

(27)不用你亲近正人,那程嵩老这个正人,先亲近你了。(《歧》71/686)

"潜老""类老""耘老""嵩老""孝老"分别是指对娄潜斋、张类村、孔耘轩、程嵩淑、谭孝移的尊称,是"名之第一字+老"。同样是这几人,又被尊称作"娄潜老""张类老""孔耘老""程嵩老""谭孝老",是"姓+名之第一字+老"。这样的称谓,除了例(26)是晚辈称呼长辈,主要是用于资深同辈之间相称。普通话中还有类似的用法,如说董必武董老、谢觉哉谢老。

4.《歧路灯》同时期文献中的"老+姓"

《红楼梦》中的"老+姓"有"老赵""老刘""老王家"等10例,例如:

(28)说道:"回来送与户部堂官老赵,说我拜上他,……"(《红》13/174)

(29)西平王便说:"我正与老赵生气。幸得王爷到来降旨,不然这里很吃大亏。"(《红》105/1424)

(30)我连日子还记得,还是我打发了老王家的送来的。(《红》72/996)

(31)老刘,老刘,食量大似牛,吃一个老母猪不抬头。(《红》40/536)

"老赵"共有六例,其中四例用于口语,但有一例是前80回。例(28)、例(29)的"老赵"分别是户部、锦衣府堂官。例(30)的

"老王"是贾母丫鬟鸳鸯对贾府下人的称呼。例（31）的"老刘"是刘姥姥自称。《红楼梦》中的"老+姓"主要用于背称，如前三例，末例是用于面称，多是用于地位高者称说地位低者，没有尊重之意，这是与《歧路灯》中"老+姓"的相同之处，但数量较少。《红楼梦》中没有《歧路灯》中那样的"老+名"现象，《儒林外史》中"老+姓""老+名"均无。

（二）豫西南方言中的"老+姓/名"及古今比较

1. "老+姓"及古今比较

在今天的豫西南方言中，也有在用法上和《歧路灯》有类似之处的"老+姓"。如在豫西南的唐河，邻家有一嫂子，娘家姓张。由于这个嫂子比较实诚，不管辈分高低，都背称她为"老张儿[lɑu⁵⁵ tʂɑr²⁴]"，但不用于面称。这样的称呼不表示尊重。除此之外，豫西南方言中的"老+姓"已经与普通话用法相同。比如中年的张、王二人是同事，二人互称有尊重之意的"老张""老王"。两人的孩子则尊称父亲的同事"老张叔/伯"等。两人的年轻同事一般也不会直接称呼他们"老张/王"，也会称呼他们"老张叔/伯"之类。而《歧路灯》中这样的称谓或者是赌棍、匪人互称，或者是地位高者称呼地位低者。

2. "老+名"及古今比较

今天豫西南方言中的"老+名"，基本上和《歧路灯》中的用法相同。豫西南方言中"老+名"的用法是：当一个人姓名的最后一个字是 X 或一个人的小名是 Y 时，这个人会被称为"老 X"或"老 Y"。如一个人名最后一个字是"河""奎""军"时，会被称为"老河""老奎""老军"。当小名是"憨""栓"时，会被叫作"老憨""老栓"。但"老+名"的称呼绝对不能用于当面称说，只能用于背称，即被称呼者不在场时。南阳著名作家周同宾的作品中就有"老+名"的用例。如：

（32）老成家大门前，人坐了一大片，乱哄哄的。（《皇天》49）

（33）老憨女人笨，又脏，馒头总蒸得石头似的硬，烧面汤也糊锅，……（《皇天》60）

（34）只有一个例外，就是说老匡。他家的鲜事、怪事、丑事也真多。（《皇天》61）

上例"老成""老憨""老匡"均是"老+名"，其中的"成""憨"

"匡"是名不是姓。这是对名字叫"成""憨""匡"者的一种很随意的，甚至是不含尊重意味的称呼。周同宾的《皇天后土》中还有以下"老+名"用例：

（35）老顺媳妇有一身蓝士林布衫，谁走亲戚都借来穿。（《皇天》41）

（36）哦，对了，老刘成有两个娃。可老大娃是个憨子，……（《皇天》45）

（37）在俺村，我也是长辈，可没人叫我"爷"、"伯"、"叔"；都叫我"老金龙"。（《皇天》56）

"老顺"即名中后一字是"顺"。后两例比较特殊："老刘成"即名字叫刘成的人，是"老+姓名"。"老金龙"即名字叫"王金龙"的人，是地主成分。后两例的称呼中明确带有对被叫者的不尊重，甚至还有几分嫌弃、看不起。

在豫西南方言中，被称作"老+名"者，可能是因为个性、能力或某种特定情况。比如，一家有兄弟两个：哥哥，相对比较能干，早就成家立业；弟弟，若老大无成，无家无业，就会被以"老+名"称之。唐河方言中，"老+名"的称谓不见用于女性。这些是豫西南方言与《歧路灯》中"老+名"的不同之处。"老+名"这种称谓是豫西南方言中人们对被称呼者的一种评价，隐隐含有些许贬义。豫西南方言之外的方言中未见有这种"老+姓/名"。

第三节 《歧路灯》与豫西南方言之量词"号""起"及古今比较

《歧路灯》中的量词"号""起"，和同时期文献相比有自己的特色，而已有的相关研究如邵会平（2010）《〈歧路灯〉量词研究》对此涉及较少。今豫西南方言、现代汉语共同语中也都有这两个量词，其中用法上的差异体现了古今量词的传承与发展变化情况。因此本部分选择量词"号""起"进行比较研究。

一 《歧路灯》与豫西南方言中量词"号"及古今比较

（一）《歧路灯》中的量词"号"

1. 《歧路灯》中量词"号"的语法特点

《歧路灯》中的量词"号"一共有20例。"号"主要用于数量名结构"一号N"中，语义上与现代汉语量词"类""种"相当。例如：

（1）凡是这一号乡绅，一定是谄上骄下、剥下奉上的，……（《歧》51/478）

（2）即令侥幸个科目，偏偏的只一样儿单讲升官发财。所以见了这一号人，脑子都会疼痛起来。（《歧》39/359）

（3）那里来了这一号学院，做啥大官哩。自己说背了孩子们书，就送个秀才，端福儿与他背会了好几部书，他又说年纪太小，……（《歧》8/83）

（4）若不是敝东书子上写的确，咱们这一号至交，自然将就些儿。（《歧》84/802）

（5）俺在你老人家马脚底下住，大叔做下这一号无才之事。（《歧》29/270）

（6）今日多亏是王中不在跟前，若是他在跟前时，偏是这一号话儿，是他入耳中听的。（《歧》28/261）

（7）"咱今日要弄赌，你怎的说那一号正经话？你竟是一个活憨子！"（《歧》58/539）

前6例和例（7）的"一号N"之前，分别有指示代词"这""那"出现。"这/那一号N"中的N，均为表示复数的名词或名词性短语，其中前四例的"乡绅""人""学院""至交"是指人名词，后三例的"无才之事""话儿""正经话"是指事与话语。"这/那一号N"中的"号"，计量的是人或事物的类别、种类，是表示类指，属于集体量词，与现代汉语共同语的量词"种""类"相同。

"这/那一号N"的组合赋予了N特殊的含义，主要是赋予了N［＋贬义］的感情色彩，即N指人时不是好人，指事时不是好事，指话语时不是好话语。如：例（1）的"乡绅"是"谄上骄下、剥下奉上的，或图自己干犯法事有个仗恃，或图包揽民间词讼分肥"，例（2）的人"单讲升官发财"，例（3）的"学院"言行不一，例（5）的N是勾引说话者老婆的事情，例（6）的"话儿"是说话者认为不好的话。例（7）的 N "正经话"是指诱赌者反说被诱者父亲挣钱不易，这样的话说话者认为是诱赌者不该说的傻话。虽然例（4）的 N "至交"没有贬义色彩，但"咱们这一号至交"是说话者故意强调"咱们"关系非同一般，如果去掉"这一号"，就显示不出"至交"的特殊。可以说是"一号 N"中尤其是量词"号"赋予了"N"这种特殊含义。

上例中的"一"都可以省略而不影响语义。

"一号 N"中的"号"还可以儿化为"号儿"。《歧路灯》中"一号儿 N"共出现七次，其中六次是"这一号儿 N"，一次是"那一号儿 N"。例如：

（8）老贾，你也太小心过火了，谭相公不是那一号儿人。（《歧》43/399）

（9）我见世上这一号儿人，葬送家业，只像憨子疯子一般，……（《歧》20/200）

（10）这一号儿人，那的会悔？除非是他兄弟一家儿死个罄尽，……（《歧》70/674）

（11）"我这一号儿人，娘还理论他做什么！"（《歧》30/272）

（12）"那王中一百年单会说这一号儿话，不管人受哩受不哩。"（《歧》74/715）

（13）难说咱家惹的却是这一号儿气。这一号儿气，许人家惹，怎许书香人家，弄出这一场羞辱。（《歧》46/425）

"一号儿 N"中的 N，虽然主要是普通话的人、话、气（性），但与"一号 N"中 N 含义相同，只是语气上显得轻描淡写而已。如：例（8）—例（10）的 N "人"分别是事情过后不认账的人、"葬送家业，只像憨子疯子一般"的人、请人写状子不告倒自家兄弟绝不歇手的人。例（11）中的 N 指谭绍闻自己赌博吃酒不走正道，"这一号儿人"之前有同位语"我"。例（12）的 N "话"是指家仆王中说的王氏不喜欢的话。例（13）的 N "气"是指说话者因自己书香人家的丈夫却万般下流而气。

上例的"这/那一号（儿）N"均是用于口语。由于大多数情况下，"一号""一号儿"所修饰的 N 都具有贬义色彩，所以，"（这、那）一号儿"所修饰的人或事主要是背称或背说，即所说的人不在眼前或事情已经发生，是说、听者都知道的人或事情。但例（4）、例（5）和例（7）、例（8）、例（11）不是用于背称或背说。例（4）、例（7）的"咱们这一号至交""正经话"不含贬义，可以当面说。例（5）是做"无才之事"的人被当场抓获。例（11）是绍闻知道自己做了见不得人的事情，所以自称"这一号人"。

"这/那一号（儿）N"中的"一"也都可以省去而不影响语义。下例中的"号""号儿"是"一号"或"一号儿"省去了数词"一"。例如：

（14）"你说太奇？我说起来，时刻把你肚子也要气破。你说恨人不恨人，偏偏我就有这号儿兄弟。"（《歧》68/654）

（15）哎哟！别人是为你的事，你也会说这号话。（《歧》28/261）

（16）荆县尊道："你自己看你穿的那号衣服，戴的那样帽子，那一种新鞋儿，自是一个不安静的人。"（《歧》31/290）

（17）怕我董穷了连累他跟着受苦。这原也忧虑的是。但我不是那号的人。冤屈死我！（《歧》68/655）

（18）本来戏都不免有些酸处。就是极正经的戏，副净、丑脚口中，一定有几句那号话儿，才惹人燥得脾。（《歧》21/212）

这五例的"这/那号（儿）N"可以看作是"这/那一号（儿）N"省去了数词"一"。除了例（14）、例（15）分别是"这号儿N""这号N"外，其余为"那号N"。无论是"这号（儿）N"还是"那号N"，其中的N都具有贬义色彩。如：例（14）的"兄弟"是指上文的"再不料俺家第二，全算不起一个人，把人气死了"。例（15）的"这号儿话"是指王氏不喜欢听的话。例（16）的"那号衣服"透出的信息是"不安静"。例（18）的"那号话儿"指的是戏中酸处。例（17）"那号的人"比较特殊，"号"后和"人"之前，出现有助词"的"。

《歧路灯》中以上量词"号"的用例全是用于口语。

2. 《歧路灯》中的量词"种"

上述"这/那一号（儿）N"、"这/那号（儿）N"中的量词"号"相当于现代汉语中的量词"种"或"类"，表示类指。但《歧路灯》中用作量词的有"种"，未见有"类"。作量词的"种"有十例。例如：

（19）你与这一起光棍厮混，也学会这一种不遮丑的白话。

(《歧》46/431)

（20）休说这种古董事体，当初大爷举孝廉，还要使银子周旋哩。（《歧》30/280）

（21）临走还说，晚上剥了衣服吊打，不要这种不肖儿子。（《歧》51/470）

（22）这种事若请人和处，不说我的亲戚都隔省，就是央本城朋友街坊，我就羞死了。（《歧》71/678）

（23）大人果是个内外如一心貌相符的人，不是口头谦、脸上恭那种浮薄气象。（《歧》104/969-970）

（24）我谭家也是书香世家，我自幼也曾背诵过《五经》，为甚的到那破落乡宦之家，做出那种种不肖之事，……（《歧》26/245）

（25）三表嫂是聪明人，他把他家里那种种可笑规矩，看成圣贤的金科玉律；……（《歧》103/964）

例（16）和例（19）的"种"前有数词"一"，其余的"这/那种"可看成是"这一种""那一种"省去了数词"一"。除了例（22）"这种事"的N为单音节的"事"，其余的N则为多音节的名词短语。如例（19）—例（21）的"不遮丑的白话""古董事体""不肖儿子"。量词"种"，没有"号儿"那样的儿化现象，但有例（24）、例（25）"那种种"这样的重叠形式，可以看成是"那一种种"的省略，但量词"号"没有这样重叠的。

"这/那种"修饰的名词，除了一般的人、事，还有抽象名词，如"古董事体""浮薄气象""可笑规矩"等，且名词的限制词语多有否定或贬义。如例（19）、例（20）的"不遮丑""古董"，例（21）、例（24）、例（25）的"不肖""可笑"等。

除了例（21）的"这种"是非口语用法，《歧路灯》第五十二回的"各种香串"、第九十五回的"各种细茗"也不是口语用法。

上述这 25 例的事实表明，除了个别情况，"这/那（一）号（儿）N"和"这/那（一）种 N"中的 N 都共有［+贬义］的感情色彩，即位于量词"号""种"之后的 N 主要是指贬义的或具有负面效益的人或事物。

3.《红楼梦》等清代文献中的量词"种"

《歧》《红》《醒》《儒》等文献中量词"号""种"的使用情况如表 3-20 所示。

表 3-20　《歧》《红》等清代文献中量词"号""种"使用统计表

文献		醒	歧	红	儒
量词	号	0	20	0	0
	种	14	10	107	9

除了《歧》,《红》等文献中没有量词"号",只有与"号"语义、用法基本相同的"种"。这表明量词"号"是河南方言的特色。《红》中量词"种"有107例,数量最多,《歧》《醒》《儒》都只有10例左右。各本中的"种"基本上都可以组成"这/那（一）种"作定语,《歧》中所修饰的词语主要是具有［+贬义］的名词性词语,《红》中的则褒贬、中性的均有。《歧》中主要用于口语,《红》中也是多用于口语。例如：

（26）a. 贾琏……将现今身上有服,并停妻再娶,严父妒妻种种不妥之处,皆置之度外了。(《红》64/898)

b. 更有那一种嚼舌根的,说我搬运到娘家去了。(《红》83/1172)

（27）薛姨妈道："早就该如此。模样儿自然不用说的,他的那一种行事大方,这个实在难得。"(《红》36/477)

（28）a. 宝玉读书不如你两个,论题联和诗这种聪明,你们皆不及他。……(《红》77/1089)

b. 探春冷笑道："这种掩饰谁不会作,且再瞧就是了。"(《红》75/1042)

（29）别的淘气都是应该的,只他这种和丫头们好却是难懂。(《红》78/1094)

这几例中的"种种""那一种""这种"所修饰的词语,除了例（26）是名词性结构外,均为谓词性结构。《歧》中没有这种结构。语义上褒贬均有。下例中"（那/这）一种"充当的句法成分也比较特殊：

（30）那一种大约是苴兰,这一种大约是清葛,那一种是金登草,这一种是玉蕗藤,红的自然是紫芸,绿的定是青芷。(《红》17-18/227)

(31) 这两家不顾祖宗脸面的有两种人：一种是呆子……；一种是乖子……。(《儒》44/457)

(32) 只剩了香芋一种，因又拔令箭问：……(《红》19/266)

前两例的指量短语"那/这一种""一种"作主语，例（32）的"一种"作谓语，是《歧》中没有的现象。

《醒》中没有量词"号"，有量词"种"，不用于口语，只有两种情况：组成指量短语，如"一种 N"三例、"这几种 N"一例，N 为凶邪、六驳、麒麟、恶物，作定语。"种"的重叠式："种种公平正直""种种不情，自相矛盾""种种乖离，各难枚举""种种的好事""那死的千态万状，种种不一"，作定语或主语。

《红》等清代文献中没有量词"号"，只有量词"种"。《歧》中量词"号（儿）"、"种"共存，"号（儿）"全部用于口语，"种"也大多用于口语，"号（儿）"、"种"所组成的指量结构全部作定语，所修饰的名词性词语除个别用例外均有［+贬义］的色彩，这也是其他文献没有的特点。可见《歧》中量词"号"体现的是河南方言独有的地域性特色，而量词"种"则是当时文献共有的，尤以北京官话中居多。

（二）豫西南方言中的量词"号"及古今比较

豫西南方言中的量词"号［xɑu³¹］"，继承了《歧路灯》中"这/那（一）号（儿）N"的用法。请看下例：

(33) 那（一）号儿事儿亏你能干得出来？
(34) 白_别跟这一号儿人来往，省哩学坏。
(35) 他那一号儿公鸭嗓子还想学唱戏？
(36) 这一号人算啥玩意啊？可就是处处吃香。
(37) 这号儿品性，还想入党？
(38) 这号儿衣裳上学穿不合适。

有时，"号"后还有后缀"子"。"号子"后的"N"就更不会是好事情了。例如：

(39) 这一号子没腔事_{尴尬事}亏你做得出来？
(40) 这号子骗人的招儿还好意思说？

张斌主编《现代汉语虚词词典》附录（一）中的"量词与名词搭配表"① 关于现代汉语量词"号"与名词的搭配如下：

　　Ⅰ　船、房、台风、衣服、帽子、命令、公告（前用序数词）
　　Ⅱ　人、事、行当、玩艺（种类、含贬义，前边用"这""那"）

今豫西南方言和河南其他方言中量词"号"的用法与该词典中Ⅱ的用法基本相同，《歧路灯》（如第31回"你自己看你穿的那号衣服"）、豫西南方言中的量词"号"也可以与衣服搭配，但具有［＋贬义］的色彩。这表明，现代汉语共同语中保留了《歧路灯》量词"号"的部分用法，《歧路灯》"号"的搭配面略窄些。

二　《歧路灯》与豫西南方言中的量词"起"及古今比较

（一）《歧路灯》中的量词"起"

1. 《歧路灯》中量词"起"的语法特点

《歧路灯》中的量词"起"一共出现59次。"起"与数词"一"组合成"一起"，"一起"之前可出现指代词"这""那"，之后可出现"儿""子"尾。其中"（这/那）一起（儿/子）"作定语修饰指人名词的有52例。其中，"（这/那）一起"作定语修饰指人名词的共有41例。例如：

　　（1）到了厅上，一起家人伺候碟盏，果然俱是山东异产。（《歧》68/656）
　　（2）这一起生童出的东辕，循街别巷而去。（《歧》90/845）
　　（3）今日请我们一起老道长，无非陈曲做酒——老汉当家之意。（《歧》83/797）
　　（4）这刘守斋见一起门户子弟，少长咸集，慌的向家里跑，……（《歧》34/319）
　　（5）惟有这个相公，单单被一起人引坏了。（《歧》32/294）
　　（6）这王氏一起妇女，看了杏花儿，又看这小相公，……（《歧》67/644）
　　（7）你这话说的着实明白。但只是本县把这一起匪类，不加倍

---

① 张斌主编：《现代汉语虚词词典》，商务印书馆2001年版，第779页。

重处，岂不便宜了他。(《歧》51/472)

（8）可怜管贻安，一个旧宦后裔，只因不依本分，竟同一起强盗等案，押赴市曹绞桩之上，……(《歧》64/614)

（9）那年在你这书房里，撞着一起古董老头子，咬文嚼字的厌人。(《歧》62/586)

（10）你每日开场诱赌，聚一起无赖之徒，昼夜在家，还被这习卓以污秽之言相加，……(《歧》60/561)

（11）争乃一起腐迂老头儿，全不知凑趣，……(《歧》79/766)

以上各例中的数词"一"均不能省略，"起"为集合量词，相当于现代汉语共同语中的量词"群""伙"。"起"后的"N"为复数，既有一般名词，也有含贬义的名词，如例（7）、例（8）的"匪类""强盗"；或者"N"的修饰语为贬义词，如后三例的"古董""无赖""腐迂"。例（2）的"一起"之前出现有"这"。例（6）的"这王氏一起妇女"，是包括王氏在内的一起妇女，在"这"和"一"之间有名词"王氏"。再看下例：

（12）像那一起管老九、贲浩波、东县鲍旭、小豆腐儿，不愁他不自己跳进锅来。(《歧》64/605)

（13）且不说这一起攒谋定计。(《歧》56/527)

（14）及第三日，果然女眷纷纷而来。第一起是巴庚女人宋氏，钱可仰女人齐氏……(《歧》77/750)

（15）先叫了一起告拐带的男女，责打发放明白。又叫了一起田产官司，当堂找补算明，各投遵依去讫。(《歧》31/287)

（16）今日午堂，我还要带一起女官司上堂，忙哩了不的。(《歧》13/141)

例（12）中的"那一起"与"管老九、贲浩波、东县鲍旭、小豆腐儿"不是定中结构，而是同位语，《歧路灯》中只有这一例如此。

例（13）、例（14）是指量、数量短语作主语。例（15）"一起告拐带的男女"的"起"是集体量词，与前述"一起 N"中的"起"相同，但"一起田产官司"的"官司"为单数名词，其中的"起"是个体量词，而不是集体量词。如《敦煌变文集》中的"又现一起尸"，《元曲选》中的"一起官司"。《窦娥冤》（第四折）中的"一起犯人窦娥，将毒药致死公公"等的"起"均为个体量词。张美兰《近代汉语语言研究》

指出:"起",最初取之于案件,原为个体量词,扩大为集体量词,用来称量人,多指与案件有关的人,后扩展指其他类型的人。① 例(16)"一起女官司"的"起"与例(15)后一个"起"相同。现代汉语共同语中的"一起官司""这起官司""这起案件""这起案子"等也是沿用了"起"的个体量词用法。

《歧路灯》"(这/那)一起儿"有14例,"一起子N"二例,"两起儿"一例。例如:

(17) 说话不及,张正心与孔宅外甥、表侄一起儿后生,也到前厅为了见面之礼。(《歧》38/355)

(18) 到了第三日,一起儿土工来抬棺木,韩氏独自一个,……(《歧》41/381)

(19) 早已一起儿赌友在座,单等张绳祖到。(《歧》27/254)

(20) 好引诱城内一起儿憨头狼子弟赌博,每日开场放赌,抽一股头钱,就够母妻三口儿肥肥的过活。(《歧》53/494)

(21) 像俺这一起儿狗攮的,舍着娘老子的皮肉,撅着屁股朝天,尽着的挨。(《歧》66/631)

(22) 这一起儿出门外假装解手,又都扣了圈套。(《歧》43/398)

(23) 边公命传唤一干赌犯。吴虎山、尚腾云领定一起儿当堂跪下。(《歧》65/524)

(24) 遇见一起子强盗,铐锁一堂,鬼形魔状,要在他口里讨真情,岂不难甚?(《歧》71/688)

(25) 况且东街小隆吉儿,干了什么事,你不住说是一起子不正经的?我就不服!(《歧》19/198)

(26) 娶女客下轿,自有送女客出迎,两起儿丫头养娘,一拥儿进去。(《歧》108/1005)

上例中,除了例(22)、例(23)的"这一起儿""一起儿"分别作主、宾语,其余的"(这)一起儿/子"和"两起儿"均作定语;定语后所修饰的名词,例(17)、例(18)、例(26)的"后生""土工""丫头养娘"是一般的名词性词语之外,其余的多是如"赌友""憨头狼子弟""狗攮的"("的"字结构)、"强盗""不正经的"("的"字结构)等均

---

① 张美兰:《近代汉语言研究》,天津教育出版社2001年版,第13页。

为含[+贬义]的名词性词语。上例中的"一"均不能省略。

2.《歧路灯》的量词"群""伙"与"起"的比较

《歧路灯》表示"一+量"的"一起"有57例,而"一群"只有五例,"一伙（子）""这伙"共有四例。例如:

(27) 这一群苍髯老友,说起闺阁谑语,不觉的一座皆粲。(《歧》79/769)

(28) 谭绍闻自从智周万去后,这一群宵小打探明白,是到灵宝不再回来,便商量勾引的话来。(《歧》57/529)

(29) 这样做来,大相公也没有受刑之处,只有这一群光棍,披枷带锁,将来也省的还钱,就再没有第二遭。(《歧》60/556)

(30) 往上一瞧,正是那日晚上地藏庵遇着的一群俊俏后生,心中欢喜不尽……(《歧》18/188)

(31) 恰逢一群衙役挽着夏鼎上酒馆吃浇臀酒。(《歧》100/937)

(32) 到了轩中,吴自知一伙起身为礼,便让谭绍闻上座。(《歧》48/443)

(33) 鲍旭回他本县里,一块好羊肉,也不知便宜那一伙子狗。(《歧》56/523)

(34) 倒也不在这些。只是如今这一伙子人,主人家,你承许下,我就不作难了。(《歧》22/218)

这些用例中的量词"群""伙"与"起"语义、句法位置一样,主要以计量人为主,所修饰的名词褒贬义均有。"一群"、"一伙（子）"的用法,与豫西南方言和现代汉语共同语的用法一样。

3.《红楼梦》等清代文献中的量词"起"

清代《醒》《红》《儒》等文献中都有量词"起""群""伙",其数量统计如表3-21所示。

表3-21　《歧》《红》等清代文献中量词"起""群""伙"数量统计表

文献		歧	醒	红	儒
量词	起	59	10	63	2
	群	5	14	27	2
	伙	4	87	10	4

"起""群""伙"都可以与指代词"这/那"或数词"一"组合,构成"(这/那)(一)起/群/伙",主要是作定语、修饰指人名词。如《红》中有"这一起杂种王八羔子们""这一起没良心的混帐忘八崽子""那一起懒贼"和"一群人""一群骡子"等。《歧》中"一起"最多,其次是《红》。只有《歧》中有"一起儿"。《红》中"群"最多,《醒》中"伙"最多。"起""伙"都可以出现后缀"子"。《红》中下面的用例比较特殊:

(35)一面说着,一面男一起,女一起,一起一起俱行过了礼。(《红》53/727)

(36)先是那女客一起一起行礼,后方是男客行礼。(《红》71/985)

(37)从公侯伯子男一起一起的散去,至未末时分方才散尽了。(《红》15/195)

这三例的"一起一起"作状语,例(37)"一起一起"后还有助词"的",为《红》所独有。

(二)豫西南方言中的量词"起"

豫西南方言中,也有量词"起 [tɕʰi⁵⁵]",相当于集体量词"伙""群",主要用于"一起子N"中作定语。例如:

(38)这(一)起子妇女爱逛街、好 xau³¹ 吃好 xau³¹ 喝。

(39)那(一)起子老头子古董_难缠、不好惹_着哩。

(40)这/那(一)起子半大小子整天狼一群狗一伙_像狼或狗一样拉帮结伙_的不干好事。

(41)这起子人总爱惹事生非。

(42)*这起子学生都是初中生。(这群学生都是初中生。)

上例的"一起子"均修饰指人的复数名词,且被修饰的人具有不良行为或品性。其中的"一"可以省略且不影响语义。但豫西南方言中没有《歧路灯》、现代汉语共同语中的"一起官司""这起官司""这起案件"中"起"的个体量词用法。

小　结

　　本部分主要列举性地比较《歧路灯》与豫西南方言共有的方言特征词的语法特征。

　　《歧路灯》的结构助词系统比较复杂，正处于发展变化的关键时段，体现了其时代性特征。《歧路灯》与豫西南等河南方言中普遍存在集结构助词"的""地""得"功能、用法于一身的结构助词"哩"，且通常都有同音同形的语气助词，这既充分体现了《歧路灯》的地域特征，也是当今河南中原官话语法中助词的一个标志性特征。

　　人称代词"俺""您"是现代汉语共同语没有、《歧路灯》与豫西南方言共有的方言词，古今的语法特点、功能、用法比较一致。

　　《歧路灯》中的"老＋姓"和"老＋名"，是口语中的戏谑语、几近蔑称，不含尊重。豫西南方言中的"老＋名"，也是一种很随意的、不含尊重意味的称呼，二者都只用于背称。

　　《歧路灯》的量词"号"是豫西南方言中有而《歧路灯》同时期文献中没有的量词。《歧路灯》、现代汉语共同语共有而豫西南方言没有的量词"起"，兼有集体、个体量词的特点。

第二专题

《歧路灯》与豫西南方言共有/相关短语中特色构式比较研究

专题导语：

1. 《歧路灯》与豫西南方言短语的特点和特色构式

短语，又称词组，是词与词的组合，是没有语调、大于词而小于句子的语法结构。根据短语内部构成成分之间的语法关系，偏正结构、主谓结构、述/动宾结构、述/动补结构、联合结构、连谓结构、兼语结构、量词结构、同位结构、方位结构、介词结构和"的"字结构共13种短语类型共同组成了现代汉语的短语系统，豫西南方言的短语系统也是如此。而《歧路灯》中这些短语结构都已出现，"V了宾"结构已司空见惯，连"程爷嵩淑""保正王少湖"这样的同位结构和"吃喝的""家母定的"等"的"字结构都不稀见。但由于《歧路灯》语言所反映的时代性、地域性特点，与现代汉语共同语和豫西南方言相比，《歧路灯》中的一些短语尤其是述补结构、连谓结构，比较有特色。对《歧路灯》中短语的研究主要集中在述补结构上，尤其是在今天的方言或共同语中都已经消失不见的某些述补结构类型，相关研究已有傅书灵（2005，2013）《〈歧路灯〉中的能性"V不得（O）"》《〈歧路灯〉里的"V不曾"及其历时考察》、王秀玲等（2009）《略论〈歧路灯〉中的能性述补结构》。《歧路灯》中的"V不动（O）""V不成（O）""V不起（O）"等述补结构，表示一种不能实现或完成的愿望或结果，这样的用法依然存在且古今变化不大。而有的短语类型仍然存在于豫西南及其他方言乃至共同语中，但产生了新的变化，在该专题中我们关注的主要是这类特色短语。

2. 《歧路灯》与豫西南方言短语中的特色构式

Goldberg（2006）指出：任何语言形式，只要其形式或功能的某个方面不能从其组成成分或业已建立的其他构式中完全预测出来，它就应该被视为构式。[①] 本专题所说的构式，首先，和短语一样，它是指大于词而小于句子的语法结构；其次，又与短语有别，它由不变成分以及可变成分两部分组成，但具有整体性的特殊语法意义，不是组合成分语义的简单相加，并且跟语境结合紧密，往往用来表示某种感情色彩或者特定语气，多带有强烈的口语色彩。

《歧路灯》与豫西南方言共有的"X+讫［tɕʰi²⁴］""X 的/哩 Y"都是动补结构，《歧路灯》与豫西南方言相关的"没蛇弄""没啥VP"均为连动结构。本专题选择《歧路灯》与豫西南方言共有或相关的这三组短

[①] 施春宏：《构式三观：构式语法的基本理念》，《东北师大学报》（哲学社会科学版）2021年第4期，第5页。

语作为考察对象，一是因为它们古今共有且具特色，二是该内容尚未被研究过或还需深入研究。在普—方—古共时、历时结合比较的视野下，从"构式"语法的角度切入，可以提高、拓展我们分析、研究的广度和深度。

第四章 《歧路灯》与豫西南方言之"X+讫"

概 说

王秀玲（2007）、李品素（2008）、李仕颖和崔晓飞（2011）都曾研究过《歧路灯》中的"讫"，但已有成果只涉及"讫"的句法分布、语法功能、语体分野下的使用情况及与同时期文献的对比研究，研究中所使用的《歧路灯》语料仅限于栾校本，研究者对"讫"的有些看法或结论均缺乏现代汉语方言"活材料"方面的印证。

有人说《歧路灯》的"X+讫"，体现了"小说家写作用词的整体倾向"。有人说"X+讫"显得《歧路灯》的"语言更加守旧一些"。在研究中，我们发现《歧路灯》的"X+讫"和豫西南方言中的"X+讫[$tɕʰi^{24}$]"大有关联。本章将用鲜活的豫西南方言语料来印证我们对《歧路灯》"X+讫"构式的新看法。

本部分基于以上研究，主要考察、比较《歧路灯》中的"X+讫"与豫西南方言中的"X+讫[$tɕʰi^{24}$]"的异同，追寻《歧路灯》到豫西南方言中"X+讫"的演变轨迹。

第一节 《歧路灯》中的"X+讫"

汉语史上，在表示完成的动词或动态的助词"毕""了""竟""讫""已"等一族词之中，"讫"是除"了"之外，在使用方面出现得相当早、终止得却相当晚的一个。就"讫"这一形体而言，有动词、副词、介词、助词等用法，本节不涉及它的副词、介词用法。先看下例：

（1）典狱，非讫于威，惟讫于富。（《十三经注疏·尚书正义》

19/540－541）①

（2）天既讫我殷命，假人元龟……（《史记》3/107）

这两例的"讫"均为动词，在句中作谓语，是"绝止""终止"的意思，是"讫"的本义。《歧路灯》中没有这样作谓语的"讫"。《歧路灯》中的"讫"总是位于动词性成分 X 之后，从而构成"X＋讫"结构。

栾校本《歧路灯》有 152 例"X＋讫"，上图抄本《歧路灯》有 185 例"X＋讫"，栾校本比上图抄本少了 33 例"X＋讫"，其中仅"去讫"就比上图抄本少了 24 例。两个版本的"走讫"数量相同，均为 27 例，而"去讫""走讫"二者加起来的数量超过了各自版本中"X＋讫"总数的一半。因此，实际上，"去讫"和"走讫"之外，栾校本比上图抄本只少了 9 例"X＋讫"，因此这两个版本在"X＋讫"的使用数量上基本相当。《歧路灯》两个版本"X＋讫"的数量统计如表 4－1 所示。

表 4－1　　　　　《歧路灯》中"X＋讫"数量统计表

版本	栾校本	上图抄本
总数	152	185
去讫	51	75
走讫	27	27

一　《歧路灯》中"X＋讫"的语法意义及句法分布

（一）《歧路灯》中"X＋讫"的语法意义

《歧路灯》中的"X＋讫"具有表示完成的语法意义，表示 X 或作为事件过程或作为行为动作的已经完成。该格式总是和说话时间密切相关。例如：

（1）簧初行了礼，又请伯母太太行礼讫。（《歧》108/1014）

（2）原来王象荩早起自己烧火，热了两碗剩饭吃讫，锁了门户，一路飞走了几家。（《歧》83/795）

（3）绍闻即如众人所言写讫。（《歧》48/448）

---

① 《十三经注疏》整理委员会整理：《十三经注疏·尚书正义》，北京大学出版社 1999 年版。"/"前后数字指卷数、页数。

(4) 夏逢若果然分开五十两，剩下的放抽斗内锁讫。(《歧》59/547)

(5) 慢慢的下楼台，从后门走讫。(《歧》23/222)

(6) 三个学生去讫。(《歧》3/26)

例（1）的"行礼讫"表示"行礼"作为一个事件已经完成，例（2）的"吃讫"表示"吃"的过程或动作已经完成，例（3）的"写讫"表示"写"的过程已经完成，例（4）的"锁讫"表示"锁"的动作或行为已经完成，例（5）、例（6）的"走讫""去讫"表示"走""去"的行为已经完成。各例都是强调"X+讫"在说话时或者是在叙述时已经完成。

因为"X+讫"具有完成义，所以"X+讫"可受表示动作、变化已经完成的"已"、强调事情的发生离现在已有一段时间的"早"以及"早已"等时间副词的修饰。例如：

(7) 这时已实实走不动了，直是寸步徐移到了一座大门楼下，门已拴讫。(《歧》44/410)

(8) 只这一场话，谭绍闻灾星已暗中退讫。(《歧》65/628)

(9) 说起谭宅这坟，原有百十棵好大的杨树，都卖了，看看人家已是败讫了。如今父子两个又都进了学，又像起来光景。(《歧》95/884)

(10) 一面说着，一面手早扯着两仪走讫。(《歧》40/367)

(11) 这南岸鸾铃报马望见，早飞鞭向南跑讫。(《歧》107/996)

(12) 火头早把行李一搭儿放在背上，出门送讫。(《歧》44/404)

(13) 城中有紧急公事送的信来，那几个做老爷的，等不得席终，早已慌慌张张走讫。(《歧》21/212)

(14) 红玉早已上后宅去讫。(《歧》26/251)

(15) 虎镇邦口中只管说，早已挣开夏鼎的手去讫。(《歧》58/538)

前三例的"已"表明"拴讫""退讫""败讫"均已属于已经完成状态。中间三例的"早"强调"（扯着两仪）走讫"、"（向南）跑讫"、"（把行李一搭儿放在背上）出门送讫"已经是完成状态。后三例的"早已"兼有"已"与"早"的作用,也是强调"走讫""早已上后宅去讫""挣开夏鼎的手去讫"的已经完成的状态。

(二) 句法分布

"X+讫"作谓语,总是出现在句末。主要有以下四种:

1. "X+讫"位于句末,前、后均无小句。共32例。例如:

(16) 云氏也顺便儿走讫。(《歧》18/186)
(17) 两人一个被筒儿睡讫。(《歧》52/482)
(18) 希瑗上书房去讫。(《歧》96/901)
(19) 东宿命二人磕头谢讫。(《歧》7/82)

上例的"X",或者是句中唯一的谓语动词,或者是句中连动或兼语的第二个动词。

2. "X+讫"位于小句末,后续有小句。共21例。例如:

(20) 夏逢若果将二两银袖讫,作别而去。(《歧》42/391)
(21) 这冰梅把女鞋照颜色分讫,文袋与了簧初,荷包与了用威。(《歧》97/906)
(22) 孝移待绍闻吃完饭上学走讫,方对王氏道:……(《歧》4/32)
(23) 须臾饭来。吃讫,李魁拿出一百两放在桌上。(《歧》33/310)

上例中的"X"均为句中谓语,与后续小句中的谓语动词为顺承关系、有先后之分。例(20)是"将"字处置句,《歧路灯》中共有八例这样的句子。例(21)是"把"字处置句,这样的句子《歧路灯》中也有八例。"将"和"把"后介引的名词性成分是"X"的受事。例(23)的前分句"吃讫"之前省略了"吃"的施事主语"李魁",而由"吃讫"单独构成,这种由"X+讫"单独构成的分句,在小说中是比较少见的。

3. "X+讫"位于小句末,前边有小句。共89例。例如:

(24) 德喜依言,果然那人走讫。(《歧》33/302)
(25) 饭完,把酒席收讫。(《歧》15/157)
(26) 慧娘不欲吃,心中感激婆婆仁慈,不胜自怨,因婆婆亲身

拜祷，只得将神药服讫。（《歧》47/439）

（27）绍闻酒已醒却八九分，不得已，只得仍旧睡讫。（《歧》17/182）

上例前后小句之间有因果关系。"X+讫"中的"X"均为句中谓语，但"X+讫"后没有出现宾语。例（25）、例（26）中"把"字后的"酒席"与"将"字后的"神药"分别是"收""服"的受事宾语。

4. "X+讫"位于小句末，前、后有其他小句。共九例。例如：

（28）绍闻道："你如今同双庆、德喜，先拿一千五百两到轩上，把本银完讫，本到利止，……"（《歧》48/447）

（29）所以老豆腐自江南贩卖黄豆回来，晓得儿子在夏家被哄去一百二十两，偷的柜中银子还讫，真正切齿之恨。（《歧》60/560）

（30）孝移吩咐已毕，即将案上看的书史合讫，叫蔡湘锁了书房门，手中拿着来书，喜孜孜到家中。（《歧》1/5）

这种"X+讫"所在的句子多为较长的句子。例（28）的"把本银完讫"与其前、后的小句表示事件过程中先后连贯的三个环节。例（29）的"儿子在夏家被哄去一百二十两"与"偷的柜中银子还讫"也是事件过程中前后连贯环节。例（30）的"即将案上看的书史合讫"与其前后句之间，也是一系列的连贯动作或行为。

二 《歧路灯》中"X+讫"的内部构成

（一）"X"的词性、语义

1. "X"的词性

栾校本"X+讫"中的"X"包括动词、动宾短语和动补短语。因此栾校本的"X+讫"可记作"动+讫"。除了"去""走"，"X"及其使用次数如下：

磕头禀安$_1$、挨二十板$_1$、交付主人$_1$、听候宣旨$_1$、行礼$_1$、还礼$_1$、哀哉尚飨$_1$、答拜$_1$、安置$_1$、开拔$_1$、泼灭$_1$、吃$_6$、睡$_8$、锁$_5$、收$_6$、装$_3$、送$_3$、写$_3$、还$_2$、殓$_2$、拴$_2$、回$_1$、谢$_1$、袖$_1$、坐$_1$、合$_1$、散$_1$、投$_1$、葬$_1$、食$_1$、退$_1$、歇$_1$、败$_1$、分$_1$、销$_1$、跑$_1$、没$_1$、嫁$_1$、服$_1$、完$_1$、允$_1$、叩$_1$、进$_1$、躲$_1$

以上的 X 以单音节动词为主，"吃""睡""锁""收""装""送"、"还（还钱、还债）"、"写""回""拴""坐""散""歇""进""躲""跑"等均为常用的自主动词，及物和不及物的都有。

上图抄本"讫"前的"X"，比栾校本多出了以下动词：

饮₁、捆₁、丢₁、卖₁、罢₁、归₁、诛₁、印成₁

这些单音节动词，尤其是其中的"饮""捆""丢""卖""归"也是常用的及物动词。上图抄本中的"X+讫"除了和栾校本中相同的"动词+讫"外，还有两例"形容词+讫"。例如：

A. 这娄朴与绍闻说话不对路，也渐渐淡讫此非是世谊中有了轩轾，竟是学业上判了炎凉。（《歧》上图抄本 71/437）①

B. 到了冥府庙旁，那冥府庙倒塌已久，只有后墙前边柱子撑着，这（窖）靠路边的墙已久坏讫。（《歧》上图抄本 69/424）

A 的"讫"前是"淡"，B 的"讫"前是"坏"。

2. "X"的语义

以上"X+讫"的 X$_{动词}$、X$_{动词短语}$具有 [+过程] 或者 [+动作+行为] 这样的语义特征。如"吃"既可以看成是 [+过程]，也可看成 [+动作+行为]，"还"则具有 [+过程]，"拴"则具有 [+动作]。X$_{形容词}$"淡""坏"则具有 [+过程] 义。

（二）"讫"的词性、语义、用法

《歧路灯》中的"讫"总是以"X+讫"的形式出现，即总是出现在谓词性词语之后。"讫"的语义指向总是其前边的"X"。"X+讫"的"讫"共有以下几种情况：

1. "讫"是完成动词作谓语

"X+讫"是"动词+动词"，"讫"是完成动词作谓语，记作"讫₁"。"讫₁"一共有 6 例。例如：

---

① 《歧路灯》上图抄本无标点，本书上图抄本例中标点为笔者所加。本例"轾"字，抄本写作"輕"。

（1）绍闻叩讫起来，照位各坐。(《歧》71/684)

（2）王象荩磕头禀安讫，将启帖展在案上。(《歧》62/576)

（3）至日冠带，偕众同年赴翰林院听候宣旨讫，随换朝衣朝冠，……(《歧》108/1012)

（4）绍闻只得行了遥拜之礼，娄樗、娄朴二人还礼讫。(《歧》71/685)

例（1）的"叩讫"是连动结构，为"动词＋完成动词"，"讫"是完成动词作谓语。例（2）的"磕头禀安"是"<u>动词＋宾语</u>　<u>动词＋宾语</u>"，"磕头禀安讫"是"动宾短语＋完成动词"。例（3）"听候宣旨"均是"动词＋宾语"。"听候宣旨讫"是"动宾短语＋完成动词"。例（4）的"还礼"也是"动词＋宾语"，"还礼讫"是"动宾短语＋完成动词"结构。

以上的"动词＋讫（完成动词）"、"动词＋宾＋讫（完成动词）"格式出现的时间较早，在南北朝时期已经使用得很普遍了。根据梅祖麟（1999）的研究，东汉已出现有"V＋宾＋完成动词讫"这样的格式。

2. "讫"是完成动词作补语

"X＋讫"是"动词＋动词"，"讫"是完成动词作补语，记作"讫$_2$"，只此1例。例如：

（5）那饭铺老者道："说起谭宅这坟，原有百十棵好大的杨树，都卖了，看看人家已是败讫了。如今父子两个又都进了学，又像起来光景。"(《歧》95/884)

（6）说起谭宅这坟，有百十科大杨树，都卖了，看得人家已经败讫。如今相公父子进了学，又像起来的光景。(《歧》上图抄本93/560)

例（5）"败讫了"的"讫"作动词"败"的补语，是完成动词，表示"败"的过程已经完成。补语位置上的完成动词，《歧路灯》中只此一例。"败讫了"是"动词＋完成动词＋了"结构。崔晓飞（2011）指出该例的"败讫了"在清抄本中为"败完了"。"完"与"讫"同为动词补语。例（6）是上图抄本所用，"败讫"后没有"了"。如果"败讫"后没了"了"，"讫"是否为动词补语则不易判断。

3. "讫"是助词

"X＋讫"是"动词＋助词"，"讫"是助词，记作"讫$_3$"。根据王秀玲（2007）的统计，栾校本中"讫₃"有120余例。例如：

（7）孝移吩咐已毕，即将案上看的书史合讫，叫蔡湘锁了书房门，手中拿着来书，喜孜孜到家中。（《歧》1/5）
（8）常平仓虽在下风，只烧了更夫卧铺一所，……多亏的人众水多，都泼灭讫。（《歧》65/626）
（9）只因做生日，把一个小学生吃得酒醉了，只像醉死一般，东家婆上三官庙一闹，弄的不像体统，把学散讫。（《歧》8/88）
（10）梅克仁退身进厢房去讫。（《歧》1/5）
（11）说罢出门，驺夫也跟的走讫。（《歧》10/116）
（12）王春宇当是众人讲起书来，推解手去看姐姐，走讫。（《歧》14/149）
（13）话已说明，夏逢若送的谭绍闻去讫。（《歧》53/493）

以上的"讫"均为助词，相当于现代汉语共同语的助词"了"。《歧路灯》中"去讫""走讫"的"讫"全部都是"讫₃"。钟兆华（1995）、曹广顺（1998）、李崇兴（2002）的研究表明，在魏晋至唐代，"讫"都是比较活跃的完成动词，在元明清时期，可能是受"了"的影响，发展出了助词用法，尤其是在元代"讫"使用得特别多，但最终"讫"的助词功能没能沿用到现代汉语。

4. 介于"讫₂"与"讫₃"之间的"讫"

介于"讫₂"与"讫₃"之间的"讫"处于实虚之间，看作动词作补语的"讫₂"，或助词"讫₃"均可。记作"讫₂₋₃"。例如：

（14）a. 须臾饭来。吃讫，李魁拿出一百两放在桌上。（《歧》33/310）
　　　b. 少顷吃毕，算了钱数，那谢豹早把钱顺到进宝钱笼竹筒内，……（《歧》72/698）
　　　c. 吃毕，便去东楼一睡。（《歧》59/545）
（15）刘春荣棺木殓讫，明日当堂领价。（《歧》64/612）
（16）至日，行李装讫，弟友二人门外候乘。（《歧》103/958）

上例的"讫"可以看成完成动词"完"，也可以看成完成体助词"了"。这种"讫"记作"讫₂₋₃"。笔者倾向于把这种"讫"看作是完成动词作补语。尤其是例（14）a 的"讫"应该是与 b、c 中的"毕"词性、意义相同。

上述四种不同的"讫"构成了《歧路灯》中"讫"如下的虚化链：

讫$_1$ → 讫$_2$ → 讫$_{2-3}$ → 讫$_3$
谓语 → 补语 → （似补语也似词尾） → 词尾

"讫$_1$"是谓语位置上的完成动词，"讫$_2$"是补语位置上的完成动词。从谓语到补语的位置上，"讫$_2$"已经开始虚化，而以"讫$_3$"的虚化程度最高。"讫$_{2-3}$"正处于"讫$_2$""讫$_3$"的过渡阶段。

曹广顺（1998）《〈元典章·刑部〉中的"讫"和"到"》指出，在完成貌句式中，完成动词所表达的是所述事件、过程的完成。不仅动词短语即使在单个的动词之后，也是把动作当作一个过程、事件来看的。《歧路灯》中"讫$_1$"或"讫$_2$"之前的动词，无论短语或单个动词所表达的都是所述事件、过程的完成。而"讫$_3$"前的动词所表达的是动作的完成。例如：

（17）绍闻叩讫起来，照位各坐。（《歧》71/684）
（18）簧初行了礼，又请伯母太太行礼讫。遂请榆次姑母太太行礼。（《歧》108/1014）
（19）王象荩磕头禀安讫，将启帖展在案上。（《歧》62/576）
（20）孝移吩咐已毕，即将案上看的书史合讫，叫蔡湘锁了书房门，手中拿着来书，喜孜孜到家中。（《歧》1/5）
（21）白兴吾推着，只顾走只顾嚷的去讫。（《歧》45/422）
（22）吃了茶就走，娄、谭留不住，出门坐车走讫。（《歧》10/114）
（23）果然赵大儿、冰梅挽着，王氏早拂床安枕，打发儿子睡讫。（《歧》25/244）
（24）滑氏到厨下收拾了饭，弟兄两个吃讫。（《歧》40/375）
（25）须臾饭来。吃讫，李魁拿出一百两放在桌上。（《歧》33/310）
（26）这娄朴与绍闻说话不对路，也渐渐淡讫。此非是世谊中有了轩轾，竟是学业上判了炎凉。（《歧》上图抄本71/437）
（27）到了冥府庙旁，那冥府庙倒塌已久，只有后墙前边柱子撑

着,这(窨)靠路边的墙已久坏讫。(《歧》上图抄本 69/424)

前三例的"叩""行礼""磕头禀安"体现的都是一个事件或事件经历的过程,"讫"为完成动词。例(20)—例(23)的"合""去""走""睡"所表达的都是动作的完成,其"讫"为完成体助词。例(24)、例(25)的"吃",既可以看作动作也可以看作过程:前一个像"吃"的动作,为"讫$_3$"。后一个像"吃"的过程,"讫"为吃的补语,是"讫$_2$",或者是比"讫$_2$"再虚化些,比"讫$_3$"稍实些。而例(26)、例(27)两例中的"X"均是形容词。例(26)是"淡讫"。例(27)是"坏讫"。"淡讫"之前出现有副词"渐渐","坏讫"之前出现有副词"已久",表明"坏"和"淡"体现的也是一个事件或经历了一个渐变的过程,两例的"坏"和"淡"分别是变坏、变淡之意,是形容词动态化。其中的"讫"作"坏""淡"的补语,应是"讫$_2$"。

《歧路灯》中有 152 例"讫",有 8360 例"了",与"了"相当的"讫$_3$"有 120 余例。栾校本中仅"去讫"和"走讫"就有 78 例,占全部"X+讫"的 51.3%;上图抄本的"去讫"和"走讫"共有 102 例,占全部"X+讫"的 55.1%。"去讫""走讫"与"去了""走了"的数量统计如表 4-2 所示。

表 4-2　　　　　《歧路灯》中的"了""讫"数量统计表

词项	讫	去了	去讫	走了	走讫	
回数	108	108	90	38	70	22
次数	8360	152	274	51	140	27
上图	8409	185	254	75	144	27

从表中可以明显看出,《歧路灯》中的"去讫""走讫"在数量上远远少于"去了""走了"。如前所说,《歧路灯》中的助词"讫"相当于现代汉语共同语中的助词"了"。而《歧路灯》中的助词"了"又与现代汉语共同语中的助词"了"相当。《歧路灯》中"去讫""走讫"的"讫"在语义上与"去了""走了"的"了"相同。但二者在语法位置上有同有异:"去讫""走讫"和"去了""走了"都可以出现在句末,有成句作用。但"去了""走了"可构成"去+了+宾语(或补语)"、"走+了+宾语(或补语)",如"去了四五天""去了七八天""去了两

三次"和"走了一回""走了些小巷""走了一次""走了四五天""走了鱼儿""走了一个益友"等。但"去讫""走讫"后无宾语或补语。和"去了""走了"相比,"去讫""走讫"只限于叙述语句中末尾,而"去了""走了"既可以用在叙述语中,也可以出现在口语中,既可以用于肯定句,也可以用于疑问句,而"去讫""走讫"只用于肯定句中。

《歧路灯》中"去讫""走讫"与"去了""走了"的使用情况表明,《歧路灯》时期"讫"还未完全退出使用,但大势已去,很多方面已经让位给"了","去了""走了"取代"去讫""走讫"将会成为必然。正如曹广顺(1998)所说,助词"讫"是由动词经补语发展而来的,但这并不是说,在助词"讫"产生之后,"讫"作动词、补语的用法就都消失了。他们仍会长期共存,不过这种共存不是各种用法的平等存在。如《元典章·刑部》中使用的"讫"字很多,但基本用法是作助词,用作动词、补语都较少见。

三 《歧路灯》与其他文献中"X+讫"的比较

(一)《歧路灯》与同时期及其他文献中"X+讫"的比较

1. 与《歧路灯》同时期文献中"X+讫"

表4-3是《歧路灯》与同时期文献中"X+讫"的数量统计。

表4-3 《歧路灯》与同时期部分文献中"X+讫"的数量统计表

歧	儒	红
152/185①	4	1

注:①185指《歧路灯》上图抄本中"X+讫"的数量。

《红》《儒》中"X+讫"用例如下:

(1) 那一边又有礼部祠祭司的印记,又写着一行小字,道是"……,某年月日龙禁尉候补侍卫贾蓉当堂领讫……"(《红》53/719)

(2) a. 当下众人把那酒菜和粥都吃完了,各自散讫。(《儒》20/220)

b. 吃完了茶,和尚又下了一箸牛肉面吃了,各自散讫。(《儒》2/18)

《红楼梦》"X+讫"只此一例,《儒林外史》中虽有四例"X+讫",事实是四例"各自散讫"在第1回出现一次,在第20回出现了二次,在第33回出现了一次,且都是用于叙述语言中,等于是只有"散讫"一种用法。

2. 清代山东地方文献中的"X+讫"

《醒世姻缘传》的"X+讫"用例如下:

(3) a. 狄员外……另送了四两赆敬,赵杏川方无可不可的收讫。(《醒》67/896)

b. 银一百两收讫之。(《醒》97/92)

(4) a. ……,止将晁源等一干原、被、干证,俱罚纸、谷、银两不等,发落讫。(《醒》13/177)

b. 直堂的当时写了一张条示,写道:"一起晁源等人命事免供,并纸价逐讫。"(《醒》10/142)

(5) a. ……,拣出那张发落票来。一干人并那两个姑子的名下都打了"销讫"的字样,只有计都、计巴拉的名字上不曾完纳。(《醒》11/152)

b. 回说:"都完过了。上面都有'销讫'的印子。"(《醒》12/172)

《红楼梦》中唯一的"X+讫"是公文用语。《醒世姻缘传》中25例"X+讫"中,"去讫"15例、"收讫"4例、"销讫"3例、"盛敛讫"和"逐讫""发落讫"各1例。除了"去讫"和"收讫",语域也比较特殊,主要是用于票据或公文语体。"销讫"后均有"印""字样"或"印子"等字样,如例(1)、例(5)。

表4-4是《歧路灯》与同时期文献中"X+讫"的数量统计。

表4-4 《歧路灯》与清代山东文献中"X+讫"的数量统计表

歧	醒	聊斋志异	聊斋俚曲集
152/185[①]	25	46	11

注:①185指《歧路灯》上图抄本中"X+讫"的数量。

从出现的语体来看,《聊斋俚曲集》《聊斋志异》《醒世姻缘传》中都有用于口语中的"讫"。例如:

（6）先生跪下，禀道："……只这一霎里，送在油锅里炸讫好几滚子了！"（《聊斋俚曲集·磨难曲》23/829）

（7）李虎拉住，说："……实对你说罢：俺家里又自生讫了一个，肚子里还怀着一个。"（同上 28/853）

（8）鸿渐说"作蹋你三四十日，你把饭价算讫。"（同上 7/740）

（9）见了素姐，说道："我不曾换的凭来，怎么就等也不等，竟自去讫？……"（《醒》86/1136）

（10）日方暮，一婢前曰："公主已严妆讫。"（《聊斋志异》5/204）

从上述文献中"讫"的分布看，多集中于河南、山东的作品中，而以《歧路灯》为最多。

《歧路灯》中用于口语中的"X+讫"一共有以下5例：

（11）那饭铺老者道："说起谭宅这坟，原有百十棵好大的杨树，都卖了，看看人家已是败讫了。如今父子两个又都进了学，又像起来光景。"（《歧》95/884）

（12）见了绍闻说："佃户送租俱完，迎到南门，一齐来到，账房阎相公收讫。"（《歧》20/203）

（13）绍闻道："你如今同双庆、德喜，先拿一千五百两到轩上，把本银完讫，本到利止，岂不是好？……"（《歧》48/447）

（14）再拨一辆车捞雷氏进城，叫薛窝窝领去，晚堂候审。刘春荣棺木殓讫，明日当堂领价。（《歧》64/612）

（15）那书办到宅门说："虎镇邦马粮已开拨讫，任凭老爷这边执法。"（《歧》65/623）

例（11）的说话者是饭铺老者，该例的"败讫了"是指谭家彻底地败落。谭宅由富庶之家到砍了祖坟里的树木卖钱还债，可见是败得不能再败了。"败讫了"和今天豫西南方言中的"X讫了"不仅结构相同，而且语义也完全一样。例（12）的说话者是谭宅管家王中，例（13）的是小说主人公谭绍闻，例（14）的是县官，例（15）的是书办。以上五例分别涉及不同的社会阶层。

有研究说例（12）、例（13）的"收讫""完讫"是属于特定语域用词, 在收租、付账等语用环境中使用。① 但《歧路灯》等文献中的"收讫"也有不用于收租、付账的。《歧路灯》中的"收讫"一共六例。例如:

(16) 饭完, 把酒席收讫。(《歧》15/157)

(17) 王中心内着慌, 袖内急塞上银子, ……, 差人方才把铁绳收讫。(《歧》46/429)

(18) 谭绍闻献了币帛贽见礼儿, 又奉了四两登山喜礼, 胡其所推让一会, 命徒弟如鹏收讫。(《歧》61/567)

(19) 作辞起身, 道士以银杯为赠。绍闻那里肯受, ……道徒塞于绍闻袖中收讫。(《歧》75/728)

(20) a. 一连赌了三天, 银镯造成。……, 双庆接住, 送到楼上, 王氏收讫。(《歧》54/505)

b. 王中回到轩上, 与德喜、双庆、邓祥包了三毡包银, 到楼上交王氏收了。(《歧》48/444)

(21) 即时叫人送了一斗白米, 十斤麦面, 一瓶酱, 一瓶醋, 一瓶淮安吃的豆油, 一大盒干菜, 豆、酱瓜、酱茄之类, 一百买小菜的铜钱, 两担木柴, 叫人送到庵中。老尼一一的收讫。(《醒》86/1146)

例 (16) —例 (20) a 的"收讫"均和收租、付账无关, "收讫"的分别是"酒席""铁绳""贽见礼儿""喜礼""银杯""银镯"。例 (20) b "收了"的是王中买地的银子。例 (21) "收讫"的是米、面、酱、醋、油及瓜、菜、铜钱、木柴之类。"收讫"均和收租、付账无关。

《歧路灯》中的"完讫"只有一例, 而和"完讫"句法、语义相同的"完了"倒有五例, 且全是用于口语。例如:

(22) 王中道: "一定该完了一宗大债。"(《歧》48/447)

(23) 王氏道: "一百两整数休要破了, 你就一封一封带去, 先完了他这宗账, 也不枉你赢了这一场子。……"(《歧》35/326)

(24) 盛希侨道: "……你输了九十串, 不教你拿来, 算谭贤弟

---

① 崔晓飞:《〈歧路灯〉语言应用研究》, 博士学位论文, 暨南大学, 2011 年, 第 106 页。

完了你。"(《歧》27/254)

（25）咱走罢。明日打算与他送钱就是。我明日把先父做官撇下的八两人参，到铺子里兑了，这半股子账就完了。(《歧》26/252)

这几例"完了"全是用于还债、还账。这表明用于还债、还账的是"完"。"完"后"讫""了"都可以出现，但"完了"多于"完讫"。

王秀玲（2007）比较了《歧》和清代《醒》《红》《儒》等文献中的"讫"，得出结论：清代文献中"讫"的分布，多集中于河南、山东的作品中，大约是当时这一区域小说家写作用词的整体倾向。清代时无论动词"讫"还是助词"讫"，均已消亡，《歧路灯》中的"讫"不能反映当时的实际口语，仅是一种仿古的用法。崔晓飞（2011）的结论是：在18世纪人们的口头话语中表完成体的"讫"已经被淘汰，作为书面语词它的使用机会也十分有限，《歧路灯》中"讫"的使用情况说明它的语言更加守旧一些。

与王秀玲、崔晓飞博士的看法不同，我们认为《歧路灯》与同时文献中"X+讫"的使用情况，不仅仅是山东、河南区域内"小说家写作用词的整体倾向"，还应该与作者的地域、方言背景密切相关，充分体现了《歧路灯》语言的地域性。下面会有豫西南方言材料支撑我们的看法。

（二）从古代汉语到《歧路灯》"X+讫"的语法化脉络

1. "讫"的语义及"X+讫"的历时变化

对汉语史上"讫"的研究主要散见于完成貌句式、完成动词的研究之中，并且常伴随着与"已、却、毕、竟、了、到"等的比较。① "讫"的本义是"终止"，是动词，如《汉书·谷永传》"继嗣蕃滋，灾异讫止"中的"讫"。当"讫"出现在动词或动宾短语后构成连动结构，表示毕、完、终了等意义时，"讫"就步入了完成动词的行列。我们把"讫"前的动词或动词短语记作"$X_{动}$"，"$X_{动}$"与"讫"构成"$X_{动}+讫_{完成动词}$"结构。

早在汉代时，"$X_{动}+讫_{完成动词}$"就已经出现，"讫"是"动词（+宾）+完成动词"句式中较常见的完成动词。魏晋、南北朝时期，"$X_{动}+$

---

① 梅祖麟：《现代汉语完成貌句式和词尾的来源》，《语言研究》1981年第1期；梅祖麟：《先秦两汉的一种完成貌句式——兼论现代汉语完成貌句式的来源》，《中国语文》1999年第4期；钟兆华：《近代汉语完成态动词的历史沿革》，《语言研究》1995年第1期；蒋绍愚：《〈世说新语〉、〈齐民要术〉、〈洛阳伽蓝记〉、〈贤愚经〉、〈百喻经〉中的"已"、"竟"、"讫"、"毕"》，《语言研究》2001年第1期。

讫_{完成动词}"一直比较活跃。至唐五代"X_动+讫_{完成动词}"依然见用。元代，"X_动+讫_{完成助词}"取代"X_动+讫_{完成动词}"成为主流。此后，"讫"字虽仍见使用，但在口语中逐渐被淘汰，成为一个书面语词。① 例如：

(26) 食讫行盥，当问此意。（支曜译《佛说成具光明定意经》NO.630。XV，452 中。引梅祖麟用例）②

(27) 乃出诏书为王读之。读之讫，曰："王其自图。"（《史记·吴王濞列传》186/2836）

(28) 时天暑热，（曹）植因呼常从取水自澡讫，傅粉。（《三国志·魏书》21/360 裴松之注引《魏略》例）

(29) 言讫，母忽然惊寤，明日以白济。[《三国志·魏书》14/275，裴松之注引（唐）《列异传》例]

(30) 日既暝，整服坐，诵《六甲》《孝经》《易》本讫，卧。（《搜神记》18/146）

(31) 言讫，有鲤鱼数十头，飞集堂下，坐者莫不惊悚。（《搜神记》18/142）

(32) 褚公饮讫，徐举手共语云……（《世说新语·排调》199）

(33) 信遽呼仆，仆曰："已溲讫。"（《朝野佥载》1/13）

(34) 柳氏拜敕讫，曰……（《朝野佥载》3/29）

(35) 师言讫，便往新州国恩寺。（《祖堂集校注》2/80）

(36) 至八日，使开浴，浴讫，端坐长往。（同上 6/186，同上）

(37) 接养义男曹归哥，因为逃走，不听教训，是应定用针笔于本厮面上刺讫"曹"字一个。（《元典章·刑部》3/61）

(38) 有兄穆八意嗔，将豁子口上打讫二拳。（《元典章·刑部》3/47）

(39) 国王依言，感谢不尽，遂送唐僧出城去讫。（《西游记》47/571）

(40) 杜少卿出来奉席坐下，吃了半夜酒，各自散讫。（《儒》33/346）

---

① 李崇兴：《〈元典章·刑部〉中的"了"和"讫"》，《语言研究》2002 年第 4 期。
② 梅祖麟：《先秦两汉的一种完成貌句式——兼论现代汉语完成貌句式的来源》，《中国语文》1999 年第 4 期。

例（26）—例（36）的"X_动 + 讫"中，"讫"是完成动词，所表达的是所述事件、过程的完成，词汇意义可以看作"毕""完"议，记作"讫_1"。无论是例（26）、例（29）、例（31）—例（33）、例（35）、例（36）的单音节动词，还是例（27）、例（28）、例（30）、例（34）的动词短语，都或者具有［+持续，+过程］义，或者可看作一个经历了变化、发展过程的事件。后四例"X_动 + 讫"中，"讫"是完成助词，词汇意义已经非常空泛，记作"讫_3"。尤其是例（37）、例（38）的"X_动 + 讫_助词 + 宾语"主要见于《元典章·刑部》，"讫"表示动作的完成和实现。最后两例的"X_动 + 讫_助词"常见于明清文献，但未延续到现代汉语。①

2. "X + 讫"历经的语法化过程

请看下例：

（41）……吴马儿等一起贼人拿获捉住，取讫了招状。（《元典章·刑部》19/811）②

曹广顺（1998）指出，该例的"讫"是完成动词作"取"的补语，记作"讫_2"。另据曹广顺研究，魏晋以后，完成动词用于单个动词之后的呈增加趋势，唐五代成书的《祖堂集》13 例"X_动 + 讫"中有 11 例"X_动"是单个动词，宋初成书的《景德传灯录》的 90 例"X_动 + 讫"中有 79 例"X_动"是单个动词。而当"讫"用于单个"X_动"时，事件、过程的完成实际上就是动作的完成，"讫"就有了表示动作完成的意义。

由上可知，自汉代至明清，"X + 讫"主要经历了以下语法化的过程：

第一阶段　　　→ 第二阶段　　　→ 第三阶段
"X_动 + 讫_1"　 → "X_动 + 讫_2"　 → "X_动 + 讫_3"
连动结构　　　→ 动补结构　　　→ 动词 + 词尾

虽然"讫_3"是由动词经补语演变而来，但这并不意味着助词"讫"产生之后，作动词、补语的"讫"就消失了，它们仍会长期共

---

① 钟兆华：《近代汉语完成态动词的历史沿革》，《语言研究》1995 年第 1 期。
② 曹广顺：《〈元典章·刑部〉中的"讫"和"到"》，《汉语史研究集刊》（第一辑下），巴蜀书社 1998 年版，第 485 页。

存,不过这种共存不是各种用法的平等存在。① 虽然《元典章·刑部》中"讫"的基本用法是作助词,但这并不意味着从元代起"讫"就只有助词用法。

根据我们在本章第一节的分析,《歧路灯》"X+讫"中的"讫"构成了"讫$_1$"(谓语)→"讫$_2$"(补语)→"讫$_{2-3}$"(似补语也似词尾)→"讫$_3$"(词尾)的虚化链。可以说《歧路灯》中"讫"的这种虚化情况与汉语史上的"X+讫"的发展脉络正好吻合,是从共时的角度上展现了"讫"历时演变的轨迹。

第二节 豫西南方言中的构式"X+讫"及古今比较

豫西南方言中有个使用频率颇高的构式"X+□[tɕʰi²⁴]",我们记作"X+讫[tɕʰi²⁴]"。唐河的"讫"读作[tɕʰi²⁴],卧龙区的"讫"读作[tɕʰi³⁴],方城的"讫"读作[tɕʰi²⁴],均为阴平。本部分主要分析、描写豫西南方言中构式"X+讫"的语义与用法、分布特点。

丁全(1993)和徐奕昌(2001)曾谈及豫西南方言的"X期",实即本书的"X+讫"。但他们的研究,有待深化,也缺少历时材料的印证。豫西南方言中"X+讫"主要调查点包括:南阳市区蒲山、潦河、石桥、王村,社旗县陌破、郝寨、下洼,唐河县城关、古城、源潭、城郊,南召县小店、四棵树、焦园、马市坪,方城县广阳、二郎庙、杨集、古庄店、小史店,新野县王集,西峡县双龙、重阳,内乡县马山口,淅川县城关,镇平县高丘。

一 豫西南方言"X+讫"的语义和用法

(一)豫西南方言"X+讫"的构式意义及语法特点

1. 豫西南方言"X+讫"的构式意义

豫西南方言中的"X+讫"是一种程度表示法,指说话时"已经X得不能再X",或"已经彻底地X",强调说话时事态的发展已经到了极点。该构式总是和说话时间密切相关。例如:

---

① 曹广顺:《〈元典章·刑部〉中的"讫"和"到"》,《汉语史研究集刊》(第一辑下),巴蜀书社1998年版,第485页。

(1) a. 天黑讫了。
    b. 天黑了。
(2) a. 饭凉讫了，白_剩_吃了。
    b. 饭凉了。
(3) a. 鸡子死讫了，咋着_无论如何_都活不过来。
    b. 鸡子死了。
(4) a. 火灭讫了，不会再着起来了。
    b. 火灭了。

例（1）a 指说话时，天已经黑得不能再黑、黑到了极点；b 只是说天已黑，不涉及黑的程度。例（2）a 指说话时，饭已经凉得不能再凉、凉到了极点；b 只是说饭已凉，不涉及饭凉的程度。例（3）a 指说话时，鸡已经彻底地死了、没有任何活的希望或迹象；b 只是说鸡已死。a 只能指说话时的事态，b 可以指说话时、说话前的事态。例（4）a 指说话时，（火）已彻底地灭了、没有丝毫复燃的迹象，b 只是说火已灭。例（1）—例（4）的 a，无论是黑到了极点、凉到了极点，还是彻底地死了、灭了，都是强调在说话时事态发展已经到了某种极点，是一种高程度表示法。

上述各例中 a、b 语义的差别主要在有无"讫"。例（1）、例（2）a 的"黑讫""凉讫"分别是黑到了极点、凉到了极点，"黑讫"可以看成"黑透""黑极"，"凉讫"可以看成"凉透""凉极"。例（3）、例（4）a 的"死讫""灭讫"是彻底地死了、灭了，没有任何活过来、复燃的希望或迹象，但"死讫"却不能看成"死透"或"死极"，"灭讫"也不能理解成"灭透"或"灭极"。

豫西南方言也有"极［tɕʰi⁴²］"表示程度的，但只有"恼极""气极""火极"等有限说法，与"X + 讫"用法不同。

以上情况表明，豫西南方言"X + 讫"中的"讫"与"极""透"的补语位置虽然相同，但意义却与"极""透"不同。因此我们说，豫西南方言的"X + 讫"，是通过说话时 X 的某种终极性状已经实现或变化、发展的过程已经完成来表示"已经彻底 X"的意思。即"X + 讫"表示程度，是由"X + 讫"整个格式来实现的，而不是仅通过"讫"字（像补语位置上表程度的"极""透"那样）完成的。因此，"X + 讫"中的"讫"只能是表示完成义的完成动词。从语感上看，豫西南方言中的"讫"是"X + 讫"中的重读音节，是说话人要刻意强调、突出的焦点，而动态助词通常读轻声,所以,豫西南方言"X+讫"中的"讫"是完成动词作补语,而不是动态助词。

语义上,"X+讫"多是与不好的、不如意的事情相关联。例如:

(5) 天都黑讫了,去了也办不成事儿。
(6) 这货_{这人}坏讫了,招呼着_{留心、防备}他。
(7) 饭都凉讫了,吃了会肚子疼哩。
(8) 这棵树都糟讫了,没啥大用场了。

这几例的"X+讫"分别与"办不成事""防备他人""肚子疼""没啥用处"等不好的或不如意的事情相关。

2. 豫西南方言"X+讫"的语法特点

豫西南方言的"X+讫",不能受程度副词"很""怪""最"的修饰,可以受表示完成的时间副词的修饰。例如:

(9) a. 天黑讫了,去了也弄不成事儿。
　　b. *天很/怪黑讫了,去了也弄不成事儿。
　　c. 天已经黑讫了,去了也弄不成事儿。
(10) a. 这鸡子死讫了,救活不了 liau^{55} 了。
　　 b. *这鸡子怪/很死讫了,救活不了了。
　　 c. 这鸡子已经死讫了,救活不了了。
(11) a. 赔讫了,没啥好赚啦。
　　 b. *很/最赔讫了,没啥好赚啦。
　　 c. 已经赔讫了,没啥好赚啦。

这三例 b 均不能成立,是由于"X+讫"格式本身就是表示极高的程度,所以该格式之前不能再出现程度副词。c 都能成立,是由于该格式所表示的程度状况是在说话时已经完成的,所以之前可以出现"已经"。

豫西南方言中,"X+讫"不能单独成句,只能在句中作谓语部分。除了一些特殊情况,"X+讫"之后总伴随有助词"了"。"X+讫+了"总是出现在小句的末尾,并且后面常接有下句。例如:

(12) *黑讫。
(13) 天黑讫了,啥也看不见啦。

(14) 这一局（棋）你输讫 $z_lu^{24} tc^hi^{24}$ 了_{输定了}，齐咋着_{无论如何}都赢不了啦。

(15) 问 a：晚讫_{彻底晚了}没晚讫？／晚讫了？

问 b：到底晚讫了没？

答：没晚讫。

例（12）仅有"黑讫"不能成句。例（13）、例（14）的"黑讫""输讫"分别是句中的谓语部分。例（15）"晚讫"后没有助词"了"出现，属于特殊情况，即在疑问句及其答语中"X+讫"后可以不出现助词"了"。例（13）、例（14）的"黑讫了""输讫了"位于句末，且后接有下句。

"X+讫"格式要求其 X 具有［+过程］义。X 可以是动词，记作"X_{动}"。常用例如下：

(16) 死讫了，……／火灭讫了，……／输讫了，……

(17) 这趟买卖赔讫了，连老本儿也搭进去了。

(18) 这事叫_{被}我忘讫了，看我这记性啊。

上例中的"死、灭、输、赔、忘"等均为单音节动词，这些动词所表示的行为、状态都经历了某种或长或短的变化、发展的过程，也具有［+过程］义。

X 可以是形容词。常用例如下：

(19) （天）黑讫了，……／（衣服）湿讫了，……

(20) （树）糟讫了，……／晚讫了。

(21) （饭）凉讫了，……／（这人）坏讫了，离他远点儿。

(22) （眼睛）瞎讫了，连个针眼儿都看不见。

(23) （天）都明讫了，你咋还睡着哩？

上例中的"黑、湿、糟、晚、凉、坏、瞎、明"都是单音节形容词，这些 X 都经历了"X→最 X"的变化过程。如"黑、湿、糟"等分别经历了"黑→最黑、湿→最湿、糟→最糟"的变化、发展过程。因此上述例中的形容词都已经动态化，具有动词的某些特点，具有［+动态，+过程］义，记作"X_{动形}"。

豫西南方言"X+讫"中"X_{动形}""X_{动}"都可以看成一个经历了动

态变化的过程或者事件,"讫"是指"X"所代表的过程或者事件已经完成。因此,豫西南方言的"X讫"用"没"而不用"不"进行否定。例如:

(24) a. 黑讫了。　b. 没黑讫。　c. *不黑讫。
(25) a. 凉讫了。　b. 没凉讫。　c. *不凉讫。
(26) a. 灭讫了。　b. 没灭讫。　c. *不灭讫。
(27) a. 死讫了。　b. 没死讫。　c. *不死讫。

这四例 b 均能成立,因为"X+讫"格式是表示说话时已经完成的过程、事件,所以该格式之前能出现从客观上否定动作或状态已经发生的副词"没"。而 c 都不能成立,由于该格式是表示说话时已经完成的过程、事件,所以其前不能出现从主观意愿上否定未然的副词"不"。

3. 豫西南方言中的"X+讫"与"X+罢/了"语义、功能相同

豫西南方言中的"了[liɑu⁵⁵]"和"罢[pa³¹]"经常出现在单音节的动词或形容词之后和助词"了(读轻声)"之前,构成"X+罢/了+了"结构。例如:

A 吃罢了　睡罢了　忘罢了　死罢了　灭罢了　凉罢了　黑罢了　坏罢了
B 吃了了　睡了了　忘了了　死了了　灭了了　凉了了　黑了了　坏了了
C *　　　*　　　忘讫了　死讫了　灭讫了　凉讫了　黑讫了　坏讫了

上例多是问"X 没(有)?"或"X 没哩?"时的答语,X 后的"了[liɑu⁵⁵]"和"罢[pa⁴²]"是结果补语,分别表示事件、过程的完成或状态变化的实现,是虚化的完成动词。

辛永芬(2006)指出浚县方言中的"罢[pa²¹³]"和"了[liɑu⁵⁵]"是虚化的完成动词。河南大学张雪平博士曾谈到开封方言里的"罢"现在也仍用作虚化的完成动词,如"吃罢了""去罢了"等。《中国语言地图集》(1987)指出,浚县方言和开封方言属中原官话郑曹片。豫西南方言的"讫"与上述"了[liɑu⁵⁵]"、"罢[pa⁴²]"的语义、功能、词性相同,但"讫"没有后两者常用。

由于"X+讫"在语义上总是与不如意或不好的事情相关联,所以"-X+讫"在唐河方言中是不说的,即下列用法不成立:

"X_动讫"：死讫了。/输讫了。/赔讫了。
"－X_动讫"：*活讫了。/赢讫了。/赚讫了。
"X_形讫"：凉讫了。/晚讫了。/坏讫了。
"－X_形讫"：*热讫了。/早讫了。/好讫了。

（二）豫西南方言"X+讫"的分布差异

丁全（2001）把豫西南方言分为三区：西峡、淅川、内乡三县及镇平、邓州市的西部为西部区，以南阳市为中心的宛城区、卧龙区和唐河、方城、社旗、南召、新野七个区县及镇平、邓州市的东部为中部区，桐柏县为东部区。

豫西南方言内部，"X+讫"在分布上也存在差异。

1. 豫西南方言中区的"X+讫"

中部区是豫西南方言的代表。中部区"X+讫"的说法最多。以南阳市郊和唐河方言为例，除了"讫"前都有单音节动词"死、赔、忘、灭、输"和"黑、糟、坏、凉、湿、干、晚、明、贱、瞎、浓"等形容词之外，南阳市郊"讫"前还有"糊涂、模糊、麻烦、窝囊、马虎、混蛋、老实、漂亮"等双音节的形容词。但唐河方言中"讫"前没有"脏、美、怪、快"等形容词。新野、镇平、邓州方言中的"X+讫"相对较少。例如：

（28）这件事叫_被我忘讫了，现在木_没一点儿印象。
（29）a. 这回打赌儿，你输讫了。
　　　b. 你咋恁贱哩？你真是贱讫了。
（30）天都黑讫了，你姐咋还不回来？
（31）你弄的啥事儿啊，这回真是麻烦讫了。
（32）恁容易的题都叫你做错了，马虎讫了吧你？
（33）衣裳脏讫了，快脱下来洗洗。
（34）这车真是快讫了。

前三例，南阳市区、南召、方城、社旗等方言都说。但后四例唐河、新野等方言都不说。邓州市东部的小杨营、桑庄、腰店等有与唐河方言类似的"讫"。

2. 豫西南方言东、西区的"X+讫"

东区桐柏方言的"X+讫"，主要分布在该县西部靠近唐河县的地方, 如新集、平氏、安棚、程湾等乡镇。"讫"前的形容词、动词都有限, 形容词常见的有"黑讫、晚讫、坏讫、凉讫、糟讫"等, 动词则有"死讫、赔讫、忘讫、灭讫、输讫"等。西区"X+讫"的使用相对较少。镇平方言(如杨营镇)主要有"死讫、灭讫、输讫、凉讫"等。淅川方言(如荆紫关镇)主要有"黑讫、死讫"而没有"糟讫、凉讫"等。

现代作家姚雪垠是河南邓县(今邓州市)人, 他的作品中有以下用例:

(35) 几匹倒在血泊中的战马尚未死讫, 有的企图挣扎着站起来却又倒下。(《李自成》2/591)

(36) 张明才拉一下菊生说:"他还没有死讫哩!"(《长夜》20/94)

这两例中"死讫"前的否定词"未、没有"都是用于客观叙述, 不能换成"不", 否定词之前都出现有表示时—间的副词"还、尚"。姚雪垠(1997)在《长夜》自注:"讫"是"完毕", 已经变成了文言词儿。但"死讫"却是我的故乡的话的口语, 没有别的字可以代替。

总体看来, "讫"在豫西南方言中普遍存在, 中区使用范围最广, 其他相对较少, 其中以南阳市郊的王村、蒲山、潦河、石桥、安皋等乡镇以及相邻的南召、方城、社旗、唐河为高频使用地区, 向周边逐渐呈现减弱趋势。

3. 豫西南周边方言中的"X+讫"

据苏俊波(2007)的研究, 与豫西南淅川县相邻的湖北省丹江口市的方言(属西南官话鄂北片)中有"讫", 且与"罢、毕、完、了"都是常见的完成动词。例如:

(37) 作业终于写讫唠。
(38) 作业写讫没写讫?
(39) 电影放罢唠。

丹江方言的"写讫"是写完, 豫西南方言的"X+讫"不是X完, "讫"前的动词也没有"写"。虽同为完成动词作补语, 但豫西南方言的"讫"在语义上比丹江方言的要更虚些。

根据我们调查，与豫西南唐河县相邻的泌阳县泰山乡的方言（属中原官话南鲁片）中也有意义、用法与唐河方言相同的"讫"，但仅限于"黑讫""凉讫""坏讫""糟讫"和"灭讫""死讫"等说法。赵月朋（1959）记载了洛阳方言中"这家伙，坏 qī（调值为 44，调类为阴平）了！"的说法并指出："qī"是"非常""透"，作补语，只知其音而来源已不可考。现在看来，近 60 年前河南洛阳话的"坏 qī 了"即今天豫西南方言的"坏讫了"。

就我们调查所见，目前已有的关于河南方言及其相关方言的研究中未见有关于"X + 讫"的相关报告，除了上述地区，调查中也没有发现河南其他中原官话有"X + 讫"现象。尤其是《歧路灯》作者籍贯地、出生地的新安方言、湛河方言及相关的洛阳、平顶山其他市区的方言中也未见有。可见豫西南这样历史悠久又相对偏僻的地区的方言中更易存古。

（三）"X + 讫"的语用差异

豫西南方言的"X + 讫 [tɕʰi²⁴]"虽然多出现在不如意的语境中，多与不好的或负面的事情相关，但也有相反的情况。例如：

（40）这样胡闹胡整，我看你算是混蛋讫了。
（41）瞅瞅这事儿，弄哩窝囊讫了，真是丢人哪。
（42）都/早赔讫了，一毛儿钱都没。
（43）连阴雨下哩路都浓 nuŋ²⁴ 像泥般不坚实 讫了，没法下脚。
（44）这棵大树已经糟讫了，没用了。
（45）你真是老实讫了，这样的话也当着大家面儿说。

这六例及其他用例大多与不如意相关。但南阳市郊、南召等地"X + 讫"还有以下用例：

（46）大热天里喝杯冰镇可乐真是美 舒服 讫了。
（47）才下过大雨，等路干讫了再走。
（48）这场球打的漂亮讫了！

这几例则与不如意无关。这样的例子较少，且只限于少数地方。

二 豫西南方言"X+讫"的古今异同比较

（一）豫西南方言与《歧路灯》"X+讫"的共同点

《歧路灯》与豫西南方言作为河南古今中原官话的代表，其"X+讫"有异有同。豫西南方言中的"X+讫"是对《歧路灯》"X+讫"的继承与发展。

1. 二者"X+讫"在句法位置上的共同点

《歧路灯》与豫西南方言中的"X+讫"，在句中都只能作谓语，不能单独成句，只能出现在所在小句句末。二者的"X+讫"都可以与"了"共现，但《歧路灯》只有"败讫了"一例。

2. 二者"X+讫"结构本身的共同点

《歧路灯》与豫西南方言中的"X+讫"都有"动+讫"和"形+讫"，均为动补结构。"动+讫"，只有上图抄本中有，栾校本没有。

3. 二者"X+讫"语义上的共同点

《歧路灯》与豫西南方言中的"X+讫"都可以表示程度，其中的"讫"都具有完成义。《歧路灯》可以表示程度的"X+讫"只有"败讫"一例。

（二）豫西南方言与《歧路灯》"X+讫"的不同点

1. 二者"X+讫"内部构成上的差异

除了上图抄本中有两例"$X_形+讫_2$"外，栾校本《歧路灯》中的"X+讫"只有"$X_动+讫$"，没有"$X_形+讫$"，而豫西南方言既有"$X_动+讫$"，也有"$X_形+讫$"，以"$X_形+讫$"为主。《歧路灯》"X+讫"中的"X"或者表示事件、过程或者表示动作，而豫西南方言"X+讫"中的"X"，无论是动词还是动态形容词，都是表示事件、过程。《歧路灯》中的"X+讫"包括"$X+讫_1$""$X+讫_2$""$X+讫_{2-3}$""$X+讫_3$"，而豫西南方言只有"$X+讫_2$"，而且以"$X_形+讫_2$"为主。即《歧路灯》中的"讫"可出现在谓语、补语和词尾的位置，豫西南方言的"讫"只能出现在补语的位置上，成为唯补词，因此比《歧路灯》中的"$讫_2$"还要更虚些。这表明从《歧路灯》到豫西南方言近300年的时间内，处于"X+讫"语法化第一阶段和第三阶段的"$X+讫_1$"和"$X+讫_{2-3}$""$X+讫_3$"都已经消失，只有处于语法化第二阶段的"$X+讫_2$"保留了下来。换句话说豫西南方言只继承了《歧路灯》中的"$X+讫_2$"的用法并赋之新的特点。

2. 二者"X+讫"意义上的差异

《歧路灯》中的"X+讫"，无论是"$X+讫_1$""$X+讫_2$"还是"X+

讫$_{2-3}$""X+讫$_3$",在语义上或者是指 X 代表的事件、过程已经完成,或者是指 X 的动作已经完成,基本上是"X"和"讫"意义的叠加。而豫西南方言中的"X+讫"虽然和《歧路灯》中的"X+讫$_2$"同属动补结构,但豫西南方言中的"X+讫"在语义上不是其组成成分的简单叠加,已经固化为一种极量程度表示法,成为豫西南方言中极有特色的一种构式。

  与栾校本《歧路灯》"X+讫"中的"X"全是动词相比,豫西南方言"X+讫"中的"X"则以形容词为主,除了"死、赔、忘、灭、输"等少数动词外,主要是"黑、糟、坏、凉、湿、干、晚、明、贱、瞎、浓、脏、美、怪、快、糊涂、模糊、麻烦、窝囊、马虎、混蛋、老实、漂亮"等形容词。这应该与豫西南方言"X+讫"的构式义有关。能进入该构式的形容词都是性质形容词,均能受程度副词的修饰,都经历了"X→最 X"的变化、发展过程,具有〔+动态,+过程〕义。

  3. 二者"X+讫"在语法化阶段上的差异

  从汉语史上"X+讫"的发展脉络来看,豫西南方言"X+讫"中,"讫"是"X"的补语,"X$_动$""X$_形$"都具有〔+过程〕义,都代表一个事件。所以豫西南方言的"X$_{动、形}$+讫"是"X$_动$+讫$_2$",属于"X+讫"语法化过程的第二阶段。而《歧路灯》中的"X+讫"包括"X+讫$_1$""X+讫$_2$""X+讫$_{2-3}$""X+讫$_3$",是共时层面存在的不同语法化阶段。

  李崇兴(2002)曾指出:"讫"原本是一个表示完结意义的动词,魏晋期间,它跟"了、已、毕、竟"等动词一起,用在"动(+宾)+完成动词"的格式里,表示完成貌。到了唐代,"了"字变成最常用的完成义动词,"动(+宾)+了"成为主流。此后,"讫"字虽然仍见使用,但在口语中渐渐被淘汰(不排除仍在少数方言中使用的可能性),成为一个书面语词。

  上述看法基本上代表了目前对汉语史上"讫"已有研究的观点。李崇兴说"讫"字虽然仍见使用,"但在口语中渐渐被淘汰",同时又在括号内补充说"不排除仍在少数方言中使用的可能性"。也就是说,虽然唐代以后"讫"字在口语中渐被淘汰,但这种情况不影响今天的豫西南方言中依然有"X+讫"还在使用。豫西南方言中的"X+讫"使用表明,"讫"并没有从现代汉语的口语中消失,作补语的完成动词"讫",依然存活在豫西南方言中。而由今天豫西南方言中"X+讫"的依然使用可以推知,《歧路灯》中的"X+讫"在数量上远远超出了同时期的其他作品,是当时河南地区方言用法在小说中的反映,充分体现了《歧路灯》

语言的地域性特征。豫西南方言中的"X+讫"结构，是《歧路灯》时期"X+讫"在豫西南方言中的遗留与发展，也是三百多年来"讫"在该方言中发展、演变的结果。

小　结

本章考察《歧路灯》与豫西南方言中共有的"X+讫"构式：自汉代至明清"X+讫"形成了"$X_动$+讫$_1$"（连动结构）→"$X_动$+讫$_2$"（动补结构）→"$X_动$+讫$_3$"（动词+了）的语法化链条。《歧路灯》中的"X+讫"表示完成义，"$X_动$+讫$_1$""$X_动$+讫$_2$""$X_动$+讫$_{2-3}$""$X_动$+讫$_3$"四种结构在共时中展现了历时的差异。豫西南方言中的"X+讫"为"$X_{动、形}$+讫$_2$"，是对《歧路灯》"$X_动$+讫$_2$"的继承与发展，该构式强调在说话时事态发展已经到了某种极点，是一种高程度表示法。通过对二者共有的"X+讫"构式的研究，将白话小说、方言语料互相印证，深化了汉语史上对"X+讫"的认识。

第五章 《歧路灯》与豫西南方言之"没蛇弄"与"没啥 VP"

概 说

《歧路灯》中"蛇"一共出现了 15 次。例如：

(1) 嵩淑道："我累科不可，今日要学孙叔敖埋两头蛇的阴功，或者做个令尹，也未可知。"(《歧》20/204)

(2) 自古道：强龙不压地头蛇。(《歧》30/277)

(3) 这邻居比舍，两三个老头儿私议道："……又叫张绳祖、王紫泥这些物件，公子的公子，秀才的秀才，攒谋定计，把老乡绅留的一份家业，弄的七零八落。如今到了没蛇弄的地步，才寻着书本儿。……"(《歧》87/821)

前两例的"蛇"，语义一目了然，例(3)"没蛇弄"的"蛇"，却不知所云。

据张清宏《弄蛇小史》①，我国古代把蛇捉来加以驯化，并让其表演。东汉张衡《西京赋》中有"蟾蜍与龟，水人弄蛇"的说法，是我国弄蛇见诸文字的最早记载。此后，"弄蛇"两字，就成为驯蛇技艺的正式名称，清代的一些都市里盛行弄蛇。很显然，例(3)的"没蛇弄"和驯蛇技艺无关。

"把《歧路灯》中一些难懂的方言俚语汇集起来进行诠释"的《〈歧路灯〉词语汇释》就收录有例(3)，对"没蛇弄"的解释是：谓事情窘

---

① 《中国花卉报》1995 年 10 月 27 日。

第五章 《歧路灯》与豫西南方言之"没蛇弄"与"没啥 VP" 213

迫，没有条件继续下去，无法可想①。《〈歧路灯〉词语汇释》没有指出其中的"蛇"是什么。我们从小说的具体语境中也看不出"蛇"的确切意义。但从该解释可以看出，"没蛇弄"的语义，与"蛇"没有什么关系，也不是"没""蛇""弄"三字语义的简单叠加，在语义上我们因此把它看作一个特殊的构式。

《歧路灯》中共有三例"没蛇弄"，虽然豫西南方言中没有"没蛇弄"，但有惯用语"没啥（儿）弄"。本部分欲通过文献、方言资料弄清楚《歧路灯》中构式"没蛇弄"之"蛇"的真面目，并梳理、比较《歧路灯》与豫西南方言"没啥 X"的异同。

第一节 《歧路灯》中的"没蛇弄"
一 明清文献中的"没蛇弄"

（一）明清文献中的两种"没蛇弄"

明代和《歧路灯》以外清代其他的文献中都有"没蛇弄"，且"没蛇弄"有两种情况：一种"没蛇弄"中的"蛇"是蛇，另一种"没蛇弄"里的"蛇"不是蛇。

1. 明清文献中有些"没蛇弄"的"蛇"是蛇

《歧路灯》中"没蛇弄"的"蛇"不是蛇，但明清文献中有些"没蛇弄"的"蛇"是蛇。例如：

（1）若说到我们老三身上，不但闹成叫化子没蛇弄，竟是为着一宗奇怪的案子，气得连性命都送掉了。（《冷眼观》20/207－208）②

（2）我这里乞儿般没蛇弄，你那里土神样杀鸡供。（《杨恩寿集》2/317）③

（3）行者笑道："呆子！放他进去，自有处置，不要这等倒扯蛇。"……八戒怨道："……是这般缩了，却怎么得他出来？这不是叫做没蛇弄了？"（《西游记》67/813）

---

① 张生汉：《〈歧路灯〉词语汇释》，河南大学出版社 1999 年版，前言第 3 页，正文第 75—76 页。
② （清）八宝王郎著，冈村校点：《冷眼观》，沈阳出版社 1994 年版。"/"前后为回数、页数。
③ （清）杨恩寿撰，王婧之校点：《杨恩寿集》，岳麓书社 2010 年版。"/"前后为卷数、页数。

例（1）的"叫化子没蛇弄"，《小说妙语词典》对它的解释是：旧时有的乞丐手中玩着蛇去要饭，人见之害怕，赶紧给他钱物后打发走，比喻失去了借以谋生的手段，一筹莫展。①《西湖文献集成》指出杭州话中有"叫化子没蛇弄"的说法，意思是比喻失业，旧时乞丐以弄蛇为业。②从词典、集成中的解释来看，例（1）"叫化子没蛇弄"是比喻小说中的"老三"失去了借以谋生手段后的窘境，"没蛇弄"的"蛇"是蛇。例（2）的"没蛇弄"与例（1）的相同。例（1）、例（2）分别出现了"叫化子"和"乞儿"。例（3）的"没蛇弄"是猪八戒的一语双关：一是指"没蛇扯"，即指没有蛇往外倒扯了；二是指无法让蛇出来而陷入对付蛇的困境。其中的"蛇"既是蛇，亦可以不是"蛇"。

2. 明清文献中有些"没蛇弄"的"蛇"不是蛇

《歧路灯》中"没蛇弄"的"蛇"不是蛇，清代其他文献中有些"没蛇弄"的"蛇"也不是蛇。例如：

（4）那干人见杜小七病倒，没蛇弄了，鸟羞而散。（《生绡剪》8/164）③

（5）杜氏道："也没见过一个还不曾过三两个月的孩子，公然长命百岁起来。三般痘疹，还不曾见过一遍儿；水泻痢疾，大肚子癖疾，都是有本事送小儿命的症候；水火关，蛇咬关，鸡飞落井关，关口还多着哩，到明日不拘那一道关口挡住了，还叫堂楼上没蛇弄哩。……"（《歧》67/646）

（6）一日，小貂鼠、白鸽嘴、细皮鲢齐集于夏逢若家，没蛇可弄。（《歧》56/522）

（7）二兄弟大不通，病人昏愦眼朦胧，刚还魂怎么敢惊动？一口气不来瓜打了，竹篮打水落场空，可才大家没蛇弄。（《聊斋俚曲集·墙头记》4/37）

例（4）的"没蛇弄"，《明清吴语词典》的解释是：没有玩弄的对

---

① 谢路军主编：《小说妙语词典》，学苑出版社1999年版，第141页。
② 王国平主编：《西湖文献集成》（第11册），杭州出版社2004年版，第1011页。
③ 谷口生等著，李落、苗壮校点：《生绡剪》，春风文艺出版社1987年版。"/"前后为回、页数。

象,比喻无法获利了。① 从该例的语境中可判断出,其"蛇"是杜小七,不是蛇。后三例"没蛇(可)弄"的"蛇"也都不是蛇,但从上下文语境中也无从知晓蛇的具体所指。

明代文献中有些"没蛇弄"的"蛇"也不是蛇。例如:

(8) 若一下冲撞了他,收拾了本钱去,就没蛇得弄了。(《初刻》22/261)

(9) 起初,瑶月、筑玉等人凡与他有一手者,时时说起旧情,还十分怜念他,却而今没蛇得弄,中看不中吃,要来无干。(《二刻》34/443)

(10) 正是:思量拔草去寻索,这回却没蛇儿弄。(《二刻》10/143)

例(8)的"没蛇得弄"即"没蛇弄",其"蛇"已不是蛇,已变成了用来营运的本钱。例(9)的"没蛇得弄"也即"没蛇弄",其"蛇"也不是蛇,而是用"蛇"作喻,是"弄"的凭借。例(10)的"没蛇儿弄"即"没蛇弄",其"蛇儿"似蛇非蛇,似喻非喻。

这三例的中"蛇",虽然都已经不是指蛇,但结合上下文的语境还都能判定出"蛇"的具体所指。

(二) 明清文献中"没蛇弄"的语义、语法特点

1. "没蛇弄"的语义特点

就上述词典、文献的解释来看,"没蛇弄"多见于吴语区,常用于比喻。当"没蛇弄"的施事是"叫化子""乞儿"时,使用的是"没蛇弄"的本义,"弄"的受事是蛇。如例(1)、例(2)的"没蛇弄"是用其本义。当"没蛇弄"的施事不是"叫化子""乞儿","弄"的受事"蛇"能通过上下文语境看出不是蛇,而是另有所指时,则是用其比喻义。如例(4)、例(8)、例(9),例(3)、例(10)则是本义、比喻义兼用。

《歧路灯》中的三例"没蛇弄"和例(8)中的"没蛇弄"既不是它的本义,但也不同于用作比喻义的"没蛇弄"。因为用本义时,可以从语境中推知"没蛇弄"的"蛇"是蛇,用比喻义时,既可以从语境中推知"没蛇弄"的"蛇"不是蛇,也能判断出"蛇"所指为何。可见,"没蛇弄"从其本义发展到比喻义,其中蛇的语义逐渐虚化,再加上吴语与北方话的差别,到了《歧路灯》中的"没蛇弄",其"蛇"已经更加虚化,

---

① 石汝杰、宫田一郎主编:《明清吴语词典》,上海辞书出版社2005年版,第428页。

从其所在的上下文中已无从查知了。

乞丐弄蛇,是在生计窘迫的情况下,把蛇作为赚取钱物的手段或凭借,而没蛇弄意味着失去了这种手段或凭借,弄蛇者的状况会因此变得更加窘迫。而《歧路灯》中的"没蛇弄"是"谓事情窘迫,没有条件继续下去,无法可想"①。所以,无论"蛇"是否是蛇,以上例中的"没蛇弄"[包括"没蛇(可/得)弄"]都具有共同的语义:处境窘迫,无以为继,无计可施。

2. "没蛇弄"的语法特点

在例(1)—例(5)、例(7)中,有六例"没蛇弄",例(6)、例(8)—(10)分别是"没蛇可弄""没蛇得弄""没蛇儿弄",在结构上分别是"没蛇|可弄"、"没蛇|得弄"、"没蛇儿|弄"。"没"即"没有","得弄"即"能/可弄","蛇儿"是蛇的儿化。"弄"前的"可/得"起强调作用,"蛇"后出现的"得"不影响该构式的语义、结构。

"没蛇弄"是连动结构,在句中作谓语。"没"是否定动词,"蛇"是"没"的名词宾语。"弄"是多义动词,相当于"耍、做、干、搞"等。"蛇"和"弄"之间可以插入"可"类助动词,如"没蛇可弄"。

虽然不能直接从《歧路灯》中"没蛇弄"出现的上下文语境中,看出"蛇"的具体所指,"没蛇弄"的语义也不是这三个字字面意义的简单叠加,但可以肯定的是,"蛇"是该构式义的主要承担者。

二 《歧路灯》中的"没蛇弄"与豫西南方言的"没啥弄"

我们把《歧路灯》中的三例"没蛇(可)弄"的"蛇",都替换成疑问代词"啥",发现非常切合语境,且语义更加明晰。而用疑问代词"啥"去替换上例中其他的"没蛇弄"("蛇"不是蛇)的"蛇",句子依然成立。所以得出结论:《歧路灯》中的"没蛇弄"就是"没啥弄"!

《歧路灯》中的"没蛇弄"是"没啥弄","没蛇弄"的"蛇"是"啥"。"没蛇弄"中的"蛇"与"啥"义同、音同。以下是方言、汉语语音史、文献资料及《歧路灯》中的相关证据。

(一)"没蛇弄"中的"蛇"与"啥"语义相同

1. 《歧路灯》中的"啥"概说

吕叔湘(1985)指出在官话区的一大部分方言和吴语区的大多数方言里,疑问代词"啥"是"什么"的合音,相当于普通话的"什么"。

---

① 张生汉:《〈歧路灯〉词语汇释》,河南大学出版社1999年版,第75—76页。

第五章 《歧路灯》与豫西南方言之"没蛇弄"与"没啥 VP"　217

冯春田（2003）的研究表明："啥（嘎）"最早出现在明代吴语区的民歌中，而北方方言中"啥"在明代尚未形成，直到蒲松龄（约 1640—1715）反映清代山东方言的《聊斋俚曲集》及清代后期文康的《儿女英雄传》（成书于 1866—1872）[①]里，才有较多的"啥"用例。但冯春田（2003）没有提到清代另一部"啥"字使用也较多的重要作品——李绿园的《歧路灯》。《歧路灯》晚于《聊斋俚语集》，早于《儿女英雄传》。

疑问代词"啥"，《歧路灯》栾校本中一共出现了 172 次，《歧路灯》上图抄本中"啥"写作"嘎"，共有 148 例。"啥"是《歧路灯》中"什么"以外最为常见的疑问代词，主要是用于口语之中。"啥"可以作主语、定语、宾语，其中作宾语、定语比较常见。"啥"具有指示、称代作用，可用来询问性状、原因、目的、事物、疑问。在《歧路灯》中疑问代词"啥""什么""甚的""甚"都有使用。《歧路灯》及清代其他文献中"啥""什么""甚""甚的"等疑问代词[②]的数量统计如表 5-1 所示。

表 5-1　　　　清代部分文献中"啥"等疑问代词数量统计表

	什么/甚么[①]	甚/甚的	啥（嘎）
醒	104/1290	263/24	0
聊斋俚曲集	22/168	4/0	63（"嘎"）
歧	436/0	53/48	172[③]
红	1109/4	4/0	0
儒	10/369	67/4	1（"嘎"）
儿	0/804	0/28	25 作（"僿"）
海上花列传[②]	22/28	37/1	1481

注：①"什么"和"甚么"实为一词，见袁宾《近代汉语概论》，上海教育出版社 1992 年版，第 185 页。

②《海上花列传》，使用苏州方言，作者韩邦庆，上海松江人，19 世纪下半叶在世；除了此小说数据为本书作者统计外，其他转自王秀玲《〈歧路灯〉中的代词、助词和副词》，博士学位论文，中山大学，2007 年。

③栾校本 172 例"啥"，上图抄本写作"嘎"，共 148 例。

从表 5-1 可以看出，清代的"啥"的确是一个地域性较强的方言

[①]　太田辰夫《〈儿女英雄传〉杂考》（《神户外大论丛》25—3，1974 年）认为此书大约成书于清同治五年到十一年间（1866—1872 年）。

[②]　王秀玲：《〈歧路灯〉中的代词、助词和副词》，博士学位论文，中山大学，2007 年，第 35 页，把"啥""什么""甚""甚的"四个疑问代词称为"啥"类疑问代词。

词，除吴语区之外，北方方言中的河南、山东方言使用居多。与同时期文献中的"啥"类疑问代词相比，《歧路灯》中"什么""啥"的使用情况更接近于现代汉语，一方面，"什么"完全取代"甚么"在数量上占绝对优势，这与普通话一致；另一方面，除了吴语区的《海上花列传》之外，还保持着北方话区使用数量最多的"啥"，这与现代汉语方言一致。而53例"甚"和48例"甚的"的同时并存，又充分体现了《歧路灯》语言的过渡性。表5-1表明《歧路灯》"啥"的用法基本上与"什么"相同，而"啥"与"什么"的用法基本与现代汉语相同。

2. 明清时期把"啥"写为"蛇"或"煞"

袁宾（1992）《近代汉语概论》指出："啥"大概是"什（甚）么"的合音字，这个字在现代作品中常见，在明清时代写作"蛇""煞"。例如：

（1）若一下冲撞了他，收拾了本钱去，就没蛇得弄了。(《初刻》22/261)

（2）这是煞个意思？(《龙图耳录》12/133)[①]

例（1）是明代用例。《初刻拍案惊奇》作者凌濛初系浙江人，其作品带有明显的吴方言色彩。例（2）是清代（晚清）用例，其"煞"意义同"啥"。《龙图耳录》是19世纪中期天津籍说唱艺人石玉昆常年在北京演出的记录本，使用京、津方言。因此，根据袁宾（1992）研究可知，《歧路灯》中的三例"没蛇（可）弄"，只是把"啥"写成了"蛇"，是借用了"蛇"字而实际意义与"啥"相同，即"没蛇（可）弄"是"没啥（可）弄"。而与《龙图耳录》关系密切的《七侠五义》中有"啥个交情"的用法。例如：

（3）李平山将眼一翻道："萍水相逢，我和你啥个交情，一借就是几两头？……"(《三侠五义》94/557)[②]

本例的"啥个交情"的"啥个"与例（2）的"煞个意思"的"煞个"语义相同，再次说明"煞"与"啥"同义。

[①] 石玉昆：《龙图耳录》，上海古籍出版社1981年版。"/"前后为回数、页数。

[②] 石玉昆：《三侠五义》，人民文学出版社2007年版。"/"前后为回数、页数。

下例中的"煞"也同"啥":

(4) 你自有结发的恩和爱,这露水夫妻煞相干?(《聊斋俚曲集·磨难曲》13/765)

(5) 说着又推板儿道:"你那爹在家怎么教你来?打发咱们作煞事来?只顾吃果子咧。"(《红》6/100)

冯春田(2003)指出,例(4)中的"煞"为借音字,即"啥(嗄)"。例(5)中的"煞事"即"啥事"。也就是说《歧路灯》中的"没蛇弄"的"蛇"也是借音字,即借蛇的字、音,而实际上是"啥"。

《歧路灯》中"没蛇弄"之外还有12例的"蛇",在语义与"啥"无关,本章开始已有举例。《歧路灯》中还有41"煞"例,语义上与"啥"无关。例如:

(6) 如必以功名为显亲之阶,就要上京入国子监,煞用苦功,春秋二闱,都在京中寻上进的路。(《歧》96/904)

(7) 公郎也是必进的,自然父子同榜,岂不喜煞朋友们哩。(《歧》90/847)

(8) 当铺宋相公道:"景爷说的不差,行李打成包子,棕箱皮包都煞住不动,家人骑上两头骡子,……"(《歧》7/65-66)

(9) 忽的锣鼓戛然而止,戏已煞却。(《歧》10/110)

前两例的"煞",分别位于谓语动词前后,作状语、补语,表示程度很深。袁宾(2003)、徐繁荣(2004)等曾考察过前两例的"煞",指出近代汉语时期,"煞"由北方方言而为通语,晚清时又转变成南方方言,是语言接触的结果。后两例的"煞"是动词作谓语:例(8)的"煞"是勒紧、束紧,例(9)的"煞"是结束、停止。今豫西南方言中仍有后两例这样的用法,如:"煞绳_{用来勒紧车上装载东西的绳子}""左边的绳子再煞紧_{勒紧}些"。后两例的"煞"应是通语在今天河南方言中的遗留。《歧路灯》的这些"煞",应是与"蛇""啥"曾经同音,但除语音外,均和"啥"无关。

(二)"没蛇弄"中"蛇"的本字是"啥"

现代汉语共同语中的"蛇",在豫西南及河南其他方言、山东等很多北方方言中,都叫"长虫"。

我们认为《歧路灯》中"没蛇弄"的"蛇"本字是"啥"。由于"啥"字出现较晚,明代已在南方方言(特别是吴语)里产生,在清代《聊斋俚曲集》《歧路传》《儿女英雄传》《海上花列传》《老残游记》等白话小说中才能看到,可能当时使用也不普遍,因此《歧路灯》中用"蛇"来替代"啥"。"蛇"中古音属假摄开口三等船母麻韵字,一般拟音为"*-ia"。韵母"ia"在舌尖塞擦音或擦音声母后,为了发音的协和,介音"-i-"常常脱落,于是"ia"就变成了"a"。"蛇"和"啥"同音,《歧路灯》中用"蛇"来表示"啥"是同音替代。在河南省商丘、永城、夏邑、虞城等地①,60岁以上的人说起戏曲《白蛇传》时,仍称其中的青蛇、白蛇的"蛇"为"啥[ʂa⁴²]",即这些方言中的"蛇"和"啥"的读音相同。"蛇"这种动物,常会令人生畏,"蛇"读"[ʂa⁴²]"可能是忌讳变音。

山东方言志丛书《潍坊方言志》(1992)也指出潍坊方言"蛇、喝"的韵母是 a,第 24—46 页指出潍坊、坊子、寒亭、昌邑、高密、诸城、五莲、安丘、昌乐、临朐、青州、寿光等地"爬、蛇"的韵母为 a。据《汉语方音字汇》(2003),济南方言中的"蛇",文读为[cʂɤ],白读为[cʂa]。上海大学文学院 2009 级博士研究生谢祥娟是山东潍坊安丘人,她说安丘的方言中"蛇"也是叫"长虫"。如果要说"蛇",老年人的韵母可能会是"a",年轻人一般不念"a",而念"[ɤ]"了。

还有人谈到现在七八十岁居住在河北、北京一带的老人,小时候跟《白蛇传》叫青蛇(读"啥")白蛇(也读"啥")闹许仙,那时候跟蛇都叫长虫或者蛇(读"啥"),极少有人看到蛇称为 shé。

可见,《歧路灯》时代的河南方言中,是"蛇"和"啥"同音。

(三)《歧路灯》中的"没蛇弄"是双关语

《歧路灯》中"没蛇弄"的"蛇"不是蛇,而是疑问代词"啥"的借字。即《歧路灯》中"没蛇弄"的"蛇"是疑问代词"啥"。明清其他文献中"没蛇弄"的"弄"主要是玩弄,而《歧路灯》中"没蛇弄"的"弄"是泛义动词,"没蛇弄"是借"蛇"的字形,表"啥"的语音、语义。就语言运用上来看,是传统修辞学上的双关语。在语义上,"没蛇弄"是"没啥弄","没啥弄"是"没啥做(干、办)",是没法子、没办法弄,是没什么做、没什么干,"没蛇可弄"就是没法子、没招儿可弄,就是没什么可做、可干。因此"没蛇弄"表达的是一种无可奈何、无以

---

① 据商丘师范学院王玉霞、赵安民等老师告知。

为继、没有出路的窘迫处境。

下面再来集中看看栾校本《歧路灯》中的三例"没蛇弄"：

（10）谭相公明明是个老实人，只为一个年幼，被夏鼎钻头觅缝引诱坏了。又叫张绳祖、王紫泥这些物件，……攒谋定计，把老乡绅留的一份家业，弄的七零八落。如今到了没蛇弄的地步，才寻着书本儿。（《歧》87/821）

（11）水火关，蛇咬关，鸡飞落井关，关口还多着哩，到明日不拘那一道关口挡住了，还叫堂楼上没蛇弄哩。（《歧》67/646）

（12）一日，小貂鼠、白鸽嘴、细皮鲢齐集于夏逢若家，没蛇可弄。四个围住一张桌子，一注一文钱，闲掷色盆，以消白昼。（《歧》56/522）

就上述"没蛇弄"出现的语境来看，例（10）是指主人公谭绍闻被人攒谋定计，把丰厚家业弄得七零八落而沦落到束手无策、没法可想、无计可施、无以为继的生活窘况。例（11）是张类村的二房杜氏因妒忌而恶言诅咒第三房生的儿子，可能会被各种要命关口送掉小命，到那时不孝有三无后为大，张家面临的境况可就是束手无策、万般无奈。例（12）的四个赌徒，囊中缺少赌资，"闲掷色盆""没啥可弄"就意味着赌徒们没有了赖以生活的经济来源，从而陷入困境。而前文所提及的蒲松龄《聊斋俚曲集》中的"竹篮打水落场空，可才大家没蛇弄"中的"没蛇弄"与《歧路灯》中的"没蛇弄"意义、用法相同。

《歧路灯》中使用了 172 例疑问代词"啥"和 13 例"蛇"，《歧路灯》中既有"蛇"，也有"煞"和"啥"，作者为什么还要用"蛇"代替"啥"呢？我们推测其原因：一是在清代都市里盛行弄蛇[1]，且当时的河南方言中存在"蛇""啥"同音现象；二是《歧路灯》的作者学问渊博，从用字上追求某种修辞上的效果：他故意借"蛇"来替代与之同音的"啥"，从而形成一种独特的修辞效果；他一生"舟车海内" 20 年，足迹到达冀、鲁、苏、浙、皖、赣、湘、鄂、川、黔和北京、天津等地，他知晓吴语区有"叫花子没蛇弄"之故，借其"没蛇弄"追求特殊语言效果。而台湾学者吴秀玉（1996）在探讨《歧路灯》的创作艺术时指出，《歧路灯》有"大掉书袋""古僻词语生涩难读"和"河南方言生疏难懂"等

---

[1] 张清宏：《弄蛇小史》，《中国花卉报》1995 年 10 月 27 日。

缺陷。① 苏杰《〈歧路灯〉文言词语考异》指出："《歧路灯》的语言有两个特点，一是使用了大量的生动活泼的河南方言，二是使用了不少典雅蕴藉的文言词语。"② 苏杰所说的文言词语主要指引经用典、生僻词语以及四字格成语等。《歧路灯》的作者沈潜好学，学问渊博，经史子集无不贯通，而且通韵律，善吟咏，熟悉河南方言，这些反映在他的作品中，便形成了吴、苏两位先生所说的语言特点，也即李绿园小说的语言风格。其实今人对《歧路灯》的语言风格会有如此认识，既与《歧路灯》产生的时代有关，也和今人对某些词语的音韵知识不熟悉有关。

虽然豫西南方言中没有《歧路灯》中的"没蛇弄"，但豫西南方言中有语义、结构都与《歧路灯》中"没蛇弄"相同的"没啥弄［mu⁴² ṣa⁴² nuŋ³¹］"。由于《歧路灯》与豫西南方言中都有"没啥 VP"结构，而"没啥弄"是"没啥 VP"的一种，所以我们把对豫西南方言中"没啥弄"的讨论放在下一节，与二者的"没啥 VP"一起进行。

第二节 《歧路灯》与豫西南方言中的"没啥 VP"

《歧路灯》中有下例的"没啥 NP"：

（1）只管说没啥意思，何必去看？（《歧》26/252）

（2）希侨笑道："其实也没啥事。"隆吉道："既没啥事，为何叫人送辞帖？"（《歧》18/186）

（3）我见惯了，这没啥大意思，奶奶休怕。（《歧》17/181）

（4）昨夜你说的收王中那话，叫我仔细想来，王中毕竟没啥不好的意思，……（《歧》36/333）

（5）况且行息之债是擎不住的，看着三分行息没啥关系，其实长的最快。（《歧》36/336）

这五例"啥"即"什么"，修饰的都是名词，豫西南方言中也有这样的用法，我们不讨论。下文要探讨的是与"没蛇弄"结构相同的"没啥 VP"。

---

① 吴秀玉：《李绿园与其〈歧路灯〉研究》，台北师大书苑有限公司1996年版，第358—364页。

② 苏杰：《〈歧路灯〉文言词语考异》，《兰州学刊》2010年第3期。

第五章 《歧路灯》与豫西南方言之"没蛇弄"与"没啥VP"　223

一　《歧路灯》中的"没啥 VP"

（一）《歧路灯》"没啥 VP"的语法特点

《歧路灯》中有 28 例与"没蛇弄"结构相同的"没啥 VP"。《歧路灯》中的"没蛇弄"是"没啥弄"，但《歧路灯》中没有"没啥弄"。

"没啥 VP"，在结构上是"没啥/VP"。VP 主要有"说""答应""敬""吃""嗔责""给""兑""纳""优免"等，均为及物动词；言说类动词占多数，仅"没啥说"就有 13 例。例如：

(1) 也不知那一家有钱的，把福儿秀才挤了，却没啥说，说孩子小。(《歧》8/83)

(2) 滑氏道："不嫌我穷，没啥贴赔孩子么？"王氏道："师娘可是没啥说了。"(《歧》40/370)

(3) 夏逢若道："谭贤弟干这事，到明日要逼死孀妇哩。"盛希侨道："淡事，没啥话说。"(《歧》50/460)

(4) 谭绍闻急切没啥答应。希侨哈哈笑道："没的说了，休脸红。……"(《歧》27/253)

(5) 你偏今日不对我说一声儿，叫王中问我两三遍，我白没啥答应他。(《歧》19/192)

(6) 白兴吾道："见笑些，粗局没啥敬。"(《歧》33/303)

(7) 不如写一个来役有病禀帖，叫他自带回署，娄老爷也就没啥嗔责。(《歧》72/695)

(8) 今日晌午，还随了一个三千钱的小会，还没啥纳，我要酌度去。(《歧》6/60)

(9) 虎镇邦道："我如今把粮开拨了，没啥兑。"(《歧》69/659)

(10) 大儿道："没啥好的吃，闲坐坐说话儿罢。"(《歧》40/369)

以上的"没啥 VP"均为句中谓语。例(2)、例(5)中"没啥贴赔孩子""没啥答应他"的 VP 分别是动宾短语"贴赔孩子""答应他"，例(5)的"没啥 VP"前还出现了副词"白"。例(3)的"没啥 VP"中，"啥"后有名词"话"。

(二)"没啥 VP"的构式义

《歧路灯》中的"没啥 VP",在语义上不是真的如字面所说是"没啥可 VP"。如例(1)的"没啥说"不是真的没什么可说,而是指处于不能直说所做事情的处境,只能想方设法敷衍塞责。例(5)"没啥答应他"不是真的没什么可以回答他,而是处于本该能回答却无从回答的境地。"没啥 VP"所在句中,总有体现不利处境的提示语:如例(1)"也不知那一家有钱的,把福儿秀才挤了"。例(9)的"我如今把粮开拨了"。所以"没啥 X"的语义也不是其组成成分的简单叠加。再看下例:

(11) 王氏道:"只是我没有这宗银子。"薛婆道:"咳,你老人家没啥说了。银山银海的人家,那碎银边子,还使不清哩。"(《歧》13/143)

(12) 即作地止此两项,入私囊的银子还不知有多少哩。叫我白张嘴没啥说,真冤屈死了人。我竟是一点法子也没有。(《歧》70/672)

(13) 谭绍闻道:"你说的也是。我今晚到家,向奶奶说明,改日你只等的车到,那就是奶奶没啥说了。……"(《歧》56/521)

(14) 谭绍闻道:"把地分给他一半,他也就没啥说了。"(《歧》70/671)

(15) 他姑是最明白的人,他家是大财主,咱孩子白吃他一年饭,他也没啥说。(《歧》3/27)

(16) 王氏又问道:"你丈人没说啥么?"绍闻道:"没有。"(《歧》14/151)

前五例的"没啥说"中的"啥"是虚指,"没啥说"的施事常处于某种不适的状况中。如例(11),人贩子薛婆说"银山银海的人家"的主母王氏说自己没有买丫鬟的30两银子,是为不买丫鬟找借口的推辞话。例(12)是指处于百口难辩的窘状。前五例"没啥说"是否定格式,且"啥"是疑问代词,所以看上去很像古代汉语否定句中疑问代词作宾语时前置的情况,但前五例的"没啥说"与例(16)的"没说啥"有很大的不同:"没说啥"是没有说什么,可以理解为没说或者不想说什么。而"没啥说"不等于没说,如例(12)。因此"没啥说"不等于"没说啥"。《歧路灯》的13例"没啥说"中,除两例用于叙述语言,其余均用于口语。

正如前文所说《歧路灯》的"没蛇弄"是"没啥弄",指的是处于没啥可弄的一种窘迫状况。再看下例:

（17）盛希侨道:"谭爷说了,与你一向厮跟的好,见你开了粮,心下不忍。我借与他十两银子周济你,你有啥说没有?"(《歧》69/660)

（18）夏鼎也跪下,把头点了几点,说:"我有啥说哩,罢了,罢了。只拿水来洗洗我的鼻子,我走就是。"(《歧》76/741)

例（17）"有啥说没有"是"有啥说没有啥说"的省略,例（18）"有啥说"等于"没啥说",即面临窘境,无可奈何,没什么可说的,"啥"表示反问。

《歧路灯》的"有啥VP"还有以下用例:

（19）妇人道:"左右叫谭大叔给你几两银子,有啥不清白?"(《歧》29/269)

（20）王氏道:"你爹爹久走南边,有啥怕处?"(《歧》74/714)

（21）惠养民道:"嫂也是个老实人,有啥不好呢?"(《歧》39/362)

（22）夏逢若道:"你依了?"虎镇邦道:"有啥不依,我当初为赌博把一个家业丢了,少不得就在这城内几家憨头狼身上起办。"(《歧》64/605)

前三例中的"有啥AP"或"有啥VP"都用于问句中,相当于"没啥VP或"没啥AP"。末例的"有啥不依"相当于"没啥不依"。"啥"均表示反问,是虚指。

总之,由于"没啥弄"本身就是"没啥VP"的一种,所以语义上,"没啥VP"和"没啥弄"具有相同之处,"没啥VP"有独特的构式义,指处于不能、不便或无法VP的处境或窘境。

二 豫西南方言中的"没啥VP"及古今比较

（一）豫西南方言中的"没啥VP"

1. 豫西南方言"没啥VP"的构式义

豫西南方言中,"啥"读 [ʂa^{42}],也是个使用很普遍的疑问代词,相当于普通话的疑问代词"什么"。豫西南方言中不说"什么",只说

"啥"。"啥"主要作宾语、定语。如"弄啥""吃啥""干啥""说啥""等啥"等,豫西南方言中的"没啥事儿""没啥人""没啥活儿""没啥吃头/看头/想头/玩头""没啥味儿""没啥关系"中的"啥"也是"什么","没啥 NP"就是构成成分的意义,即没什么 NP。而豫西南方言中的"没啥 VP"不是指没什么 VP,而有其独特的构式义,多是指说话者正处于不如意的语境或无可奈何的状况。如"没啥吃""没啥穿",不是说没什么吃穿,多是指说话者日子过得不好;"没啥说了"多是指说话者处于不知道如何说的境地。

2. 豫西南方言"没啥 VP"语法特点

豫西南方言中"没啥 VP"的"啥"可儿化为 [ʂə⁴²],VP 以单音节动词 V 为主,有时 V 前可以出现助动词"可"。常见的"没啥 VP"主要有"没啥儿(可)弄"、"没啥儿(可)问"、"没啥儿(可)吃"、"没啥儿(可)穿"、"没啥儿(可)干"、"没啥儿(可)做"、"没啥儿(可)整"、"没啥儿(可)想"、"没啥儿(可)买/卖"、"没啥儿(可)送/借/给"、"没啥儿(可)要"、"没啥儿(可)捞 [lɑu³¹]"、"没啥儿(可)赚/赔"、"没啥儿(可)信"、"没啥儿(可)混"等,多是用于不如意的语境或无可奈何的状况。

豫西南方言中的"没啥儿 VP",也可以说成"没法儿 VP",如"没法儿弄/干/整/说/活/过/教/学"等,也多用于不如意语境下说者无可奈何的状况。

豫西南方言的"没啥 VP"中,"没啥/法儿弄"最为常见。"弄"在今天的豫西南方言以及河南其他方言中,如同普通话的万能动词"搞"。在豫西南方言以及郑州、开封、许昌、洛阳、新安、平顶山安阳等地的方言中,"弄啥"就是普通话"干什么"的意思。"做啥"常被合读为"[tʂua⁴²]"。"没啥弄""没啥儿弄"是指在不如意的境况和无可奈何的状况,没什么(可或能)做,没什么(可或能)干、无计可施、无法可想。"没啥弄"与"没啥儿可弄""没得啥儿弄""没法儿弄""没法儿可弄"等意义相同。"没啥(儿)VP"与"没啥儿可 VP"都成了惯用的构式。

(二)《歧路灯》与豫西南方言"没啥 VP"比较

《歧路灯》中的"没啥 VP"与豫西南方言中的"没啥 VP"的语法、语义、用法相同。《歧路灯》中的"没蛇弄",与今天豫西南方言以及河南其他方言中的惯用语"没啥(儿)弄""没法儿弄"意义、用法完全相同。例如:

(1) 以前脆咋_{无论如何}tsʰuei²⁴tsa⁵⁵说你都不听，现在好了，血本无归，没啥儿弄了吧？
(2) 投里头 liou⁵⁵ 的钱都打了水漂儿，没啥儿可弄了。
(3) 事到如今，还有啥法儿可弄？（相当于"没什么法儿可弄。"）
(4) 一天到晚没啥儿弄，都快愁死了。
(5) 问来问去，没啥儿可问了。
(6) 跑了好几家菜市场，没啥儿可买/卖。
(7) 事情都到了这个份儿上，我没啥说，没啥可说。
(8) 你输了，没啥儿说了吧？
(9) 你要能证死他_{足够的证据正中他要害}，他就没啥儿说。

上例的"没啥（儿）弄"与《歧路灯》中的三例"没蛇弄"语义、语境相同，都是用于极不如意的情况。例（1）因不听劝而血本无归，境况不好，没有办法做下去、无计可施了。例（2）是钱有去无回，无法子可想了。例（3）、例（4）都是在极不如意的语境中无法可想、无计可施。后三例的"没啥（儿）说"也与《歧路灯》的相同。

小　结

本章主要讨论《歧路灯》与豫西南方言中的"没蛇弄"与"没啥VP"。《歧路灯》中的"没蛇弄"是"没啥弄"，"蛇"是同音替代，本字是"啥"。明清文献中有把"啥"写作"蛇"和"煞"的实例，汉语史和今方言中都有"蛇"和疑问代词"啥"同音的情况。《歧路灯》与豫西南等河南方言中"没啥VP"这种连谓短语在一些语境下已经发展成为一种特色构式，常指极困境况下的无可奈何、无计可施、无法可想、没什么可做、没什么能干。"没蛇弄"体现了《歧路灯》好用方言、典故的一贯写作风格。《歧路灯》与豫西南等河南方言中"没啥VP"语义、语法、用法相同，体现了《歧路灯》的方言语法特点。

第六章 《歧路灯》与豫西南方言之动补构式"X 的/哩 Y"

概 说

《歧路灯》与豫西南方言中共有的动补构式"X 的/哩 Y"包含以下两种情况：

1. "X 的/哩慌"

"X 的/哩慌"是表示程度的动补结构，是"X"与"的/哩慌"的组合。"X 的/哩慌"是《歧路灯》、豫西南方言、现代汉语共有的特色构式。《歧路灯》同时期的文献中也有这样的构式，但特点、用法参差，与《歧路灯》有别。正好借此构式进行"普—方—古"多角比较。

2. "X 的/哩 Y"

"X 的/哩 Y"也是表示程度的动补结构。如果仅从语表上看，"X 的/哩慌"，似属于"X 的/哩 Y"。事实上，二者有别："X 的/哩 Y"是"X""的/哩""Y"的组合，Y 由词或短语充当。《歧路灯》中的"X 的 Y"，主要有"X 的很""X 的没法儿""X 的了不成"等。豫西南方言主要有"X 哩很""X 哩没点儿""X 哩着急""X 哩够呛"等。

本部分主要考察《歧路灯》与豫西南方言中"X 的/哩慌"和"X 的/哩 Y"的构式义、语法特点、发展演变及古今异同。

第一节 《歧路灯》与豫西南方言中的"X 的/哩慌"

本节主要考察《歧路灯》与豫西南方言中"X 的/哩慌"的构式意义、语法特点。

一 《歧路灯》中的构式"X 的慌"

（一）《歧路灯》中"X 的慌"的语法特点、构式义
1. "V 的慌"的语法特点
《歧路灯》中"V 的慌"有 15 例，还有 1 例"V 哩慌"。例如：

（1）夏逢若道："这样坑骗人的狗攮的，我实在气的慌！你说计议什么呢？"（《歧》30/281）
（2）王氏道："我怕他气的慌，叫他外边街上游散去了。"（《歧》8/84）
（3）我也愁你独自一个闷的慌，你就去走走。（《歧》57/535）
（4）近来人说话，只嫌聒的慌。你说的我不懂的，你上大厅与你爹爹说去罢。（《歧》108/1013）
（5）像俺女人们拜过干姊妹，隔二年不见还想的慌①。（《歧》104/930）
（6）今日讨个空儿来望望贤弟，近来久不见面，竟是着实想的慌。（《歧》37/345）
（7）只是我看你那个光景，着实气哩慌。（《歧》24/231）
（8）我说的话多了，喘的慌，你还放下我睡罢。（《歧》47/440）
（9）人多，挤的慌，又热又汗气，也隔哩远。（《歧》21/207）
（10）后边奶奶怕的慌，叫大相公回去睡，好做伴儿。（《歧》12/136）
（11）我担的多了，压的慌，发个利市，就卖于相公一笼。（《歧》13/145）

语义上，"V 的慌"就是 V 或有点儿 V。如例（1）、例（2）的"气的慌"就是生气或者有点生气。例（1）"气的慌"之前还有兼表程度、语气的副词"实在"。例（4）、例（6）的"嫌聒的慌""想的慌"分别是嫌聒、想念。例（6）的"想的慌"之前有程度副词"着实"。后四例的"喘的慌""挤的慌""怕的慌""压的慌"分别是表示喘、挤、怕、压的不如意的主观感觉。这种主观感觉，从修饰"V 的慌"的"实在"

---

① "想"没有不舒服/愉快义，但因久不见面而生发"想的慌"的感觉或体验，也是会令人不开心、不愉快的。

"着实""委实"等表情态的语气副词可以明显看到。例（7）"气哩慌"与例（2）的"气的慌"相同，语气副词"着实"突出了"气哩慌"的主观性。"V的慌"，除了例（4）"聒的慌"是作"嫌"的宾语外，其他主要是作谓语。"V的慌"还可以单独成小句，如例（8）、例（9）、例（11）。

以上各例中的"V的慌"在结构上是"V｜的慌"。"的"和"慌"之间不能插入程度副词"很""太"或者其他成分。"V的慌"中V是要强调的重读音节。小说中"气的慌"四例、"怕的慌"四例、"想的慌"二例、"挤的慌"二例。"V"包括单音节的"气""聒""想""压""喘""挤""怕"等表示心理活动、动作或者行为的动词。这七个动词都可以受程度副词修饰，都具有可计量特征。如例（4）"聒"的可计量性特征可通过"聒"持续时间的长短、次数、幅度大小三个方面来体现。

以上各例"V的慌"全部是用于口语。若把以上各例"V的慌"中的"的慌"去掉，句子依然成立，且不影响语义，只是说话时V之后要适当停顿一下。"V的慌"，从语感上说，只说V，没有"V的慌"的节奏自然，也没有"V的慌"口语性、状态性强。

2."A的慌"的语法特点

"A的慌"《歧路灯》中共出现了11次。例如：

（12）逢若道："……说停当了，后日去唱去。如今九月将尽，万一天变起来，孩子们冷的慌，浑身打颤，成什么样子？"（《歧》23/226）

（13）巫翠姐道："闷的慌，咱还抹牌何如？"（《歧》57/535）

（14）我急的慌，说唱一年五十两身钱，方才依了。（《歧》54/461）

（15）妇人道："黑天半夜轰一屋子人，我噩的慌。"（《歧》29/269）

（16）阎楷道："这个我断不敢领。盘费钱我受下一千，把那钱就送回布店一半去。多了也累赘的慌。"（《歧》23/225）

（17）如今老太爷归天，你老人家也孤零的慌，不说支手垫脚，早晚做个伴儿，伏侍姑娘们，也好。（《歧》13/142）

"A的慌"的构式意义也有A来承担。"A的慌"即A或有点儿A，是A的施事者感受到或心理体会到的不如意、不愉快的状况、感觉。若把各例中"的慌"去掉，句子依然能成立，虽不影响语义，但口语性、状态感不强。

"A 的慌"除了例（13）是单独成小句，主要是在句中充当谓语。以上各例"A 的慌"中的 A "闷""急""冷""嚣"①"孤零""累赘"等均为性质形容词，都可以受程度副词"很""太"的修饰，也具有可计量性特征。小说中"闷的慌"共有三例，"冷的慌""急的慌""嚣的慌"各二例。"A 的慌"是具有使动意义的动词短语。"A 的慌"是使说者具有 A 的不舒适感觉或体验。如"冷的慌""急的慌""嚣的慌"就是使说者具有冷/急/嚣的不好体验或状态。所以"X 的慌"具有动词性质。

3."X 的慌"的构式义

从以上用例可以看出，《歧路灯》中"X 的慌"的构式义即 X 具有 [－如意/愉快，＋主观，＋略微程度]。X 以单音节为主，主要是日常生活中常见的表示主观感觉、感知或者心理活动的具有可计量性特征的动词或性质形容词。无论 X 是 V 或 A，一旦进入"X 的慌"中，该构式便赋予了主观感觉、感知或心里上的某种不如意、不愉快或不舒服。这种状态或感觉在 X 是形容词时尤为明显。例如"闷的慌""嚣的慌""急的慌""冷的慌""累赘的慌""孤零的慌"等均属于不如意、不愉快或不舒服的感觉或状况。

《歧路灯》中"X 的慌"主要是在句中作谓语（有二例是句中宾语的谓语），只有一例宾语。除了八例小句，"X 的慌"都居于小句之末，之前可有修饰成分，没有后接成分。

《歧路灯》上图抄本中的"X 的慌"意义、用法均与栾校本相同，只是比栾校本少了例（16）、例（17）两例。

(二)《歧路灯》中"X 的慌"与"X 的很"比较

1.《歧路灯》中的"X 的很"

《歧路灯》中的"X 的很"一共有35例，主要用于口语。例如：

(18) 叫小厮他们也都坐上车，到外城走走。这方家胡同也松的很，没啥瞧头。(《歧》102/956)

(19) 你看天阴的很，雨点儿稠稠的，不如咱替串儿做了天阴的花费。(《歧》57/533)

(20) 张类村道："我不能坐，这一会儿腰疼的很。不但看不成

---

① 嚣，即羞。今豫西南方言中，"害嚣"即"害羞"。

戏，且不中伺候。"(《歧》79/769)

(21) 你这管家，也就大的很，就是你主子不在家，也该让我到家中坐坐，吃你一杯茶，……(《歧》22/213)

(22) 这也是他们大商真心诚意置买，本来不被人瞒，今日又不瞒人，所以省的很。(《歧》28/262)

(23) 王经千摇摇头儿，说道："成色不足的很。"(《歧》48/447)

(24) 侯冠玉道："……这大相公聪明的很，他是看猫画虎，一见即会套的人。"(《歧》11/120)

(25) "哎哟！出奇的很，怎的这位少爷，与咱南边东院二相公一模一样儿，就是一对双生儿，也没有这样儿厮像。"(《歧》92/862)

(26) 绍闻道："既是列位见爱，就受了也罢。只是有愧的很。"(《歧》72/698)

(27) 绍闻道："慢待的很。"(《歧》97/910)

上例的"X 的很"表示 X 的程度高，"的"相当于"得"，是补语标志，"很"是 X 的程度补语，在结构上和语义上，都与现代汉语共同语中的"X 得很"相同。其 X 有动词和形容词，主要以形容词为主，单、双音节的都有。

《歧路灯》中还有六例"X 得很"，其中的 X 有"忙、屈、低、失吊、简亵、少敬"，与"X 的很"的语义、结构相同。例如：

(28) 张绳祖道："遭此大故，失吊得很，有罪之极。"(《歧》74/721)

(29) 礼房道："事忙得很，晚鼓即要清册，明日申送道台衙门。"绍闻道："少敬得很。"(《歧》89/839)

(30) 他占的是个木星地位，把这拆了，这堂楼就成了生气贪狼木。可惜这堂楼低得很。(《歧》61/571)

(31) 旧年盛公子那话，我心里只觉屈得很。(《歧》34/322)

这四例中，只有例(31)的 X 可以进入"X 的慌"。

2. 《歧路灯》"X 的慌"与"X 的很"的比较

《歧路灯》中的"X 的慌"与"X 的很"，虽然二者的"X"均为变量，但只是语表上看起来相似，其在结构、语义上有以下不同：

首先，结构上，"X 的慌"是"X｜的慌"，而"X 的很"是"X｜的｜很"。语义上，"X 的很"是其组成成分意义的叠加，可以是主观感觉，但主要是基于事实的客观性描述。如例（18）"松的很"、例（21）"大的很"是主观感觉，例（19）、例（20）、例（22）、例（23）的"阴的很""疼的很""省的很""不足的很"则是基于事实的客观性描述。而"X 的慌"的语义主要是由 X 承担的。

其次，能进入二者的 X 有别："X 的很"中的 X 比"X 的慌"的 X 范围广。非表示主观感觉、感知或者心理活动的具有可计量性特征的动词或性质形容词不能进入"X 的慌"，但可以进入"X 的很"。如例（24）的"聪明的很"，就不能说成"聪明的慌"。《歧路灯》中除了上例外，能进入"X 的很"的 X 还有"多、易、忙、好、窘、哄、沤热、多谢、不足、豪爽、凉快、清顺、果然、明白、上心、不好、难得、斩截、承情、不妥当、不好过、不敢当"等词语。只有"窘""不好过"这样与主观感觉、心理活动相关的具有不如意的词语能进入"X 的慌"。

另外，"X 的很"的"很"前可以插入别的成分。《歧路灯》中有"说的极是"五例、"说的很是"六例。"X 的慌"中"的慌"可以省略而不影响语义，而上例中"X 的很"的"的""很"都不能省略，因为若省略了"的""很"，句子原来的语义就改变了。就表示的程度而言，"X 的很"明显要比"X 的慌"高，即在程度义，"X 的很" > "X 的慌"。

（三）《歧路灯》与其他文献中"X 的慌"的比较

1. 《红》《儒》中的"X 的慌"

《红楼梦》中有"X 的慌"九例、"X 得慌（主要出现在 80 回之后）"五例。例如：

（32）我老天拔地，又不合你们的群儿，我倒觉拘的慌，不如我到厅上随便躺躺去倒好。（《红》62/849）

（33）是块肥羊肉，只是烫的慌，玫瑰花儿可爱，刺大扎手。（《红》65/910）

（34）a. 王夫人道："很是，我们都要去瞧瞧他，倒怕他嫌闹的慌，说我们问他好罢。"（《红》11/153）

b. 大嫂子，妈妈因听见闹得慌，才过来的。（《红》83/1178）

（35）a."那文的怪闷的慌，武的又不好，你倒是想个新鲜顽意

儿才好。"(《红》108/1457）
    b. 我那里是乏，只是闷得慌。(《红》82/1154）
  (36)"不怎么，只是心里烦得慌。何不趁他们喝酒咱们两个到珍大奶奶那里逛逛去。"(《红》108/1460）

  上例"X 的/得慌"中的 X 是"拘、烫、闹、闷、烦"等形容词或动词，都可以受程度副词修饰，具有可计量性特征，其构式义、结构也与《歧》中的相同。《红》中的"X 的/得慌"可以作宾语、谓语，如例（32）、例（34）"拘的慌""闹的慌"分别是"觉""嫌"和"听见"的宾语，例（35）a、例（36）的"闷的慌""烦得慌"均为谓语。例（35）a 的"闷的慌"前还出现了程度副词"怪"。而《歧》中只有一例"X 的慌"作宾语，其他均为谓语。

  《红》中有"X 的很"43 例，还有"X 得很"有 15 例，主要出现在 80 回之后。X 主要是"闷、好、多、热、险、苦、大、累、疼、难、冷、短、泛、巧、醉、熟、躁、重、早、脏、殷勤、高明、无味、慌张、恰当、孤洁、忙乱、恳切、烦躁、疼痛、贵重、彷徨、容易、寂静、亲近、好看、着急"等形容词和"感激、想念、心跳、难走、喜欢、讨人嫌"等心理动词或动词短语。例如：

  (37) a. 我才告诉了柳嫂子，他倒喜欢的很。(《红》63/864-865）
    b. 姑娘说得是。我见姑娘很喜欢，我才敢这么说，……（《红》67/933）
  (38) a. 湘云黛玉一齐说道："外头冷得很，你且吃杯热酒再去。"(《红》50/675）
    a' 宝钗笑问他："这天还冷的很，你怎么倒全换了夹的？"（《红》57/789）
    b. "今日天气很冷，早晚宁使暖些。"(《红》89/1243）
  (39) 只是下半截疼的很，你瞧瞧打坏了那里。(《红》34/449）
  (40) 宝钗笑道："你的号早有了，'无事忙'三字恰当的很。"（《红》37/489）
  (41) 我心里闷得很，自己吃只怕又吃不下去，不如你们两个同我一块儿吃……（《红》89/1245）
  (42) 薛蟠一面听了，一面皱眉道："那水脏得很，怎么喝得下去！"（《红》47/637）

从例（37）、例（38）可以看出，在表现程度上"喜欢的很" > "很喜欢""冷得很" > "很冷"，即"X 的很" > "很 X"。

《红》中的"X 的/得很"在数量上比"X 的/得慌"多。

《儒》中只有两例"X 的慌"。例如：

（43）浦郎自心里疑猜："老师父有甚么诗，却不肯与我看？哄我想的慌！"（《儒》21/223）

（44）匡超人道："……况每日要洗这布，娘也怕熏的慌，不要熏伤了胃气。"（《儒》16/175）

这两例的"想的慌""熏的慌"与《歧》《红》中"X 的慌"的意义、用法相同。例（43）"想的慌"在句中是充当谓语，例（44）"熏的慌"是句中"怕"的宾语。

《儒》有八例"X 的很"，其 X 主要有"是""好"和"多""热闹""干净"。例如：

（45）施御史忙应道："这话是的很！"（《儒》50/512）

（46）秦二侉子道："胡八哥的新居干净的很哩。凤四哥，我同你扰他去时，你就知道了。"（《儒》52/528）

《儒》中的"X 的慌""X 的很"与《歧》中"X 的慌/很"的语义、结构相同，X 的词性、特征也相同。

2. 《醒世姻缘传》中的"X 的慌"

《醒世姻缘传》中的"X 的慌"有 30 例、"X 得慌"一例。其中的 X 有"闷、疼、闲、躁、穷、浪、混、诧异、不忍、不足"等形容词或形容词短语和"走、晒、喜、憋、希罕"等动词，都能受程度副词修饰，均具有可计量性特征。例如：

（47）嫌光吃饼躁的慌，逼那道士再添几碗饭。（《醒》26/350）

（48）a. 他嫌闷的慌，他待往三官庙里看看打醮的哩。（《醒》56/748）

b. 如闷的慌了，合娘坐着说话儿消闲，或与小婶儿看牌、下别棋、挝子儿。（《醒》77/1026）

236　第二专题　《歧路灯》与豫西南方言共有/相关短语中特色构式比较研究

(49) 晁夫人道"……这里你一言,我一语,混的慌。"(《醒》22/303)

(50) a. 有活,我情愿自己做,使的慌不使的慌,你别要管我。(《醒》54/719)

　　　b. 先生说:"我使的慌了,你且拿下去想想,待我还惺还惺再教!"(《醒》33/447)

(51) 我叫他给你三两银子,你又好做生意的本钱。小的实是穷的慌了,应承了他。(《醒》47/633)

(52) 拿到外头,叫挑箱的送了家来。人见了的,可不也都希诧的慌!(《醒》7/89)

(53) 我近来运退了的人,说出句话来就浊杀人的,连自家过后也悔的慌。(《醒》71/939)

(54) 咱什么东西没有!娘捎了这点子东西与他,你就希罕的慌了!(《醒》8/106)

(55) a. 这也便索罢了,他还嫌那屄嘴闲得慌,……(《醒》8/105)

　　　b. 周姨道:"我闲的慌!合他说!"望着我挤眼道:……(《醒》7/89)

上例的"X 的慌",除了例(47)、例(48)a 作宾语外,或作谓语,或单独成小句。例(49)、例(50)的"混""使"意为"乱""累"。前六例的 X 为形容词,后两例的为动词。例(47)—例(50)的 X 均是表示主观感受不如意的形容词;例(51)、例(52)"穷的慌""希诧的慌"中的"穷""希诧"却与前四例的形容词有区别:"穷"虽有不如意却不是主观感受,"希诧"虽是主观感受却非不如意。例(54)的"希罕"虽表示心理感受却与如不如意没关系。前四例的"X 的慌",语义与《歧路灯》中的相同;而例(51)、例(52)"穷的慌""希诧的慌"是"穷的很""稀奇的很",语义上更像"X 的很"。

再看下例:

(56) 那个小孩子才下草,也不知道羞明,挣着两个眼狄良突卢的乱看,把众人喜的慌了。(《醒》21/285)

(57) 可煞作怪,那小和尚看见胡无翳,把手往前扑两扑,张着口大笑,把胡无翳异样的慌了,端详着可不就合梁片云那有二样。

第六章 《歧路灯》与豫西南方言之动补构式"X 的/哩 Y" 237

(《醒》22/310)

(58) 晁夫人说:"真个,倒不诧异的慌了!"(《醒》46/616)

(59) 素姐说:"我害坐的慌,进来走走,你也跟的我来了!"相于廷娘子道:"你害坐的慌,我就不害坐的慌么?(《醒》59/788)

(60) 狄嫂子,你不害走的慌么?你合狄相公都坐会子轿,等要头晕,再下来走不迟。(《醒》69/921)

(61) 我见你这们降他,我可又心里不忍的慌了。(《醒》43/580)

(62) 上了炕,又待要捞豆儿吃;没得捞着豆子,心里就有些不足的慌了。(《醒》22/303)

(63) a. 我穿你件子衣裳,你那偏心忘八就疼的慌了。(《醒》87/1151)

　　 b. 晁夫人心里疼的慌,说道:"你听我说,别要这们晚去早来的。"(《醒》49/655)

除例(59)、例(60)的"X 的慌"作宾语外,其余六例均作谓语。前两例"喜""异样",分别是表示心理感受却与不如意无关的动词、形容词,还出现在"把"字句中。其中"喜的慌""异样的慌",在结构上是"喜/的/慌""异样/的/慌",在语义与"喜的很""异样的很"相同。例(58)的"诧异的慌了"与例(56)、例(57)的相同。例(59),"坐的慌"是指"又没的话说,坐的只打盹"的不舒服感觉。例(60)的"走的慌"是指不坐轿子走着累的感觉。后三例的"X 的慌"与《歧路灯》《金瓶梅》的语义相同,结构上是"不忍/的慌""不足/的慌""疼/的慌"。

《醒世姻缘传》中有 12 例的"X 的慌了",如例(48)b、例(50)b、例(51)、例(54)、例(56)—例(58)、例(61)—例(63) a 等。"了"是事态助词,表示对"X 的慌"已然状态的肯定。去掉"了"句子依然成立。个别的"X 的慌了"在语义、结构上似乎与"X 的很了"相同,如例(56)—例(58)等。

《醒世姻缘传》中有三例"X 得很"。例如

(64) a. 伊秀才道:"我浪得很!可怎么处?"(《醒》73/966)

　　 b. 我务必要争这口气!我就不长进,浪的慌了,待要养汉,……(《醒》43/583)

（65）最是素姐与程大姐吃亏得很，连两只裹脚一双绣鞋也不曾留与他，头发拔了一半，打了个七死八活。（《醒》73/971）

这两例中的"浪得很""吃亏得很"与现代汉语共同语中的"X得很"语义、结构相同。例（64）a、b相比，"浪的慌了"可以看作"浪了"或"浪得很了"，在表示程度上或者是"浪得很" ＝ "浪的慌"，或者是"浪得很" ＞ "浪的慌"。

从上述《醒世姻缘传》中"X的慌""X的慌了"的使用情况可知，尽管有一些特殊的"X的慌了"结构存在，但在明末清初构式"X的慌"已经占据了绝对优势。

3. 《金瓶梅》中的"X的慌"

根据唐健雄（2008）、关键（2010）等人研究，"X得慌"萌芽于元代，形成于明代中叶，定型于清代初期，以后使用渐多。构式"X得慌"形成的过程，就是"得慌"的凝固化和"慌"字原有词汇意义的弱化、丧失的语法化过程。关键认为在元代"X得慌"的"慌"作为句子的语用焦点成分的失落，为结构的凝固和内部结构的重新分析提供了可能。到明代，由于"X得慌"出现于背景句的情形越来越常见，除了充当句子的谓语，开始进入宾语。使得"X得慌"的凝固化越来越明显。例如：

（66）好歹要吃得醉饱了才去，被他打搅得慌。（李寿卿《说鱄诸伍员吹箫》第三折，《全元戏曲》2/482）

（67）白侍郎要住下，着这二位催逼的慌，好生败兴。（马致远《江州司马青衫泪》第一折，《全元戏曲》2/133）

（68）我这里走的慌，他可也赶的凶。（关汉卿《尉迟恭单鞭夺槊》第三折，《全元戏曲》1/401）

（69）我恰才口渴的慌，去寻一钟儿茶吃。（无名氏《玎玎珰珰盆儿鬼》第四折，《全元戏曲》6/499）

（70）汪革见逼得慌，愈加疑惑。（《喻世》39/624）

（71）秀娥却也不要，只叫肚里饿得慌。（《醒世》28/385）

（72）王庆勾着老婆的肩胛，摇头咬牙的叫道："阿也！痛的慌！"（《水浒传》102/737）

前三例的"X得（的）慌"是"X得（的）慌"的较早用例，结构上是"X/得（的）/慌"，其中的X"打搅""走""催逼"是非心理动词,"慌"是语用焦点,语义实在。在《全元杂剧》里"X的/得慌"中的X主要有"缠缴、缠、搂、打搅、赶(追赶)、催逼、揣、打、走、饿、渴、惊惊颤颤"等动词、形容词或短语。例(69)"渴的慌"出现在背景句,例(70)"逼得慌"是"见"的宾语。后四例的"的/得慌"已经渐趋凝固,"慌"已经渐趋虚化。

《金瓶梅》中有"X的慌"11例、"X得慌"二例。例如:

(73) 说道:"娘休打。是我害饿的慌,偷吃了一个。"(《金》8/83)

(74) 那时大妗子害夜深困的慌,也没等的申二姐唱完,吃了茶,多散归各房内睡去了。(《金》74/1083)

(75) 月娘便向玉楼众人说道:"我开口,又说我多管;不言语,我又鳖的慌。"(《金》20/234)

(76) 金莲道:"俺两个闷的慌,在这里下了两盘棋……"(《金》11/116)

(77) 妇人道:"好急的慌,只是寒冷,咱不得拿灯儿照着干,赶不上夏天好。"(《金》73/1062所删内容)①

(78) 那些妇人便在屏风后,瞧着西门庆,指着钱痰火,都做一团笑倒。西门庆听见笑得慌,跪在神前又不好发话,只顾把眼睛来打抹。(《金》53/698)

前五例"X的慌"中的X"饿、困、鳖"(同"憋")、闷、急",均是表示主观感受上不如意的形容词,其"X的慌"具有共同的构式义:表示一种主观上不如意、不舒服的感觉。"X的慌"中的同"得"。"饿的慌""困的慌""鳖的慌""闷的慌""急的慌"分别是表示饿、困、鳖、闷、急等主观上不如意的感觉。"X的慌"的语义主要有X承担,其中"的慌"的语义已经虚化,结构已经凝固。例(73)、例(74)的"饿的慌""困的慌"分别作"害"的宾语,"害X的慌"这种动宾搭配是《金》比较特殊的用法,其余的"X的慌"均是句中谓语。例(78)"笑得慌"是动补短语作"听见"的宾语,"笑"是动词,"笑得慌"相当于

---

① 《金瓶梅词话》(戴鸿森点校,人民文学出版社1992年版)该回第1062页下注有"此处删去八百二十九字"。据李渔《新刻绣像批评金瓶梅》第14卷下(浙江古籍出版社1991年版)第131页,本例在《金瓶梅词话》删去内容中。

"笑得很",与前五例构式"X 的慌"语义、用法不同。

从上例可知,《金》与《歧》的"X 的慌"在语义、结构上基本相同。可见到了明代中叶的《金》中"X 的/得慌"构式基本形成。《红》《儒》《醒》和《歧》"X 的/得慌""X 的/得很"使用情况如表 6-1:

表 6-1　　"X 的/得慌""X 的/得很"使用数量比较表

文献	金	醒	歧	红①	儒
X 的/得慌	13	30	26	14	2
X 的/得很	0	3	41	58	8
X 的慌	0	12	0	0	0

注：①《红》中前 80 回有"X 的慌"6 例、后 40 回有 8 例。

《歧》中的"X 的慌"与《金》《醒》《红》《儒》中"X 的慌"的语义、结构基本相同。从表 6-1 看出,《儒》中的"X 的慌"数量最少,《红》和《金》数量相当,而《歧》和《醒》中的"X 的慌"则较多。从前边的分析中已知,明末清初带有山东中西部方言特色的《醒》中表示如意、愉快的"喜的慌",应是属于"X 的慌"构式形成前的早期用法。而《歧》与《金》《醒》《红》《儒》中占优势的"X 的慌"都表示不如意、不愉快的主观感受,且语义、语法特点相同的情况表明,至迟在《金》至《醒》时期,构式"X 的慌"已经形成。总之,从元代到明清,"X 得慌"结构经历了"得慌"渐趋凝固化、"慌"字语音轻声化和原有词汇义弱化、体验或感觉负面化的语法化过程。

二　豫西南方言中的"X 哩慌"及古今比较

(一) 豫西南方言中"X 哩慌"的构式义、语法特点

1. 豫西南方言中的"X 哩慌"的构式义

《现代汉语八百词》指出"动/形 + 得 + 慌",表示情况、状态达到很高的程度,"慌"轻读,"得慌"常用在"闷、闲、瞌、累、急、渴、愁、咸、闹、干、涩、苦、挤、呛、憋、气、热、堵、难受、憋闷"等形容词或动词后面,用于口语。《现代汉语词典》对"慌"的解释:形容词、读轻声,表示难以忍受,用作补语,前加"得"字。如疼得丨累得丨闷得丨气得～。

豫西南方言中的"X 哩慌",与上述词典所说的情况有区别:例中

"得慌"前的"X""慌"的轻读、"得"与"哩"的用法上都与豫西南方言相同。但在豫西南方言中"X哩慌"既不表示"很高的程度",其"慌"也没有"难以忍受"之义。

豫西南方言中的"X哩慌",可以读作"X｜哩慌"、"X｜哩｜慌"。"哩慌"读〔lixuaŋ〕,两字都是轻声。刻意强调X时读作"X｜哩慌",X重读且可以拖音,哩、慌连读;读"X｜哩｜慌"时,X不重读。但两种读法都不影响"X哩慌"的构式义:表示不如意、不愉快,且带有些许程度的感觉或体验,即X的施事感觉或体验到X或有点儿X。在豫西南日常口语中使用频率很高。

2. 豫西南方言中"A的慌"的语法特点

"A哩慌"即"A"或"有点儿A"。A是表示感觉、感知或者心理活动性状且多具有消极意义的形容词或短语。如:

  Ⅰ 热、冷、冻、疼、苦、酸、胀、腻、闷、晕、累/使、痒、困、辣、撑、饿、可怜、潮

  Ⅱ 恼、急、愁、着急、焦急、难受、紧张、恶心、憋屈、不好意思

Ⅰ的A具有〔-主观,-可控〕,由ⅠA构成的"A哩慌"不能受表示劝阻的副词"白_别"修饰,而Ⅱ的A,虽有时会不由自主,但多具有〔+主观,+可控〕,由ⅡA构成的"A哩慌"则可以受"白_别"的修饰。例如:

（1）a. 干一天活儿,觉住有点儿使_累哩慌lixuaŋ。
   b. 干一天活儿,使_累死我了。
（2）a. 要进考场了,我有点儿紧张哩慌lixuaŋ。
   b. 要进考场了,我紧张死了。

例（1）不能说"白_别使_累哩慌",例（2）则可以说"白_别紧张哩慌"。两例"A哩慌"a前都可以出现"有点儿",表明累、紧张的程度不高。再看下例:

（3）a. 俺这儿_{我们这里}迎秋时_{刚入秋时间},白儿起_{白天}热哩慌,夜里冷哩慌。
   b. 猛一_{突然}məŋ^{55}i^{24}变天_{天气发生大的变化},冷哩li很/受不了。

(4) 你都穿镇_很厚了，还觉住有点儿冷哩慌？

(5) a. 这东西，看着都_就叫人恶心哩慌。

＊b. 这东西，看着都_就叫人舒服哩慌。

(6) 我真是恼/愁哩慌了。

例（3）a"热/冷哩慌"是秋天刚开始时候的有点儿热、冷的感觉，表示早晚热热、冷冷令人不太舒服的感觉，是正在感觉着的一种感冷，不是冷得很。要是天气突然发生大的变化，只能是 b "冷哩很/受不了"。例（5）b 的"舒服"不能进入该构式。

以上"A 哩慌"中，A 单音节词语相对较多。"A 哩慌"可以作谓语、宾语或者小句，如例（2）a 和例（6）是谓语，例（5）是兼语的谓语，例（1）a 和例（4）是宾语。

豫西南方言中的"A 哩慌"构式具有使动性质。如上例"紧张哩慌""热/冷哩慌""恼/愁哩慌"都是说者感到"紧张/热/冷/恼/愁"的不适之感。

3. 豫西南方言中"V 哩慌"的语法特点

"V 哩慌"即"V"或者"有点儿 V"。A 是表示感觉、感知或者心里活动性状且多具有消极意义的动词，如：晒、憋、聒、气、压、挤、蹲_颠、扎、后悔、担心、害怕、眼气_{羡慕}、拿捏、想、恨等。例如：

(7) 路不平，坐车去，怪蹲_颠tun^{24} 哩慌。

(8) 一想起那事儿，他斗_就tou^{31} 觉住_{觉得}后悔哩慌。

(9) 你气哩慌，我不气哩慌。

(10) 咱老姊妹们多年不见，可_很想哩慌哩。

相对来说，"V 哩慌"的用例比"A 的慌"的用例要少。"V"主要以单音节词语为多。"V 的慌"是表示对某种行为、现象存在状况的主观不如意的感知。"V 哩慌"，例（9）作谓语，例（8）作宾语，例（7）、例（10）是小句。

（二）豫西南方言中的"X 哩很"与"X 哩慌"比较

豫西南方言中也有"X 哩［li］很"结构，其语义、结构与现代汉语共同语中的"X 得很"相同。能出现在"X 哩［li］很"中的 X 主要是形容词。如阴、黑、快、慢、湿、大、小、皮、苦、累、赖、热、冷、

第六章 《歧路灯》与豫西南方言之动补构式"X 的/哩 Y" 243

饿、甜、咸、□［kʰən²⁴］节省、浪、腻、闹、烦、懒、滑、沉、轻、直、近、香、高兴、舒服、得劲、排场排列、支棱好看、精神等形容词和好看、难吃、能吃、难闻、喜欢等感知类动词结构。例如：

(11) 天黑哩可很/很哩很，啥也看不见。
(12) 这菜香哩很哩/很哩很。
(13) 这东西沉哩恁很，拽不动。
(14) 啥味儿啊？难闻哩可很。

豫西南方言中能进入"X 哩很"的 X，主要为形容词，比"X 哩慌"中的 X 的范围更宽泛：凡能进入"X 哩慌"，都能进入"X 哩很"；凡具有［+舒服，+如意，+愉快，±客观］等积极意义的词语均能进入"X 哩很"结构。如：不说"阴/黑/高兴的慌"，但说"阴/黑/高兴哩很"；说"苦哩很""甜哩很"，但不说"甜哩慌"。"X 哩很"中"很"前可以插入修饰、限制性"可""恁"，如例（13）、例（14）；"X 哩很"也可以说成"X 哩 li 很哩很"。其程度义级别如下：

"X 哩很哩很" > "X 哩恁/可很" > "X 哩很" > "X 哩慌"。

（三）《歧路灯》与豫西南方言"X 的/哩慌"异同
1.《歧路灯》与豫西南方言"X 的/哩慌"异同
"X 的/哩慌"是《歧路灯》与豫西南方言中共有的构式。从《歧路灯》到豫西南方言，"X 的/哩慌"构式变化不大，二者情况基本相同："X 的/哩慌"的构式意义以及其中的 X 都相同。豫西南方言中进入"X 哩慌"的 A 比 V 多，而《歧路灯》中的 V 比 A 稍多些。《歧路灯》中只有下例与豫西南方言不同：

(15) 晚上叫樊家女人做伴儿，人又蠢笨，半夜中喉咙中如雷一般，怪聒的人慌。(《歧》35/325)

该例比较特殊，"聒的人慌"即"聒人的慌"，是喉咙中如雷的声音聒得人不舒服的感觉。

除了上述《歧路灯》与豫西南方言共有构式"X 的/哩慌"，二者还都有下面的动补短语：

(16) 我走的慌，忘了钱褡裢，到镇上盘缠什么哩?（《歧》29/268)

(17)"怎的把褡裢忘了?"皮匠道:"走的慌。敲着火寻一寻。"(《歧》29/268)

这两例中的"慌"是形容词慌忙、慌张。"的"即助词"得"。"走的慌"中"走""慌"是重读音节,"慌"是语义焦点。"走的慌"就是走得匆忙、慌张。"慌"前可以插入修饰成分,如"走的太慌""走的很慌"。《歧路灯》这样的"X的慌"只有两例,与豫西南方言下例相同:

(18)我走/来哩太慌,身份证忘了带了。
(19)作业交哩慌,还有几题没做哩。

能进入这种"X哩慌"的动词X有限。

2. 新安、平顶山方言的"X哩慌"

新安、平顶山方言中,都有"X哩慌"构式。如像冷、热、闷、冻、疼、晒、恶心、使累、忙、愁、懒等形容词和蹲顿[tun²⁴]、挤、饿、气、恨、想、怕等动词都可以充当X。

李荣、贺巍(1996)对洛阳方言"好/热/冷的很""气/冻的慌"中"的很""的慌"的解释都是:后加成分,表示程度。李静(2008)指出平顶山新华区的方言中,"哩慌"用在动词、形容词后面构成表示感知和心理活动动词的一种后缀,一般用于不愉快的心情和不舒服的感觉。据我们调查,新安方言、平顶山湛河区方言"X哩慌"的构式义、动词性结构及X性质与豫西南方言相同。

就现有研究来看,今河南、河北、山东、北京、东北等方言中都有"X的慌"结构,都多是表示不愉快、不如意的状态或感觉、状况。各方言的"X哩慌"意义及X基本相同。张谊生(2018)指出当代汉语中的"得慌"具有附缀化特征、"X得慌"有构式化趋势。聂志平(2022)认为北京话中的"得慌"是词缀,不表示"程度高"或"难以忍受",而表示"主观意志不能控制的不如意的感知"。从豫西南方言"X哩慌"可以读成"X|哩慌""X|哩|慌"和整个构式义来看,其"哩慌"是处于"哩+慌"和"哩慌"之间正在语法化中的一种组合,而不是词缀。且"X哩慌"的"不如意的感知"是X和"哩慌"共同完成的,即是构式赋予的。像"紧张/气/恼哩慌"等感觉或状态,其实还是能用主观意志控制的。这可能算是北京话与豫西南方言构式"X哩慌"的区别吧。

第二节 《歧路灯》与豫西南方言中的构式"X 的/哩 Y"

本节主要考察《歧路灯》与豫西南方言中构式"X 的/哩 Y",Y 主要是"没法(儿)"、"了不得"和"了不成"。

一 《歧路灯》中的构式"X 的 Y"

(一)《歧路灯》"X 的/得没法(儿)"的构式义及其语法特点

1.《歧路灯》"X 的没法(儿)"的构式义

"X 的没法(儿)"包括"X 的没法""X 的没法儿"两种情况。例如:

(1) a. 却是你那当中一说,还行哩。只是当下银子没法凑办。(《歧》60/558)
　　　b. 我想替你打个外转儿,你空偏手儿来,叫我也没法。(《歧》71/681)
(2) a. 我如今也想着去,只是不敢去。前日家中好吵闹哩,叫我也没法子。(《歧》26/248)
　　　b. 相公既然心中愿、口中强说不愿,我也没法子。(《歧》72/693)
(3) 到那时候后悔起来,干急没法儿。(《歧》85/813)
(4) a. 太爷急的再没法子。这又不是等时候的病症,万无奈何,……这也不过是急的再没别法了。(《歧》99/923)
　　　b. 气的小福儿乔叫唤一大场,我恨的没法哩。(《歧》6/64)

例(1)、例(2)的"法""法子"是名词,即办法。"没法""没法子"是"谓语+宾语",意为没有办法,二者的结构、语义相同。例(3)的"法儿"同例(1)、例(2)的"法""法子"。"干急"与"没"是连谓结构,而"没法儿"与前四例的"没法""没法子"的结构、语义也都相同。

例(4)a 的"急的再没法子""急的再没别法"和 b 的"恨的没法",虽然都是动补结构。但就具体的语境来看,a 的"再没法子"和

"再没别法"与前三例的相同,是真的没有办法,于"万无奈何"下又想出别的办法。b 的"恨的没法"则与 a 的不同,不是恨的没有办法,而是极言恨的程度。"没法儿"已经没有否定意义,而是虚化用来表示程度了。

《歧路灯》中的"X 的没法儿"是表达对某人、事或行为、状况达到极量程度的一种评价。"X 的没法儿"是由变量 X、常量结构助词"的"与否定词语"没法儿"三部分组成的半填充式构式,"没法儿"已经失去原有的否定意义变为程度义,与 X 共同承担极量评价的构式义。

2. "X 的没法(儿)"的语法特点

《歧路灯》中有"X 的没法儿"五例、"X 的没法"三例,均在句中作谓语,不能受程度副词修饰。X 可以由谓词类词语充当,但有条件限制。例如:

(5) a. 这王氏急的没法儿,背地里让道:……(《歧》28/264)
　　 b. 这邓祥、德喜儿正打算随主荣任,办理行头,忽闻这话,急的要不的。(《歧》10/104)
　　 c. 急走在榅子外边一听,却原是跳神的,急的一佛出世,慌忙把大门锁了……(《歧》11/128)

(6) 冰梅心如刀割,只像怕塌了天一般。合家慌的没法儿。(《歧》46/424)

(7) 赵大儿也喜欢的没法儿。(《歧》28/264)

(8) 又说道:"……大舜心中并无这八个字,其心只有'父母'两个字,但觉到二老跟前,着实亲热,即俗语所谓'亲的没法儿'是也。……"(《歧》9/98)

(9) 这孩子极聪明,念脚本会的快,上腔也格外顺和,把两个老师傅喜的没法儿说。(《歧》50/461)

(10) 王春宇喜的没法。(《歧》74/717)

(11) 总角带花,鼻凹抹墨,正心看见,一发亲的没法了,……(《歧》89/840)

(12) 他大母眼儿上眼儿下,只像我待两仪有些歪心肠一样,气得我没法儿,我说不出口来。(《歧》39/361)

上例中的 X 包括"急""慌""气""喜欢""亲""喜""恨"等表示心理活动的形容词或动词。这些词都能受程度副词"很"修饰,也具有可计量性特征。例（5）b、c 中的"急的要不的""急的一佛出世"是极言其急，与"急的没法儿"一样，是表示极量程度。前三例的"X 的没法儿"用于叙述语中，例（8）、例（9）中的"X 的没法儿"用于口语中。"X 的没法儿"，在结构上是"X｜的｜没法儿"。"没法儿"作 X 的补语。在语义上，"X 的没法儿"表示 X 的程度非常之高，是 X 得不能再 X 了，在程度上比"X 的慌""X 得很"要高得多。正如例（8）所说，"着实亲热"就是俗语"亲的没法儿"。因此，"X 的没法（儿）"也可以看成是着实 X 的意思。例（5）"急的没法儿"就是对急的极量评价，表示急的程度非常之高。后三例的"X 的没法"也即着实 X 的意思，分别是对喜、亲、恨的极量评价，表示喜、亲、恨的程度之高。后两例的"X 的没法"之后还出现了语气助词"了""哩"。例（10）、例（11）是叙述语，最后一例是口语。

《歧路灯》中还有"X 得没法" 2 例，也是极言 X 程度之高。例如：

（13）周老爷写的。这是陈爷对周爷说谭乡绅独修文庙，周爷喜得没法。(《歧》4/42)

（14）果然兴官手中拿着两包，交与奶奶，回来作揖磕头，喜得王春宇没法，……(《歧》49/459)

两例的 X 都是"喜"。例（14）在"得"和"没法"之间出现了 X 的施事王春宇，在语义上"喜得王春宇没法"，与例（10）的"王春宇喜的没法"相同。例（14）"喜得王春宇没法"和例（12）的"气得我没法儿"结构相同。这两例的"X 得没法"与上例中的"X 的没法（儿）"意义、结构相同。

《歧路灯》还有"喜极"6 例，全部用于叙述语中。

（二）"X 的了不得（的）"的构式义及其语法特点

《歧路灯》中的"X 的了不得（的）"包括"X 的了不得" 4 例、"X 的了不的" 3 例、"X 哩了不的" 1 例，三者只是助词"得""的""哩"书写形式有别，其意义、用法相同。例如：

（15）昨日泥水匠还寻家伯，说张宅要拆楼卖砖瓦橡檀，叫家伯买。家伯听的，只是咳了几声，难过的了不得。(《歧》87/823)

（16）当时老太爷在日，久托鸿宇，今日少爷继世，又是承情的了不得。(《歧》30/274)

(17) 盛大爷恼的了不得, 说……(《歧》25/239)

(18) 今日午堂, 我还要带一起女官司上堂, 忙哩了不的。(《歧》13/141)

(19) 绍闻道:"我忙的了不的。因生一个小孩子, 亲戚都来送喜盒, 打算这两日就请客"。(《歧》77/745)

(20) 行了外甥祝妗子之礼, 妗母曹氏喜欢的了不的。(《歧》100/935)

(21) 这王象荩在监十余日, 不惟诸事中款, 且识见明敏, 并盛宅二公子也喜欢的了不的, ……(《歧》103/963)

(22) a. 二人喜的了不得, 一路上不住的说道: ……(《歧》2/14)

b. 这孩子极聪明, 念脚本会的快, 上腔也格外顺和, 把两个老师傅喜的没法儿说。(《歧》50/461)

"X 的了不得(的)"在结构上是"X｜的｜了不得(的)"。"了不得(的)"是形容词, 原意是指大大超出寻常、很突出的意思, 但在"X 的了不得(的)"中语义上已经虚化, 已经成为固化的表示程度的常量。"X 的了不得(的)"的构式义也是表达对某人、某事或行为、状况达到极量程度的一种评价。"X 的了不得(的)", 即非常的 X, 在程度上比"X 得很"高。X 包括"恼、喜、难过、承情、喜欢"等心理动词和形容词"忙", 都可以受程度副词修饰, 具有可计量性特征。

例(15)—例(22)中的"了不得""了不的"可以换成例(5)—例(14)的"没法儿""没法"。例(22)a 与 b 中"喜的了不得"与"喜的没法儿"相比, "喜的没法儿"比"喜的了不得"的程度高, 因为例(22)a"喜的了不得"还可以不住说道"是父是子! 是父是子!", 而(22)b 是"喜的没法儿"说。因此在程度上"X 的没法儿">"X 的了不得"。前五例用于口语, 后三例用于叙述语。

《歧路灯》上图抄本有八例"X 的了不得": 除了例(15)—例(17)、例(22)a 的"了不得", 例(19)—例(21)的"了不的"也是"了不得"。例(18)的"忙哩了不的"则是"忙的要不的"。上图抄本中的"一发方便的了不得", 栾校本则是"一发方便的了不成"。

(三)"X 的了不成"的构式义及其语法特点

《歧路灯》中有 11 例"X 的了不成"。"X 的了不成"也是表示一种极量程度。例如:

（23）房下有两个小太太，上下不过二十三四天，俱生的是相公，那太爷就喜的了不成。（《歧》99/923）

（24）"你爷爷若在时，见这个孩子，一定亲的了不成。"（《歧》74/717）

（25）憨砖！你到那里也装个不喜欢腔儿，只说你家哭的了不成。（《歧》57/530）

（26）年近了，行里忙的了不成，不是听说外甥进了学，……（《歧》8/85）

（27）滑氏道："家中欠人家些行息银子，把俺哥急的了不成。……"（《歧》40/370）

"X 的了不成"中的 X 是心理动词"喜""亲""哭"和形容词"忙""急"，都具有可计量的特征。"X 的了不成"在结构、语义上与"X 的了不得"相同。

《红》《儒》《醒》和《歧》"X 的没法""X 的了不得"使用数量比较如表 6-2。

表 6-2 　　　　　《歧》《醒》《红》《儒》"X 的没法""X 的了不得"统计表

文献	歧	醒	红	儒
X 的/得没法/儿	8	0	0	0
X 的了不得/的	8	1	28	1
X 的了不成	11	0	0	0

从表 6-2 可以看出，构式"X 的/得没法（儿）"是河南中原官话中的特色用法。而构式"X 的了不得"应是北京话、河南中原官话共有的用法。

综上《歧路灯》中"X 的慌""X 的 Y"的程度等级顺序如下：

"X 的慌" ＜ "X 的很" ＜ "X 的了不得"／"X 的了不成" ＜ "X 的没法儿"。

二　豫西南方言中的构式"X 哩 Y"及古今比较

本部分主要考察豫西南方言中与"X 哩慌"相关的构式"X 哩没法

儿""X哩没点儿""X哩着急""X哩够呛"等构式。

（一）豫西南方言中"X哩没法儿"和"X哩没点儿"的构式意义及语法特征

1. "X哩没法儿"的构式意义

"没法儿"，即没有法子、没有办法，是动宾结构。豫西南方言中的"没法儿［mu^{42}far^{24}］"，既可以用如字面意义，也可以表示极量程度。例如：

（1）这事儿没法儿办。
（2）这人笨的 li 没法儿。

例（1）的"没法儿"即如其字面意义，作谓语。例（2）的"没法儿"与例（1）的不同，已经虚化，不是没法子、没办法。"笨的没法儿"不是笨得没有办法儿，而是指笨到了极点、笨得不能再笨了。

豫西南方言中"X哩没法儿"的构式意义是表示程度高，即 X 到了极点。懒、馋、慢、赖、笨、急、笨、疼、难、气、愁、作难、糊涂等形容词都能进入该构式。X 多是单音节的状态形容词。"X哩没法儿"多是表示不如人意、令人烦恼的状况。

2. "X哩没点儿"

豫西南方言中的"没点儿［mu^{42}tiar^{55}］"是动宾短语，既可以表示时间，也可以表示程度。例如：

（3）A. 快散会了吧？｜盖楼的钱攒哩差不多了吧？
B. 没点儿呢。
（4）A. 快到地方了吧？
B. 没点儿。
（5）a. 那家伙赖哩没点儿。
b. 这东西贵哩没点儿。

前两例的"没点儿"都是用于答语。例（3）的"没点儿"，意思是时间还早着呢，不知到什么时候才能散会、才能攒够盖楼的钱。例（4）的"没点儿"，是要到的地方距离还远、时间还长着。例（5）的"赖哩没点儿""贵哩没点儿"中的"没点儿"，不是指赖的、贵的时间长，而是指赖、贵到了极点。"X的没点儿"的构式意义即 X 到了极点儿。懒、赖、馋、尖、贱、慢、笨、贵、小、薄、利_{锋利}、香、好、浅、轻、恶、低、高、深、快、勤快、好看、亲热等都能进入该构式。"X"主要是单音节性质形容词，褒贬都有。"X 哩没点儿"带有夸张的意味。如"那人高哩没点儿""那车慢哩没点儿"是极言人之高、车之慢。

除了以上的"X 哩慌/着急/够呛"、"X 哩/得没法儿"和"X 哩/得没点（儿）"，豫西南方言中还有"X 哩很哩很"的说法。如"懒/贵哩很哩很"。

（二）"X 哩着急""X 哩够呛"的构式意义及语法特征

1. "X 哩着急"

豫西南方言中的"着急"除了和普通话一样的用法，还可以用在构式"X 哩 li 着急"中。其中"哩"[li]，"着急"读[tʂuo⁴² tɕi⁴²]。例如：

(6) a. 他着急哩不得了。
    b. 他一点儿都不/没着急。
(7) a. 他吃哩太多了撑的着急。
    b. 这人懒哩着急。

例（6）的"着急"为形容词，意思是急躁不安。a、b 的"着急"均是句中的谓语；a 的"着急"之后带有补语"不得了"，b 的"着急"之前可以用"不"或"没"进行否定。例（6）的"着急"与现代汉语共同语中的相同。例（7）的"着急"出现在补语的位置上，a 的"撑的着急"不是撑得急躁不安，b 的"懒哩着急"也不是懒得急躁不安，而分别是指撑、懒的程度高。"着急"的语义已经虚化，成为构式"X 哩着急"中的固定常量。因此豫西南方言的意义不能从"着急"的语义上推知。"X 哩着急"表示 X 的程度很深，即"X 得很"或"X 得不得了"。撑、冻、冷、穷、懒、馋、饿、笨、慢、热、小气、马虎、糊涂、心疼、作难、窝囊、热情、亲热、喜欢、勤快、高兴等表示性状的形容词都可以进入其中。"X 哩着急"主要用于表示不如意、不愉快的情况，用于如意、愉快的相对较少。

2. "X 哩够呛"

豫西南方言中的"够呛"读音为[kou³¹ tɕʰiaŋ³¹]，可以单用，也可以作谓语、补语。例如：

(8) a. 这事儿能办成不？
　　b. 够呛。
(9) 你这人真够呛，办啥事都马马虎虎的。
(10) 忙乎了一老天_整天_，累哩 li 够呛。

　　例（8）的"够呛"是答语，单独成句，是"办不成"的意思。例（9）的"够呛"是形容词作谓语，意思是"差劲""不行"。例（10）的"够呛"已经不是形容词，语义也与前两例不同，已经虚化。"X 哩够呛"的构式意义是表示 X 的程度极深。如撑、冻、笨、闷、饿、熏、冷、胖、沉、急、能、愁、苦、穷、懒、慢、累、辣、热、瘦、疼、臭、难受、糊涂、小气、眼气、巴结、后悔、担心、感动等都可以进入"X 哩够呛"中。X 主要是形容词，且多具有贬义。如说"热/苦/穷哩够呛"，但不说"暖/甜/富哩够呛"。"X 哩够呛"多表示不如意、不愉快、不舒服的色彩或状态。偶尔也可有"感动"这样的积极意义的动词进入。
　　豫西南方言中"X 哩 Y"构成如下的程度等级顺序：
　　"X 哩慌" < "X 哩很/着急/够呛" < "X 哩/得没法儿""X 哩/得没点（儿）" < "X 哩很哩很"。

小　结

　　构式"X 的/哩/得慌"是《歧路灯》及同时期文献、河南方言及河北方言、北京话、东北话中共有的构式。"X 的/哩/得慌"表示感觉、感知或心理方面的不如意、不愉快或不舒服的状态或体验，X 主要是表示感觉、感知或者心理活动的形容词、动词，单音节居多。各地方言"X 的/哩/得慌"中的"的/哩/得慌"的确呈现出凝固化、"慌"字语音轻声化和原有词汇义弱化、体验或感觉负面化的趋势，但到底是词缀还是正在处于"的/哩/得"＋"慌"目前还有待进一步研究。
　　"X 哩着急""X 哩够呛""X 哩没点儿"等特殊的"X 哩 Y"都是表示 X 的程度到了极点的构式，也是豫西南方言有别于《歧路灯》而独有的程度表示法，二者"X 的/哩慌"与"X 的/哩 Y"分别构成不同的程度等级顺序。

第三专题

《歧路灯》与豫西南方言共有/相关句式特点比较研究

专题导语：

1. 句式是结合句子的结构和语义上的特点而划分出来的句子类型。

"比较古代汉语，近代汉语的句式也发生了较大的变化，比如使成式的普遍使用、新的处置句式、被动句式和差比句式的使用及其变化等，都体现出近代汉语在句法方面的重要特点。"① 《歧路灯》作为近代汉语后期——18世纪中原官话的代表文献，其句式系统也具有时代性和地域性的特点。张蔚虹（2005）、庞丽丽（2011）的研究和我们的调研都表明，《歧路灯》的处置句式和被动句式系统中，古汉语的遗留用法、近代汉语的新用法同时共存。而据柯移顺（2005）研究，《歧路灯》的选择问句系统中既有中古汉语的遗留形式，也有河南方言的"VO 不 V"，而作为现代汉语主要形式的"VP 不 VP"和"VP 没有"式已有较多出现。

2. 本专题研究对象的特色

本专题我们之所以选择《歧路灯》、豫西南方言、现代汉语共同语中共有或相关的比较句、被动句、处置句进行比较研究，是因为这三类句式能既反映出18世纪之近代汉语在句法方面的重要特点和地域特征，也系连着从近代汉语到现代汉语语法演变的轨迹和研究热点。

我们在绪论中谈到柯移顺、张蔚虹、马凤霞、庞丽丽、高新敏、陈锐等人已分别对《歧路灯》疑问句、"把"字句、祈使句、被动句、兼语句、感叹句等句式（类）方面进行研究，主要是对这些句式（类）的描写和与同时期文献或个别方言点的相关共时、历时比较。

本专题我们在相关研究的基础上，主要比较《歧路灯》与豫西南方言在比较句、被动句、处置句上的异同并探讨其古今演变。在这三种句式中，《歧路灯》与豫西南方言共有或相关而现代汉语共同语没有的语法现象、三者共有但存在着差别尤其是古今有别的语法现象是我们有意考察的重点，从中可以管窥近代汉语后期句式演变与今天河南中原官话、现代汉语共同语格局形成之关系。

---

① 冯春田：《近代汉语语法研究》，山东教育出版社2000年版，第555页。

第七章 《歧路灯》与豫西南方言之比较句

概 说

比较句是表示比较关系且由相关的比较参项构成一定格式的句子。其中，比较关系是指两个（或多个）比较对象在程度或性状等方面有异或同的语义关系；一定格式的句子，指的是比较句还应有句法结构上的要求，最重要的一点是比较标记必须已经虚化，不能是句子中有独立句法地位的谓语动词；比较参项，指的是构成比较的主体、基准、比较结果和比较标记四个部分。如"小王（X）比小李（Y）更高（Z）"中"小王（X）"是比较主体或比较项，"小李（Y）"是比较基准或被比较项，"比"是比较标记或比较词，"高（Z）"是比较结果，"更"为比较参数。从语序类型上说，根据基准和结果项的语序，比较句可分为基准在结果项前和基准在结果项后两类。

马建忠（2008）把比较句分为平比、差比、极比三种，吕叔湘（1980）、刘月华（1983）还谈及汉语的递比差比句和平比句两类。由于极比句是语义上的比较句，而递比句属于特殊的差比句。所以本部分主要描写、比较《歧路灯》与豫西南方言中的差比句和平比句，其中差比句是本部分研究的重点。

第一节 《歧路灯》中的差比句

差比句是指两个（或多个）比较对象在程度、数量或性状等方面有差别的句子。本部分考察《歧路灯》中的"比"字差比句、非"比"字（"XZ 似/如 Y"）差比句和"不胜/如"差比句。目前，只有万佳曾作过《跻春台》与《歧路灯》的比较句研究，其中有二者差比句的比较。[1]

---

[1] 万佳：《〈跻春台〉与〈歧路灯〉比较句研究》，硕士学位论文，湖北大学，2019 年。

一 《歧路灯》中的"比"字差比句

《歧路灯》中表示比较关系的"比"字句共有125例,"比"字差比句共有81例,用于口语的有50余例,占全部用例的62.5%。"比"字差比句是比较基准在比较结果项前。

（一）组合结构

《歧路灯》中"比"字差比句的组合结构有以下三种情况：

1. 完整的"X 比 Y Z"结构。是《歧路灯》该类差比句中的基本格式，共有30余例。例如：

（1）家兄比弟长二十岁，今年整六十了，每日同桌吃饭，连舍侄、小儿，四人相依已惯。（《歧》2/15）
（2）又兼睹皇居之壮丽，官僚之威仪，人烟货物之辐辏，自觉胸怀比前宏阔。（《歧》7/77）
（3）巫氏道："这比看戏还好。"（《歧》91/854）

三例的"X 比 Y Z"分别是"家兄比弟长二十岁""胸怀比前宏阔""这比看戏还好"，例（1）的 X 还是后接小句的主语，例（2）的整个差比句作"自觉"的宾语，例（3）是独立的小句。

2. 断开的"X，比 Y Z"结构。有20余例，语义上，与"X 比 Y Z"相同，多用于口语。例如：

（4）这样主子，比王爷还大，管家的都敢骂人！（《歧》53/496）
（5）象如孝移公老哥，第二个孙子，比小儿只小三四个月，岂不是他为人正直，忠厚之报。（《歧》77/752）
（6）你的身分，也比他高不多，你还打不起人哩。（《歧》67/639）

X、"比 YZ"之间有标点符号断开，是要强调或突出 X。X 通常是由多个音节构成的独立成分，这三例差比句都有后续小句。X 也还可以是"比 YZ"之前小句中的句法成分。例如：

（7）王氏说绍闻道："……你看那孩子，比你小不上两岁哩！"（《歧》23/222）

该例的 X"那孩子"是"看"的宾语。

3. 省略或变式结构。数量不多，但结构特殊。例如：

（8）到十天以后，一发如常。再加之病后善饭，又比前日胖大些。（《歧》26/247）

（9）绍闻道："比在家微觉老像了。"（《歧》73/712）

（10）那比线还细的寿面，顷刻间变成皮条，牙也咬不断，喉中竟是咽他不下。（《歧》65/618）

前两例是省略了 X 的"比 YZ"结构。例（10）结构特殊："那比线还细的寿面"即那寿面比线还细，是"X 比 Y（还）Z"的变式"比 Y（还）Z 的 X"，"比 Y（还）Z"变作了 X 的定语。

（二）比较主体、基准：X、Y

比较主体 X、比较基准 Y，主要以体词性成分为主，也有谓词性词语。

1. X、Y 是体词性成分。例如：

（11）把我喜的了不成。他就比我强。（《歧》86/818）

（12）刺史道："公馆略比此处清雅些。"（《歧》94/881）

（13）你经的事少。我眼见多少肥产厚业比谭家强几倍，霎时灯消火灭……（《歧》32/294）

（14）夏逢若道："你不用说，我知道的比你做的还清白哩。"（《歧》51/478）

（15）篑初一看，只见架上书册连栋，旧的比新的还多，心里着实欣羡，……（《歧》92/863）

例（11）的"他""我"是人称代词，例（12）的"公馆""此处"是处所名词，例（13）的"多少肥产厚业""谭家"是名词短语，例（14）、例（15）的"我知道的""你做的"和"旧的""新的"都是名词性结构。

2. X、Y 为谓词性词语。例如：

（16）潜斋又道："你心里或者是现放着安享丰厚，比那做官还强哩。是这个主意么？"（《歧》6/58）

（17）谁知老人家们说起来，比咱说的雅而且趣。（《歧》88/829）

例（16）的"安享丰厚""做官"分别是动宾结构。例（17）的"老人家们说""咱说"是主谓结构。

（三）比较结果 Z

"比较参项的典型成分是形容词，但在有些语言、方言中也可以是能受程度副词修饰的动词或助动词。"①《歧路灯》"比"字差比句中的比较结果（也即比较参项）Z 主要是以形容词为主。其中，形容词性词语有 50 余例，动词性词语只有十余例。

1. Z 为形容词。例如：

（18）希侨道："你只说你今年多大岁数？"逢若道："二十五岁。"希侨道："你比我长。"（《歧》18/191）

（19）把我喜的了不成。他就比我强。（《歧》86/818）

（20）钱书办道："别州县尚没有办这宗事哩，大约比选官的少，比举节孝的多，……"（《歧》5/54）

（21）这铸私钱比那烧银事大。烧银子不过拐了银子。（《歧》76/742）

（22）谁知老人家们说起来，比咱说的雅而且趣。（《歧》88/829）

（23）是朋友都比你厚道。这是萧墙街谭相公银子。（《歧》42/389）

（24）这比大人头发还粗，颜色是紫的，在小孩子脊梁上钉着，如何能好呢！（《歧》99/922）

（25）我心里比爷台还急。（《歧》66/634）

（26）至于面诀二字，比面毁二字，其伤阴骘更重哩。（《歧》89/840）

（27）但他的性情，遇见好的，接引之心比别人更周；遇见不妥的，拒绝之情比别人更快。（《歧》71/686）

（28）进的庙院，更比瘟神庙演戏热闹，院落也宽敞，戏台也高耸。（《歧》49/456）

（29）盛希侨道："呸！咱们都是该穷的，你要比我先穷二十年哩。……"（《歧》69/660）

（30）盛希侨道："……咱家去了一个女婿，竟是比'白大人'

---

① 刘丹青编著：《语法调查研究手册》，上海教育出版社 2008 年版，第 200—201 页。

大一级儿，不说隔省迎亲，脸面不好看，……"（《歧》68/655）

（31）猛然看见，就像贤弟名子一般，细看比贤弟少了几道儿，却是个衣字。（《歧》84/801）

（32）到十天以后，一发如常。再加之病后善饭，又比前日胖大些。（《歧》26/247）

（33）孝移见王氏便道："这学生甚聪明，将来读书要比他外爷强几倍哩。"（《歧》3/28）

（34）大相公当日考时，比兴官相公年纪、身材，还小的多哩。（《歧》85/812）

上例中的形容词 Z，除了"雅而且趣""厚道""热闹"，主要以单音节性质形容词居多，如"大""小""多""少""长""强""粗""急""快""重""穷""胖"等，具备共同的［+量］的语义特征，可以用数字量化。例（24）—例（27）的形容词前还出现了表示主观量的副词"还"、表示程度的副词"更"。例（28）的"更"字位于"比"前，后移指 Z"热闹"前句子依然成立。后六例的形容词后多接数量词语，如"二十年""一级""几道""几倍"，构成"形容词+数量词语"中补结构。末例的"小"，前有副词"还"，后有补语"多"。

2. Z 是动词性词语。例如：

（35）夏逢若道："我比你想的周到：营兵有你顶当，祥符差人叫盛宅里顶。"（《歧》64/605）

（36）绍闻道："比在家微觉老像了。"（《歧》73/712）

（37）他如何能哩，他比端福儿少读好些书哩。（《歧》8/83）

（38）那张嘴真比苏秦还会说，扯不断的话头。（《歧》50/461）

（39）姑娘不知，船上更比旱路担心。（《歧》74/714）

（40）及送的回来才背过脸时，这一场悲痛，更比女儿新死时又加十倍。（《歧》50/463）

（41）老兄们看不见王象荩满面急气，比少主人更觉难堪。（《歧》83/796-797）

上例中的 Z 主要是表示心理活动或主观感觉的动词性短语。如前三例"想的周到""觉老像""少读好些书"分别是中补、动宾结构。例（38）的"会说"前有副词"还"。例（39）、例（40）的程度副词

"更"位于"比"之前,把"更"后移到Z"担心""加十倍"前句子依然成立。末例的"更"也可以前移至"比"之前而不影响语义。这些Z表示的程度量,或通过补语或由副词"更""还""都"来体现。

《歧路灯》"比"字差比句中的比较结果,无论是形容词或动词时都呈现复杂化、多样性的趋势。

(四)"比"字差比句的特殊形式

1. "比"字差比句的否定形式

《歧路灯》中有二例"比"字差比句的否定形式,还有二例"没有"差比句:

(42) a. 我迟一半年,指瞧弟以为名,到京城走走,不比朝南顶武当山强些么?(《歧》99/927)
b. 但家中不比前几年丰厚,还要费个周章,你看怎的料理?(《歧》77/746)
(43) a. 别人也吃了,都没有隆吉吃的多。(《歧》17/178)
b. 这侯先生我认真他没有娄先生深远。(《歧》8/84)

例(42)是两例"(X)不比YZ"差比句。例(43)是两例"X没有YZ"差比句,"没有"可换成"不比"而不影响语义。例(42)b"不比"也可换成"没有"而不影响语义,但a不能替换。这两类否定差比句的异同,可参看相原茂(1992)。

2. "比之""较之"差比句

《歧路灯》还有二例"比之"、七例"较之"差比句。例如:

(44) 我们中国元宵烟火架,那宗火箭甚好,比之金簇箭更厉害。(《歧》102/954)
(45) 兼以翻阅书籍,学问也较之旧日,越发博洽。(《歧》7/77)

其中的"比之""较之"均可替换为"比",其他则与"比"字差比句相同,我们视之为"比"字差比句。

二 《歧路灯》中的非"比"字差比句

《歧路灯》中的非"比"字差比句包括"似/如"字差比句和"不胜

"/如"差比句，前者属于比较基准在比较结果项后的Ⅱ型差比句，而"比"字差比句是基准在结果项前的Ⅰ型差比句。据张赫（2005）、冯春田（2003）、叶建军（2013）等人研究，"比"字差比句唐代产生，清代成为优势句式，"似/如"字差比句始见于宋代。

（一）《歧路灯》中的"似"字差比句

《歧路灯》中的"似"字差比句基本格式为"XZ似Y"，X可省略、与Z之间可有标点停顿，比较词"似"同介词"于"或"比"。可分为两种格式：

其一为特殊的"一量Z似一量"格式。X、Y均由相同的数量结构充当，语义上即一量比一量Z，表示境况之性状或程度的逐次递增或递减。共七例。例如：

（1）这边便一日难似一日，南乡地七八分也清了，城内市房还有什么哩。（《歧》74/715）

（2）（王氏）一天好似一天，会起来了，会扶杖走了，会丢了杖儿走了，不及一月，全然大愈。（《歧》106/991）

（3）a. 催了几回，话头一层紧似一层，一句重似一句。（《歧》40/375）

　　　b. 一日胆大似一日，便大弄起来。（《歧》42/390-391）

前两例的X、Y分别为"一日""一天"；例（3）a的为"一层"和"一句"，b的为"一日"。例（1）、例（2）是境况随时间逐渐递减与恶化、递增或转好。例（3）是情势的逐渐递增。比较结果Z包括"难""大""穷""晴""好""紧""重"等强势单音节形容词。例（3）b较特殊，比较点"胆"出现在Z前，也可以像其他例那样出现在句首：胆一日大似一日。

其二为"XZ似Y"格式。该格式语义上是X比YZ。《歧路灯》中的"XZ似Y"共有11例，X、Y由不同的词语充当。例如：

（4）俗话说：一日做官，强似为民万载。（《歧》80/777）

（5）希侨道："你不说罢，他能强似我爷做过布政司么？"（《歧》20/206）

（6）酒席已完，各大人俱觉得雅会胜似俗派。（《歧》95/890）

（7）久后再娶不能胜似从前，就是一生的懊恼。（《歧》49/453）

(8) a. 我看你年纪小似我，我就占先，称你为贤弟罢。(《歧》15/156)

b. 隆吉道："酒令大似军令，既是写的小杯，如何改大杯？"(《歧》15/163)

除了例（4）、例（8）的 X、Y 分别为动词性词语，其余均为名词性词语。比较结果 Z 主要是"强""胜""大""小"等形容词，"强""胜"各出现了四次。例（5）、例（8）分别用于疑问、否定句，例（6）的"雅会胜似俗派"作"觉得"的宾语。这里需要指出的是：例（7）"胜似从前"若理解为和从前一样好，而例（8）b"大似军令"若理解为和军令一样大，则都为平比句。

（二）《歧路灯》中的"如"字差比句

《歧路灯》中的"如"字差比句基本格式为"XZ 如 Y"，X 可省略、与 Z 之间可有标点停顿，在语义上同 X 比 YZ。只有五例，且没有"一量 Z 如一量"。X、Y 以谓词性结构为主，Z 包括形容词"强"和"胜"。例如：

(9) 绍闻吃了一汤碗，说道："这岂不强如挂面万倍。"(《歧》35/350)

(10) 大叔若肯回来，宅院产业现在，强如独门飘寓他乡。(《歧》1/8)

(11) 谭绍闻面如土色，说道："王中！王中！你也该与我留一点脸。胜如你骂我，你爽快把我扎死了罢！"(《歧》53/496)

《歧路灯》的"XZ 如 Y"包括四例"强如"、一例"胜如"。除了例（9）X、Y 为名词性词语，其他的是谓词性结构，如例（10）、例（11）为谓词性小句。例（9）的形容词"强"前有表示反诘的双重否定"岂不"、Y"挂面"后还有"强"的补语"万倍"。例（11）比较特殊：X"你爽快把我扎死了罢"位于 Y"你骂我"之后，主人认为仆人骂主人不如把主人扎死好，还用于感叹语气。这三例的"XZ 如 Y"都带有极强的主观性。

《歧路灯》还有下例这样的"于"字差比句：

(12) 况且读书透些滋味，一发勤奋倍于往昔。(《歧》43/392)

"勤奋倍于往昔"是"(X) Z 于 Y",即比往昔更加勤奋。

《歧路灯》中的"似/如"字差比句,以"似"字差比句为主,比较结果主要是"强""胜""难""大""穷""晴""好""紧""重"等单音节强势形容词。冯春田《近代汉语语法研究》指出该句式的局限性[①]:在结构层次上是"(X) Z | 似/如 Y",在节律上是"(X) Z 似/如 | Y",这不利于双音或多音节的出现;"似(如) Y"后补语较少出现,无法灵活表现差比结果的多样化。也因此"(X) Z 似/如 Y"虽较多使用在宋代至明清之间,但《歧路灯》中该句式已明显少于Ⅱ型差比句"X 比 YZ"。由于《歧路灯》中的"强似/如""胜似/如"差比句多用于口语,且其节律为"Z 似/如 | Y",所以其中的"强似/如""胜似/如"渐趋词汇化。

(三)《歧路灯》中的"不胜/如"差比句

《歧路灯》中与"XZ 似/如 Y"句相关的差比句,还有"X 不胜/如 Y"否定差比句。"X 不胜/如 Y"类否定差比句属于不及类差比句,这类句式常被视作词汇差比句。

《现代汉语八百词》(2012 增订本)把"不如"标注为动词,释义为:用于比较,表示比不上。所举例有:老大不如老二,老二不如老三。/走路不如骑车(快)。/你去不如我去(好)。

1.《歧路灯》中的"X 不胜 Y"差比句

《歧路灯》中"不胜"否定差比句的基本格式为"X 不胜 Y",X、Y 的词性、结构相同,"不胜"语义、词性同表示比较的"不如₁"。"X 不胜 Y",语义上指 X 比不上或不及 Y,也即 X 在某方面没有 Y 好,多是说话者主观的想法、观点。共有 15 例,全部用于口语。例如:

(13) 那小孩子道:"你欠俺二三年陈账不给俺,又来赊东西哩。"夏逢若道:"你爹见了我,也不敢说这话。你这小孩子,这样说话不开眼。……这孩子全不胜他爹。"(《歧》49/452)

(14) 落下咱两个,我一向看得你不胜我。(《歧》90/850)

(15) 即是家业不胜从前,还可改悔,另为整顿。(《歧》76/743)

(16) 王氏道:"你却不胜旧年光景,牙也掉了。"(《歧》93/868)

[①] 冯春田:《近代汉语语法研究》,山东教育出版社 2000 年版,第 653—655 页。

例中的"不胜"既是比较词,又是句中谓语。这四例均为"X 不胜 Y"结构,X、Y 都是名词性词语:前两例的是不同的人,后两例的是相同事物(家业)、人物("你")当前与过去的情况。语义上,例(13)是这孩子根本比不上他爹、在说话上没有他爹好。例(14)是你比不上我、你没有我好。例(15)、例(16)分别是现在的家业、你之状况没有从前好。前两例说话者带有明显的主观评价。

再看下例:

(17) 我这些日子饮食渐少,大不胜从前。(《歧》86/814)

(18) 满相公道:"不成。狗大粗腿,还不胜咱那条黑狗。不要他。"(《歧》17/174)

(19) 谭乡绅好一个正经读书人,心地平和,行事端方。如今他的公子,就万万不胜了。(《歧》63/594)

(20) 那《安安送米》这些戏,唱到痛处,满戏台下都是哭的。不胜这本书儿,叫人看着喜欢。(《歧》91/854)

(21) 你当我不想膺你么?只吃亏没修下你这个福,一般赌钱、吃嘴,不胜你手头宽绰。(《歧》57/530)

(22) 说道:"舅爷也不必怼说,像如姑爷在日,也不曾见得读书什么好处;像舅爷把书丢了,也不见如今不胜人。"王春宇把头点几点,叹道:"姐姐呀,兄弟不曾读书,到了人前不胜人之处多着哩。……"(《歧》74/718)

各例的 X、Y 均为名词性词语,前四例的结构为"(X),不胜(Y)":前三例是"X,不胜(Y)",例(19)省略了 Y(谭乡绅),例(20)承上省略了 X(这些戏)。例(13)、例(17)—例(19)的"不胜"前有表示程度或语气的副词"全""大""还""万万"等。例(21)的"(X)不胜 YZ"结构较为特殊:承上省略了 X(我手头),Y(你手头)后出现了双音节形容词 Z"宽绰"。例(22)的"(X)如今不胜人"、"(X)不胜人"句法位置特殊,分别作句中的宾语、定语。例(22)的说话者带有明显的主观评价。

《歧路灯》中除了以上用例中出现的"一向""从前""旧年""如今""这些日子",还有"自……之后""前几年""近日"等时间词语,有的 X、Y 本身就是时间词语。可见"不胜"差比句凸显的是比较双方的泛时差异。以上各例的"不胜"都不能省略。

《歧路灯》中下例的"不胜"比较特殊：

（23）冰梅道："赢钱还弄出不好的事，不胜不赢他。"（《歧》55/512）

（24）"伺候了几天几夜，不得安生，还吆喝哩。不胜拉倒杏黄旗，大家散了罢。"（《歧》80/772）

例（23），X"赢钱还弄出不好的事"、Y"不赢他"都是谓词性结构。两例的"不胜"都可去掉，但去掉之后，前例的语义会受到影响，后例基本上不受影响。例（23），"赢钱"之前可加上"与其"，"不胜"之前可加上"还""倒"；例（24），"不胜"之前也可补出"与其这样，还/倒"。虽然两例仍有X与Y的比较，但重在选定Y项（"不赢好""拉倒杏黄旗、大家散了好"）。可见，其中的"不胜"兼表比较和选择，兼有动词、连词的特点，已经明显虚化。例（24）的"不胜"还有建议的意味，比例（23）的更虚些。

《歧路灯》中表示比较的"不胜"差比句占87%，都是言及已然之事，其余兼比较与选择或建议的"不胜"句只有二例，仅占13.3%，且是言及未然之事。

清代剧作家李芳桂（1748—1810），出生于陕西渭南县，其剧作《十大本》中也有"不胜"差比句，孙立新《关中方言语法研究》有以下用例[1]：

（25）哎呀，黑地里走路，就不胜白天。（李芳桂《香莲佩》）
（26）虽然不胜诸葛亮，也算得苏秦说六邦。（李芳桂《香莲佩》）
（27）哈哈哈，这才奇了。做了半世官，断事才不胜个婆娘了。（李芳桂《十王庙》）
（28）若能建功立业，却不胜作渔公么？（李芳桂《玉燕钗》）

这表明18世纪到19世纪的陕西中原官话也有"不胜"差比句。

2. 《歧路灯》中的"X不如Y"差比句

《歧路灯》中的"不如"句（即含有"不如"这个词的句子）共有

---

[1] 孙立新：《关中方言语法研究》，中国社会科学出版社2013年版，第722页。

133 例，其中由比较动词"不如₁"构成的"X 不如 Y（Z）"否定差别句共有 28 例，占全部用例的 21%。例如：

（29）满相公道："恭敬不如从命。"（《歧》78/758）

（30）今日容留在他房子住，想是谭家这后生，就大不如前辈了。（《歧》67/645）

（31）侯冠玉道："……'砍的不如镟哩圆'，放着现成不吃，却去等着另做饭？……"（《歧》11/120）

（32）这绍闻也觉娄先生严明，不能少纵，不如这先生松活。（《歧》8/91）

这四例的"不如"，兼比较词与句中谓语动词，都不能省略。前两例是"X 不如 Y"结构，《歧路灯》中此类句子共有 24 例。后两例是"X 不如 YZ"结构，此类句子《歧路灯》中只有四例。除例（29）X、Y 是谓词，后三例都是名词性词语。这四例的"X 不如 Y（Z）"语义上都是 X 不及或比不上 Y、X 没有 Y 好，均为言者的主观评价。例（30）的"不如"前有表示程度的形容词"大"。

再看下例：

（33）与其水尽鹅飞，不如留些水儿，叫他们先飞罢。（《歧》76/737）

（34）谭绍闻道："近来城中新进生员，许多与咱交好，择近处央请几位便是。"王象荩道："不如请大爷在日旧交。"（《歧》62/575）

（35）斗了一会，孙四妞道："你两个不如摘开罢。"那戏子道："九宅哩，摘了罢？"（《歧》33/312）

（36）盛希侨道："……只是请那一样伙计，做那一样款项呢？"谭绍闻道："不如开药铺罢。我对门姚杏庵近来极发财。"（《歧》69/662）

前两例的"不如₂"兼表比较、选择和建议："不如"可省略，但会影响句子语气；Y、X 均为动词性结构；例（33）既有"与其"与"不如"搭配使用，也有 X"水尽鹅飞"与 Y"留些水儿"的比较；例（34）省略了 X"择近处央请几位交好的新进生员"，既可在 X 前补出"与其"，也有 X 与 Y "请大爷在日旧交"的比较。邢福义曾经指出，"不如"是定较之词，表示经过比较认定乙事物胜于甲事物。① 而后两例的"不如$_3$"没有比较义、只表示建议：句末有表示建议的语气词"罢"，"不如"可省略且不影响语义。像例（35）、例（36）这样的"不如$_3$……罢"建议句，《歧路灯》中有 27 例。"不如$_2$""不如$_3$"句占全部"不如"句的 79%。"不如$_2$"和"不如$_1$"相比，兼有动词、连词的特点，"不如$_3$"已经虚化为语气副词。

上述例中的"不如$_1$"主要用于已然状态、"不如$_2$""不如$_3$"主要用于未然状态。

3. 《歧路灯》"不胜"差比句的来源及明清文献差比句数量统计

叶建军论证了汉语史上的"X 胜似 Y"是由差比句式"X 胜 Y"与平比句式"X 似 Y"糅合而成的。② 李素琴考论过用于比较的动词"不如"源自"不（副词）＋如（动词）"的词汇化。③ 万佳认为《歧路灯》的差比句"X 不胜 Y"是对"X 胜 Y"的否定。④ 我们认为《歧路灯》的"不胜"差比句，是对"胜似"差比句的否定与省略，而不是对"X 胜 Y"的否定。

首先，《歧路灯》中的"不胜"差比句是对"胜似"差比句中比较结果"胜"的否定和比较词"似"的省略。只是"胜似"差比句变成同义的"不胜"否定差比句时，是由"x_1胜似y_1"变成了"Xy_1不胜Yx_1"，"Xy_1不胜Yx_1"即经由"x_1胜似y_1"否定、省略后生成的"X 不胜 Y"差比句。例如：

(37) a. 酒席已完，各大人俱觉得<u>雅会胜似俗派</u>。（《歧》95/890）

b. 当涂莼，庐陵笋，广宁蕨，义州蘑菇，<u>远胜似睢州藻豆、鲁山耳</u>。（《歧》52/486）

c. 伏羲、文王老先生，弟子求教伸至诚，三文开元排成卦，<u>胜似蓍草五十茎</u>。（《歧》37/344）

(38) 久后再娶不能胜似从前，就是一生的懊恼。（《歧》49/

---

① 邢福义：《汉语复句研究》，商务印书馆 2001 年版，第 147—148 页。
② 叶建军：《"X 胜似 Y"的来源、"胜似"的词汇化及相关问题》，《语言科学》2013 年第 3 期。
③ 李素琴：《"不如"的语法化考论》，《湖北社会科学》2011 年第 4 期。
④ 万佳：《〈跻春台〉与〈歧路灯〉比较句研究》，硕士学位论文，湖北大学，2019 年。

453）

（39）即是家业不胜从前，还可改悔，另为整顿。(《歧》76/743）

（40）这孩子全不胜他爹。(《歧》49/452）

例（37）是"x_1胜似y_1"肯定差比句，与 a 的"雅会胜似俗派"语义相同、省略"似"之后的否定式是"俗派（y_1）不胜雅会（x_1）"；与 b 式语义相同的否定式是"睢州藻豆、鲁山耳（y_1）远不胜当涂莼、庐陵笋、广宁蕨、乂州蘑菇（x_1）"。c 的"三文开元排成卦，胜似蓍草五十茎"经过否定、省略之后的否定式是"蓍草五十茎（y_1）不胜三文开元排成卦（x_1）"，二者语义相同。例（38）的"久后再娶不能胜似从前"是"X 不能胜似 Y"否定差比句，省略其"似"就成了"久后再娶不胜从前"，二者语义相同。后两例的"家业不胜从前""这孩子全不胜他爹"，已是《歧路灯》中比较常见的"不胜"差比句。

其次，《歧路灯》中的"X 不胜 Y"差比句不是对"X 胜 Y"的否定。《歧路灯》中除了以上述及的"不胜""胜似/如"差比句，还有一些与之相关的用例。例如：

（41）这回单说盛公子好处，诗曰：伯仲堪怜同阋墙，脊令那得胜鸳鸯？(《歧》68/656）

（42）我若是个正人君子，那邪不胜正，阴不抵阳，就是鬼见我，也要钦敬三分。(《歧》70/667）

（43）写出头场文字，孝移看了，预决必定入彀，潜斋谦逊不迭。孝移道："此举不胜，弟情愿绝口不复论文。你我至交，岂作场前盲赞之态。"(《歧》10/102）

（44）胜之不武，不胜为笑，况且必不能胜。(《歧》101/948）

例（41）的"脊令那得胜鸳鸯？"以疑问而表否定，意为兄弟哪能不胜夫妻、兄弟之间怎能不及夫妻之间好呢？因本例为七言诗，"胜"后省略了比较词"似"，是"X 不胜（似）Y"的反问。例（42）的"邪不胜正"是对"X 胜 Y"即"邪胜正"的否定，是"邪 + 不 + 胜 + 正"，"胜"是动词战胜。语义上，"邪不胜正"不是邪不如正，而是邪不能战胜正。后两例的"不胜"是对"胜"的否定，例（43）的"胜"是胜利，例（44）的是战胜、胜过。后三例的"胜"古已有之。

这四例只有例（41）是表示否定的差比句，后三例甚至连比较句都不是。

《歧路灯》之外，《醒世姻缘传》有下例的"X 胜似 Y"差比句：

(45) 真是有智的妇人，胜似蠢劣的男子十倍！（《醒》81/1071）

本例亦可以变为"不胜"差比句：蠢劣的男子远不胜有智的妇人。

清代《红》《儒》《儿》等文献中都没有"X 胜似 Y"差比句。

综上，《歧路灯》中的"X 不胜 Y"差比句，是对差比句"X 胜似 Y"否定与省略的结果。其路径为：

x_1胜似y_1 → X_{y1} + 不 + 胜似 + Y_{x1} → X + 不 + 胜 + Y → X 不胜 Y
肯定　　　 → 添加"不"　　　 → 省略"似"　　 →"不胜"词汇化

《歧路灯》中已经有15例"X 不胜 Y"差比句，但只有"X 胜似 Y"三例、"X 不胜似 Y"一例差比句，这说明在18世纪中后期河南中原官话中差比句"X 不胜 Y"已经形成并基本取代了"X 胜似 Y"，且出现了少量的"X 不胜 Y（Z）"结构。"X 不胜 Y（Z）"差比句打破了"XZ 似 Y"结构的局限，使用起来更为自由。但由于当时通语中"X 不如 Y（Z）"差比句的存在，"X 不胜 Y（Z）"未融入通语中。

表7-1是《歧》《红》《儒》差比句数量统计表，表7-2是明清山东文献中Ⅰ、Ⅱ型差比句出现频率表。

表7-1　　　　《歧》《红》《儒》差比句数量统计表

类型	"比"字差比句	"似/如"差比句	"不胜/如"差比句
歧	75	18/5	15/78
红	315①	22/5	0/（215）②
儒	28	9/2	0/（53）
类型	Ⅰ型差比句	Ⅱ型差比句	Ⅰ、Ⅱ混合型

注：①引自张洁《〈红楼梦〉"比"字句研究》，硕士学位论文，鲁东大学，2007年。
②（）内的"不如"数量包括文献所有的"不如"句，未区分差别、非差比。

表7-2　　　　明清山东文献中Ⅰ、Ⅱ型差比句出现频率表

类型	Ⅰ型差比句	Ⅱ型差比句
金	74/70%	32/30%
醒	124/69%	56/31%
聊	90/66%	46/34%

资料来源：数据引自戚晓杰《明清山东方言"X+VP+比较标记+Y"》，《语言科学》2006年第9期。

从表中可以看出：清代无论河南中原官话、北京话、江淮官话、山东话中，Ⅰ型差比句已经是优势句式，"似/如"差比句在数量上远远低于"比"字差比句。清代文献中只有《歧路灯》中独有"X不胜Y（Z）"差比句，可见其是《歧路灯》特有的方言差比句。

第二节　豫西南方言中的差比句及古今比较

本节主要描写豫西南方言中的"比"字差比句、"不胜"差比句。

一　豫西南方言中的"比"字差比句及古今比较

周同宾《皇天后土》中有"比"字差比句120余例，可代表豫西南方言的"比"字差比句。本部分将其与《歧路灯》的比较贯穿在豫西南方言"比"字差比句的分析之中。

（一）"比"字差比句的组合结构

豫西南方言"比"字差比句的组合结构和《歧路灯》中的差不多。主要有基本格式和变式两种情况：

1. 基本格式"X比YZ"。例如：

（1）他比我大，我比他高。
（2）今年收成比年时个_{去年}好多了。
（3）俺哥比我大三岁。

这类"比"字差比句占周同宾《皇天后土》全部用例的一半。

2. 变式"X，比YZ"、省略式"比YZ"。语义与基本格式完全相同。《皇天后土》中"X，比YZ"有50例。例如：

（4）我的事儿，能写一大本子，比小说岔子还多。（《皇天》172）

（5）如今再苦，也比那些年强。（《皇天》7）

（6）比你们吃公粮的工资高。（《皇天》373）

（7）冬天烤树疙瘩火，比他那煤火炉、电热炉强。（《皇天》153）

（8）真比画儿上画的还好看。（《皇天》123）

（9）其实，也没几个钱，只是比别人手里宽裕点儿就是了……（《皇天》111）

（10）我冯强拼上命，这辈子非有钱不可，非比他富一截子不可！（《皇天》174）

（二）"比"字差比句中的X、Y

豫西南方言中"比"字差比句中的X、Y，也是体词性、谓词性成分都有。与《歧路灯》中的有同有异。

1. X、Y是体词性成分。例如：

（11）那女人的嘴比刀子还利。
（12）她比我小不了多少。
（13）他说哩比挣哩多哩多。
（14）他们家学生，一个比一个学习好。

这四例的X、Y："嘴"和"刀子"、"她"和"我"、"说哩"和"挣哩"、"一个"分别是名词和代词、"的"字结构、"一量（省略学生）"结构。《皇天后土》中这样的"数词+量词"一共有五例："一个"三例，"一年""一回"各一例。《歧路灯》同类句式中的X、Y，没有这样的"数+量"结构。

2. X、Y是谓词性词语。《皇天后土》中有32例。例如：

（15）享一天福总比受一天苦强。（《皇天》80-81）

（16）这两年赊账多，去要账比要狗肉钱还难。（《皇天》362）

（17）那几年缝纫机不好买，我就买零件自己装，比买囫囵的还省钱。（《皇天》342）

（18）再难也比生个亲生儿子容易。（《皇天》20）

（19）她爹是个秃子，四季都戴帽。帽子掉了，比头掉了还难受。(《皇天》117)

前三例的 X、Y 均为动宾结构。后两例的分别是形容词与动宾结构、主谓结构。

（三）豫西南方言"比"字差比句中的 Z

豫西南方言"比"字差比句中的比较结果 Z，和《歧路灯》中的一样，主要是形容词性词语。《皇天后土》的 120 余例中，形容词性词语超过了 100 例，远远多于动词性词语。

1. Z 是形容词性词语。以单双音节形容词为主。例如：

（20）大小是个国家干部，吃了皇粮，都比农民强。(《皇天》196)

（21）行善总比作恶好。(《皇天》204)

（22）伯指着鼻子骂我，说我穷急了，想邪门儿，做贼偷人家也比开驹场排场。(《皇天》377)

（23）哭着说着，哭的时间比说的时间长。(《皇天》298)

形容词前还可以出现程度副词"还"。例如：

（24）老干部们说，计划生育比土改、合作化还难。(《皇天》270)

（25）话说得比鳖蛋儿还光，比唱的还好听。(《皇天》23)

（26）听到大叫，比杀鸡时鸡叫还惨瘆。(《皇天》44)

形容词后还可以出现数量词语，作补语。例如：

（27）他比娃他爹大五岁，死皮赖脸叫我嫂子。(《皇天》4)

（28）这地，比贺全兴那时候还多半亩哩。(《皇天》151)

（29）卖烧鸡的也发死了，他们赚的比我赚的多得多。(《皇天》320)

2. Z 是动词性词语数量不多。例如：

（30）地富家娶亲，比贫下中农省钱。(《皇天》115)

（31）我演的女角，比女演员演的还有味儿。(《皇天》365）

（32）我喂一头母猪，一窝下十四个猪娃，不是比她更有本事？(《皇天》186）

上例的 Z 为动宾结构。后两例的动宾结构前还有副词"还""更"。

《皇天后土》中"比"字差比句的比较结果以形容词为主，主要有大、小、高、强、多、好、难、光、低、稠、粗、利、亲、惨、瘆、肥、阔、快、贵、穷、富、忙、疼、巧、甜、亏、恶、排场、孝顺、厉害、宽裕、简单、风光、随便、亲热、难熬、气派、容易、干净。这些形容词本身表示具体可量或者抽象的性质量，"形容词+数量"的中补结构及在 Z 前出现的程度副词"还"或"更"充分体现了 Z 所具有的变化量、程度量。

"比"字差比句，是豫西南方言、《歧路灯》、现代汉语普通话中共有的差比句，无论是组合结构、比较对象、比较结果等方面都基本相同。

二 豫西南方言中的非"比"字差比句及古今比较

豫西南方言中的非"比"字差比句，主要是通过"X 不胜 Y"格式来表达。

（一）"X 不胜 Y"差比格式

1. "X 不胜 Y"差比格式

豫西南方言中"不胜 [pu^{55}şəŋ^{31}]"差比格式的构成、语义与《歧路灯》中的相同。从《皇天后土》中的 18 例"X 不胜 Y"差比格式中可见豫西南方言该类差比句之一斑。例如：

（1）他日子不胜_{不如}俺。(《皇天》329）

（2）大锅饭，吃不好。大集体不胜_{不如}小自由。(《皇天》292）

（3）她还不胜_{不如}一张画哩。画儿挂墙上不吃、不喝，不气你。(《皇天》91）

（4）我穷，死了啥也不留，还不胜_{不如}一棵草哩。(《皇天》19）

上例的"不胜"均为比较词，也是句中谓语，不能省略。四例的 X、Y 均为名词性词语。后两例"不胜"前有副词"还"。再看下例：

（5）这时候才知道我真屈，白活一场，还不胜_{不如}不活哩。(《皇

天》80）

（6）那一家一定是富户，一般穷人家，舍不得喝麦仁汤。为啥？不胜_{不如}磨成面擀面条儿，俭省。(《皇天》84)

（7）严老二说："早知道是这，不胜_{不如}早住进马王庙，绝了算了，省得生这窝囊气。"(《皇天》195)

例（5）的"不胜"兼表比较与选择，虽仍是动词，但较例（1）—例（4）虚化，X"白活一场"、Y"不活"都是谓词性结构，Y前可添加连词"与其"与"不胜"搭配，去掉"还不胜"小句依然成立，但影响句子语气。后两例的"不胜"去掉且不影响语义，主要表示选择，已经语法化为连词。

《皇天后土》中还用以下的"不如"表达差比：

（8）看景不如听景。(《皇天》42)

（9）黄鼠狼生窝老鼠娃，一辈不如一辈，就是这。(《皇天》52)

这两例的"不如"是现代汉语共同语的用法。只有以上的"不胜"比较句是《歧路灯》和豫西南方言中共有的方言差比句。

2. "胜哩/的"差比格式

豫西南方言中"胜哩/的"构成的差比格式是"不胜"否定差比格式的肯定形式。例如：

（10）<u>起_{起床}镇_很早不干啥事儿</u>，（哪）胜哩（你/我）多睡会儿_{不胜多睡会儿}?！

（11）<u>大热天出去跑一身汗</u>，哪胜哩（你）搁家歇着_{不胜在家歇着}?！

（12）<u>镇小斗_就打这苦工</u>，哪胜哩（你）去上学_{不胜你去上学}?！

（13）若论这巫家，不过与我一样，<u>是生意上发一份家业</u>，如何胜的孔宅？(《歧》49/458)

前三例"胜哩"，语表上以"胜"的肯定形式出现，实是用疑问语气或感叹语气兼表否定与选择。其后的"哩"也可以不出现。"胜（哩）VP"即"不胜VP"。X、Y均为动词性结构。如例（10）的X"起镇早不干啥事儿"、Y"你多睡会儿"，X前可添加"与其"，通过X、Y的对比而选定Y项。这四例的说话者都带有极强的主观性，尤其是前三例显示出对画线部分的不满或者抱怨,其中的"哩""的"同补语"得"。例(13)是《歧路灯》中唯一出现疑问形式的"胜"字差比句:"如何胜的孔宅"即不胜孔宅,下划线处是巫家不如孔宅之表现。"胜的"同豫西南方言的"胜哩"。豫西南方言中的"胜哩/的"差比句是对《歧路灯》中"胜"字差比句的继承与发展。

在豫西南方言中,还有"大小当个官儿,强似[tɕʰiaŋ⁴²sɿ³¹]卖水烟儿_{比卖水烟儿强}"的说法,与《歧路灯》中的"Z似Y"相同。《歧路灯》中其他的"X Z 似/如 Y"在豫西南方言中,都已很少见。

河南新安、辉县方言中也有"胜"字差比句。例如:

(14) a. 你胜明天再去。(你不如明天再去。)(吕丽丽 2020 用例)

b. 胜你明天再去!(你不如明天再去!)

c. 你胜明天再去?(你不如明天去呢?)

(15) 胜他早早去上班!(穆亚伟 2017 用例)

新安、辉县方言的"胜"字差比句都是通过肯定形式表示否定之意。新安方言的"胜"放在主语前边语气更强烈,有陈述、疑问、感叹三种。两者都含有抱怨或建议义。

(二)"不胜"差比格式在当今方言中的地理分布及特点

1. "不胜"差比格式的地理分布与方言区划

据我们调查,除了豫西南方言在内的河南中原官话(如洛阳、新安、郑州、开封、杞县、尉氏、兰考、平顶山、许昌、商丘、永城、睢县、夏邑、民权、虞城、宁陵、新县等地)和河南的晋语中普遍存在"不胜"差比句外,表7-3 中的方言点都有"不胜"差比句。

表7-3　　　　　"不胜"差比格式的方言分布表

区域	方言点
山东西、西南部	聊城、阳谷、莘县、肥城、东平、菏泽、郓城、梁山、曹县、东明、成武、济宁、鱼台、滕州、邹县、兖州、嘉祥、曲阜、平邑、泗水
安徽北部	阜阳、亳州、宿州、蚌埠、淮北

续表

区域	方言点
山西南、西南、东南部	永济、平陆、运城、新绛、洪洞、临汾、吉县、晋城
陕西、甘肃、新疆	陕西关中地区52县市、延安①、宁县②、乌鲁木齐
湖北、河北、江苏	枣阳、魏县、徐州

①许宝华、宫田一郎主编《汉语方言大词典》，中华书局1999年版，第614页，陕西北部晋语，例为欧阳山《高干大》人物语言："什么作用也起不了，还不胜不办。"据白振有《论欧阳山〈高干大〉对延安方言的运用》(《延安大学学报》2015年第1期)，《高干大》中人物语言为延安方言。

②1987年版《中国语言地图集》将宁县方言归至中原官话关中片，雒鹏（2008）将宁县方言归入中原官话秦陇片。

就"不胜"差比格式的使用地域来看，以河南使用范围最广，主要包括河南和河南周边与山东、安徽、江苏、河北、山西、陕西、湖北相邻或相近地区以及相距河南较远的陕西北部、甘肃、新疆等部分地区。就方言区划上看，主要是中原官话以及与之相近的晋语、冀鲁官话、兰银官话和西南官话，以今天豫西南方言在内的河南中原官话为主。今天中原官话中的"不胜"差比句，是对18世纪中原官话中"不胜"差比句的继承与保留。其他官话中的"不胜"差比句，是中原官话与周边其他方言互相接触的结果，可能与移民有关，也是方言接触的结果。

2."不胜"差比格式的特点

上述各方言中的"不胜"差比句，总的来看其格式有"X 不胜 Y（Z）"及其肯定形式。

先看"X 不胜 Y"用例：

（16）豫剧《战斗到拂晓》：这算打的什么仗？还不胜和敌人拼一下呢！

河南洛阳：这儿着_{这样}做不胜那儿着_{那样}做。

河南济源：这些房子不胜那些房子。

（17）河北南部：不胜住我家，敌人来了也不容易发觉。

（18）江苏徐州：咱俩儿都去，不胜你一个人去。

（19）新疆乌鲁木齐：还不胜不去呢。（以上例见许宝华等1999用例）

(20) 河南郑州：你还不胜一个小孩儿。（鲁冰 2010 用例）
河南俗语：当官不与民做主，不胜回家卖红薯。
豫西南：好死不胜赖活着。
河南洛阳：你们俩也各不着，不胜拉倒。（肖燕 2005 用例）
河南平顶山：这房子不胜_不如_那些房子。（李静 2008 用例）
早知事儿弄成这样，还不胜_不如_不办。（鲁剑 2014 用例）
河南新安：新安不胜洛阳。我不胜你。（吕丽丽 2020 用例）
豫北：这杆笔不胜那杆笔。（袁蕾 2007 用例）
(21) 山东曹县、曲阜：再好的婆婆不胜娘，再好的妗子不胜姨。
家有万贯，不胜种地吃饭。（罗福腾 1992 用例）
(22) 安徽亳州、蚌埠、宿州：俺家不胜他家有钱。吃红烧肉还不胜吃白菜。
(23) 山西洪洞：他的口才不胜你。/你去还不胜不去。（乔全生 2000 用例）
(24) 陕西关中：咱两个去不胜叫上一伙人去。（孙立新 2013 用例）
陕西延安：什么作用也起不了，还不胜不办。（欧阳山《高干大》）
(25) 甘肃宁县：你不胜坐飞机去，还快些。（罗堃博士 2018 年赐例）
(26) 湖北枣阳：你一个（nia^{55}）娃儿恁窝囊，连老春凤都不胜。（朱伟林 2020 用例）

"X 不胜 Y" 中还有特殊的 "一 + 量词 + 不胜 + 一 + 量词" 格式。例如：

(27) 豫西南：这戏唱哩一场不胜一场。
河南新安：他里生活一天不胜一天。（吕丽丽 2020 用例）
豫北辉县：俺奶哩身体一天不胜一天哩。（穆亚伟 2017 用例）
(28) 陕西关中：谁料一年不胜一年，所以家信疏阔，大老爷还要体谅。（孙立新 2013 用例）
(29) 山西万荣：他考试一回不胜一回。（吴建生 2003 用例）

再来看"X 不胜 YZ"格式，Z 为形容词。例如：

(30) 豫西南：骑马蹲，坐轿晕，□piA^{24} 走_步行_，狗咬，不胜在家坐着好。

河南辉县：今年叨_的_玉粟_玉米_不胜年时_去年_个好。（穆亚伟 2017 用例）

河南新安：今年不胜年时_去年_冷。（吕丽丽 2020 用例）

(31) 山东聊城：这张画儿不胜那张好看。（罗福腾 1992 用例）

(32) 安徽宿州、淮北：今个_今天_不胜昨个_昨天_凉快。/俺孩子不胜他孩子能。①

(33) 山西万荣：坐班车不胜骑车子自由。

山西永济、新绛、临汾：这达/些房子不胜兀达房子好。（吴建生 2003 用例）

(34) 陕西关中：老三学习不胜老二好。/坐火车还不胜坐飞机方便。

西安一带：啥事都不胜这事要紧。（孙立新 2013 用例）

(35) 甘肃宁县：小张个子不胜小王高。②

以上"X 不胜 Y"差比格式中，其结构、比较项、语义与《歧路灯》中的"不胜"差比格式一致性较强：X、Y 体词性、谓词性词语均可，还可以是小句。虽然"不胜"在多数用例中身兼比较词和句中谓语动词，但有些"不胜"语义上已虚化，兼表比较与选择甚至建议，如例（17）、例（18）、例（24）、例（25）、例（30）等。且"X 不胜 Y"中 Y 后还可以隐现 Z。所以从以上"不胜"差比句的来源与使用现状来看，"X 不胜 Y（Z）"融合了 I、II 型差比句的特点，不能简单视作词汇差比句。

再看河南新安方言下例的"不胜"比较句：

(36) a. 你不胜用洗衣机洗洗。
b. 吃烧烤不胜吃自助餐。

吕丽丽认为 a 的"不胜"是肯定"胜"字句的否定形式"不 + 胜

---

① 本例 2021 年由本书作者调查所得。
② 本例 2018 年由本书作者调查所得。

（副词）"，b 的"不胜"是"不＋胜（动词）"。① 我们认为 a、b"不胜"的区别：a 仅表建议，已虚化为语气副词；b 则兼表比较、选择和建议。

据孙立新关中方言还有"不胜"的肯定形式"X 得胜 Y"。② 例如：

（37）一站路都要搭车去，得胜走着去，节约 5 毛钱事小，还是个锻炼呢？

（38）你立着得胜坐着？

（39）有把娃引着吃肯德基去的钱，得胜给娃买些好的做着吃？

这三例关中方言的"得胜"是"怎么能够比得上"的意思，"得胜＋VP？"等于"不胜"。河南的豫西南、汝阳、辉县、内黄等方言中都有与关中方言的"得胜"句性质、用法相似的"胜"字肯定差比句，应是对 18 世纪中原官话中此类句式的保留与继承。而据乔全生（2000）、吴建生（2003）的研究③，山西洪洞、万荣等方言的"不胜"比较句，则没有与之相应的肯定形式。

以上情况表明，至迟在 18 世纪中期河南等中原官话地区"X 不胜 Y"已经取代"X Z 似 Y"成为否定差比句的优势句式，但由于在此之前通语中已存在"X 不如 Y（Z）"差比句，虽然"X 不胜 Y（Z）"未能融入通语中，但却成为以上"不胜"通行地区的区域共同语。

第三节 《歧路灯》与豫西南方言中的平比句

平比句是指比较双方在程度、数量或性状等方面相同或者一样的比较句。本节主要比较《歧路灯》与豫西南方言中的平比句。

一 《歧路灯》中的平比句

《歧路灯》中的平比句主要是"X 与/跟 Y 一样/般"，包括"X 与 Y 一样""X 跟 Y 一样""X 与 Y 一般"。与"X 与/跟 Y 一样/般"平比句

---

① 吕丽丽：《新安方言差比句的描写研究》，硕士学位论文，上海财经大学，2020 年，第 23—25 页。

② 孙立新：《关中方言语法研究》，中国社会科学出版社 2013 年版，第 396 页。

③ 乔全生：《晋方言语法研究》，商务印书馆 2000 年版，第 171 页；吴建生：《万荣方言的比较句》，《忻州师范学院学报》2003 年第 3 期。

相关的有"X像Y一样""X像Y一般"和"X如Y一般"等构成的比拟句式。

(一)《歧路灯》中的"X与/跟Y一样/般"平比句

1. "X与/跟/Y一样"平比句

《歧路灯》中的"X与Y一样"平比句共有13例。"X与Y一样"强调X与Y在语义上具有相同性。"与"是介词,和"一样"为比较标记。

"X与Y一样"位于谓词性词语之前,X可承前省略,"与Y一样+VP"结构作句中谓语。例如:

(1)绍闻道:"批语哩?"嵩淑道:"与大字一样算。"(《歧》73/712)

(2)指道:"将来可以大成!"绍闻笑道:"与他爹一样儿欠通。"(《歧》87/823)

(3)先生教的好,比不得旧年侯先生,每日只是抹牌。倒是那师娘却很好,与亲家母一样热合人。(《歧》40/370)

(4)大哥若失了肥业厚产,与我一样儿光打光,揭账揭不出来,他们怕大哥做什么?(《歧》84/804)

前两例的X"批语""儿子"承前句省略,后两例的X分别是上个小句中的"师娘""大哥";四例的Y是"大字""他爹""亲家母""我",均为名词性词语。"与Y一样"分别位于"算""欠通""热合人""光打光"等谓词性词语之前,在"与Y一样+VP"结构中作状语。例(2)和例(4)的"一样儿"更为口语化。

"X与Y一样"还可以单独成句。例如:

(5)我与欧阳文忠公一样,同是近视眼,或者误遇女人,看不见,有错处也未可知。(《歧》56/527)

(6)儿心里也久有全姑这宗事,与母亲一样,只说不出口来。(《歧》106/993)

(7)方才这个侄子,怎的与东院三老爷家瀜相公一个样儿?只是口语不同。(《歧》92/865)

(8)出奇的很,怎的这位少爷与咱南边东院二相公一模一样儿,就是一对双生儿,也没有这样儿厮像。(《歧》92/863)

各例的 X、Y 均为体词性词语。例（5）的"我与欧阳文忠公一样"是典型的"X 与 Y 一样"句式。① 例（6）的 X 承前省略。例（7）、例（8）的 X 后有标点与 Y 断开、用于疑问语气，"一个样儿""一模一样儿"是"一样"的特殊变体，极言其同。除例（5）是居句首外，其他均位于句中。再如：

（9）那<u>与儒学一样</u>的字，是翻译过的，所以檀越认得。（《歧》44/410）

（10）你若走了，无人掌管出入，叫二弟也笑我竟<u>与他一样</u>。（《歧》69/661）

（11）话说王中……想着城南菜园、城内鞋铺，存留一个后手，以为少主人晚年养赡及小主人读书之资。这真是<u>与纯臣事君心事一样</u>。（《歧》54/500）

例（9）的"与儒学一样"作为定语，仅此一例。例（10）的"与他一样"作谓语，X 和"与 Y 一样"之间有副词"竟"。例（11）是把忠仆王中为少主人着想的事情比作"纯臣事君心事"，二者只是相似，该例是比拟，与例（1）—例（10）本质上是同类事物或相同人物的对比不同。

《歧路灯》中有二例"X 跟 Y 一样"平比句，没有"X 跟 Y 一般""X 和 Y 一般"平比句；"X 和 Y 一样"只有一例，是比拟句。例如：

（12）大舅子<u>跟谭贤弟一样</u>，中了个副榜，将来有个佐杂官儿做做。（《歧》102/955）

（13）王氏道："这几个人我是知道的，果然待咱这一家子，<u>死了跟活着总是一样子</u>，我如今看出来是真的。"（《歧》100/930）

（14）孩子们和秃尾巴鹌鹑一样，也叫人家笑话。（《歧》40/367）

例（12）、例（14）的 X、Y 均为名词性词语。例（13）的 X、Y 为动词性结构，Y 和"一样子"之间有副词"总是"。而"X 与 Y 一样"

---

① "我与欧阳文忠公一样"中的"与"也可以看成连词，就上下文语境来看，视作介词更合适。

中 X、Y 未见动词性结构。例（14）的"孩子们"与"秃尾巴鹌鹑"是本质上不同的双方，只是相似而不是相同，该例也是比拟句。这三例全为口语。

2. "X 与 Y 一般"平比句

《歧路灯》中的"X 与 Y 一般"平比句共有十例，介词"与"和"一样"同为比较标记。例如：

（15）旁边一个与活人身材一般，只是土色脸，有八九寸长，仅有两寸宽，提了一个圆球灯，也像有两个篆字。（《歧》70/668）

（16）王氏道："不用叫他妗子牵挂，我的侄儿就与我的儿子一般。"（《歧》3/28）

（17）谭绍闻道："佛经上字与儒书一般，惟有口字偏旁——"因指着"唵"、"哪"、"咖"，……（《歧》44/410）

（18）这与外州县的书院一般，学正、学录与书院的山长一般，不过应故事具虚文而已。（《歧》102/956）

这四例的"X 与 Y 一般"自成小句，其前或后边的小句均为描写或说明状态。X、Y 都是名词性词语，包括人、物，X、Y 是同类的人、物，强调的是 X 跟 Y 的相同。

《歧路灯》中还有四例用于口语的否定式平比句。例如：

（19）王氏道："他夏哥休与他一般见识，他想是醉了。"（《歧》53/496）

（20）大相公休与那不省事的一般见识。他说话撞头撞脑的，我没一日不劝他。（《歧》32/299）

（21）茅拔茹道："九娃，与谭爷磕头。那人咱也不与他一般见识。"（《歧》22/214）

（22）只教贤弟知道我的心，我也就丢开手，不与第二的一般见识。（《歧》68/656）

这四例，"与"前有否定副词"休"或"不"，"一般"后接"见识"，构成"X 休/不与 Y 一般见识"格式。去掉"见识"，句子依然成立，但语义上没有原句显豁。该格式前或后的小句均描写人的行为，X、Y 都是人。例（15）—例（18）"一般"之后似也能补出动词或形容词，如例（15）"旁边一个与活人身材一般"后可以添加"高低"。

《红楼梦》中也有三例"一般见识"否定式平比句，否定词用"休"和"不"，介词用"和"不用"与"。例如：

（23）a. 婶子既教训，就不和儿子一般见识的，少不得还要婶子费心费力将外头的压住了才好。（《红》68/947）

b. 宝玉笑道："你别和他一般见识，由他去就是了。"（《红》19/259）

c. "姨奶奶别和他小孩子一般见识，等我们说他。"（《红》60/822）

《儒林外史》中没有"X 休/不与 Y 一般见识"和"X 别/不和 Y 一般见识"。

《歧路灯》中没有"X 和/跟 Y 一般"用例。以上"X 与/跟 Y 一样/般"比较句中的"一样/般"不能省略。

（二）《歧路灯》中的"X 像/如/似 Y 一样/般"句式

《歧路灯》中的"X 像/如/似 Y 一样/般"句式主要是比拟句。

1. "X 像 Y 一样/般"

《歧路灯》中的"X 像 Y 一般"句共有 20 例，只有三例是平比句。例如：

（24）a. 这小福儿半夜到家，竟像死人一般，几乎把我吓死。（《歧》18/183）

b. 你不说罢。你那时怕考四等，连一夜赌也像牵驴上桥一般。（《歧》36/338）

（25）a. 唯设下一个公馆，就像薛府一般，设下榆次公牌位，外甥作主，陪着奠雁。（《歧》108/1004）

b. 今日见贤侄务正，小相公品格气质都好，就像我姓程的后辈有了人一般。（《歧》90/852）

例（24）是比拟句，"一般"可以去掉不影响语义；例（25）是平比句，其"一般"不能去掉。

《歧路灯》中的"X 像 Y 一样"有三例，均为比拟句。例如：

(26) 只见王隆吉来了，一般也没人打，也没人骂，只像做了贼一样，拘拘挛挛的，都为了礼。(《歧》20/204)

(27) 只见一个戏娃儿，人材就像女娃儿一样，每日在楼下叫奶奶，叫干爹，要针要线。(《歧》25/239)

(28) 他大母眼儿上眼儿下，只像我待两仪有些歪心肠一样，气得我没法儿，我说不出口来。(《歧》39/361)

这三例均为比拟句。

2. "X 如/似 Y 一样/般"

《歧路灯》中的"X 如/似 Y 一样/般"有 69 例"X 如 Y 一般"、一例"X 如 Y 一样"、二例"X 似 Y 一般"。例如：

(29) 绍闻被一派搜根揭底的话，说的心如凉水一般。(《歧》86/820)

(30) 这号门就如蜂拥一般，哄哄攘攘。(《歧》102/950)

(31) 逢若道："可惜我一付好色子，叫那姓程的拿去，如剥了我的手一般。"(《歧》20/206)

(32) 那绍闻家中，恰似失了盗一般。(《歧》76/735)

(33) a. 夏鼎笑道："狗腿朋友，到了爷们乡绅人家，软似鼻汀浓似酱。……"(《歧》96/898)

b. 回来便道："光棍软似绵，眼子硬似铁。……"(《歧》34/322)

(34) 那盛宅门第高大，管门的都大模大样，如宅门二爷、快班头役一般，……(《歧》68/653)

(35) 谭绍闻只得独行。穿街过巷，一似人都知道的一般，只疑影有人指他。(《歧》26/252)

(36) 王氏又与剪子一把，裁尺一条，这些物件，都是"德、言、容、工"上东西，就如王象荩给绍闻买砚水池，不买鬼脸儿一样意思。(《歧》83/794)

例（29）—例（33）均为比拟句：各例的 X 与 Y 均为本质不同的事物或事件，强调的是 X 与 Y 的相似而不是相同，其"一般"都可以省略而不影响句子的语义，如例（33）只有"似"，没有"一样/般"。后三例为平比句，强调 X 与 Y 的相同，其"一般"去掉后对语义有影响，如例（34）"管门的"与"宅门二爷、快班头役"的身份、做派在本质上是相同的。

《歧》与《红》《儒》中平比句的使用差异，将放在《歧路灯》与豫西南方言的平比句古今差异中一起比较。

二　豫西南方言中的平比句及古今比较

（一）豫西南方言中的平比句

豫西南方言的平比句，主要有"X 跟/像 Y（一）样"和"X 一般 A 儿"。而由"X 跟/像 Y（一）样"构成的句子，有的是平比句，有的是比拟句。

1. 豫西南方言中的"X 跟/像 Y（一）样"平比句

豫西南方言中的平比句"X 跟/像 Y（一）样"中的介词"跟"，唐河方言音 [kei^{24}] 或 [kɯ^{24}]，其他县区方言中音 [kən^{24}]，"像"读 [ɕiaŋ^{31}]。例如：

（1）a. 她办事风风火火，跟/像她妈（一）样。
　　　b. 她办事风风火火，像她妈。
（2）a. 说哩_的跟/像真哩_的（一）样。
　　　b. 说哩像真哩。
（3）a. 她齐_{无论}弄啥都跟/像她姐一样样儿_{一模一样儿}。
　　　b. 她齐_{无论}弄啥都像她姐。

各例的比较对象 X、Y 均为体词，且 Y 都是定指成分，强调 X、Y 的相同。"跟"后的"（一）样"不能省略，"像"后的则可以省略。

豫西南方言中的"X 跟 [kən^{24}]/像 Y（一）样"有时候是比拟句。例如：

（4）（你）慢哩_得跟/像鳖（一）样哩。
　　　＊a.（你）慢哩_得跟鳖。
　　　b.（你）慢哩_得像鳖。
（5）（他）恶哩_{厉害得}跟/像狗（一）样哩。
　　　＊a.（他）恶哩_{厉害得}跟狗。
　　　b.（他）恶_{厉害}哩_得像狗。
（6）a.（小王）瘦哩_得跟/像猴儿（一）样哩。

＊a.（小王）瘦哩得跟猴儿。
　　b.（小王）瘦哩得像猴。
（7）a.（那人）胖哩得跟/像猪（一）样哩。
　　＊a.（那人）胖哩得跟猪。
　　b.（那人）胖哩得像猪。

各例中形容词后边的"哩"是补语标记"得"，句末的"哩"是语气词。X 是人或人体某个部位（"手"），可不出现。Y 是"狗""猪""猴""鳖"等人们熟知的小动物。"跟/像 Y（一）样"处于比较点"形容词+哩"后的补语位置。上述各例强调的只是 X 与 Y 的相似而不是相同。如例（5）他的厉害与狗的厉害相似，例（6）a 小王的瘦与猴子的瘦相似。各例"X 像 Y（一）样"中的"（一）样哩"可以省略。"X 跟 Y（一）样"中的"（一）样"不能省略。

2. 豫西南方言中由"一般 A 儿"构成的平比句

豫西南方言中还有由"一般 A 儿"构成的平比句。句首常有"他/你/俺/这/那俩"等词语，A 主要是高、重、大、多、长、粗、深、远、厚、宽等形容词。"一般 A 儿"，通常是指俩（或多）个人在身高、年龄、行为、动作上完全相同或指俩事物、事件在性质状态上一模一样。特别强调时，"一般 [i^{24}pan^{31}]"可以说成"一般般 [i^{24}pan^{31}pan]"。例如：

（8）a. 俩小人儿，一般高/重儿高矮、轻重完全相同。
　　b. 两个一般大儿年龄大小一样的人，看着像差好几岁。
　　＊俩小人儿，一般（般）低/轻儿。/＊两个一般小儿的人。
（9）a. 恁俩你俩nən^{55}lia^{55}哩的苹果一般般大儿大小一样。
　　＊恁俩哩苹果一般小儿，恁俩吃哩一般少儿。
　　b. 这回次考试咱俩吃哩分考的分数一般般多/高儿分数多少、高低完全相同。
　　＊这回咱俩吃考哩分一般少/低儿。
（10）那仨擀杖擀面杖一般粗/长儿粗细/长短一模一样，价钱咋不一样？
　　＊那仨擀杖擀面杖一般（般）细/短儿，价钱咋不一样？
（11）a. 你/他俩挖哩的小坑一般般深儿深浅完全一样。
　　b.（你俩哩）皮球撂哩扔得liau^{31}li 一般般远儿距离远近一样。
（12）a. 两床被子一般厚厚薄一样、不一般宽宽窄不一样。

b. 恁俩 nən⁵⁵lia⁵⁵ 跑哩 _得_ li 一般快 _速度快慢一样_。

上例中，例（8）a 的"高/重"是指身材的高矮、轻重，b 的"大"指年龄的大小，例（9）a 的"大"指苹果的大小、"多"指吃的多少，b 的"多/高"指分数的多少、高低。后三例的"粗/长""深""远"分别指物体性状的长短、深浅、远近。"一般 A 儿"可以作谓语。"一般 A 儿"中，"一般（般）"是重读音节，说话者要表达的不是比较对象有多 A，而是比较对象在 A 和 - A 上都是一样的。虽然"一般 A 儿"中 A 的反义词（- A）同为形容词，但没有"一般 - A 儿"这样的说法。因为"一般 A 儿"包含有比较对象在 A 与 - A 上都一样的意思。如例（8）a 不是说两人有多高，而是说两人高矮都一样，例（8）b 不是说两人年纪有多大，而是说他们年龄大小相同。"一般 A 儿"有时也可以说成"一般 A"，如例（8）b、例（11）b 可以说成"俺俩一般大"、"（你俩）皮球撂哩一般远"。"一般 A 儿"中的"一般"与"一样"词性、语义相同，有时也可以说成"一般 A"，如例（8）b、例（11）b、例（12）可以说成"俺俩一般大""（你俩）皮球撂哩一般远""恁俩跑哩一般快"。以上用例中的"一般"都不能换成"一样"。

（二）平比句的古今比较

《歧路灯》中的平比句主要是"X 与 Y 一样/般""X 跟 Y 一样"，《歧路灯》中的"X 像 Y 一般""X 如 Y 一般"主要是比拟句。豫西南方言的平比句主要是"X 跟/像 Y 一样"和"他/你/俺/这/那俩一般 A 儿"。豫西南方言的"X 跟/像 Y 一样"构成的既可以是平比句也可以是比拟句，二者的区别在于比较强调的是相同，比拟强调的是相似。除二例"X 与 Y 一样"和一例"X 与 Y 一般"不是用于口语外，其他均用于口语。《歧》《红》《儒》中"X 与/跟/同/和 Y 一样/般"平比句使用情况见表 7 - 4。

表 7 - 4 　　　《歧》《红》《儒》中主要平比句数量统计表

文献	X 与 Y 一样/般	X 跟 Y 一样/般	X 和 Y 一样/般	X 同 Y 一样/般
歧	13/8（10/7 口语）	2（口语）/0	0	0
红	6/2（4/2 口语）	0	32/8（口语）	15/1（口语）
儒	0	0	4/6（4/2 口语）	4/1（3/1 口语）

从表 7-4 可以看出,《歧路灯》的平比句中介词主要是"与"字。《红楼梦》平比句中的介词有"和、同、与","和""同"字平比句较多。《儒林外史》也是"和""同"字平比句,数量与《红楼梦》的"与"字平比句差不多,都主要是用于口语。只有《歧路灯》中有少量的"跟"字平比句。表 7-5 是豫西南方言、《歧路灯》、现代汉语共同语平比句中介词使用比较表。

表 7-5 豫西南方言、《歧》、现代汉语共同语平比句中介词使用比较表

句式	X 与 Y 一样/般	X 跟 Y 一样/般	X 和/同 Y 一样/般	一般 A 儿
豫	-	+ +/-	-	+
歧	+ +/+	+/-	-	-
普通话	+/+	+/+	+ +/+	+

《现代汉语八百词》指出,"跟""与"用作介词时,"跟"常用于口语,"与"多用于书面语。[①]《歧路灯》平比句中的介词"与""跟"都用于口语。《红楼梦》平比句中的介词"同""和""与"也主要用于口语。表 7-5 则表明,从《歧路灯》到豫西南方言,平比句中的介词变化最大,没有"与"字句,"跟"字句变得常用,还产生了与"跟"字相同的"给"字比较句。

小 结

本章主要讨论《歧路灯》和豫西南方言中共有的差比句与平比句。《歧路灯》的"比"字差比句、"不如"差比句,无论是在组合结构、比较项、比较结果、语法意义等方面都和豫西南方言以及现代汉语共同语基本相同,体现的是《歧路灯》的时代性。"X 不胜 Y"及其相关的差比句是《歧路灯》与今豫西南方言及其他北方官话所共有的差比句。从来源上和使用现状看,"不胜"差比句融合了Ⅰ、Ⅱ差比句的特点,不能简单

---

① 吕叔湘主编:《现代汉语八百词》(增订本),商务印书馆 1999 年版,第 231 页。

视作词汇差比句。

平比句方面,《歧路灯》的平比句主要是由"X 与/跟 Y 一样/般"构成,口语比书面语多。今豫西南方言的平比句主要是由"X 跟 Y (一)样"和"一般 A 儿"构成。

第八章 《歧路灯》与豫西南方言之被动句

概 说

被动句是古今汉语都有的一种重要句式。古代汉语的被动标记主要有"于""见""为""被"等字，近代汉语的被动标记主要有"被""叫/教""吃/乞"等字。

傅书灵（2007）考察过《歧路灯》中的"叫"字句，庞丽丽（2011）研究过《歧路灯》中的被动句，丁全（2001）曾列举过南阳方言的被动句，本部分在此基础上主要比较《歧路灯》与豫西南方言中有标被动句的异同及古今变化。我们把被动句记作：（S）被动标记 + NP + VP。

第一节 《歧路灯》的被动句

本节主要考察《歧路灯》中的"被""叫（教）"字被动句。

一 《歧路灯》中的"被"字被动句

"被"字被动句，产生于战国末期，起初"被"字后不出现施事，"被"字后出现施事者意味着"被"字被动句趋于成熟。"被"字被动句发展到近代汉语，出现了"被 N 所 V"的新形式，一个突出的特点是"被 NPVP"成为"被"字句的主流。

《歧路灯》中的"被"字被动句一共有139例。下面我们考察《歧路灯》"被 NPVP"中 NP、VP、被等的特点。

（一）"被 NPVP"中的 NP

"被"字被动句"被 NPVP"中 NP 的出现，是"被"字句趋于成熟的标志。"被 NPVP"中的 NP，主要是名词或少量的名词性短语。

1. NP 是人或［±生命］物。例如：

（1）谭绍闻向自己房门去开锁，连钥匙也被人割的去了。(《歧》44/406)

（2）这一干人，早晨便在衙门前酒饭馆内，被谭绍闻请了一个含哺鼓腹。(《歧》31/288)

（3）那白兴吾……一手拉住，绍闻那里挣得脱，一面推辞，早已被他请进馆门。(《歧》33/303)

（4）谭绍闻说道："我身上被臭虫咬坏了，衣服中想必还有藏下的，怕染到家里。"(《歧》55/512)

（5）惠养民道："好天爷！你怎么这样没主意，咱一家眼看被账逼杀了。"(《歧》40/376)

（6）走的猛了，被门限儿绊住，往外一跌，直跌到月台上，将鼻子已磕破，流起血来。(《歧》59/550)

（7）绍闻被这柔情温润，渐渐有了喜色。(《歧》9/735)

前三例的 NP 是人：《歧路灯》仅例（1）这样"被人 VP"中的 NP 就有 20 例，还有一例"被一个人 VP"。例（2）、例（3）这样有定的人名或代词，有 49 例，"被他"就有六例。后四例的为非人 NP：例（4）的臭虫为［+生命］，账、门限儿、这柔情等为［-生命］NP。其他还有牛、蛇、风雨、火、凳子角、黄河等 NP。

2. NP 是"……的话"。例如：
再看下例：

（8）绍闻被冯健这一场话，只说得心里冰消冻解，辞别而回。(《歧》80/776)

（9）绍闻被一派搜根揭底的话，说的心如凉水一般。(《歧》86/820)

（10）绍闻方欲推托，被管贻安几句撒村发野的话弄住了，也竟公然成了一把赌手。(《歧》34/322)

这三例的 NP，非人非物，而是较为复杂的定中短语"……的话"。这样的情况有七例。

《歧路灯》中"被 NPVP"中，"被人 VP"中的人是无定、有定 NP

均有，其他具有［－生命］义的多是有定 NP。

(二)"被 NPVP"中的 VP

"被 NPVP"中 VP 的复杂化是近代汉语中"被"字句的突出特点。《歧路灯》"被 NPVP"中 VP 的情况复杂化表现如下：

1. 谓语动词后接补语，或谓语动词前有状语、后有补语。例如：

(11) 老乡绅下世，相公年幼，没主意，被人引诱坏了，家业零落。(《歧》88/834)

(12) 王春宇被娄、孔二人，说的无言可答，就不敢再问了。(《歧》12/138)

(13) 谭相公明明是个老实人，只为一个年幼，被夏鼎钻头觅缝引诱坏了。(《歧》87/821)

(14) 谭绍闻一向盘算停当，拿定主意，却被正经前辈一句问的不知该怎的好，口中再含糊答应不来。(《歧》62/578)

前两例 VP 是动补短语，例(12)的补语依然是短语。后两例的"引诱""问"前有状语，后有补语，末例的补语仍然是动词性复杂短语"不知该怎的好"。

2. VP 是连动或复谓结构。此种情况表明"被"字被动句式的成熟或功能上的发展完善。例如：

(15) 谭绍闻连日被盛希侨请去看串新戏，也不在家。(《歧》48/439)

(16) 不知谭世兄怎的就被他勾引去了？(《歧》20/200)

(17) 恰好张绳祖此日被董公请去赴席，商量围屏款式，家中无人赌博，夏逢若到而即回。(《歧》53/493)

末例的 VP 尤其复杂。

3. VP 是动宾结构。例如：

(18) "我姓谭，河南人。路上被人拐了行李，一天没见饭，半夜到这里。"(《歧》44/411)

(19) 即如昨夜，被虎不久儿一场子赢了一千八百余两，回来自己上了一绳，在书房中喊叫了半夜。(《歧》60/555)

（20）王氏道："那一遭儿姓茅的骗咱，被官府打顿板子。……"（《歧》47/435）

（21）再说窦又桂被父亲打了一闷棍，幸没打中致命之处，得个空儿，一溜烟跑了。（《歧》51/470）

前两例"行李""一千八百余两"是受事宾语，后两例的"（一）顿板子""一闷棍"是工具宾语。后三例的宾语是定中短语。

4. VP前出现了"把NP"。即"被NPVP"变成了"被NP$_1$把NP$_2$VP"。例如：

（22）再说谭绍闻在巴家酒馆内，被窦丛把脸上弄出了一道杖痕，王中扯令上车。（《歧》51/474）

（23）晚生上亳州寻家母舅不遇，回程路上被人把行李拐了，万望老先生念斯文一气，见赐一饭，不敢忘惠。（《歧》44/408）

（24）这慧娘身上软了，麻了，一口痰上了咽喉，面部流汗如洗，四脚直伸不收，竟把咽喉被痰塞住，不出气儿。（《歧》46/424）

（25）周小川说，你去亳州寻我，把银子被人割去，送你回家。（《歧》49/454）

（26）这名相公又被小厮将头上花插了一朵小草儿。（《歧》89/840）

前两例是"被NP$_1$把NP$_2$VP"，即"NP$_2$被NP$_1$VP"，如例（23）即"（晚生的）行礼被人拐了"。例（24）、例（25）是"把NP$_2$被NP$_1$VP"，即"（主语）被NP$_1$把NP$_2$VP"，也即"（主语的）NP$_2$被NP$_1$VP"，如例（25）"把银子被人割去"即"被人把银子割去"，也即"（你的）银子被人割去"。末例是"被NP$_1$将NP$_2$VP"，即"（名相公）的头上被小厮插了一朵小草儿"。在语义上，NP$_2$隶属于主语。从句式来说，这五例均属"被""把"结合句，也是《歧路灯》"被"字句VP复杂化的重要表现。

（三）特殊的"被NPVP"句式

1. "被NPVP"表示原因

《歧路灯》中的"被NPVP"，对主语来说在语义上多是表示不幸或不如意的事情。但有的"被"字句，其句式的语义表达超出了被动式的范围，可以表示"原因"。例如：

(27) 那巴庚与钱可仰，被窦丛打儿子，也误撞了两棍。(《歧》51/473)

(28) 本日谭绍闻把张绳祖的赌欠，红玉的宿钱，被盛希侨替他一笔勾了，心中好不畅快。(《歧》27/255)

(29) 往往人家被这因循不肯还债，其先说弃产不好看，后来想着弃产时，却又不够了。(《歧》33/336)

(30) 原来夏鼎被王中打狗一句把胆输了，不敢叫门，只得说道："只是一句淡话，改日说罢。"(《歧》37/341)

以上四例的"被"字，由于句子组合关系的制约，都具有表示原因的色彩：例（27）的"被"相当于连词"因为""由于"，例（28）、例（29）的"被"相当于介词"因为"，例（30）的"被"是连词"因为"。

2. "被VP"被动句

《歧路灯》中还有12例"被VP"被动句。例如：

(31) 所以老豆腐自江南贩卖黄豆回来，晓得儿子在夏家被哄去一百二十两，偷的柜中银子还讫，真正切齿之恨。(《歧》60/560)

(32) 姑不说那一床被子几件衣服，周小川送的二百钱盘缠，也全被拐去，谭绍闻忍不住，竟是望西大放号咷起来。(《歧》44/407)

(33) 无非说谭绍闻祖父为官，青年勤学，毫不为非，无辜被诬，恳免发解的话头。(《歧》54/308)

这三例"被"与"VP"之间省去NP。末例的"被"可以看作动词"遭受"，亦可看作被动标记。

二 《歧路灯》中的"叫（教）"字被动句

根据太田辰夫（1987）的研究，"教"字句表示被动始于唐代。从明末清初"教"开始写作"叫"。具有被动意义的"叫"字句可能形成于明末清初。① 据傅书灵②的研究，《歧路灯》1771例"叫"字中"叫"字

---

① 冯春田：《近代汉语语法研究》，山东教育出版社2000年版，第611、643页。
② 傅书灵：《〈歧路灯〉"叫"字句考察》，《周口师范学院学报》2007年第4期。

被动句只有 32 例。"叫"字被动句的基本构成是"叫 NPVP"。《歧路灯》中"教"字被动句只有二例。

（一）"叫"字被动句

《歧路灯》中的"叫"字被动句"叫 NPVP"，在数量上远少于"被"字被动句。无论是 NP 还是 VP，都比"被"字被动句的简单。例如：

(1) 他如今来领他的戏箱，这箱子锁叫扭了。(《歧》31/288)

(2) 孝移道："外父的门风叫你弄坏了。拜认干亲，外父当日是最恼的。……"(《歧》3/29)

(3) 我也叫他那老贾腌攒的足呛。(《歧》42/388)

(4) "怎的叫马跑了？我想分这匹马哩。"邓林道："人也叫马驮跑了。"(《歧》73/702)

(5) 谭绍闻道："我这脸叫衣架头儿磕肿，怎好街上行走？"(《歧》51/479)

(6) 你低着头只顾掷，高低叫他赢了七八百两。(《歧》59/548)

《歧路灯》的"叫"字被动句中，只有例(1)没有出现 NP。NP 主要是人，如前三例和例(6)。例(4)、例(5)是"马""衣架头儿"。除例(1)、例(3) VP 分别是单音节的动词"扭"和形容词性述补结构"腌攒的足呛"外，例(2)—例(4)、例(5)的 VP"弄坏""驮跑""磕肿"均是动补结构。例(6)的 VP"赢了七八百两"是动宾结构。再看下例：

(7) 谭相公明明是个老实人，只为一个年幼，被夏鼎钻头觅缝引诱坏了。又叫张绳祖、王紫泥这些物件，……攒谋定计，把老乡绅留的一份家业，弄的七零八落。(《歧》87/821)

(8) 那一遭儿姓茅的骗咱，被官府打顿板子。这一遭贾家又骗咱，又叫官府打顿板子。(《歧》47/435)

这两例都是"被""叫"字被动连用，以免重复。

《歧路灯》中的"叫"字被动句主要用于口语中。下例这样的非口语用法较少：

(9) 阎相公只顾慌张着走，所以后边碧草轩叫戏子占了，阎楷

一字不知。(《歧》23/224)

(10) 有说冷板凳是坐惯了,今日才有一星儿热气儿,休要叫冷气再冰了的。(《歧》6/61)

(二)"叫"字使役句与"叫"字被动句

根据江蓝生和王琳、李炜等人的研究,使役动词有使令、致使、容许、任凭等意义,由使令、致使义构成的使役合称令致类,由容许和任凭构成的使役简称容任类使役。① 《歧路灯》中的"叫"在语义上有叫请、使役、处置和被动四种。傅书灵把使役义"叫"分为使令义和容许义两类。使令义来自叫请义,容许义来自使令义,被动义来自容许义,处置义来自使令义。

"叫"字使役句是表示"(主语)使(令)NPVP"的语法意义,即由主语(或在形式上不出现)使 NP 发出某种动作行为或呈现某种状态,在主观上有意识容任、使令某种行为的发生。而"叫"字被动句,对主语来说在语义上表达的多是不幸或不愉快的事情。上述例(1)—例(8)均是这样的"叫"字被动句。有时候,"叫"字被动句和"叫"字使役句看起来很不容易分辨。例如:

(11) 谭家这个孩子,去年一次叫他赢了一百两,不过是给点甜头,谁料再不吞钩。(《歧》46/426)

(12) 像那张绳祖,听说他把他老人家的印板,都叫那些赌博的、土娼们,齐破的烧火筛了酒。(《歧》96/900)

(13) "你这事叫王中知道,就要搅散。我与你备礼,你得多少呢?"(《歧》15/159)

(14) 潜斋道:"张类老一生见解,岂叫人一概抹煞。"(《歧》4/34)

(15) 这贾李魁向谭绍闻索讨这宗银子时,不惟不给银子,且叫恶仆王中,打了一顿马鞭子。(《歧》46/428)

(16) 又如管贻安家朱卷板,叫家人偷把字儿刮了,做成泥屐板儿。(《歧》96/900)

---

① 江蓝生:《汉语使役与被动兼用探源》,《著名中年语言学家自选集·江蓝生卷》,安徽教育出版社 2002 年版,第 139 页;王琳、李炜:《琉球官话课本的使役标记"叫"、"给"及其相关问题》,《中国语文》2013 年第 2 期。

上例的"叫"字句都是由"叫 NPVP"构成的，替换成"被"字都可以变成被动句。但前四例都是"叫"字使役义句：例（11）谭绍闻赢了一百两钱，是别人设下的钓饵，很明显是诱赌者故意让他赢的。例（12）"破的烧火筛了酒"肯定是张绳祖有意识容任才能发生的。例（13）、例（14）都是故意使令或不容许 VP 发生。例（15）使役与被动两可：若把王中的行为看成是谭绍闻有意识容任或使令去做，则是使役句；如王中的行为是自作主张则是"叫"字被动句。例（16）是"叫"字被动句："偷"字表明与管贻安的主观意识无关，且家人的行为对管贻安来说是不幸的。因此要结合具体的语言环境来分辨《歧路灯》中的"叫"字使役句与"叫"字被动句。

《歧路灯》中的"叫"字使役句还有"叫 VP"结构的。例如：

（17）王氏道："他不病些，一定也要叫去的。"（《歧》8/83）
（18）孝移又叫拿出一个全帖，放在护书内，出街升车。（《歧》2/13）

"叫去"即"叫他去"，"叫拿出"即"叫仆人拿出"。
《歧路灯》中还有以下两例"教"字被动句：

（19）好家好院，休要恁般哭，教邻居听的，是做啥哩。（《歧》32/300）
（20）这宗事，若教门生们议将来，只成筑室道谋，不如二老师断以己见。（《歧》5/48）

这两例的 NP 都是指人名词，VP"听的""议将来"都较简单，"教邻居听的""教门生们议将"是"教 NPVP"承前省略了主语。
"教"表被动是从其使役义发展来的，出现的语法环境是"（主语）教 NPVP"。

三　《歧路灯》中的其他被动句

（一）"为"字被动句
先秦时已有"为"字被动句，战国末期出现"为 N 所 V"式被动句。《歧路灯》中的"为"字被动句一共有 30 余例，主要是"为 N 所 V"式。例如：

(1) 这是人情所必至，却为旁观所不解。(《歧》82/790)
(2) 下了几次乡试，屡蒙房荐，偏为限额所遗。(《歧》1/2)
(3) 吾弟差矣。我一向为官事所羁，尚未得与婶太太见礼，那得此处居先。(《歧》95/892)
(4) 谭世兄，你何苦定为调向之说所拘？(《歧》62/584)
(5) 这是谭绍闻一被隆吉所诱，结拜兄弟，竟把平日眼中不曾见过的，见了……(《歧》17/182)

《歧路灯》中的"为"字被动句，或用于叙述语言，或见于官员、文人、讼师口语，文言气息都较浓，为古汉语"为 N 所 V"之遗留。末例为"被 NP 所诱"。

（二）"着""吃"字被动句

"着""吃"字被动句，《歧路灯》中各出现两例。例如：

(6) 谭绍闻着兵部引见，问话来说。(《歧》105/978)
(7) 若不重惩一番，本县就要吃你两个撮弄。(《歧》46/433)

"着"字被动句，一为御批，二为口语。"吃"字被动句，一为叙述语言，二为口语。

《歧路灯》中的有标记被动句共有"被""叫""教""为""吃""着"字句六种。从数量上看，"被"字被动句最多，其次是"叫"字被动句和"为"被动字句，"吃"字句和"着"字句最少。"被"字句主要是用于叙述语中，以书面语体为主。在 139 例"被"字被动句中用于口语的只有 40 例，占全部用例的七分之二。这表明《歧路灯》中的"被"字被动句用于口语的较少。"叫（教）"字被动句主要用于口语。"为"字被动句，也是以书面语体为主，书面语用例超过半数，而在口语中的使用有人群的限制。

《歧路灯》中的被动句有着不同的历史层次，"为"字被动句和"被"字被动句历史悠久，古代汉语早已有之。"教（叫）"字句始于唐代。"吃"字句产生于晚唐五代。"着"字句表被动起于宋代，清代以来才多起来。

表 8-1 是《歧》与同时期《红》《儒》及其他文献中"被/叫（教）/给"被动句使用情况统计。

表 8-1　　　　　　　《红》《歧》《儒》被动句数量统计表

文献 \ 句式	"被/叫（教）/给"字被动句
红	212/107①/1
歧	139/34/0
儒	155/18/（5）②
儿	172/27/1③

注：①"被/叫"数据见张美兰（2011）《明清域外官话文献语言研究》。②据张琳（2012）《〈儒林外史〉介词研究》，五例"给"字被动句为韩永利（2006）《动词"给"[kei] 的来源及其发展演化》统计。我们统计"被"字被动句为 103 例。③据韩璇（2011）《〈儿女英雄传〉介词研究》。

从表 8-1 中可以看出，18 世纪中叶以来清代"被"字被动句是通语用法，"叫（教）"字被动句虽在数量上远少于"被"字被动句，但在北京话、中原官话、江淮官话中都见用，而"给"字被动句，除了江淮官话有用外，北方官话中直到清末都稀见。

《歧路灯》与同时期及之后文献中"给"字被动句的发展演变，我们将在《歧路灯》与豫西南方言的"给"字处置句一章中一起探讨。

第二节　豫西南方言的被动句及古今比较

一　豫西南方言中的被动句

1. 豫西南方言中的"叫/给"字被动句

豫西南方言中只有"叫/给"字被动句，没有"被""教""为""吃""着"等字被动句。普通话被动句中的"被"，豫西南方言是用"叫 [tçiɑu³¹]"和"给 [kɯ²⁴]"，且"叫"比"给"常用。例如：

(1) a. 自行车叫人家（给）① 偷跑了。
　　b. 自行车给人偷了。

---

① （给）表示，有"给"没有"给"句子都成立，"给"为助词。下例 a 中的"（给）"与此相同。

c. 自行车给/①叫偷了。
(2) a. 鸡子~鸡~叫黄鼠狼（给）捞走了一只。
b. 鸡子~鸡~给黄鼠狼捞走一只。
c. 鸡子~鸡~给/叫捞走了一只。
(3) a. 树叫风（给）刮倒了。
b. 树给风刮倒了。
c. 树给/刮倒了。
(4) a. 老鼠叫猫（给）吃了。
b. 老鼠给猫吃了。
c. 老鼠给/叫吃了。②
(5) a. 碗叫 tçiau^{31} 他（给）打~摔破~了。
b. 碗给 kɯ^{24} 他打~摔破~了。
c. 碗给 kɯ^{24}/叫 tçiau^{31} 打~摔破~了。

上例 a 中的"叫"、b 中的"给"是引出被动句施事的介词，相当于普通话的"被"字。c 中的"叫""给"用在动词之前表示被动，是助词。

2.《皇天后土》中的被动句

创作于 20 世纪 80—90 年代的《皇天后土》，是 99 个豫西南农民的口述实录，其中有"被"字被动句十余例。例如：

(6) 又说要去烧茶，被我们劝阻了。(《皇天》65)
(7) 光头，额角一个疤，说是小时候睡院里被驴啃的。(《皇天》234)

这是作者的叙述性语言，并非地道的豫西南口语。再看下例：

(8) 有的说她被奸污了。有的说是她主动的。(《皇天》33)
(9) 不像外村，今儿你的罗卜被人家薅了，明儿我的杏被人家偷了，老母鸡丢个蛋也扯着嗓子骂。(《皇天》138)
(10) 两口子回来，地荒了，庄稼被草吃了。落个虫儿没虫儿，

---

① "/"表示其前后的"给"或"叫"都可以使用。
② 李炜：《加强处置/被动语势的助词"给"》，《语言教学与研究》2004 年第 1 期。

笼儿没笼儿。(《皇天》271)

（11）他那毡礼帽不是被贫农拿去垫了鸡窝？他那炖肉的砂锅不是被贫农分去当了尿罐？(《皇天》73)

（12）窝囊菜，熊蛋包，是个猪也会哼哼两声，你嘴被膏药糊住啦。(《皇天》215)

（13）……他们的血肉骨骸，连同他们的命运、身世、个性和语言，都被埋进三尺黄土之下，化为乌有，无迹可寻。(《皇天》409)

这几例是作品中农民主人公的话语。例（8）"被"字后直接跟动词，说话者是24岁的高中毕业生。例（9）的说话者还是文学爱好者。例（10）的说话者是39岁的村委会主任。例（11）的说话者68岁，自己和儿子都做过农村干部，与上级领导经常有接触。例（12）的说话者34岁，"举止言谈，酷似电影里的李双双"。例（13）出自周同宾《皇天后土》自序。这些"被"字是从普通话中移植到豫西南方言中的。

在今天的豫西南地区，受过中学以上学校教育的人在说方言时，也偶尔会说出像"衣服被淋了""树被刮倒了"之类话语，这是普通话对豫西南方言影响的结果。因此上述《皇天后土》中出现的"被"字被动句用法应是作家创作的痕迹。《皇天后土》中也有"叫"字被动句和"给"字被动句，但用例都不多。例如：

（14）我说："啥神！要不是老忠回来，我早沤成泥了。我的东西早叫那弟兄仨抢了。"(《皇天》25)

（15）福都叫他们享了。(《皇天》29)

（16）还说，他女人洗的衣裳在楼上晾着，晚上记住收，别叫风刮跑了。(《皇天》321)

（17）那钱早给她娘家哥娶媳妇花了。(《皇天》32)

（18）我女人，本来就是个乏货，又给老犍子睡了。(《皇天》20)

（19）他心里一定说："你怪有钱，挡不了你女人给我睡①，你的娃是我的种。"(《皇天》21)

前三例是"叫+N+VP"被动句，用于口语，VP的结构简单。后三

---

① "给我睡"在豫西南方言中有歧义：可以是"被我睡"，也可以是"跟我睡"。

例为"给+N+VP"被动句,《皇天后土》中只有这三例"给"字被动句,且所在的单篇文章创作时间均为1989年。

二 《歧路灯》与豫西南方言被动句的古今比较

(一)《歧路灯》与豫西南方言被动句的异同

表8-2是《歧路灯》与豫西南方言被动句比较表。

表8-2 《歧路灯》、豫西南方言、现代汉语共同语被动句比较表

被动句	"被"字句	"叫"字句	"给"字句	"为/着/吃"字句
歧	++	+	-	+
豫西南方言/共同语	-/+	++/+	+/+	-/-

注:++表示最常用。

从表8-2中可以看出,《歧路灯》、豫西南方言、现代汉语共同语中都有"叫"字被动句,这是三者的共同点。《歧路灯》中有豫西南方言中没有的"被"字句、"为"字句、"吃"字句和"着"字句等被动句,豫西南方言中的"给"字被动句则是《歧路灯》中没有的。这是前两者的不同点。后两者的都有"叫""给"字被动句,但豫西南方言没有现代汉语共同语中的"被"字被动句。

(二)豫西南方言中的"给"字被动句

李炜指出,"给"字表被动义在北京话里从18世纪中期到20世纪90年代前都属于罕见用法,是到了20世纪90年代后才成了常见用法。[①] 但是我国现当代著名作家姚雪垠的作品中,"给"字表被动义的时间却早于北京话的时间。

1. 姚雪垠《长夜》中的"给"字被动句

姚雪垠,是豫西南邓州市人,他1945年夏天开始创作长篇自传小说《长夜》,1947年由上海怀正文化社出版。18余万字的《长夜》中的"给"字被动句共有23例,其中"给NP VP"13例,"给VP"10例。例如:

(1)你大舅跟你老表们都给你打死啦,房子也全烧啦,你看在

---

① 李炜:《清中叶以来北京话的被动"给"及其相关问题——兼及"南方官话"的被动"给"》,《中山大学学报》(社会科学版)2004年第3期。

你妈的情面上，便宜他一条活命吧！（16/78）

（2）他昨天来探听我的下落，也给他们留住啦。（6/31）

（3）听说没有逃走的年轻女人都给军队拉去睡觉啦。（14/67）

（4）所有这些烟家具，以及钎子，挖刀，小剪之类，样样都给小伕子擦得没一点灰星儿，……（9/42）

（5）车轴汉活泼得像一个大孩子，一面走一面叫骂，几个"看票的"都给他骂得笑嘻嘻地从票房里跳了出来。（3/12）

（6）二红拉住菊生的胳膊说，"你大概不相信你二哥给送回老家了，我带你到票房看看"。（6/30）

（7）芹生悄悄地用眼色呼唤他走到身边，告他说："菊，胡玉莹的舅刚才给枪毙了。"（18/84）

（8）可是他的两条腿已经给打断啦，不能动弹。（12/57）

前五例是"给 + NP + VP"，后三例是"给 + VP"。像例（4）、例（5）这样的非口语句只有四例，其他19例均为口语。所有用例中的NP：22例为人、一例为"皮子（狗）"。所有用例中的VP以动补结构为主，如前两例的"打死""留住"和例（4）、例（5）、例（8）"擦得没一点灰星儿""骂得笑嘻嘻地从票房里跳了出来""打断"。例（3）、例（6）的VP是述宾结构。例（4）、例（5）还不是用于不如意语境。

《长夜》中的"被"字被动句共有185例，其中"被 + NP + VP" 115例，"被 + VP" 70例。其中用于口语的只有八例。例如：

（9）菊生等不着老张回话……："你们都是被逼下水的，并不是天生的坏人。……"（39/212）

（10）可不要这样想！被土匪拉来不能算偷人养汉。（22/110）

例（9）是洋学堂学生所说，例（10）是与土匪混在一起的年轻农妇所说。

2. 姚雪垠《李自成》中的"给"字被动句

姚雪垠1957年开始创作长篇历史小说《李自成》（第1卷）。我们根据华中师范大学语料库统计，《李自成》中共有"给"字被动句64例。其中"给 + NP + VP" 52例、"给 + VP" 12例。例如：

（11）闯王！老营给冲散了，一切完了。我没有面目见你，也没

有面目见大伙儿兄弟！（12/227）

（12）直到我离开曹营时候，潼关的官军还是给蒙在鼓里。（4/74）

（13）他侄儿当场给我刺死啦。那些提到的，因为兄弟们气不忿，也宰了（4/65）

（14）上次鞑子来到这一带，一个儿子被杀，一个给掳了去，杳无音信！（23/456）

（15）我侄儿给狼咬坏了一只胳膊，请你务必费心去瞧看瞧看。（28/591）

（16）儿子前年给抓去当兵，不知已经肥了谁家的地。（27/572）

（17）刘邦同楚霸王打仗总是打败仗，连自己的父亲和女儿都给霸王俘去，可是后来终于得了天下。（13/242）

（18）前三四天，给三四个乡勇从背后追赶，叫我站住搜查，我偏不站住，中了他龟孙们一箭。（4/75）

（19）寨门楼也给烧毁了，在月光下还可……以看见寨门上边的一块青石匾上刻着"潼南锁钥"四个大字。（4/70）

（20）自成因为他也姓李，父母和两个哥哥都给官兵杀害了，没有另外的亲人照顾，就在五年前把他收为义子。（4/67）

该小说中的"给"字被动句中，NP 主要是人，也有"狼""狗""尿""朝廷"等。VP，像"冲散""烧毁""逃掉""走掉""看透""憋死""剥光"等结构较简单的动补结构多见。对主语来说，多是表示不幸或不如意。其中有 40 例是用于口语。如前八例均用于口语，后两例用于叙述语。而《李自成》（第 1 卷）中有"被"字被动句 356 例，此不举例。

以上《长夜》和《李自成》（第 1 卷）中"给/被 + NP + VP"的"给/被"为介词、"给/被 + VP"中的"给/被"既可以视作助词，也可以看成是省略了施事宾语的介词。

姚雪垠 1910 年生于豫西南的邓县（今邓州市），27 岁前一直生活在河南（邓县、开封），1935 年冬天、1936 年夏天和秋天曾在邓县收集家乡口语。① "我熟悉河南的历史、生活、风俗、人情、地理环境、人民的语言。提到河南的群众口语，那真是生动、朴素、丰富多彩。在 30 年代，

---

① 杨建业：《姚雪垠传》，北岳文艺出版社 2000 年版，第 414—418 页。

我曾经打算编一部《中原语汇》，如今还保存着许多写在纸片上的资料。我对河南大众口语热情赞赏，而它也提高我对于语言艺术的修养。关于我同河南大众口语的血肉关系，已经反映在我的《差半车麦秸》《牛全德与红萝卜》《长夜》和《李自成》等作品中。"[1] 可见姚雪垠不仅熟悉家乡的方言，而且有意识地在作品中运用河南方言。

根据李炜（2004）对20世纪90年代前后北京话中"给"字被动句的研究，上述《长夜》和《李自成》（第1卷）中"给"字被动句的使用情况，应该是20世纪40—60年代作者家乡话——豫西南方言在小说中的反映，意味着豫西南方言乃至河南中原官话至迟在20世纪40年代中期就已经有"给"字被动句的存在，也即豫西南方言中的"给"字被动句的使用要早于北京话。而周同宾《皇天后土》中创作时间为1989年的三个短篇中的三例"给"字被动句，既不是空穴来风，也不是受普通话的影响，体现的应该是那个时期豫西南方言中被动句的特点。

李绿园《歧路灯》的创作始于18世纪中期，没有"给"字被动句，而姚雪垠创作、完成始于20世纪40—60年代的《长夜》和《李自成》（第1卷）中有"给"字被动句出现。豫西南方言用"叫/给"、新安方言用"叫/让"、平顶山方言用"叫/叫……给"字表被动，是对《歧路灯》被动句的继承与发展。而从《歧路灯》到《长夜》《李自成》，再到今天的豫西南方言，历时两个半世纪，这期间豫西南方言以及河南其他中原官话中的"给"字被动句是如何产生，历经了怎样的发展、变化过程，都有待进一步研究。

小　结

本章略论《歧路灯》与豫西南方言中的有标被动句。《歧路灯》中的有标被动句包括"被""叫""教""为""吃""着"字句六种，有着不同的历史层次，"叫（教）"字被动句主要用于口语。豫西南方言中既有"叫"字被动句，还有"给"字句被动句，是对《歧路灯》被动句的继承与发展。

---

[1]　姚雪垠：《为重印〈长夜〉致读者的一封信》，《长夜》，人民文学出版社1996年版。

第九章 《歧路灯》与豫西南方言之处置句

概 说

处置句是汉语中的一种特殊句式。处置句通常是指用"把""将"等介词把谓语动词的宾语提前,主要表示处置意义的句式。古代汉语中已有"将"字处置句,"把"字处置句近代汉语才有。对《歧路灯》中的处置句,张蔚虹(2005)、傅书灵(2007)等人已有相关研究,本部分在此基础上主要比较《歧路灯》与豫西南方言中处置句的异同并梳理相关的"给"字句的特点及变化。

第一节 《歧路灯》中的处置句

一 《歧路灯》中的"把"字处置句

"把"字处置句常见结构是"N 把 O + VP"。下面我们根据 VP 的特点,从结构上将"把"字处置句为分简单型、复杂型、否定型,并结合 O 和句子的语义来考察《歧路灯》中该句式的特点。

(一)简单型"(NP)把 O + VP₁"处置句

该类型的"把"字处置句,VP 的结构简单,可以是"V + 了/讫/着/过"、"VV"和光杆动词。

1. VP₁为"V$_单$了/讫/着/过"

V 是单音节动词,"了/讫/着/过"是近代汉语才有的动态助词。据张蔚虹(2005)统计,仅"NP 把 O + V 了"《歧路灯》中就有约 360 例,占"把"字句总数的 28%。例如:

(1)有啥不依,我当初为赌博把一个家业丢了,……(《歧》64/605)

(2) 况且咱家把书房卖了,那是不用提起哩。(《歧》85/812)
(3) 绍闻说道:"衣架头儿把脸磕了。"(《歧》51/475)
(4) 看的人多,都挤到园里,把半亩好韭菜都踩了。(《歧》45/420)
(5) 谭兄聪明出众,才学会赌,就把人赢了。(《歧》24/236)

O 为 V 的受事宾语。V 主要是"忘、关、丢、锁、散、磕、踩、扔、坏、剁、拆、勾、输、吃"等表示动作、行为的单音节动词,"了"表示动作状态之完结。该句式的处置义较强。

《歧路灯》中还有 20 余例的"NP 把 O + V 讫/着/过"处置句。例如:

(6) 王中心内着慌,袖内急塞上银子……,差人方才把铁绳收讫。(《歧》46/429)
(7) 夏鼎道:"既然在家,怎么把大门闭着。"(《歧》37/341)
(8) 王中排开桌面,把色碗取过。(《歧》20/204)

O 为 V 的受事宾语。句中的"讫"表示动作、状态的完成和结束,"着"表示动作、状态的持续和进行,"过"表示动作、事件的完成和结束。"把 O + V 讫/着/过"的处置义略低于"把 O + V 了"。

2. VP₁ 为 V 的重叠式"V单(了)一/几V单"、"V双V双"

A. "V(了)一/几V"的 V 为单音节动词。例如:

(9) 你与我把东厢房地扫一扫。(《歧》67/639)
(10) a. 猛可的见白兴吾站在客堂门口,谭绍闻把脸红了一红,便与白兴吾拱手。(《歧》43/395)
   b. 孔慧娘把脸红了,俯首无言。(《歧》40/369)
(11) 把足顿了一顿,狠的一声叹,……(《歧》59/550)
(12) a. 王春宇把头点几点,叹道:……(《歧》77/718)
   b. (双手)摇了三摇,向桌上一抖。(《歧》37/344)

例(10)的"红"为动态形容词。上例中的 VP,例(9)为"V 一 V",例(10)a、例(11)为"V 了一 V",例(12)的为"V 几 V""V 三 V",语义上主要是表示动作行为的量次,也含有某种动作情态。例

（10）—例（12）是致使义处置句："脸""足""头"（"手"）既是"把"字之宾语，又是"红""顿""点""摇"的施事，其 NP 与 O 是领属关系。《歧路灯》中"把脸红（了）（一红/阵）"有八例，均为致使义处置句。

B. VV 的 V 为 AB 式双音节动词，VV 即双音节动词的 ABAB 重叠式。例如：

（13）今日奉屈舍下，把前日那个欠项清白清白。（《歧》84/802）

（14）绍闻道："且慢着，咱把话儿计议计议。"（《歧》30/281）

这两例的 VP "清白清白""计议计议"是动词"清白""计议"的 ABAB 重叠式，其 O "欠项""话儿"分别是 VP 的受事宾语。该类句式处置义一般。

3. VP_1 为"一 $V_单$""$V_双$"

《歧路灯》"把"字处置句式中的"（NP）把 O 一 $V_{单音节}$"和"（NP）把 O $V_{双音节}$"在研究中容易被忽略。

A. VP_1 为"一 $V_单$"的"把"字处置句式有十余例。例如：

（15）口中说着，把脚一蹬，一个茶盅儿溜下去，早跌碎了。（《歧》53/495）

（16）a. 那白兴吾用了家人派头，把手往后一背，腰儿弯了一弯，……（《歧》43/395）

　　　b. 那少年头也不扭，把臂一摇而去，一声儿也不回答。（《歧》33/312）

（17）a. 虎镇邦把色盆一推，……（《歧》58/541）

　　　b. （盛希侨）把绍闻肩儿一拍："贤弟，再休要混这土条子，丢了身份。"（《歧》27/255）

除了上例的"蹬、背、摇、推、拍"，"一 $V_单$"之 V，还有"仰、摔、挑、张、弯、打"等，均为人之脚、手、臂、脸、嘴、腰等部位发出的强动作性动词，具有 [+瞬间+完成] 的语义特征。V 前的"一"凸显事发急促且会导致某种结果或状态。"NP 把 O 一 $V_{单音节}$"都不是完句，均有后续句，仅后接有说话内容（如"说道"）的就有五例。例

(16) a,"一背"前有介词短语"往后"作状语，b"一摇"后有连动成分"而去"。例（15）、例（16）的 O"脚、手、臂"是 V 的施事，NP 与 O 是领属关系；例（17）的 O"色盆、肩"是 V 的受事，V 的施事是 NP 虎镇邦、盛希侨。上例的"一 V$_单$"均是其施事的故意为之，所以语义上"（NP）把 O 一 V$_单$"具有主观处置义，凸显施动者对某事物的某一处置动作，从而强调其与后续动作、行为结果或状态之间的紧密衔接关系。与"V 了一 V"相比，虽然二者都可以表示动作行为的量次、O 都可以是 V 的施事，但该类句式主要是表示少量和凸显动作情态。

B. V$_双$为 AB 式双音节光杆动词。这些动词有"整理、清楚、了却、亏损、抹杀、抛弃、打倒"。例如：

（18）这是家兄为舍侄女十一岁了，把家中一张旧机子整理，叫他学织布哩。(《歧》4/32)

（19）a."少爷今日，只管把王二爷这宗息银清楚。俺们都是少爷房户，迅速惟命。"(《歧》48/445)

　　b. 拿定主意，次日要上隍庙后，把这宗心事了却，回来好清楚还债的事。(《歧》75/725)

（20）舍表弟在外边去了半天，不知怎的探听得他的伙计，有些嫖赌的勾当，把本钱亏损。(《歧》10/102)

（21）只凭着当下一点忿气，便把"三从"中间一从抹煞。(《歧》82/790)

（22）自柴守箴、阎慎受过枷刑，既于考试违碍，自然把书本儿抛弃。(《歧》52/490)

这些用例中的 VP 前无状语、后无补语或宾语，是地道的光杆动词。例（19）的"清楚"意为"清白楚结"，不是形容词，b 的"清楚"后有宾语"还债的事"。这些 V$_双$具有[＋完成＋实现＋及物＋处置]的语义特征，不需要借助别的词语来补充其语义，仅靠自身就可以达到"V 了/讫/过"或"VV"之功效，处置义较强。

（二）复杂型"（NP）把＋O＋VP$_2$"处置句式

"NP 把＋O＋VP$_2$"中的 VP$_2$为复杂谓词性短语。其中有些句式的"把＋O"也比较特殊。

1. VP$_2$为动补结构

VP$_2$为"V+在/到+方所","在/到+方所"为V的补语。共有140余例。例如：

(23) 后来戏子回去，把箱就寄在谭家。(《歧》31/288)

(24) 德喜儿早把抬盒人安置在门房，打发酒饭。(《歧》19/197)

(25) 不如今日就把杏花儿带到南院里，叫侄妇承领。(《歧》67/641)

(26) 我把您这些东西，一齐送到官上，怕不打折您下半截来。(《歧》80/773)

(27) 这可是你偏心么，可不是我把你的前窝儿子丢在九霄云外。(《歧》39/361)

(28) 你只再把他勾引到这里赌上一场，不管我赢我输，……(《歧》42/389)

(29) 观察道："将来丹徒寄书，即把这鸿胪派以'用心读书，亲近正人'为叠世命名字样，注于族谱之上，昭示来许。"(《歧》95/894)

该句式中的V主要是"放、丢、寄、圈、送、摆、拴、忘、移、装、捞、塞、抬、叫、带、抱、请、住、拿、弄、抛、撇、锁、添、搬、摔、抢、供、闪"和"安置、挪移、折叠、勾引"等表示动作、行为的动词，以单音节为主，具有[+置放+传送+位移]的语义特征，处置义较强。例(28)的"勾引到这里赌上一场"为"V$_1$+到+方所+V$_2$+O"连谓结构。V后方所词语具体、抽象兼有，如例(26)、例(27)的"官上""九霄云外"等较为抽象。例(29)是"V于+方所"，语义上与"V+在/到+方所"相同，其"把"的宾语也是复杂的名词短语。

VP$_2$为以下的动补结构：

(30) 这话就把你们家的门风讲净了，只是没兄弟不起官司就罢。(《歧》68/656)

(31) 且耐过这几天，把这宗事打发清白。(《歧》80/772)

(32) 娘只要开一点天恩，把我打一顿，……(《歧》83/792)

(33) 难说灵宝爷把一县人待的辈辈念佛，自己的子孙后代，就

该到苦死的地位么？（《歧》82/786）

前两例的"讲净""打发清白"为 V+形容词补语，例（32）、例（33）的"打一顿""待的辈辈念佛"分别是 V+动量补语和 V+"的（得）"字补语。V 以单音节为主。

该类处置句，在语义上具有 NP 使 O 得到某种结果或达到某种状态、产生某种变化的特点。

2. VP_2 为当作（成）类动词性短语

VP_2 为当作、当成类动词构成的复杂动宾结构，有 20 余例，主要用于口语。例如：

（34）话虽如此说，你权且把娇客<u>当作故人之子</u>，教训教训方是。（《歧》20/200）

（35）a. 你休把你那肥产厚业，<u>当成铜墙铁壁，万古不破</u>的。（《歧》63/598）

b. 三表嫂是聪明人，他把他家里那种种可笑规矩，<u>看成圣贤的金科玉律</u>；……（《歧》103/964）

（36）"那是你的眼花缭乱，把人影儿<u>当就大爷</u>了。"（《歧》59/553）

（37）登时把两三个月小孩子，<u>做了家主</u>，别人该赶出去。（《歧》67/646）

（38）况且是寡妇之子，又有信惯纵放之端，故今日把砒霜话，<u>当饴糖吃在肚里</u>。（《歧》21/209）

上例（34）—例（37）的 VP 由"当作""当成""看成""当就""做"等动词+宾语构成。例（38）的是动宾短语"当饴糖"+动补短语"吃在肚里"构成的连谓结构。例（35）、例（37）中"把"的宾语"铜墙铁壁，万古不破""他家里那种种可笑规矩""两三个月小孩子"均为复杂短语。该类处置句式，不是实际的动作、行为上的处置，而是一种态度或判断义上的处置。

《歧路灯》还有 50 余例"V+与+O（+V）"结构。其中的"V+与"既可看成双音节词，也可视作 V 和介词"与"的组合，语义上与 VP_2 为动补结构的处置句相同。例如：

(39) 你偏不吃现成饭，却把一百银子送与谭家。（《歧》36/338）

(40) 如今老爷就把这谷子领与小的们几石，好安家。（《歧》65/626）

(41) 九娃说："奶奶，把剪子递与我使使。"（《歧》23/226）

(42) 只把祭的东西收拾回城，打发轿夫吃饭。（《歧》81/784）

(43) 嵩淑把座位数了一数，说道："一发把阎相公请来陪客。"（《歧》20/204）

例（39）的 VP 为动宾结构，例（40）的 VP 为双宾结构，例（41）的 VP 则为兼语结构，最后两例 VP 为连谓结构。

3. 其他复杂 VP

"把"字处置句在从唐代产生到发展成熟成为现代汉语的主要句式之一的过程中，最明显的变化就是"NP + 把 + O + VP"中谓语部分 VP 的逐渐丰富和复杂化。例如：

(44) 贾李魁在夹棍眼内，疼痛难忍，只得把地藏庵范姑子怎的送信，王紫泥、张绳祖得信怎的要酒，绍闻怎的吃醉，黄昏怎的哄赌，临明怎的写票画押，供了个和盘托出。（《歧》46/432）

(45) 把那三个客，打的打，拉的拉，叫的叫，都搅起来。（《歧》24/235）

这两例的 VP 分别有多个小句、短语构成。以下则是"把""被""将"的融合：

(46) 茅拔茹道："正是。他这一死，把我的家叫他倾了。"（《歧》30/276）

(47) 像那张绳祖，听说他把他老人家的印板，都叫那些赌博的、土娼们，齐破的烧火筛了酒。（《歧》96/900）

(48) 本日谭绍闻把张绳祖的赌欠，红玉的宿钱，被盛希侨替他一笔勾了，心中好不畅快。（《歧》27/255）

第九章 《歧路灯》与豫西南方言之处置句　313

（三）否定、"把个"处置句式

1. 否定处置句式

否定词可出现在"把"字前、后。"把"前出现的有"不""别要""休""没有"。例如：

（49）双庆，你还不把这疯子拉回去？（《歧》76/741）
（50）你别要把脸背着，写帖子去罢。（《歧》27/257）
（51）学生，你休把你那肥产厚业，当成铜墙铁壁，万古不破的。（《歧》63/598）
（52）小人从来没有把这当成是赏小人的。（《歧》82/788）

"把"后出现的主要是"不""没有"。例如：

（53）你只看你家媳妇子，咱日子好时，我像他的婆子；日子歪了些须，便把我不当人待。（《歧》86/814）
（54）盛希瑗道："哥也太把爷爷的著作不在意了。"（《歧》96/900）
（55）怎的把请风水先生看坟这宗大事，没有记在上边？（《歧》62/579）

这三例的否定词若移位到"把"前，如"便不把我当人待""太不把爷爷的著作在意了""没有把请风水先生看坟这宗大事"句子依然成立。但"把"前的否定词若后移至VP之前则有些别扭或否定之意味，没有在前强烈。

2. "把个"处置句式

《歧路灯》中"把个O"构成的特殊处置句式共有以下用例：

（56）王中道："把个破褥子放在地下，我促着罢。大相公坐远些。"（《歧》26/246）
（57）逢若道："昨日黄昏，你把个五点子当成六点子，硬说是'双龙摆'。你单管着眼花赖人。"（《歧》24/233）
（58）a. 所以上游大人恼了，委了两县盘查，平复交代，足足把个宦囊坑了一多半子，方才出甘结。（《歧》74/720）
　　b. 我把你这傻东西，亏你把一个小宦囊家当儿童尽。

(《歧》42/390)

（59）a. 这一片话，直把个谭绍闻说的<u>如穿后壁，如脱桶底，心中别开一番世界了</u>。(《歧》21/209)

b. 谁料这王氏推起活船来，几句话把一个谭绍闻真真的撮弄成了一个当家之主，越扶越醉，……(《歧》32/299)

（60）a. 想起昨日觥筹交错，今日兄嫂相呼，顿时把<u>个脸</u>全红了。(《歧》33/308)

b. 只见兴官儿动了动儿，把绿袄襟掀开，露出银盘一个脸，……(《歧》35/328)

以上的"把个O+VP"构成的句式，张谊生（2005）称之为"把个句"。例（56）的"把"字，看作动词（"拿"）和介词均可。把个句中的"个"是量词，相当于数量短语"一个"，把上例的"把个"变作"把一个"不影响语义。例（58）、例（59），同一人所说的"宦囊"之前和同一人名"谭绍闻"之前，既有"把个"，也有"把一个"。《歧路灯》中有"把脸"27例，但"把个脸""一个脸"只有例（60）a、b这两例。"把个"后的宾语包括专有名词（谭绍闻、脸）、一般名词（宦囊）和名词短语（破褥子、五点子）。其中的谭绍闻、脸（还是施事主语）、五点子是有定宾语，把个句中的VP，例（60）的为"红（动态形容词）+了"简单型，例（56）、例（59）a为动词"放""说"构成的复杂型动补结构，例（57）、例（58）a的为动词"当成""坑"构成的复杂型动宾结构。把个句6例中，就有如例（56）、例（58）等四例的主语省略或隐去不见，只能从上下文中推知。从表义方面来看，"把个"的"个"除了计量，还主要用来表示O所代表的人或物是无定的，如破褥子和宦囊是无定宾语。"个"还有强调宾语类别的作用，如例（59）的"个谭绍闻"，特指谭绍闻这类涉世不深易被人哄诱的"少年书愚"。把个句是主观义较强的处置句：具有强烈的主观意向，体现了说话人的立场、情感、态度，如例（56），主人让王中坐着，王中却"把个破褥子放在地上"要偎着；例（57）、例（58）a的动词"当成""坑"的使用，都表明了说话者的主观态度。上例把个句中，只有例（56）位于句首、例（60）位于句末，其他均有后续句。

张谊生（2005）指出，在清代《红楼梦》《儿女英雄传》《官场现形记》《二十年目睹之怪现状》《老残游记》和《孽海花》中没有一句含有动词性"把"字的实义把字句。

《歧路灯》与其他近代汉语文献中"把一个"与"把个"比率见表9-1。

表9-1　　近代汉语"把个"和"把一个"的比率表

时代	代表作品	把个：把一个
18世纪	儒	12：12
	红	25：10
	歧	6：36
19世纪	儿	108：19

数据来源：除《歧路灯》外，其他见陶红印、张伯江《无定式把字句在近、现代汉语中的地位问题及其理论意义》，《中国语文》2000年第5期，第434页。

二　《歧路灯》中的"将""叫"字处置句

1. 《歧路灯》中的"将"字处置句式

"将"字处置句式是用介词"将"把谓语动词的宾语提前，表示处置意义的句式。"将"字处置句形成于东汉时，唐宋时"将"字处置句、"把"字处置句并行。大约在南宋以后，"将"字句在口语里渐趋衰落，"把"字句开始一式独尊。据张蔚虹（2004）研究，《歧路灯》中的"将"字句共有313例，其中用于叙述句的284例，用于口语中的仅有29例。例如：

（1）将王大爷吐的，即速收拾了。(《歧》17/178)

（2）这是我昨晚一夜没睡，将账目都算明白，总一丝儿也不错。(《歧》23/223)

（3）宋禄，将马儿放慢着些，我们还商量些话儿。(《歧》2/13)

（4）拨了车辆，七八条铁绳将人犯锁住，放在车上。(《歧》98/857)

（5）这一句骂得姚荣变羞为怒，伸手将六个毒药丸捞在手中。(《歧》58/541)

（6）阎楷于是开了柜门，将银子交与绍闻。(《歧》23/224)

（7）不知那里来了一班戏子，将戏箱堆满一书房。(《歧》23/221)

（8）这名相公将笔濡在砚池内一染，横涂竖抹，登时嘴角鼻坳，成了个墨人儿。(《歧》89/840)

（9）将祖上存的几样器皿都翻腾出来，又向客商家借了些东西，

把一个清雅书房，妆成一派华丽气象，铺张了大半日。(《歧》20/200)

(10) a. 将膀背一伸，向夏逢若心口上一拳，夏逢若早已倒了。(《歧》54/503)

b. 管贻安一向娇纵惯了，怎受得他人这一句罗唣，将桌子一蹬，发话道：……(《歧》54/502)

(11) 这名相公又被小厮将头上插了一朵小草花儿。(《歧》89/840)

(12) 我把这交与你，就将这房子赎回，开成书店。(《歧》98/915)

例（1）的VP是"收拾了"。例（2）—例（6）的VP都是动补短语。例（8）VP"濡在砚池内一染"为连谓结构。例（9）是"将""把"处置句式连用，其宾语、VP都较为复杂。例（10）是"将"字处置句式中少有的"将 O — V"型，具有与"把 O — V"相同的特点，a的"膀背"是"伸"的施事，而b的"桌子"是"蹬"的受事。例（11）是"被""将"融合句："将头上插了一朵小草花儿"是"被"的复杂VP，"插了一朵小草花儿"又是"将"的VP。例（12）是"把""将"处置式连用。例（1）、（4）、例（5）、（7）、例（9）、例（10）的处置义较强，而例（2）、例（3）、例（6）、例（8）、例（11）处置义一般。

以上"将"字处置句中，前四例和最后一例均是用于口语，其余均为叙述语。

2.《歧路灯》中的"叫"字处置句式

如前所述，《歧路灯》中的"叫"字使用频率很高，共有1770例，既有叫请义、使役义，也有被动义和处置义，其中叫请义和使役义占全部用例的90%以上，而被动义和处置义仅占不到全部用例的5%。《歧路灯》中的"叫"字表处置，其出现的结构为"（NP）叫 O + VP"，只有以下六例：

(13) 说道："今晚全没兴头。既说伯母挂心，贤弟一发就走。……宝剑儿打灯笼，叫他们送到家。"(《歧》15/163)

(14) 谭绍闻又想出个法子，叫冰梅、赵大儿、老樊算成一股儿，冰梅掌牌，……(《歧》50/464)

(15) 把杏娃儿、天生官、金铃儿，再拣几个好脸儿旦脚，叫他掺在内，就是唱不惯有牌名的昆腔调，把他扮作丫头脚色，……（《歧》95/886）

(16) 逢若道："……只叫一个跟去。你与我再安排一个人，就是粗笨些也可。"绍闻因叫邓祥算上一个。（《歧》22/216）

(17) 这王氏接口道："像这等主户人家公子，要约你兄弟拜弟兄，难说辱没咱不成？我就叫他算上一个。"（《歧》15/158）

(18) 观察回至内宅，不多一时，两个小厮跟了来，一个小厮捧了一个大匣子，一个小厮捧了一个大毡包。即叫小轿自马号抬出。（《歧》92/866）

例（13），"他们"是"送"的受事宾语，"叫"是处置义介词。例（14），当O被看作兼语时，"叫"是使役动词，当O被看作处置对象时，"叫"是处置标记。例（15）的"叫"与例（14）相同，也是使役动词、处置标记两可。例（16）、例（17）的"叫"只能看作处置标记。例（18），若主语是"观察"，则"叫"是使役动词，若主语是轿夫，则"叫"是处置标记。这六例中，例（13）、例（15）、例（17）是用于口语。

表9－2　《歧路灯》与同时期文献"把""将"字处置句使用情况表

词项	频率分布	书面语	口语	合计	把∶将
红	"把"字句	167	398	565	0.995
	"将"字句	517	51	568	
歧	"把"字句	775	416	1191	3.805
	"将"字句	284	29	313	
儒	"把"字句	661	135	796	4.234
	"将"字句	161	27	188	

注：《红》还有"拿"字处置句未做统计，《歧》中还有六例"叫"字处置句。

《歧路灯》与同时期文献中"把""将"字处置句的使用情况统计如表9－2。

从表9－2可以看出，《红》《儒》和《歧》中都有"把""将"字处置句。《红》中的"把""将"字处置句在数量上旗鼓相当:"把"字句主要用于口语,占"把"全部用例的70%;"将"主要用于书面语,占"将"全部用例的91%。《歧》和《儒》都是"把"字句多于"将"字句,主要用于书面语:《歧》的"把""将"字句书面语分别占其各自总数的65%、91%,《儒》"把""将"字句书面语分别占其各自总数的83%、87%。

第二节 豫西南方言的处置句及古今比较

本部分主要描写豫西南方言中的"给[kɯ^{24}]"字处置句,比较豫西南方言与《歧路灯》中处置句的异同。

一 豫西南方言中的处置句

豫西南方言中"给""叫"都可以作处置介词,以"给"最为常用。下面主要结合"(NP)给O+VP"中的VP来探讨该方言处置句的特点。豫西南方言中的"给"单用时读音为[kei^{55}],在语流中读音为[kɯ^{24}],"给我"常连读为[kuo^{55}]。

(一)豫西南方言中的"给[kɯ^{24}]"字处置句

1. 简单型"给[kɯ^{24}]"字处置句

简单型"(NP)给O+VP"处置句的VP包括"V了/上""V V"。例如:

(1)他给_把车票掉_丢了。
(2)是你给_把小花碗打_{摔破}破了?
(3)总算给_把借俺哩钱还了。
(4)你出去时,记住给_把门锁上。/想省电,就给_把电视关上。
(5)给_把饭吃了/给_把垃圾倒了/给_把鸡杀了。①
(6)给_把碗洗洗/给_把锅刷刷/给_把衣裳叠叠/给_把被子晒晒/给_把床铺铺/给_把地扫扫/给_把垃圾倒倒/给_把桌子抹抹_{擦擦}/给_把砖头搬搬/给_把柴破破_劈/给_把菜切切(热热、炒炒)/给_把馍_{馒头}馏馏_{凉馍加热}/给_把肉炖

---

① 该例也可以说成"给饭吃它/给垃圾倒它/给鸡杀它"或者"给饭吃吃/给垃圾倒倒/给鸡杀杀"。前者可以看作复指式处置句。

炖/给把虫逮逮/给把藕挖挖/给把牛喂喂/给把草薅薅拔/给把被单拽拽用力拉/给把被子壮壮缝缝。

（7）得给把楼板拾掇拾掇，下雨屋里老是总是漏。
（8）今儿晌午今天中午咱蒸鱼吃，赶紧给把鱼收拾收拾。

例（1）—例（5）的 VP "V 了/上"中，V 为单音节动词，动作性较强。例（6）—例（8）中的 VP "VV"以单音节动词重叠为主，也可以是 AB 型双音节。例（6）这样的"给 O + VV"用例在豫西南方言中很常见，多用于省去主语的祈使句中，处置义较强。后两例的 VP 是双音节 ABAB 重叠。以上"（NP）给 O + VP"中的 O 为 O$_{指物}$。

2. 复杂型"给"字处置句

复杂型"（NP）给 O + VP"处置句的 VP 有动补、动宾、连谓、一 V 等结构。例如：

（9）谁给把那蓝边碗摔烂了？
（10）俺又给把馍锅烧干了。/猫娃儿猫给把老鼠咬死了。
（11）大风给把西地哩麦刮倒了一大片。
（12）这事儿可给把我吓毁极言吓之很了。
（13）快给把我饿（冻、挤、憋）死了！

上例的 VP 为"V$_{单}$+补语（A$_{单}$/V$_{单}$）"类动补结构，下面的几例分别是"V 哩得+补语""V+到（给）+宾语""V+数量补语"，处置性都较强：

（14）怕迟到给把我跑哩得一身汗。
（15）炒菜时我给把盘子掉到了地上。/他给把车开到了路边。
（16）给把那件衣裳寄给你姐了？
（17）猛哩一个炸雷很响的雷给把我吓一跳极言吓之很。

例（14）是致使义处置句。再看下例：

（18）她给把你当成老师了。/您几个你们几个给把学校当成自己家了？
（19）他给把那一万块钱还我了。/她给把那块地种了芝麻。

(20) 你给把这两袋子花生扛到楼上晒晒。

(21) 恁 nən⁵⁵ 爹给把眼一瞪，吓哩你不敢吭声。/ 他给把手一摆，二话不说，扭头就走。/ 她给把头一扭，全当啥都没看见。

例（18）—例（20）的 VP 分别为动宾、连谓结构，例（18）属判断性的处置。例（18）、例（19）的处置性较强。例（21）是致使义处置句，其 VP 是一 V 结构，V 的动作性较强，"给 O 一 V"之后，都有后续句。

以上"（NP）给 O + VP"中的"O"，除了少量的"我""你"，主要是 $O_{指物}$。

3. "NP + 给₁ + O₁ + 给₂ + O₂ + VP"处置句

该类处置句中出现了两个"给"字，也是一种复杂型处置句："给₁"是处置标记，"给₂ + O₂"是介宾结构，作 VP 的状语。O_1 指物，O_2 指人。例如：

(22) 你给把扇子给你妈送去。
（你把扇子为你妈送去。）

(23) 我给把这筐花给你们捎回去吧。
（我把这筐花替你们捎回去吧。）

(24) 你给把这事儿给您妈说说。
（你把这事儿对你妈说说。）

(25) 他给把复习资料送给同学了！
（他把复习资料送同学了！）

闫克（2013）称这类句子为复标处置式。若去掉前两例的 VP"送去""捎回去"，其"给₂"就变身为给予义动词，而例（24）的 VP"说说"则不能去掉，这种差别是由 O_1、"给₂"、VP 的语义决定的。例（25）比较特殊，句中虽然也两个"给"字，但"给₂"出现于动词"送"之后。

根据我们的调查，豫西南方言除了用"给"字作处置标记，还用"叫"字作为处置标记。只是"给"比"叫"更常见些。以上处置句中的"给"，在唐河、南阳、方城等豫西南方言中都可以换成"叫"而不影响语义。

(二) 豫西南之外方言中的处置句

1. 与豫西南方言相同的"给/叫"字处置句

湖北西北部的丹江口、襄樊（襄阳、樊城）位于南阳盆地南缘，丹江口、襄樊等地的方言中，也使用"叫/给"两种处置标记，其中"叫"字处置句在丹江方言中最为常用。① 出南阳盆地向北，河南鲁山、襄城、平顶山市、舞阳、郾城、叶县等地的方言中也使用"叫/给"表示处置，其中"叫"比"给"常见。再向北（西），郑州、开封、洛阳、新安等地的方言中，处置标记主要是用"给"。河南许昌、固始等地的方言中也使用"叫"表示处置。河南以外，用"给"作处置标记的还有北京、山西交城、运城、万荣、太原北郊方言，河北昌黎，江苏宿迁、徐州、泗洪、云南呈贡、沾益，重庆酉阳，湖南宁远、湘乡等方言，用"叫"表处置的主要有河北邢台、山西太原和大同、山东枣庄和郯城、安徽蒙城等地方言。平顶山湛河区的方言由于受城镇化进程的影响，"把/给"字兼用。

2. 官话区与豫西南方言不同的"把"字处置句

据李蓝（2013）对《普通话基础方言基本词汇集》中93个官话方言点处置标记的统计，共有90个方言点含河南郑州、商丘、原阳、信阳、灵宝五个点使用"把"作处置标记，其中有七个点是"把"和其他处置标记兼用，如北京话、郑州话"把/给"兼用，徐州话"把/连"兼用。"把"字处置义的大致分布区域是在豫西南盆地以南的西南官话地区、河南洛阳—郑州—开封以北及洛阳以西、开封以东的区域。

二 《歧路灯》与豫西南方言处置句的异同比较

(一)《歧路灯》与豫西南方言处置句的差异

《歧路灯》与豫西南方言处置句的差异主要是表现在处置介词上。表9-3是《歧路灯》与豫西南方言处置介词使用情况表。《歧路灯》中的处置介词"把""将"兼用，以"把"字句为最多，没有"给"字处置句；豫西南方言中则没有处置介词"把""将"，以"给"字处置句为主。

《歧路灯》中的"把"字处置句，否定词还可以出现在"把"字之

---

① 魏兆惠：《襄樊方言特殊的处置式——"给"字句和"叫"字句》，《培训与研究》（湖北教育学院学报）2004年第4期，第9—10页；苏俊波：《丹江方言语法研究》，博士学位论文，华中师范大学，2007年，第164—169页。

后。豫西南方言中的"给"字处置句，否定词只出现在"给"字之前，例如：只说"你白_别给这事儿忘了啊"，不说"你给这事儿白_别忘了啊"。这是二者否定性处置句的不同之处。

表9-3　　　　《歧路灯》、豫西南方言处置介词使用情况表

方言＼处置介词	"把"／"将"字	"给"／"叫"字
歧	++／+	-／+
豫西南方言	-／-	++／+
北京话	+／+	+／-

注：++表示是高频用法。

（二）《歧路灯》与豫西南方言处置句的共同点

《歧路灯》和豫西南方言处置句的共同点是都有"叫"字处置句。二者处置句的构成均为"（NP_{指人}）叫 O + VP"，且二者的"叫"字处置句在数量上都远少于各自的"把"或"给"字处置句。

二者"把""给"字处置句的语法意义、句法格式基本相同：《歧路灯》中"把"字处置句的基本结构是"（NP_{指人}）把 O + VP"，豫西南方言的"给"字处置句的基本结构是"（NP）给 O + VP"，且"给"的语法意义、句法格式与"把"字基本相同，这也是二者处置句的共同点。

从表9-2《歧》与同时期文献中"把""将"字处置句使用情况和表9-3可以看出，《歧》及其同时期的《红》《儒》中都有处置介词"把""将"。从《歧》到今天豫西南方言中处置介词主要发生了以下的变化：

《歧路灯》"把""将""叫"→今豫西南方言的"给""叫"

据刘春卉（2008）和杨正超（2013）的研究，在河南确山、唐河方言中"掌"字也可以作处置介词。例如：

（1）你掌_把鸡蛋放那个袋子来。／咱掌那个石板当饭桌吧。（刘春卉例）

(2) 掌把 tʂɑŋ⁵⁵ 桌子擦擦。/掌把 tʂɑŋ⁵⁵ 东西搁到地上。（杨正超例）

杨正超博士是唐河县郭滩人，据他说唐河方言的"掌"作处置介词一般用于和手部动作相关的句子里。而据我们调查，豫西南方言中，仅在唐河方言中有处置介词"掌"，且主要是20世纪80年代之前说得比较多，目前处置介词"掌"已经被"给""叫"所取代而很少见用了。倒是作为介引工具宾语的"掌"在唐河方言中仍在使用。例如：

(3) 这东西还不都是你掌用钱买哩。/我往下扔，你掌用手接着。

三 从《歧路灯》到豫西南方言处置介词"给"的发展变化

《歧路灯》与豫西南方言处置介词的异同说明：从《歧路灯》到豫西南方言处置句最大的变化就是"给"字处置句的从无到有与广泛运用。因此要探讨从《歧路灯》到豫西南方言"给"字处置句的发展演变，需要从《歧路灯》到豫西南方言虚词"给"字的发展演变谈起。也即是探讨自18世纪中叶以来河南中原官话处置句的发展演变。也说明自18世纪中叶至今，中原官话处置句的发展演变有别于北京官话。

（一）《歧路灯》与清代其他文献中的虚词"给"

同时创作于18世纪中叶的《红》《歧》《儒》分别代表了18世纪的北京话、中原官话和江淮官话，而《儿》反映的则是19世纪中叶的北京话。从《红》《歧》《儒》到《儿》中虚词"给"的使用情况，体现了从18世纪中叶到19世纪中叶南北官话方言中虚词"给"的变化轨迹。李宗江（1996）、李炜（2004）、张生汉和刘永华（2004）曾对清代《歧》《红》《儒》《儿》中的"给"和"与"进行过相关的深入研究。

1. 《歧路灯》及同时期文献中"给"字概况

"与"和"给"都可以表示给予义，"与"在汉代已有用例[①]，而"给"到清代才可见较多用例。李宗江、刘永华和张生汉把"与"和"给"合称予词。《歧》《红》《儒》创作于18世纪中叶，表9-4是现有研究中对这三部文献中"给/与"的使用情况统计。

[①] 王力主编：《王力古汉语字典》，中华书局2002年版，第1023页。

表9-4　　　　　清代《红》《歧》《儒》中"给/与"字统计表

文献＼给与	"给/与"总	动词/虚词"给"	"给/与"口语
歧	135/784 （15%/85%）	91/44 （67%/33%）	116/499 （86%/64%）
红（前80回）	655/513 （56%/44%）	394/261 （60%/40%）	588/110 （90%/21%）
儒	99/428 （19%/81%）	67/32 （68%/32%）	79/186 （80%/43%）

注：本表主要数字据张生汉、刘永华（2004）的研究。三个竖行的比例分别是指"给"总/"给"总+"与"总、动词"给"/"给"总、口语"给"/"给"总。据张云峰《北京话介词史（1750—1950）》（博士学位论文，苏州大学，2011年）研究，《红楼梦》中"给"动词数量为402（56.3%），介词309（43.3%），助词3（0.4%）。

从表9-4及相关的研究中可知：18世纪中叶，《歧》《儒》中"给"的总量明显少于"与"，各只占"给""与"总数的15%、19%，而《红》（前80回）的"给"字在数量上超过了"与"字，但三部小说口语中的"给"出现比率远高于"与"字，口语中呈现"给"替换"与"的总趋势；三部小说中"给"都是实词、虚词共存，但数量上虚词明显都低于实词。这说明18世纪中叶口语中的"给"字已经普遍可见，"给"与"与"正处在词汇替换中，北京话中的替换时间要早于中原官话和江淮官话。李宗江（1996）指出：《红》中的"与"和"给"都可以表给予、为/替、向/对、让/叫等义。

2. 《歧路灯》中的介词"给"

在《歧路灯》的135例"给"中共有动词91例、介词44例。其中动词"给"包括给予义动词和使役动词；介词"给"主要是介引受益者，义同"为""替"。例如：

（1）绍闻给了火钱，拿回。（《歧》75/731）
（2）他却给人家四个钱买了个砚水瓶儿。（《歧》6/63）
（3）这不是我么，给你打！给你打！（《歧》67/643）
（4）况且丈人给没过门的女婿请先生，好哩不好哩，……（《歧》8/84）
（5）是孩子给我伺候十年客，是老婆给我做上十年饭。（《歧》

69/659）

（6）等黑了，街上认不清人时，我去给你买去，何如？（《歧》39/361）

（7）若是行的，目下就动身，好给他捎上夏天随身衣裳。（《歧》103/959）

（8）我若是依世故场上，胡乱给他周旋，岂不是幽冥之中，负我良友？（歧 71/685－686）

（9）我再给老叔们磕头。（《歧》41/361）

前两例的是给予动词"给$_1$"；例（3）的是使役动词"给$_2$"，相当于"让""叫"，《歧路灯》中这样的使役句共有七例。后六例的"给"是介词：例（4）—例（8）的是"给"均介引受益者，表示服务，义同介词"为、替"。例（9）的是"给"表示朝向，义同"向"。《歧路灯》中的介词"给"以"给$_为$"为主，"给$_向$"只有一例。以上的介词"给"构成的"给+O$_2$"位于 VP 之前作状语。

《歧路灯》中还有 15 例"V 给+O$_2$"，V 共有托$_1$、交$_5$、发$_2$、借$_2$、分$_3$、递$_1$、输$_1$①七个，包括"V 给+O$_2$（+V）"八例、"V 给+O$_2$（+O$_1$）"七例。例如：

（10）景相公后日起身下杭州，这各色衣饰就托给景相公。（《歧》28/262）

（11）a. 只发给老满一个条子，叫他如数押人送的来。（《歧》62/585）

b. 王中说："明早便要起身。"王氏发给了盘费。（《歧》45/418）

（12）a. 贾李魁道："小的借给他，原不知作何使用。"（《歧》46/430）

b. 他不赌，我输给你十两东道钱。（《歧》42/391）

（13）昂然把银子拿出来，交给他带回去。（《歧》40/368）

---

① 下标数字为 V 在"V 给+O$_2$"结构中出现的次数。《歧路灯》（中州书画社 1980 年版）第 40 回"惠养民把滑氏将束金偷给滑玉的事"中"偷"可省去，"给"不能省去，所以"偷给"看似与书中其他"V 给"相同，而实为"偷$_{副词}$+给 V"。

上例"V给"之V，与给予义动词"给₁"，在语义上或相同或相类，都有[+交付]义。如例（11）的"发"即"给"，语义完全相同，例（12）的"借"与"输"是有条件的"给"。但若去掉例中"V给"之V，句子依然成立，但除了例（11）外，句子的语义均发生了变化。若去掉例中"V给"之"给"，则句子依然成立且不影响语义。而且例中的"V给+O₂"均可变换为"V+O₁+给+O₂"，如例（10）、例（12）"这各色衣饰就托给景相公"即"托这各色衣饰给景相公"，"小的借给他"即"小的借（银子）给他"。例（11）b"了"后省略了人名"王中"，"王氏发给了盘费"即"王氏发了盘费给王中"。这些情况表明："V给"的词汇意义主要取决于V，"给"的作用主要是介引V的接受者，"给"宜视作介词。例中"V给+O₂"的O₂还隐约有些许受益者的意味，这也表明"V给"之"给"是由介词"给受益"虚化而来。

《歧路灯》中以上"给"字的用法，由"给予"句发展为使役句或表"为、替"引介受益的"给"字句；再由引介受益的"给"字句发展为"V给+O₂"句介引接受者，进一步虚化为表朝向，形成了下面的序列：

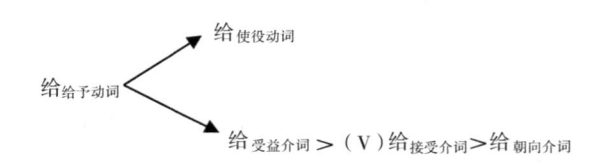

给给予动词 → 给使役动词
给给予动词 → 给受益介词 ＞（V）给接受介词 ＞ 给朝向介词

3. 《红》《儒》《儿》中虚词"给"的新用法

《红》《儒》和《歧》的"给"都是实虚共存，兼有几种意义，除了都有动词"给₁""给₂"和介词"给"外，《红》《儒》的虚词"给"与《歧》的虚词"给"最明显的区别体现在以下用例中：

（14）我原是给你们取笑的，——拿我比戏子取笑。（《红》22/296）

（15）a. 只听得那人口里抱怨道："白白给他打了一顿，却是没有伤，喊不得冤，待要自己做出伤来，官府又会验的出。"（《儒》13/151）

b. 若是六哥要进场，生生的就要给怨鬼拉了去！（《儒》42/439）

（16）巴不得这如今就念才好，他们只是不快给收拾出书房来，这也无法。(《红》14/117)

（17）便是回来有人带信，那都是不中用的。他不过口里应着，他倒给带呢！(《红》24/328)

（18）且说珍、琏、宝玉三人回去，独有宝玉到贾母那边，一面述说北静王待他的光景，并拿出那块玉来。大家看着笑了一回。贾母因命人："给他收起去罢，别丢了。"(《红》85/1195)

例（14）、例（15）的"给"都是表示被动的介词，《红》前80回中只有例（14）一例，但例（15）这样的介词"给"《儒》中共有五例。例（16）、例（17）的"给"位于"给+V"中，是助词，也可以看作介词，即"给+NP+V"中省略了NP。例（18）的"给"是处置介词，但该例不属于前80回。虽然《红》中"给处置/被动介词"和助词"给助词"都属个别用例，但和《儒》中的被动介词"给"一样，都是《歧》中"给"没有的新用法。

以上情况说明，18世纪中叶的《歧》《红》《儒》等官话方言文献中，虚词"给"主要是介词"给为"，被动介词"给"已初露头角，但被动介词"给"却是代表南方官话的《儒》的特殊用法，另外《歧》和《儒》中都没有《红》中的助词"给"，这都体现了同一时期官话方言内部的差异性。

文康的《儿》（1840年前后刊出）是19世纪中叶北京话的代表。据张云峰（2011）《北京话介词史（1850—1950）》，《儿》中介词"给"858例，动词"给"124例，助词76例。[①] 介词"给"字除了表引介受益者、动作对象、表被动外，还出现了《歧》《红》《儒》中"给"字都没有的新特点。例如：

（19）就是天，也是给气运使唤着，定数所关，天也无从为力。(《儿》3/47)

（20）a. 接了人家两三吊钱，给人搁下，人家依吗？(《儿》4/69)

b. 老爷待要不接，又怕给他掉在地下惹出事来，……(《儿》38/923)

---

① 张云峰：《北京话介词史（1750—1790）》，博士学位论文，苏州大学，2011年。

(21) a. 老爷只顾……，再加上围了一大圈子听热闹儿的，把个天王殿穿堂门儿的要路口儿给堵住了。(《儿》38/919)
b. 公子断没想到从城里头憋了这么个好灯虎儿来，一进门就叫人家给揭了！(《儿》38/913)

例（19）的"给"是被动介词。例（20）的是处置介词。例（21）的两例分别位于处置式"把 NP 给 VP"（17 例）、被动式"叫 NP 给 VP"（2 例）中，是表示强调的助词。据李炜（2004）、张美兰（2011）的研究，"把 NP 给 VP"是首次出现在《儿》中。再看下例：

(22) 无如公子的话已是说出口来了，杯已是飞出门儿去了。这个当儿，忽然梦想不到来了这么个人，双手给抱住了。(《儿》31/681)
(23) 我不像你这等怕死贪生，甘心卑污苟贱，给那恶僧支使。亏你还有脸说来劝我。(《儿》7/132)
(24) a. 我不看你刚才还有点怕惧儿，不敢撒谎，我把你的腿不给你砸折了呢。(《红》67/988)
b. 我自己个儿造孽倒有其限，这是我为人家姑娘许的，那不给姑娘添罪过哪？(《儿》21/425)

例（22）的"给"，李炜（2004）认为和例（21）一样是表示强调的助词，杨啸（2003）则看作被动介词，张美兰（2011）认为是处置介词，只是"给"后宾语省略了。我们认同张美兰的看法：例（22）"双手给抱住了"即"双手把它（杯）抱住了"。李炜、杨啸把例（23）的"给"看作使役动词，张云峰（2011）则把它当作被动介词。末例介引遭受者的"给"，也是《红》《儿》中都有而《歧》《儒》中都没有的现象。这些情况一方面表明《儿》中"给"的助词和处置、被动介词的用法虽比之前多见，但总的看来，"给"字的这种虚化状态仍在过程之中，另一方面表明同为北方方言的北京话和中原官话在 18 世纪中叶时虚词"给"的演变就已有差异存在着。

（二）从《歧路灯》到豫西南方言虚词"给"的变化
1. 豫西南方言的虚词"给"及与《歧路灯》的比较
豫西南方言的"给 [kɯ²⁴]"，比《歧路灯》中的复杂得多，可以兼作动词、介词、连词、助词，具有多功能性。除了含有给予义动词"给"

字的一般简单句外，还有如下"给"的动词用例：

(25) a. 再瞎胡乱说，我给你几巴掌_{打你几巴掌}。
　　 b. 妇人道："你不叫他走，谁给你银子？"（《歧》29/269）
(26) a. 这不是我么，给你打！给你打！（《歧》67/643）
　　 b. 想打我？给你打！
　　 b′ 叫你打，你敢不？
　　 c. 几句话给他奶高兴哩合不拢嘴。

例（25）的动词"给"出现在"NP + 给 + NP$_1$ + NP$_2$"双宾句中，但 a 表示使对方遭受，b 表示使对方得到。《歧路灯》中动词"给"没有例（25）a 的用法。例（26）a 的"给"是听凭义使役动词，《歧路灯》中这样的使役动词"给"共有七例，b 的"给"是容许义使役动词，b′、c 的则是使令义使役动词。豫西南方言只偶有例（26）b、c 类这样的使役动词用法，而 b′ 的用法显得有些别扭。

豫西南方言中介词"给"用法如下：

(27) 这货_{这家伙}整天不干正事儿，净给_为他老子_{父亲}找事儿。
(28) 你掷上一个叉，是孩子给_替我伺候十年客，是老婆给_替我做上十年饭。（《歧》69/659）
(29) a. 您给_为俺收麦，俺给_为您犁地。
　　 b. 好吃的都给_为俺弟留着。
(30) a. 当初咱盖房子时给_向/跟恁舅借了 5 千块钱。
　　 b. 她老是给_向我说她婆子_{婆婆}偏心。
(31) a. 我实在受不了了，就给_跟/跟_同他吵了一架_{就同/跟他吵了一架}。
　　 b. 这孩儿隔几天都给_跟她妈闹_{吵闹}一回。
(32) a. 白令_{不要}pɛ⁴² liŋ 啥事儿都学给恁 nən⁵⁵ 媳妇啊。
　　 b. 给_把那个长钉子递给我。
(33) 我给/跟 kən²⁴ 咱妈打个电话说说吧。
(34) a. 瘦哩给_跟/跟麻杆儿样哩。
　　 b. 你给_跟/跟那谁_{指某个人}不一样。

例（27）—例（34）的"给"分别介引动词行为的受益（损）者、

关涉对象、协同者、言说者、接受者、比较对象或比较关系,语义上相当于介词"为/替""对""向""跟/同",《歧路灯》中的"给"以例(28)、例(29)为主,例(30)这样的"给"仅有一例,没有例(27)、例(31)、例(33)、例(34)这样的用法。以上例(27)—例(29)的"给",豫西南方言与普通话的用法相同,而例(30)、例(31)、例(33)、例(34)的"给"普通话是用"向""跟",豫西南方言是"给"或"跟"。

再看下例:

(35) a. 你给我回来/站住!(我要求你回来/站住!)
b. 你给我滚出去!(我要求你滚出去!)
(36) 你赶紧给_把你哩感冒药给我吃了。(我要求你赶紧把你哩感冒药吃了。)
(37) a. 你给_把这把儿韭菜给您奶送去。(你把这把儿韭菜给你奶送去。)
b. 你给_把钥匙给我。(你把钥匙给我。)
(38) a. (我)脸给你扇扇!/手给你绑住!(我把你的脸/手扇扇/绑住。)
b. (我)房子给你扒扒!/菜地给你毁了!(我把你的房子/菜地扒扒/毁了!)
(39) 他给_把碗打_{摔破}了。(他把碗摔破了。)
(40) 俺_我哥给/跟俺_我嫂都上北京打工了。(我哥和我嫂子都去北京打工了。)

例(35)带有严厉的祈使语气,例(36)兼具祈使、处置,其中的"给我"仅仅表示说话人的意志[1]。例(35)—例(37)前边的"给"是处置介词,例(37)a 的后一个"给"介引受益者、b 的后一个"给"为动词。例(38)"(我)NP 给你+VV/V 了/V 住"表示说话人的意志且有强烈的震慑语气,相当于"我给你的 NP+VV/V 了/V 住","给"是处置介词,NP 是听者身体的某个部位或者是属于听者的财物,"我"可隐可现。闫克(2013)把例(36)、例(37)称作复标处置句、例(38)

---

[1] 句中的"给我"主要体现说话者的主观意志,由表服务虚化而来;"给我"可以去掉且不影响句子的语义,但句子的语气会弱化很多。

称作强处置式。例（39）、例（40）的"给"分别是处置介词、并列连词。当豫西南方言的"给"是表示"对""向""同"义和并列义时，也可以换成"跟"，如例（30）、例（31）、例（33）、例（34）、例（40）的"给"换成"跟"后不影响语义。以上用例中"给"的用法都是《歧路灯》中所没有的，其中的处置介词"给"普通话主要是用"把"，普通话中也有例（35）、例（36）"给我"的用法，但没有例（40）的连词用法。

总的来看，豫西南方言中的"给"继承、发展了《歧路灯》中"给"的多功能用法，其语法功能远比《歧路灯》的要复杂得多：除了动词"给"字双宾句表示使对方得到或获取到使对方遭受或受损，主要是虚词"给"的巨大变化——不仅介词"给"的使用范围更加广泛，由介引受益者、接受者、关涉者扩展到介引动作遭受者、处置对象、协同者、比较对象、言说对象等，还出现了连词和助词"给"。就"给"字所在的句式来看，豫西南方言除了有《歧路灯》中常见的像"给+O_2/给+O_1"这样的一般简单句和"给"字双宾句、使役句，主要还有"给"字共现句、"给我"命令句、"给"字被动句和高频使用的"给"字处置句及"（我）NP给你"强处置式。"给"字处置句在豫西南方言中还是高频用法，这可参看本章第一节。

张雪平（2005）、刘春卉（2009）、金小栋（2016）和李炜、刘亚男（2018）等人的研究以及我们的调查都表明，在河南郑州、荥阳、中牟、许昌、禹州、长葛、洛阳、新安、平顶山市区、鲁山、叶县、商丘、民权、淮阳、漯河、周口、临颍、项城、商水、淮滨、驻马店、西华、确山、上蔡、汝南、平舆等地中原官话中的"给"都普遍兼作给予动词、与事介词[①]、并列连词，具有多功能性模式，尤其是其中的郑州、洛阳、新安、平顶山市区、鲁山、叶县、荥阳、中牟、许昌、禹州、淮滨等地的方言和豫西南方言一样，"给"字还可以作处置介词。

2. 豫西南方言中虚词"给"的演变路径

从以上情况可知，豫西南方言中的"给"继承了《歧路灯》中已有的动词和介词的用法，并发展出了新用法。在此基础上我们对从《歧路灯》到豫西南方言中虚词"给"的语法化路径进行如下推断：

A. 给_{受益} >（V）给_{接受} > 给_{朝向} > 给_{关涉} > 给_{比较} > 给_{连词}

---

① 李炜和石佩璇、金小栋以及李炜、刘亚男等人的研究中都有用"与事介词"，统指非介引施事、受事宾语的介词，如介引受益或受害、关涉、比较、协同、相关、言说等。

《歧路灯》中介词"给"的虚化序列为：给_(受益) > （V）给_(接受) > 给_(朝向)。"给_(受益)"的"为、替、帮"义，源自给予义动词"给"，随着"受益"意味的逐步弱化，引介动作的接受者之"（V）给_(接受)"开始出现，再进一步虚化为"给_(朝向)"，但《歧路灯》中仅有一例。到了豫西南方言中，在"给_(朝向)"的基础上，又发展出了引介动作的协同者、比较对象或关系对方的"给"，表示"向""对""跟""同"的介词普遍见用。而当"给"前后两对象之间的主从关系不明显或无关紧要时，"给"进一步向连词发展。

B. 给_(受益) > 给我_(个人主观意志)

《歧路灯》中有五例"给我 + VP"，"给我"中的"我"是受益者，"给"是介引受益者即表示服务的介词。而豫西南方言中的"给我 + VP"（如"你给我滚出去"）句，带有严厉的祈使语气，"给"不是给予义动词，"我"也不是受益者，"给我"只体现语用功能，主要体现说话者的主观意志，应该是由《歧路灯》中表受益或服务的"给我 + VP"虚化而来。《歧路灯》中没有表示个人主观意志的"给我 + VP"，《红楼梦》中有九例这样的"给我"。例如：

（41）你给我老老实实的顽一会子睡你的觉去，好多着呢。（《红》10/141）

C. 给_(受益) > 给_(处置(受损)) > 给_(助词)

《歧路灯》中的介词"给"，以"给_(受益)"为主，无论是出现在"给 O + VP"还是"V 给 O"中，其 O 主要是我、你、他或指人名词 O_2。《歧路灯》中没有处置介词"给"，而处置介词"给"是豫西南方言中的高频用法。我们认为豫西南方言中的处置标记"给"，其来源可能是介词"给_(为、替)"，当"给 O + VP"中的 O 出现有非指人名词 O_1 或 O 仍是 O_2 但不限于受益者时，后面动词的受事就有可能占据"给"后的位置，从而使"给"的功能发生转化。而助词"给"的用法是口语中介词悬空导致，如一部分"给 + VP"是出自"给 O + VP"省略处置受事 O。从"给予→受益/受事→省略介词宾语"到"受益/受事对象→助词"是"给"字助词的发展途径。从"给"字受益/受事对象的省略，在上下文义中得到补充，成为一种常用的用法。

小　结

本章主要比较《歧路灯》与豫西南方言中处置句的异同，探讨"给"字句中虚词的发展演变。

《歧路灯》中有"把""将""叫"字三种处置句，以"把"字处置句最为常见，其中"把""将"字处置句是 18 世纪中叶共同语用法，"叫"字处置句是北方官话用法。豫西南方言中兼有"给""叫"字两种处置句，以"给"字处置句为主。从《歧路灯》到豫西南方言处置句及虚词"给"的发展演变中可以看出，不仅南、北方官话方言的处置句、被动句存在着地域差异，北方官话内部的中原官话和北京话在虚词"给"的发展演变上也有差别。

结　　语

  我们分别从方言特征词及其语法特征比较、特色构式和几种句式特点的比较设置了三个专题，在语言演变、语言接触视野下进行了多角度的研究，全面、系统、深入地比较了《歧路灯》与豫西南方言共有或相关语法现象的异同，力图探寻出18世纪以来河南中原官话语法演变的轨迹及动因。上述研究内容主要涉及《歧路灯》与豫西南方言中共有或相关，而现代汉语共同语中没有或虽有但与《歧路灯》与豫西南方言有不同的单音动词"捞""聒""董""引"、副词"通""休""可"、人称代词"俺""您"、名词性称谓"老+姓/名"、结构助词"哩"、量词"号""起"和"X+讫""没蛇弄""没啥VP""X的慌""X的Y"以及比较句、被动句、处置句，等等。

  下面在前文研究的基础上总结《歧路灯》与豫西南方言语法的主要异同、发展演变轨迹及原因以及在研究《歧路灯》与豫西南方言语法现象的过程中对方言语法历时比较研究的一些理论思考。

第一节　从《歧路灯》与豫西南方言语法的主要异同看语言演变

  从《歧路灯》到今天豫西南方言两三百年的时间里，足以使一种语言或方言的语音系统或词汇系统产生很大的变化，而对于相对稳固的语法系统的发展、演变来说，两三百年的时间实在太短，不足以令其产生很大的变化。《歧路灯》的语言，既有18世纪中叶明显的时代特征，又有鲜明的方言特征，历时比较研究方法可以让我们看到这期间共同语或方言语法或显著或细微的变迁，透过《歧路灯》与豫西南方言语法比较可以审视河南方言语法现象，判断河南方言语法现象的性质，揭示《歧路灯》与豫西南方言语法主要的异同、历史层次及发展演变轨迹。

一 从《歧路灯》到豫西南方言语法比较看判断河南方言语法现象性质的条件

如果把有关《歧路灯》与豫西南方言中共有或相关语法现象的文献看作记载方言语法发展的时间纵轴，把有关《歧路灯》与豫西南方言中共有或相关语法现象现存的地域看作传承方言语法发展的空间横轴，那么根据以下条件就可以判断《歧路灯》与豫西南方言中共有或相关语法现象的异同点、历史层次及其发展变化。

相关条件要素如下：

①《歧路灯》与豫西南方言中共有或相关；②与《歧路灯》同时期的文献中没有或较少；③《歧路灯》与同时期文献中有，《歧路灯》之前后文献中也有；④现代汉语共同语中没有；⑤豫西南方言有、豫西南方言文献有、其他方言没有；⑥豫西南方言+河南其他方言中有、河南以外方言中没有；⑦河南方言或河南中原官话之外北方其他官话中也有；⑧现代汉语共同语中有但用法与文献或方言有差异。

其中，①②③④属于纵轴，体现方言语法现象的历时变迁，④⑤⑥⑦⑧属于横轴，体现方言语法现象的共时空间存在。

立足《歧路灯》：

1. 满足条件①②④⑤的是豫西南方言独有的语法现象。
2. 满足条件①②④⑥的语法现象体现的是河南中原官话或河南方言的语法现象。
3. 满足条件①②④⑥⑦的语法现象体现的是北方官话的语法现象。
4. 满足条件①③④⑦的语法现象体现的是官话通语的语法现象。
5. 满足条件①③⑧的语法现象体现的是官话通语或共同语共有的语法现象。

二 《歧路灯》与豫西南方言语法主要的共同点及历史层次

1. 《歧路灯》与豫西南方言中的河南方言/河南中原官话语法现象

满足条件①②④⑥的语法现象体现的是河南中原官话或河南方言的语法现象及特点。包括单音动词"捞""聒""董""引"、副词"通 X 着哩"、结构助词"哩"、名词性称谓"老+姓/名"、量词"号"、"动/形+讫"、"没啥 VP"、"给"字的多功能性、特殊动补构式"X 的 Y"、"X 跟 Y（一）样"、"一般 A 儿"构成的平比句等现象及其特点。其中只有

"老+姓/名"满足①②④⑤,是豫西南方言独有的语法现象。而"动/形+讫"看似是豫西南及其周边方言特有的语法现象,却系连着汉语史上完成动词的发展演变。

2.《歧路灯》与豫西南方言中的官话通语语法现象

满足条件①②④⑥⑦的语法现象体现的是北方官话的语法现象及特点。包括人称代词"俺(们)"、"您"、否定副词"休""可"、量词"号""起"、疑问代词"啥"和"X的慌"结构、"不胜"比较句、"叫"字被动/处置句等现象及其特点。与结构助词"哩"同形同音的语气助词"哩"也是官话通语语法现象。据此我们可以判断出《歧路灯》中的方言语法现象是18世纪河南中原官话通语性质,而不是河南具体某个地方的方言语法,比如作者祖籍地或者出生地的方言。

3.《歧路灯》、豫西南方言、普通话共有的语法现象

满足条件①③⑧是官话通语或共同语共有但有区别的语法现象,三者中的语气副词"可"、程度副词"通"、"X的慌"构式、"比"字差比句、"叫"字被动/处置句、"给"字的多功能性都属于这种现象。

三 《歧路灯》与豫西南方言语法主要的不同点

1. 助词的不同

从《歧路灯》到豫西南方言,助词系统呈现由繁到简的趋势。在数量上,豫西南方言的助词要比《歧路灯》的少得多。如《歧路灯》的助词系统主要有"的、哩、得、着、了、过、呢、讫、哉、耳、矣、呀、些、罢、将、么、吗、来、罢了、着哩、哇"等助词,其中"哉、耳、矣"是古代汉语遗留下来的语气助词,"将、讫"是近代汉语的事态助词,这些助词体现了《歧路灯》词类的过渡性特点。而到豫西南方言中,助词主要只有"哩、着、了、过、呀、罢、罢了、着哩、啦、们、算了",《歧路灯》中的"哉、耳、矣、将、讫"都已经消失。除了"哩""着哩""们",豫西南方言的助词系统已经比较接近普通话的助词系统。豫西南方言的语气助词"们[mən]"主要用于陈述句、祈使句。例如:

(1) a. 吃过了们。
 b. 还有哩们。
 c. 作业写完了们。
(2) a. 到底去不去呀?

　　　　b. 去们。咋不去哩？
（3）a. 要还是不要？
　　　　b. 要们。咋不要哩？
（4）a. 快点儿跑们！
　　　　b. 开慢点儿们！c 关了灯们！
（5）a. 时间来不及了，赶紧走吧！
　　　　b. 时间来不及了，赶紧走们！
　　　　c. 时间来不及了，赶紧走呀！

　　前三例的"们"用于陈述句句末，其语法意义是表示肯定的语气。例（4）的"们"用于祈使句句末，具有提醒的语气。例（5）三句表达的都是时间紧迫，催促听话者赶紧走的意思，但句子的语气因句末语气词的不同而有区别：a 是带有商量的催促，b 是带有提醒的催促，语气比较温和，c 是带有命令伴随着不满的催促。

　　地处河南、陕西、山西三省交界地带的豫西陕县的方言中，有和豫西南方言中"们"相似的语气词"曼"。而《歧路灯》和普通话中都没有豫西南方言中这样的语气"们〔mən〕"。有关豫西南方言中"们"的来源有待于继续探讨。①

　　表 1 是《歧路灯》与豫西南方言、现代汉语共同语结构助词差异比较表。从表中看出，《歧路灯》8 个结构助词中，"之、者、是"上古汉语已有、"价、个"近代汉语才见，"的"使用比例最高，其次是"之""个""得"；但在豫西南方言中，只有"哩"字一统结构助词天下，其他结构助词均已消失不见。现代汉语共同语中，助词"价、是、哩"已退出不见，除了某些固定结构中还留有"之、者、个"外，结构助词"的、地、得"已各司其职、平分秋色。

表 1　《歧路灯》与豫西南方言、现代汉语共同语结构助词差异比较表

结构助词	歧（占结构助词比例%）	豫	普通话
的	＋（52.27）	－	＋（≠）
地	－	－	＋

---

①　豫西南方言的语气助词"们"，与普通话表复数的"们"无关，本字待考。

续表

结构助词	歧（占结构助词比例%）	豫	普通话
得	+（12.52）	-	+
哩	+（1.12）	+	-
之 个	+（16.81/15.13）	-	-（+固定结构）
者	+（1.16）	-	-
价 是	+（0.60）	-	-

《歧路灯》结构助词"的"用例如下：

（6）家兄的性情，我所素知。（《歧》2/16）
（7）到我家看着排戏，慢慢的商量。（《歧》50/461）
（8）走的大急，绊了一跤。（《歧》10/114）

这三例"的"的语法意义、功能与豫西南方言的"哩"完全相同，分别相当于普通话的"的""地""得"。

2. 否定副词的不同

《歧路灯》与豫西南方言的否定副词"不""没有/没""非"是共同语用法。豫西南方言的否定副词主要是"白别 [pɛ⁴²]""夒 [pɑu⁴²]""休 [xou²⁴]"，普通话没有"夒""休 [xou²⁴]"。"休 [xou²⁴]"的使用范围有限、渐趋减少。《歧路灯》与豫西南方言的否定副词的比较如表2所示。

表2　《歧路灯》与豫西南方言的否定副词比较表

语料＼副词	不/没/没有/非	别	白	夒	休（候）
歧	+	+	-	-	+
豫	+	-	+	+	+

"白别"即"别"，二者只是读音不同而已。

3. 被动句和处置句的不同

《歧路灯》中的有标被动句属于不同的历史层次，包括"被""叫""教""为""吃""着"字句六种，以"被"字被动句为主，只有"叫

（教）"字被动句主要用于口语，"被"字被动句也可以用于口语。豫西南方言中的有标被动句包括"叫"字被动句和"给"字被动句两种。

《歧路灯》中的有标处置句包括"把""将"和"叫"字处置句，其中"把"字处置句占绝对优势，"将"字只用于书面语中。而豫西南方言中不用介词"把""将"字表处置，"叫"字处置句和"给"字处置句兼用，以"给"字处置句最为常见。

《歧路灯》中的"被"字被动句和"把""将"字处置句，是18世纪中叶共同语的用法，而其中的"叫"字被动句和"叫"字处置句则是当时北方官话的共同用法。

据刘春卉（2008）研究，河南确山方言有处置标记"掌""叫"。据我们调查，与确山为邻的唐河县的方言中也有处置介词"掌"，只是在20世纪80年代之前常用，如今已经被"给""叫"所取代而很少见用了。据杨正超博士告知，豫西南唐河方言的"掌"作处置介词一般用于和手部动作相关的句子里。

从《歧路灯》到豫西南方言被动句和处置句式方面最显著的变化，就是"给"字被动句、"给"字处置句的从无到有、从产生到运用。从《歧路灯》到豫西南方言"给"字的多功能用法以及虚词"给"的演变情况，表明豫西南方言"给"字的发展演变与河南其他方言及与北京等官话的差异。由此看来，不只是北方官话的语法与普通话语法有差别、不同的方言存在语法的差异，即使同一个方言片内部也可能不完全一致。

四　从《歧路灯》到豫西南方言看河南方言语法现象发展演变的特点

在第一专题"《歧路灯》与豫西南方言共有方言特征词语法特征比较研究"中，我们主要选择了二者词类系统中共有的极具河南方言特色的"捞""董""聑""引""通""休""可""哩""俺""您［nən^{55}］""号""起"等动词、副词、人称代词、助词、语气词及其相关内容进行了共历时的多角度描写与比较。《歧路灯》与豫西南方言这五类词语的异同及特点，可以让我们捕捉到自18世纪中叶至今河南方言语法发展演变的蛛丝马迹，从中可以窥见方言语法演变的些许趋势及规律。

1. 《歧路灯》与豫西南方言共有特征词中副词的发展演变最明显

从《歧路灯》到豫西南方言，就二者共有的动词、副词、人称代词、助词、语气词方言特征词来看，变化最显著的是副词，比如副词"通""休""可"三者的变化都比较大。尤其是副词"通"，从《歧路灯》到豫西南方言，副词"通"呈现由繁到简、异大于同的发展趋势。从唐宋到明清，副词"通"历经了"范围副词→程度副词→语气副词"的语法化过程，《歧路灯》中的副词"通"包括范围、程度和语气三种，且有兼类的特点，这是历时变化在《歧路灯》中的共时体现。今河南方言中的"通"只保留了《歧路灯》语法化链条中的程度副词，且主要用于"通X着哩"，足见其变化之大。另丁全（2001）的研究还表明今天豫西南方言中还产生了一些新的程度或情态、时间、语气副词等，如"可（表程度）"、"情""清是""镇""恁"等。副词"休"在现在河南相对偏僻地方及河南以外方言中点滴见用，以及程度副词"可"的产生，也说明副词自《歧路灯》以来的变化。动词"捞""聒"、人称代词"俺/您"、结构助词和语气词"哩"则是依然如故，呈现同大于异的发展趋势。动词"董""聒"在方言中主观性评价意增强，有虚化的痕迹。

2. 河南中原官话内部语法的发展演变速度不同步

从《歧路灯》到豫西南方言短语及句式的演变上可以看出在河南中原官话内部语法的发展演变速度是不同步的，这也是方言语法的地域性差异的体现。最明显的就是"X+讫"构式，当前主要是在豫西南方言及其周边地区使用，今天河南郑州、洛阳、开封、平顶山、商丘、许昌、漯河、周口、驻马店等地的方言中以及河南以外的其他方言中都没有"X+讫"构式，就连《歧路灯》作者出生地和祖籍地——今湛河区和新安方言中都不见有"X+讫"的用法。

豫西南方言中存在表示完成和程度的"X+讫"构式，这意味着豫西南方言语法在发展演变速度上比河南郑州、洛阳、开封等大城市及其周边地区方言的稍显缓慢，意味着豫西南方言中"讫"的语法化进程与其他地方有别。名词性称谓"老+姓/名"在豫西南方言语法的使用也是发展稍显缓慢的情况，这也可以说豫西南方言语法有存古现象。豫西南方言中程度副词"通"与洛阳、许昌、陕县等方言的程度副词"通"的用法差别，也说明程度副词"通"的发展在河南中原官话内部是不同步的。这是豫西南地区特殊的地理、历史、人文对方言演变的影响。而平顶山湛河区方言中处置句"给/把"兼用、新安方言的"给/让"和平顶山、新安方言亲属称谓的叠用，也表明城镇化进程或者移民会加速语法现象的演变。

3. 河南中原官话与其他官话语法的发展演变类型不同

从《歧路灯》到豫西南方言，介词"给"虚化路径为：

A. 给_{受益} > （V）给_{接受} > 给_{朝向} > 给_{关涉} > 给_{比较} > 给_{连词}；
B. 给_{受益} > 给我_{个人主观意志}；
C. 给_{受益} > 给_{处置（受损）} > 给_{助词}。

《歧》中的介词"给"只表示"受益、接受、朝向"，不表示"处置、受损"，《歧》中也没有助词"给"。而《儒》中已经出现了表示被动的介词"给"，《红》中则有助词"给"。《红》还有《歧》中没有的、表示遭受义的介词"给"和表示个人意志的"给我"。从同为北方方言的北京话和中原官话在18世纪中叶时虚词"给"的演变就可以看出，不仅南、北方官话方言的处置句、被动句存在着地域差异，北方官话内部的中原官话和北京话在虚词"给"的发展演变上也有差别。

《歧》与《红》中"被"字被动句、"把""将"字处置句，都是优势被动、处置句，但只有北京话语法中这些被动句、处置句在广泛使用，而中原官话主要是"叫""给"字被动、处置句，这也体现了二者演变类型上的差异。

4. 从语言接触、语言地理看《歧路灯》到豫西南方言语法的发展演变

豫西南地区悠久的历史文化，使豫西南方言积淀了汉语早期共同语的成分，独特的地理位置、盆地地形、不算便利的交通，又使得豫西南方言语法现象容易存古或者说是与河南其他方言发展不同步的重要原因。正因为如此，"动/形+讫"、"聑""董""休［xou²⁴］"、名词性称谓"老+姓/名"、"通X着哩"才得以保留、发展。

从20世纪八九十年代到现在，随着豫西南地区的年轻人不断涌入大城市和我国推广普通话工作力度的不断推进，豫西南方言中一些古老而又重要的语法现象正在被普通话的用法所取代。从本书涉及的新安方言、平顶山湛河区的方言情况来看，除了新安方言"你家"读音比较特殊，我们没有感觉到《歧路灯》作者祖籍地、出生地的方言和河南其他方面语法上有什么明显的区别。这也再次说明了《歧路灯》的语言是18世纪河南通语。

第二节　有关汉语方言语法历时比较研究的理论思考

通过以上对《歧路灯》与豫西南方言语法现象的观察与研究，我们获得了不少关于汉语方言语法历时比较研究的理论思考。以下仅就笔者在《歧路灯》与豫西南方言语法历时比较研究中体会较多的方面谈五点看法。

一　选择合适的比较切入点至关重要

进行方言语法现象的历时比较研究，把古今两个层面的方言语法事实充分、系统地描写清楚是研究的基础。就《歧路灯》与豫西南方言语法比较研究来看，《歧路灯》中的语法现象是距今两百多年前的文献语法，纷繁复杂，兼具近代汉语、现代汉语共同语语法的特点，而豫西南方言语法是不易系统把握的活的、动态的方言事实，与《歧路灯》、现代汉语共同语以及其他现代汉语方言的语法有同有异，如何选择合适的比较切入点至关重要。因此我们主要选取《歧路灯》与豫西南方言中共有的语法现象进行细致、系统、全面的描写、比较。研究中既有《歧路灯》与豫西南方言语法、现代汉语共同语语法的历时描写与比较，也有《歧路灯》与同时期文献语法、豫西南方言与现代汉语方言语法的共时描写与比较，只有充分了解、掌握二者在共有语法现象上的相同点、不同点乃至细微的差异之处，才能真正准确把握二者之间的相同点、差异性乃至相互的关联性以及两百多年来细微的发展、演变情况。也只有这样，才能减少二者比较中的误差。比如我们选择《歧路灯》与豫西南方言中共有的单音节动词"捞""董""聐""引"进行比较研究，通过与《歧路灯》同时期文献的比较，得出"捞""董"是《歧路灯》中特有的，也即当时河南中原官话所特有的结论。然后通过《歧路灯》与豫西南方言以及河南其他方言中情况的多角原对比，揭示出"捞""董"从《歧路灯》到今天豫西南方言古今的共同点及其发展、演变的情况其原因。

二　坚持"以古证今"和"以今推古"相结合

"现代方言语法与古代汉语语法的比较研究，有互相阐发之功。古典文献上的语法现象可以与现代方言口语现象相印证,一方面现代方言语法现象可以在古汉语中找到源头,另一方面现代方言也能为汉语语法的历史演变过程提供活的证据。"① 我们在对《歧路灯》与豫西南方言语法进行比较研究的过程中,尤其注重《歧路灯》中的语法现象与豫西南方言中语法现象两者之间的互相印证。比如,无论是栾校本《歧路灯》还是上图抄本《歧路灯》中都有大量的"X+讫"格式,在数量上远远超出了与《歧路灯》同时期的其他文献。对于《歧路灯》中的此种现象,已有的研究仅根据与同期文献的比较,或认为是《歧路灯》的作者故意仿古,或认为《歧路灯》的语言比同期文献更加守旧一些。② 我们遵循"以今推古",根据今天豫西南方言中仍然存在且高频出现的"X+讫+了"格式对已经得出的结论进行了验证,并得出新的结论:《歧路灯》中大量的"X+讫"格式,是当时河南中原官话中的语法现象在文献中的反映,既不是作者故意仿古也不是其语言守旧。而通过对《歧路灯》中"X+讫"格式的深入、全面的研究,我们推知豫西南方言中"X+□[$tɕ^hi^{24}$]+了"中的"讫"是虚化的完成动词,而不是"期"或"极""很"等。

三 坚持多角度、多方法结合的动态研究

要深入描写、揭示《歧路灯》与豫西南方言中共有的语法现象及其发展演变情况,就要坚持多角度、多方法结合的动态研究。比如我们在研究《歧路灯》与豫西南方言中一个具体的语法现象时,不仅坚持结合语义、语用进行研究,还做到意义与形式互相验证。另外,还立足于方言事实,进行"方言—近代汉语文献""方言—普通话""方言—方言""近代汉语文献—近代汉语文献"之间的多角度、多方法的比较研究,扩大了研究视野,在更广阔的背景下观察方言语法事实,求得对方言语法差异的解释。

四 语言接触的研究视野

语言接触是语言发展演变的一个重要因素,近些年对语言接触问题的关注已成了语言学研究的一个热点。很少有语言或方言是在不受其他语言或方言的影响下独立发展演变的。为深化《歧路灯》与豫西南方言语法

---

① 游汝杰:《汉语方言学教程》,上海教育出版社2004年版,第184页。
② 王秀玲:《〈歧路灯〉中的代词、助词和副词》,博士学位论文,中山大学,2007年;崔晓飞:《〈歧路灯〉语言应用研究》,博士学位论文,暨南大学,2011年。

的历时比较研究，我们除了运用一般方言现象历时比较研究所常用的历史比较语言学与描写语言学的理论和方法以外，还把语言接触的研究视野贯穿在研究的全过程，试图研究《歧路灯》与豫西南方言的语法是如何受到其他语言或方言的影响。比如《歧路灯》与豫西南方言中共有的副词"通"，从《歧路灯》到豫西南方言的演变，是河南中原官话自身发展演变的结果，而豫西南方言中程度副词"通"的特点则是语言接触导致的。我们还根据《歧路灯》与豫西南方言中的单音动词"捞""董""聒""引"的使用情况，通过共时、历时比较，认为从《歧路灯》到豫西南方言中"捞""董"的变化情况，属于方言内部的演变，而"聒""引"的演变是方言内部与语言接触共同作用的结果。还有从《歧路灯》到豫西南方言中依然如故的"不胜"差比句，则是方言内部的演变使然；而与河南接壤地带的山东、河北、山西等地方言以及豫北晋语中的"不胜"差比句应是受河南境内中原官话的影响。

五　加强汉语方言语法的调查研究

我们在研究、比较《歧路灯》与豫西南方言语法的过程中，深感河南中原官话及其相关方言语法研究成果之不足。比如《歧路灯》中有大量的"被""叫"字被动句和"将""把"字处置句，而今天的豫西南方言中没有"被"字被动句和"将""把"字处置句，但有"叫""给"字被动句和"叫""给"字处置句。从《歧路灯》到今天豫西南方言（乃至河南其他中原官话）的200多年间，"被""叫""将""把"字句到底发生了怎样的变化，这需要大量的河南中原官话的这方面的语言事实来归纳、印证。但目前，在河南中原官话的108个县、市中，除豫西南方言之外，已有的研究中只见到河南叶县、洛阳、郑州、开封、浚县、商丘等地方言中被动句、处置句的情况。《歧路灯》与豫西南方言中共同具有处置句这样的语法现象且有较大的不同，具有类型学意义。但本书未进行此方面的比较研究，主要是因为缺少这方面充足的方言语料。由此而言，未来还需要加强河南中原官话语法的调查研究。

附　　录

一　《歧路灯》栾校本中的"豫语"评议

《歧路灯》①的校注者栾星在《〈歧路灯〉校本序》②中指出："我为全书作注千余条，主要注释了俚语、方言、称谓及名物制度，于古人、古籍、历史事件及三教九流行藏，亦针对文意作了必要的解说。"本书把栾星所作的注释简称为栾注。栾注中标有"豫语"的一共有 76 条。"《歧路灯》的校勘，我是在一九六三年至六六年初，三年中完成的。其后五六年中，在处境极为困难的动乱岁月，断续为之作了注释，编写了《〈歧路灯〉旧文钞》等三项资料。至此这一研究项目，大体告一段落。这次付梓，基本上未予改动。③"由此可知，栾注"豫语"距今至少已有 40 余年。

栾星未对"豫语"作解释。河南省简称"豫"。顾名思义，"豫语"应该是指河南话或河南方言。今天河南境内的方言，包括中原官话和豫北晋语。因此"豫语"是一种比较笼统的说法。总揽全书注释，被注为"豫语"的有些词语，今天看来，并非河南独有，而一些未注作"豫语"的，反而更有河南地方特色。下面主要对栾注"豫语"中有代表性的词语进行述评：先列出栾注"豫语"及出处，再举例、评议，按《歧路灯》上、中、下三册顺序列出。如果是三册都有的意义、用法相同或相关的"豫语"，则放在最早出现处一起讨论。

（一）《歧路灯》上册（1—30 回）"豫语"

上册栾星注有"豫语"的词语共 28 条，择其要者议之：

---

① （清）李绿园著，栾星校注：《歧路灯》，中州书画社 1980 年版。
② （清）李绿园著，栾星校注：《歧路灯》（上），中州书画社 1980 年版，第 15 页。
③ （清）李绿园著，栾星校注：《校勘说明》，《歧路灯》，中州书画社 1980 年版，第 1015 页。

1. 第1回第5页：头口，即牲口，豫语指骡马。例如：

(1) 对账房阎相公说，取出一床铺盖，送到西厢房去。一切脚户头口，叫阎相公发落。

《歧路灯》中有十例"头口"。今天豫西南方言中已没有"头口"，只有"牲口"的说法。经查询国家语委古代汉语语料库，《金瓶梅》、《醒世姻缘传》各有"头口"45、89例，可见"头口"非河南方言特有。

2. 第3回第21页：恁，豫语。有两种读音，两种意思：读嫩(nèn)，意谓那么，读(zhèn)，意谓这么。"恁些人"，犹言那么些人。例(3)的"恁般"，犹言这么样。例如：

(2) 这个说不好，那个说不好，如何会上有恁些人？
(3) 书也不是恁般死读的，你不信，你跟先生商量。

《歧路灯》中共有42例"恁"："恁般"4例，"恁些"3例，"恁样"13例，"恁的"11例，"恁个"5例，"恁一个"2例，"恁"4例。"恁"不是《歧路灯》所专有的，《醒世姻缘传》中有"恁"22例。今豫西南方言中仍然有栾注前一种读音的"恁"，读音为[nən³¹]，多修饰形容词。栾注后一种读音，今豫西南方言中读[tʂən³¹]，记作"镇"。"镇""恁"的区别不仅在于"这么""那么"。比如"恁些人""镇些人"都是指人多。但"镇些人"是说当时或眼前人多，而"恁些人"是指非眼前、当时的人多，是曾经的或别处的人多。如例(2)"会上有恁些人"是指非眼前的、曾经的情况。

3. 第3回第22页：捞，láo，豫语拉、牵的意思。全书共有"捞"32例。例如：

(4) 这宋禄小厮儿们，更要上会，早把车捞在胡同口等候。
(5) 拉住夏鼎往门外捞。(76/741)

这两例的"捞"均是拉。"把车捞"即"把车拉"。例(5)同时使用了"拉""捞"，二者同义。余辉《〈歧路灯〉校注的问题》指出栾注

"捞"的注音声调错了，应注为"lāo"。① 事实上，两位的注音都有问题。普通话"捞取""打捞"的"捞"音是"lāo"。在河南方言中，"捞取""打捞"的"捞"音［lɑu³¹］。上例的"捞"读音为［lɑu²⁴］，栾注、余辉均是用汉语拼音为方言注音。

4. 第3回第29页：各不着，豫语合不来的意思。例如：

（6）你姑娘叫你在这里读书，休要淘气，与你端福兄弟休要各不着。

"各不着"，小说中、下册还有以下用例：

（7）原是第三房下，在家下各不着，我也再没个法子。（67/636）

（8）"……我说：'第二的回来，又要各不着。'老婆道：'谁家嫂嫂有各不着小叔道理，图什么美名哩？都是汉子各不着兄弟……'"（108/1011）

"各不着"的"各"同"合"，豫西南方言中读音为［kɛ²⁴］。例中的"着"音［tʂuo⁴²］。

5. 第10回第107页：着，豫语知道。例如：

（9）昨日到尤老爷、戚老爷处，才问明白在悯忠寺后街。今日才着门儿。

"着"音与"知道"的合音近似。今豫西南方言中"知道"读［tʂɑu³¹］。

6. 第15回第161页：豫语俗称道姑为"姑姑"或"姑子"。例如：

（10）也恐怕姑姑家，整治的腥白白的，吃不的，却怎么了？

今豫西南方言称尼姑为"姑子"，"腥白白"即很腥，"白白"是表示程度的后缀。

---

① 余辉：《〈歧路灯〉校注的问题》，《河南图书馆学刊》1994年第3期。

348　附　录

7. 第17回第179页：两替，豫语犹如说两起。例如：

(11) 王中道："家中奶奶挂牵，来了两替人。"

据张美兰（2001）研究，《朱子语类》《五灯会元》《金瓶梅词话》《水浒传》中都有集体量词"替"。故"替"非河南话专用。

8. 第19回第193页：让，这里作责斥、数落解。例：

(12) a. 盛宅是咱省城半天哩人家，你说使哩使不哩？你隆吉哥来，我还要让他哩！
　　　b. 这王氏急的没法儿，背地里让道："你两个单管在东楼下恋着，万一多嘴多舌，……"（28/264）

该"让"义为批评、指责，动词，记作"让$_1$"。出现的格式为"NP$_{1指人}$+让（+NP$_{2指人}$）"。"让"的施、受事主要是长辈与晚辈或强势方对弱势方，如（12）a是姑姑与侄子、b是主母与下人。《歧路灯》中、下册有意义、用法相同的用例：

(13) a. 巴氏不住的让敬儿道：……（50/466）
　　　b. 舅爷前日让的，句句都是正经道理。（76/737）

该"让"在豫西南方言中读音为［z̩aŋ^{55}］，《歧》《红》《儒》和普通话均无此义。"让$_1$"在豫西南方言使用比较普遍。例如：

(14) a. 我又挨让了。（我又被批评、教育了。）/你就会让人！（你就会批评、指责人。）
　　　b. 俺妈让我：女孩子不像女孩子样不好。（我妈批评我：女孩子不像女孩子样不好。）
　　　c. 您老人家让哩好让哩对。（你老人家批评、教训得好、对。）

豫西南方言中的"让"是指一种不太严厉的批评教育，属行为动词。动宾结构"挨让（被批评教育）"最常见，"让"常出现在"NP$_{1人}$+让（+NP$_{2人}$/C）"的格式中。"让"的施—受事双方，主要是长辈—晚辈、优势方—弱势方,"挨让"的多是小孩儿或年轻人,有时候成年人也会"让"做错事的老人。

《左传·桓公八年》有"夏,楚子合诸侯于沈鹿。黄、随不会,使薳章让黄"。《南史·刘劭传》有"多有过失,屡为上所诘让,忧惧,乃与劭共为巫蛊"。可见"让$_1$"古已有之,是豫西南方言中保留的古语词。

《歧路灯》中还有三例"让$_2$"(普通话读音[ʐɑŋ^{51}],豫西南方言读音[ʐɑŋ^{31}])使役句。例如:

(14′) a. 适才夏世兄说,要么让谭世兄拜在董公门下,做个门生。(51/481)
　　　　b. 王中一声也没言语,站在门旁,让客与家主出去。(22/215)
　　　　c. 王中见这胡闹光景,只得背着脸,让他们过去。(11/128)

例(14′)a 为使令类使役句,用于口语,"VP"为"拜"。后两例为听凭类使役句,其格式意义为 NP$_1$ 听凭 NP$_2$ 做某事,是消极让步;VP"出/过去"为位移动词。a 与后两例的区别在于:前者的 NP$_1$ 通过言语促使 NP$_2$ 做某事,后者的 NP$_1$ 可以通过言语或行为阻止或阻拦 NP$_2$ 但并不去阻止 NP$_2$ 而任由其保持某种动作或状态,如 c "让他们过去"前有"只得背着脸"这样让 NP$_1$ 无可奈何的事情。《歧路灯》与豫西南方言还有一个"让",其读音、用法见第 45 回 419 页和第 76 回第 736 页。

9. 第 22 回第 213 页:古董,豫语形容心术多、内藏险恶或乖觉的人。后文中的"董",则有糟蹋、挥霍之意。例如:

(15) a. 上下打量,是个古董混帐人。
　　　　b. 家兄当日因为这个宗儿,化了二百两以外。亲口许陈老师五十两,陈老师依了,老周执拗不依。那老周是个古董虫,偏偏他如今升到江南做知县了。(34/319)

对形容词"古董"解释只适合 a,不适合 b。《歧路灯》中"古董""董"的具体意义,详见本书专题一。

10. 第 22 回第 219 页:一攒(cuán),豫语谓一处或一所。例(16)

b 的"一攒子",指人,谓一簇或一群。例如:

(16) a. 谭贤弟有一攒院子,在宅子后,可以住得下,我就替你招驾,何如?
b. 双庆道:"后门上挤了一攒子等着哩。"(23/221)
c. 到明日二位发了财,叫少爷再盖上一攒院子,宽宽绰绰的何如?(30/274)

《歧路灯》中"一攒"共五例。"攒"是量词,可用于房屋或人。但今豫西南方言中只用于人。

11. 第24回第231页:赖,豫语怯阵、气馁或败逃的意思。本例作怯解。例如:

(17) 逢若起来,一手扯住袖子道:"走罢,看气的那个腔儿。你赖了?"

本例的"赖",上图抄本作"懒",《古本小说集成》作"嬾"。[①] 今豫西南方言无此用法。

12. 第30回第279页:您,豫语第二人称多数,与"你们"相对。例如:

(18) 王中道:"难道俺家偷你不成?俺又不供戏,要他何用?"茅拔茹道:"您家就不用,您家不会换钱使?您会偷我的戏衣,还有本事说俺欠你的借账,欠您的粮饭钱,您不如在大路截路罢!"

《歧路灯》和今天的河南方言中,"您"既可用作第二人称复数,也可以用于单数,相当于"你们"或"你",不含尊重意味。

13. 第30回第281页:豫语把有言无行,叫干研墨。中册也有1例。例如:

[①] (清)李海观:《古本小说集成·歧路灯》(第2册),上海古籍出版社1994年版,第478页。上图抄本见第23回,(清)李绿园著,栾星校注:《歧路灯》,中州书画社1980年版,第141页。

（19）a. 依我说，把他的账承当下，他就说正经话。若是干研墨儿，他顺风一倒，那姓茅的就骗的成了，要赔他衣服，还不知得多少哩。

b. 邓老爷说了，人命大事，要说这个人情，想着干研墨儿是不行的。除一份拜门生厚赐之外，还得二百多两银子的实惠。（52/484）

研墨是为了制作墨汁，研墨不加水谓之干研墨，干研墨意味着做无用功、办不成事情。而要想制成墨汁、办成事情就需加些水。例中的"干研墨儿"，指求人办事时，只口说而不给人实惠。

（二）《歧路灯》中册（31—70回）"豫语"
中册栾星注有"豫语"的词语共38条，择其要者议之：
1. 第34回第319页：古董，豫语形容那些迂腐、固执或心底不清澈的人，也用古董虫。前文已提及，此处不再评议。
2. 第36回第339页：上落，豫语犹如说数落，诘责。例如：

（1）不是我牵的紧，你只怕连管老九那几两银子，还没福赡哩。昨日考了个三等前截儿五十一名，你就上落起我老张来。

今豫西南方言仍在用动词"上落"，指因对人不满意而当着对方的面说难听话、挑毛病，甚至教训对方。同页，栾星还注释下例"老黄脚"为兔子：

（2）王紫泥道："豆地里有片兔儿丝，叫你割了，俺好放鹰，拿个老黄脚哩。"

这一例倒是没注为"豫语"。但今豫西南方言中还有"老黄脚"之说，不过不是指兔子，而是指女人个高脚大。
3. 第40回第367页：豫语把藏匿叫抬。下册也有此抬。例如：

（3）a. 你今日跟我回去，就跟我睡，你大娘与你抬搁了好些讧柿哩。

b. 我还与他收拾了些绸缎碎片儿，你也带着。（93/868）

该例的"抬"与"抬水"的"抬"是同音替代。前例的"抬"与"搁"同义,"搁"即"放"。后例的"收抬"即"收藏","抬"与"收"同义,此例的"抬"在豫西南方言中是"藏",是为一定目的而藏,不是"放""搁"。

4. 第40回第373页:张劳,豫语犹如说忙碌、劳累。例如:

(4) 你与我营运,到明日除本分利,我也不肯白张劳你。

此例的"张劳",在豫西南方言中常见。

5. 第41回第381页:儿花女花,豫语称小的东西为"花","没个儿花女花",极言其无儿无女。例如:

(5) 这孩子也算好,真正把婆婆送入了土,就各人寻个投向,也算这孩子把难事办完,苦也受足了。难说跟前没个儿花女花,熬什么呢?

今豫西南方言中,有"花奶""花婶""葱花儿""油花儿"等说法:"花奶""花婶"分别是对奶奶辈、婶婶辈中年轻者的称呼。切碎后的葱常被说成"葱花儿",漂浮在饭锅或者碗中的点点小油滴常被称作"油花儿"。"跟前没个儿花女花"即"跟前连个小孩儿都没有"。下例的"女毛儿"用法与此相同:

(6) 你见土娟不曾?是黑土娟、白土娟,你先与我报个色样?……况且我店里,一根女毛儿也没有。(72/697)

6. 第45回第419页:让,豫语次于或低于的意思。例如:

(7) 王中进城,见街市光景,大让祥符。

该"让"义为逊色、不及,形容词,记作"让$_2$"。下册还有一例。此"让"出现的格式为"NP$_{人物}$+让",前例主语是物(街市光景)、后例主语为人。"让"前还可以有状语"略""大"等。下册也有用列:

(8) 你这个婶子,人材也略让些,心里光景,便差位多着哩。

（76/736）

《歧路灯》中的"让₂"豫西南方言今读作［ʐaŋ⁴²］，是形容词，意为逊色、不及、低于、次于、弱等，同"瓤"。"让₂"出现在"NP₁＋（不）让"格式中作谓语，使用范围比《歧路灯》中的更广。例如：

（9）大娃儿自小身体就让些。（大儿子从小身体就弱些。）
（10）爸住院后身体让多了。（爸住院后身体弱多了。）
（11）我看你这秤有点儿让。（我看你这秤有点儿不够数。）/这块木料做檩条让了些。（这块木料做檩不够硬。）
（12）数学语文考双百了，真不让啊。（数学语文考双百了，真不错啊。）

豫西南方言中，人体质不好、秤斤两不足或木材不够硬，都可以说"让"或"让差"。"让₂"的否定式"不让"，就是好、不错、不简单。张生汉对此也有论及。①

"让₂"在《歧路灯》之前已有。明刘若愚《酌中志·逆贤乱政纪略》："较藩王止欠一爪，比御服仅让柘黄。"宋王禹偁《神童刘少逸与时贤联句》诗序："逮十一岁，成三百篇，求之古人曾不多让。"其中的"让"即"让₂"。"让₂"也是豫西南方言中保存的老资格词汇。

7. 第58回第539页：豫语称不谙世故的人为眼子。死眼儿即死眼子。例如：

（13）谭绍闻道："你就对他说，我也是个死眼儿，他多管是必来的。"

例中的"眼子"是指老实、办事不灵活容易吃亏的人。"眼子"与"光棍儿"相对。"光棍儿"即头面人物或场面上人物。

8. 第59回第551页：搊，豫语有扶、托之意。这里作紧托解②。

---

① 张生汉：《〈歧路灯〉词语汇释》，河南大学出版社1999年版，第96页。
② 栾校本中这两例的a、b都是用的"挡"，但栾星作注时用的是"搊"。栾注"这里作紧托解"意思应是用力托或扶着腿使之保持某种状态。因为腿的主人上吊被救还未苏醒，"挡腿"有利于苏醒。

例如：

(14) a. 休要乱哭，挡起腿来，脚蹬住后边，休叫撒了气。
b. 邓祥道："樊嫂，你挡住腿，总休放松。"

今河南大部分地方有这个单音动词，豫西南方言是用力托举之意。但该词非河南独有。《醒世姻缘传》也有"搊"。例如：

(15) 靳时韶、任直打得血糊淋拉的躺在地下。快手把三个上了锁，扶搊了靳时韶、任直两个来见大尹，叫上靳时韶、任直去，禀了前前后后的始末。(《醒》22/309)

9. 第60回第557页：担杜，豫语谓担得起、擎得住。例如：

(16) 王隆吉道："其次只有弄三五百两银子，请个有担杜、敢说话的人，居中主张，叫他们让些，……"

10. 第60回第561页：放短，行事短毒。豫语把那种过河拆桥或忘恩负义行为叫作行事短。例如：

(17) 事完一一清缴，不敢放短。所以王少湖直到夏家，不容分说，将貂鼠皮带在县署。

11. 第62回第577页：调停，豫语犹如说教导。例如：

(18) 但他既不弃咱这老朽，把咱请到他家，咱就要调停他。

例(16)—例(18)中的"担杜""放短""调停"今河南话已经不说。

12. 第63回第591页：卖当，指那种跑江湖走码头的野医生。受人愚弄上当，卖当含有愚弄人的意思。例如：

(19) 可怜王象荩，……心里发急，点了卖当的眼药，欲求速愈，反弄成双眼肿的没缝，疼痛的只要寻死。

"卖当的"指卖假药骗人钱财的人。豫西南方言中称那些说话不负责任,把假话说得天花乱坠的人为卖当嘴。

13. 第 65 回第 617 页:打拐,豫语意为从中取利,或多吃多占。例如:

(20)俺两个原说是得头钱均分,他遭遭打拐,欺负小的是外来人。

今豫西南方言"打拐"指把他人的东西暗中截留归己。

14. 第 66 回第 631 页:厮跟,豫语谓同路、同伴,引申为交好、相与。下册也有用例。例如:

(21)a. ……只把前日输我的赌欠,让过的不用再提了,只把不曾让的给了我,救我一家性命。也不枉向来好厮跟一场。
　　　b. 表弟中了副车,这新乡绅、旧公子,正好一路儿厮跟。(100/930)
　　　c. 谭爷说了,与你一向厮跟的好,见你开了粮,心下不忍。(69/660)

以上的"厮跟"应是"交往""相处"之意。贺巍(1993)《洛阳方言研究》记作"斯跟",意思是"一起"。如:两人斯跟去。今豫西等仍有此说。

15. 第 67 回第 647 页:轻,豫语有虚浮、撒娇等意。这里作虚浮解。例如:

(22)这南院大叔,也就轻的三根线掂着一般,外边就像自己有了亲兄弟,那不过哄你这老头子瞎喜欢哩。

此处的"轻"指行为做作,相当于今豫西南唐河话中的"轻扬"。

(三)《歧路灯》下册(31—70 回)"豫语"

下册栾星注有"豫语"的词语共十条,择其要者议之:

1. 第 72 回第 697 页:豫语把路途不靖叫涩。例如:

(1)a. 衙役道:"即是要走,也不可这时候起身。路上涩,起不得早。"

今豫西南方言已无此说,但有下例读音为[ʂɛ²⁴]的用法:

  b. 你还强口!你说是每年积攒的,如何这样新,这样涩?(76/741)
  c. 绍闻道:"眼害暴发,涩而且磨,不敢见明。"(51/474)

前一例的"涩"是"粗糙""不光滑",后一例的是"干涩"。例(1) a 是 b 的比喻用法。

2. 第 79 回第 765 页:猴,豫语有攀缘,这里谓僭越。例如:

  (2)略说了一个隔省远客,竟不虚让一让,竟都猴在上边了。

这里的"猴"是对坐或待在某个位置上的不客气的说法。今豫西南唐河方言中有"猴势",是指小孩子攀爬在某个位置。

3. 第 80 回第 773 页:缘头上脸,缘此及彼,豫语谓借故生事。例如:

  (3)你看你那说话的样儿,叫人受的受不的?是我穷了,你就要缘头上脸的。

"缘头上脸"是指说话、做事时故意表现出对他人的不满,不给对方面子。

4. 第 87 回第 821 页:缺乏雨露没有很好生长即现老态的禾苗,豫语称"老苗"。这里指人的未经培训。例如:

  (4) a. 已经三十多岁的人,在庄稼人家,正是身强力壮,地里力耕时候;在书香人家,就老苗了。
  b. 案首也取过,误了大考。如今老苗了,未必还能干事。(90/847)

今豫西南方言中,"老苗"既指同批次庄稼中长势不好、籽粒不饱或不结籽者,也可以用于指人,如"他姐看着老苗不拉哩"。"老苗"即指人看着比实际年龄显老。因此,这两例的"老苗"都不是"指人的未经培训"。a 例,三十多岁的人,在庄稼人家,正是身强力壮、地里力耕时候,而在书香人家却不同,这样的年纪就不是好时候,显得老了。b 例的"老苗了"也和年龄相关。"老苗"含有没多大希望的言外之意。

5. 第 87 回第 825 页:越外,豫语犹如说另外。例如:

(5) a. 我把我的钱,替咱家置上一份贺礼:……。兴官也挂了案,越外四匹喜绸,两匹绫,……

b. 各官身后,俱有家丁伺候。越外有门役二人。(91/858)

今豫西南方言中仍有此说,但多为"另外"替代。

6. 第 100 回第 933 页:豫语谓食物久放受潮热发出酸味为尸气,犹如北京语馊。例如:

(6) 受了半辈子淡泊,如今发了成万银子的财,十三日你爹爹生日,有客做生,过了两天我生日,吃尸气肉,喝洗唇子酒。

"尸气"在今豫西南方言中,读[ʂʅ²⁴tɕʰi],指熟食久放后变质或发出异味。贺巍(1993)《洛阳方言研究》记作"撕气"。豫西南唐河方言中把长住在亲戚家的人戏称为"[ʂʅ²⁴tɕʰi]客"。

总之,栾校本"豫语"注释比较笼统,主要是从词汇的角度进行注释,个别地方牵扯到语音的问题。涉及语法的问题较少。

二 《歧路灯》中的疑难字词

根据词性排列,尽量选择口语、白话用例,并结合豫西南方言,少用文言。先依次例出字词、注音(方言用字注国际音标)、解释,再举例。

(一) 动词类词语

1. 嗔:chēn,生气、发怒、责怪、埋怨。例如:

(1) a. 盛公子道:"若是晓得老先生们不嗔,就早已动粗了。"(79/768)

b. 娘,你嗔我赌博,你看,我与你老人家赢的是什么东西?(54/504)

2. 侹：[tʰiŋ]，躺、卧。例如：

(2) a. 是个大醉，日夕回来时，侹在床上，就像死人一般。(17/181)
b. 把个破褥子放在地下，我侹着罢。大相公坐远些。(26/246)
c. 别人瞌睡了，说侹侹儿，偏你这狗肏的会鬼混！(37/344)

豫西南等河南中原官话均有此说法，如"你去床上侹会儿/侹侹吧"。

3. 搦：nuò，握。例如：

(3) a. 更有一等，理学嘴银钱心，搦住印把时一心直是想钱，……(39/359)
b. 一个进士官，全在他手心里搦着。(79/768)

今豫西南方言仍有此说法，如"搦着手""搦哩紧紧儿哩"，妇孺皆知。

4. 呷：xiā，喝、饮，对象是茶、酒、汤、药之类。例如：

(4) a. 唯有河道呷了半盏酒，嚼了半个点心，……。(95/890)
b. 厨妪奉上茶来，王氏只得接在手中呷了半盏。(85/807)
c. 挨至日夕，还呷了两口稀汤。(12/132)

5. 赙：fù，拿钱财帮助别人办理丧事。例如：

(5) 绍闻道："彼时多承老师赐赙。"(71/684)

6. 贶：kuàng，赏、赏赐。例如：

(6) 绍闻方欲作揖，说："远路风尘，更谢多贶。"(77/746)

7. 爨：cuàn，烧火做饭。例如：

(7) 盛公近况，大非旧日所为，赌也戒了，戏也撵了，兄弟两个析居又合爨，……(99/925)

附 录 359

8. 籴：dí，买米面粮食等。例如：

（8）a. 想一日抽三五十文头钱，籴一升米，称四两盐，也是难的。(74/720)

b. 现有俺舅籴芝麻银，物听时价，临时加三上斗，有一百两，随便使用。(33/310)

20 世纪 80 年代以前，豫西南方言有此用法。

9. 归窆：guībiǎn，下葬。例如：

（9）恰好遇见老东人归窆之期，遂办了一桌厚品，……（63/592）

10. 钉：dìng，贮食；盛放食品。例如：

（10）胡说！江瑶柱，燕窝，是钉碟子东西么？(101/941)

11. 唫：qìn [tɕʰin³¹] 同"吣"，呕吐。小说中均用于人名"狗唫儿"。例如：

（11）我是周家口人，我姓刘。俺儿叫狗唫儿，媳妇儿姓雷。(64/609)

豫西南方言及河南其他方言有此意。

12. 熕：gàng，刀斧等刃器用旧了重新回炉加钢叫熕。例如：

（12）俺家男人今日上朱仙镇熕裁刀去了，说明日才回来。(29/267)

13. 豁勃诟谇：xībógòusuì，亦作"勃豁诟谇"，指家庭争吵、辱骂。例如：

（13）且说巫氏在谭宅作媳，与丈夫豁勃诟谇，……（87/824）

14. 觏：gòu，遇见、看见。例如：

（14）言者痛心，闻者自应刻骨。其实父兄之痛心者，个个皆然，子弟之刻骨者，寥寥罕觏。（1/1）

15. 戆：gàng，形容词，鲁莽，冒失。例如：

（15）a. 孝移又道："臣子固不可以戆言激君父之怒，……"（10/112）

　　　b. 家兄性急，言语戆些。（66/635）

16. 相应：xiāng yìng，合算，便宜。例如：

（16）况且价儿不多，他大如今正急着，是很相应的。（13/142）

今豫西南方言"占相应儿"即占便宜，读音为 xiāng yìng。

（二）名词类及其他词语

1. 樗：chū，木名，臭椿，比喻无用之材，多用于自谦之辞，也作樗材。例如：

（1）樗材无用，枉占岁月，徒做子孙赘瘤。（7/75）

2. 戥子：děngzi，戥子，称贵重物品或药品用的一种小型的秤。例如：

（2）绍闻只疑天平法码不合张宅戥子。（35/326）

3. 伻头：bēngtou，仆人。例如：

（3）到第二日早晨，只见一个伻头拿着一个拜匣，到铺门前。（15/155）

栾星在此页下注"伻头"为被差使的人。

4. 煖：nuǎn，古代习俗，女嫁后三日，母家或亲戚馈送食品或办酒祝贺。例如：

（4）次日，薛太太与薛泛跟的女从男役，来萧墙街送馈。（108/1099）

5. 埙篪：xūnchí，埙、篪皆为古代吹奏乐器，二者合奏时声音相应和，比喻互相呼应和配合，借指兄弟亲密和睦。例如：

（5）所可惜者，埙篪和鸣，却又琴瑟失调。（99/925）

6. 葑菲：fēngfēi，菜名，指蔓菁、萝卜，"葑菲之采"为请人有所采用的谦辞。

刍荛：chúyáo，指割草打柴的人，此指自己的意见很浅陋的谦虚说法。例如：

（6）弟见世兄浪滚风飘，又怕徒惹絮聒。今既采及葑菲，敢不敬献刍荛。（63/599）

7. 赆：jìn，指临别时赠与、赠送或馈赠的财物。例如：

（7）a. 这些雇觅船只、馈赆赠物的事，一笔莫能罄述。（1/8）
　　b. 此后，晚间绍闻饯酒赠赆，次早拜别起程的话，不必细述。（23/225）

8. 咥：xì，笑或笑声，同"嘻"。例如：

（8）a. 老奴咥的笑道："爷在厅院，跟我来，不怕狗咬。"（7/69）
　　b. 绍闻不觉咥的大笑，盛希瑷也大笑起来。（103/965）

9. 赇：qíng，不付出代价而承受，坐享其成。

（9）a. 学生即送印刷工价到府，俟匠役工完，只赇十部，便叨惠多多。（96/899）
　　b. 如不够时，老师自己备上，我异日只赇个现成，再送二十两来。（5/54）

三 豫西南方言词汇举要

本部分主要列举豫西南方言特有的或与郑州、开封、洛阳等河南其他中原官话中共有的词语。先列出方言词语，然后标音，再注释。若一词语有不同义项，用数字① ② 等表示。用 ~ 代表例字，用＿表示同音字，字下加"·"表示是老派读音，年轻人已经不用。有音无字用□。同义词或有共同用法的词语，用"／"隔开。注释尽量找与普通话的对应词，以求简略，虚词若无对应词的加注说明，则以举例显示其用法。不刻意录用本字，有本字的，若实际读音独特，在本字后的小括号内注上与实际读音相同的同音字，而后注明实际读音。

（一）天文　地理

月亮头／月奶奶　ye^{24}liaŋt^{h}əu^{42}／ye^{24}nɛ^{55}nɛ　月亮

月黑头天　ye^{24}xɯ^{24}t^{h}əut^{h}ian^{24}　无月无星之夜

打炸雷　ta^{55}tşa^{31}lei^{42}　打雷声特别大

瓢泼大雨　p^{h}iɑu^{42}p^{h}o^{24}ta^{31}y^{55}　暴雨

猛雨　məŋ^{31}y^{55}　来势突然的大雨

星撒　siŋ^{24}sa^{31}　下小雨

雾丝雨　u^{31}sɿ^{24}y^{55}　细雨

树荫点儿　şu^{31}in^{24}tiar　树荫

滴点／星儿了　ti^{24}tiar^{55}／siər^{24}　下小雨／下的雨点小且稀疏

过路雨　kuo^{31}lu^{31}y^{55}　阵雨

下冷子　ɕia^{31}ləŋ^{55}tsɿ　下冰雹

雪化了　sye^{24}xua^{31}lə

上／化冻　şaŋ^{31}／ xua^{31}tuŋ^{31}

琉璃　liəu^{42}li　雪化时房檐形成的冰柱

住雨了／雨住了　tşu^{31}y^{55}／y^{55}tşu^{31}lə　雨停了

龙抓了　lyŋ^{42}tşua^{24}lə　雷劈了

扫帚星　sɑu^{31}şusiŋ^{24}　彗星

冬凌　tuŋ^{24}liŋ^{42}　冰凌

寥天地里　liɑu^{31}t^{h}ian^{24}ti^{31}　远离村庄的野地

坑　kəŋ^{24}　池塘

堰坑　ian^{31}kəŋ^{24}　大池塘

涨水　tşaŋ^{55}şui^{55}　发洪水

东西畛儿　tuŋ^{24}ɕiŋ^{24}tş^{h}ər^{24}　东西向细块状土地

(二) 节令　时间

阳历年　iaŋ⁴²li³¹nian⁴²　元旦

大年初一儿　ta³¹nian⁴²tʂʰu²⁴iər²⁴　农历正月初一

破五儿　pʰo³¹ur⁵⁵　农历正月初五

正月十五　tʂəŋ²⁴ye³¹ʂɿ⁴²u⁵⁵　元宵节

二月二　ər³¹ye³¹ər³¹　二月初二

三月三　san²⁴ye³¹sar²⁴　三月初三

当午/五月~　taŋ²⁴u/u⁵⁵ye³¹taŋ²⁴u　端午节

六月六儿　lu²⁴ye³¹lur²⁴　农历六月初六（"六"不读liəu³¹音，但"初六、十六、二十六"中的"六"，音lu²⁴或liəu³¹均可）

七月七　tɕʰi²⁴ye³¹tɕʰi²⁴　农历七月初七

八月十五　pa²⁴ye³¹ʂɿ⁴²u⁵⁵　中秋节

九月九　tɕʰiəu⁵⁵ye³¹tɕʰiəu⁵⁵　农历九月初九

十来一儿　ʂɿ⁴²lɛ³¹iər²⁴　农历十月初一

腊八儿　la²⁴par²⁴　农历十二月初八

二十三儿　ər³¹ʂɿ⁴²sar²⁴　腊月二十三、小年

年三十儿　nian⁴²san²⁴ʂɿər⁴²　除夕

熬年　au⁴²niar⁴²　守岁

年根儿□　nian⁴²kər²⁴tɕʰi　临近春节的时候

年里头　nian⁴²liəu⁵⁵　年前的一段时间

过年　kuo³¹nian　明年

秋明儿　tsʰiəu²⁴miər⁴²　清明节

打春　ta⁵⁵tʂʰun²⁴　立春

春上　tʂʰun²⁴ʂaŋ　春天

麦罢　mɛ²⁴pa³¹　收完麦子的时候

麦口儿□　mɛ²⁴kəu⁵⁵tɕʰi　将来或邻近收麦时节

晌午错　ʂaŋ³¹utsʰuo³¹　过了中午时分的一小段时间

每早儿　mei⁵⁵tsaur　以前

迎秋儿　iŋ⁵⁵tsʰiəur²⁴　刚入秋

喝汤时儿　xɤ²⁴tʰaŋ²⁴ʂɿər⁴²　吃晚饭时候

饭时儿　fan³¹ʂɿər⁴²　吃饭时候

镇往儿　tʂən³¹uar　说话的时候

大尽　ta³¹tsin³¹　大月

小尽　siau⁵⁵tsin³¹　小月

大清早起　ta³¹tsʰiŋ²⁴tsɑu²¹tɕʰi　早上
老天晌午　lɑu⁵⁵tʰian²⁴ʂaŋ⁴²u　正中午
白儿起　pɛr⁴²tɕʰi　白天
傍黑儿　pʰaŋ²⁴xɯr²⁴　傍晚
黑了　xɯ²⁴liɑu　晚上（新野指傍晚）

（三）农事　植物　用具

桃黍　tɑu⁴²ʂu　高粱　砍/迁~　kʰan⁵⁵/tɕʰian²⁴~　砍高粱/去掉高粱穗儿
桃杆　tɑu⁴²kan　高粱秆
梃子　tʰiŋ⁴²tsʅ　高粱秆上头去掉果实剩下的细且直的部分
芝麻杆儿　tʂʅ²⁴ma⁴²kar⁵⁵　芝麻成熟后除去果实和根部之外的部分
箔　po⁴²　用高粱秆织成用于铺床或晾晒东西
花柴　xua²⁴tʂʰɛ⁴²　棉花除去果实后拔出的根茎
杀芝麻　ʂa²⁴tʂʅ²⁴ma⁴²　割芝麻
出红薯　tʂʰu²⁴xuŋ⁴²ʂu　挖或刨红薯
出/放树　tʂʰu²⁴/faŋ³¹ʂu³¹　伐树
麦茬　mɛ²⁴tʂʰa³¹　小麦去除麦籽和麦根的剩余部分
麦茬梃儿　mɛ²⁴tʂʰa³¹tʰiər⁴²　麦茬上节临近麦穗的较细部分
搞线　kɑu⁵⁵ɕian³¹　用麦茬织成的铺在床上被子下面的床垫子
李每　li⁵⁵mei³¹　李子
芽子红薯　ia⁴²tsʅxuŋ⁴²ʂu　春红薯
节子红薯　tɕie²⁴tsʅxuŋ⁴²ʂu　用春红薯秧剪节插种的红薯
红薯/萝卜/树娃儿　xuŋ⁴²ʂu/luo⁴²pu/ʂu³¹uar⁴²　小红薯/萝卜/树
马食菜　ma⁵⁵ʂʅ²⁴tsʰɛ³¹　马齿苋
刺脚芽　tsʰʅ³¹tɕyo²⁴ia⁴²　小蓟
葫芦圈儿　xu⁴²lutɕyar³¹　一种蘑菇
秦椒　tsʰin⁴²tsiɑu²⁴　辣椒
倭/变瓜　uo²⁴kua　南瓜
小茴香　siɑu⁵⁵xuən⁴²ɕiaŋ²⁴
胡遍草　xu³¹pian³¹tsʰɑu⁵⁵　一种小浮萍
罗儿生　luor⁴²ʂəŋ²⁴　花生
大麻　ta³¹ma　蓖麻
笼头　luo⁴²təu　用白辣条、荆条编制的用来盛装红薯、萝卜、柴草、粪土等非细小东西的篮子

筐（~子、~儿）　kʰuɑŋ²⁴　用高粱篾片、竹篾片或柳条儿编制的盛装米面鸡蛋之类的篮子

扁/勾担　piɑn⁵⁵/kəu²⁴ tɑn　挑东西用具：扁担不带钩子，钩担带钩子，挑水、土类多用钩担，挑柴类多用扁担

磨　mo³¹　磨面用具，由上下磨盘组成

套磨　tʰɑu³¹mo³¹　实施磨面的行为或过程

磨屋　mo³¹u²⁴　用于磨面的屋子

碾　niɑn³¹　由石磙和碾盘组成的碾粮食器具

套碾　tʰɑu³¹niɑn³¹　实施碾米的行为或过程

籴面　ti⁴²miɑn³¹　买面

牛屋　əu⁴²u²⁴　养牛室

牛车　ən⁴²tʂʰə²⁴　牛拉之车

老虎耙子　lɑu⁵⁵xu pʰa⁴²tsɿ　木把儿、铁头儿、三个齿儿的刨地工具

老虎抓儿　lɑu³¹xu tʂuar²⁴　小老虎耙子

搂耙儿　ləu²⁴pʰar⁴²　多齿带钩搂柴火用小农具，有竹耙儿、铁耙儿

扫帚　sɑu³¹ʂu　竹制扫院子用具。

笤帚　tʰiɑu³¹ʂu　扫室内地用具，用高粱梗制成。

麻包　ma⁴²pau²⁴　麻袋

布袋　pu³¹tai　比麻袋长且细些的厚布质装粮食袋子

傻子　ʂa⁵⁵tsɿ　撮起粮食往布袋里装的木或铁制工具

铁杴　tʰie²⁴ɕiɑn³¹

木杴　mu²⁴ɕiɑn³¹　扬场晒粮食籽粒用具。

撮斗儿　tsʰuo²⁴təur⁵⁵　垃圾斗

泥抹　ni⁴²mo　砌墙抹泥灰的工具

杈　tʂʰa²⁴　用桑树制成的主要用于麦场上的三齿工具

灶火　tsɑu³¹xuo²⁴　厨房

煤火　mei³¹xuo⁵⁵　烧煤炉

笊篱　tʂɑu³¹ly　竹制漏勺

茶瓶　tʂʰa⁴²pʰiŋ⁴²　暖水瓶

擀杖　kan⁵⁵tʂɑŋ³¹　擀面杖

小擀杖儿　siɑu⁵⁵kan⁵⁵tʂar²⁴　小擀面杖

火剪　xuo⁵⁵tsian⁵⁵　火钳子

风现　fəŋ²⁴ɕian³¹　厨房鼓风用风箱

出烟洞　tʂʰu²⁴ian²⁴tuŋ³¹　厨房外边的烟囱

茅缸　mau⁵⁵kaŋ²⁴　厕所
条几　tʰiau⁴²tɕi²⁴　摆放在靠客厅正对门那面墙的长条形家具
活儿卜箩儿　xuor⁴²pu³¹luor²⁴　针线筐
墩儿　tuer²⁴　指椅子凳子等可以坐的东西
拍子　pʰɛ²⁴tsʅ　用梃子制成的锅盖，可用来放饺子、馒头等
坐婆　tsuo³¹pʰo　婴幼儿坐具即现在饭馆、酒店中提供的宝宝车
椅床儿　i⁵⁵tʂʰuar⁴²　没有靠背的小椅子
蒲团儿　pʰu⁵⁵tʰar²⁴　用麦茬、玉米皮或稻草编成的圆形、扁平的坐具
凳子　təŋ³¹tsʅ
板趟　pan⁵⁵tʰaŋ³¹　长凳子
小板趟儿　siau⁵⁵pan⁵⁵tar²⁴　小凳子
㐰火　ʂɯ⁵⁵xuo⁵⁵　失火
装被子　tʂuaŋ⁴²pei³¹tsʅ　缝制～
引被子　in⁵⁵pei³¹tsʅ　大针脚缝被子
褥子　zu²⁴tsʅ　铺被
架子车　tɕia³¹tsʅtʂʰə²⁴　人力车
扎花儿　tʂa²⁴xuar²⁴　绣花儿
长虫皮布袋儿　tʂʰaŋ⁴²tʂʰuŋpʰi⁴²pu³¹tar²⁴　一种编织袋

（四）动物

畜生儿　tʂʰu²⁴ʂə　家养的牲畜
牙/狼猪　ia⁴²/laŋ⁴²tʂu²⁴　公猪
草/叫驴　tsʰau⁵⁵/tɕiau³¹ly³¹　母/公驴
老叫驴　lau⁵⁵tɕiau³¹ly³¹　公驴
牙狗　ia⁴²kəur⁵⁵　公狗
鸡子　tɕi²⁴tsʅ　鸡
扁嘴儿　pian²⁴tsuer²⁴　鸭
媣蛋　fan³¹tan³¹　下蛋
豁子　xuo²⁴tsʅ　家兔
女猫　ny⁵⁵mau⁴²　母猫
癞肚　lɛ³¹tu　蟾蜍
蛤蟆　xɯ⁴²ma　青蛙
蛤蟆咕嘟　xɯ⁴²maku²⁴tu　蝌蚪
怀鼠狼　xuɛ⁴²ʂulaŋ²⁴　黄鼠狼

菢鸡娃儿　pau³¹tɕi²⁴uar⁴²　孵小鸡

小燕儿　siau⁵⁵iar³¹　燕子

牛娃儿　əu²⁴uar³¹　①牛；②小牛。凡羊/驴/猪/狗/鸡/鸭/猫＋娃儿，均兼表统称、小称

蚂蚱　ma²⁴tʂa³¹　蝗虫的俗称

老飞头　lau⁵⁵fi²⁴tʰəu⁴²　一种善飞的蝗虫

老扁担/老扁　lau⁵⁵pian⁵⁵tan²⁴/lau⁵⁵pian⁵⁵　一种蝗虫

粗存儿　tsʰu²⁴tsʰuer³¹　蟋蟀

马积了　ma²⁴tsi²⁴liau²⁴　蝉

秋/伏了儿　tsʰiəu²⁴/fu³¹iar²⁴　秋/夏蝉

燕鳖胡　ian³¹pie²⁴xu²⁴　蝙蝠

除串　tʂu⁴²tʂʰuan³¹　蚯蚓

老水牛　lau⁵⁵ʂuei⁵⁵əu²⁴　天牛

（五）亲属称谓

伯/爹/叔/大（农村）/爸（城镇）　pɛ²⁴/tie²⁴/ʂu⁵⁵/ta⁴²/pa³¹　父亲

小达　siau⁵⁵ta⁴²　小叔

婆　pʰo⁴²　外婆（面称）

位爷　uei³¹ie　外爷

位婆　uei³¹pʰo　外婆（多用于与外爷对称）：俺～外爷都来了

婆子　pʰo⁴²tsʅ　婆婆

公公/老～　kuŋ²⁴kuŋ/lau⁵⁵～　公公

老婆　①lau⁵⁵pʰo⁴²　妈妈的奶奶；②lau⁵⁵pʰo　妻子

老婆儿　lau²⁴pʰor⁴²　老年女性

爱人/外头人/当家哩/掌柜哩/娃儿他爸　ɛ³¹ʐen⁴²/uɛ³¹tʰəuʐen⁴²/taŋ⁵⁵tɕiar²⁴li/tʂaŋ⁴²kuei³¹li/uar⁴²tʰa⁵⁵pa³¹　丈夫

爱人/屋里人/娃儿他妈　ɛ³¹ʐən⁴²/u²⁴liʐen⁴²/uar⁴²tʰa⁵⁵ma²⁴　妻子

□子　siəu³¹tsʅ　妻子

儿□子　ər⁴²siəu³¹tsʅ　儿媳妇

娃儿　uar⁴²　①男孩儿；②儿子

妮　niər²⁴　①女孩儿；②女儿

老汉儿　lau⁵⁵xar³¹　老年男性

老头儿　①lau²⁴tʰəur⁴²　父亲　②lau⁵⁵tʰəur⁴²　同"老汉儿"

花奶/妈/婶儿/娘　xua²⁴nɛ⁵⁵/ma²⁴/ʂər⁵⁵/niaŋ⁴²　通常，爷爷的弟弟的妻子，称奶；父亲的弟弟的妻子，称婶儿。①若是爷爷辈中年龄最小者

之妻，称花奶；若是父辈中年龄最小者之妻，称"花妈/婶儿/娘"。
②"花奶"与"小爷"相对；"花妈/婶儿/娘"与"小叔/大"相对；
"花妈/娘"为近亲称谓

  娃儿娃儿 uar^{42}uar^{24} 小婴儿

  舅瓜子 tɕiəu^{31}kua^{55}tsʅ 对妻子兄弟的背称

  小舅子 siau^{55}tɕiəu^{31}tsʅ 对妻弟的背称或詈骂语

  舅官儿/～娃儿 tɕiəu^{31}kuar/～uar^{42} 蔑称

  客 k^{h}ɛ^{24} ①女婿：新～；②客人：家里来～了

  相公 ɕian^{31}kuŋ 女婿：张～

  绝户头 tsyo^{31}xut^{h}əu^{42} 无后者

  这/那货 tʂe^{31}/na^{31}xuo^{31} 这/那人

  一挑单 i^{31}t^{h}iau^{55}tan^{24} 连襟

  老把机/老对把 lau^{55}pa^{55}tɕi^{24}/lau^{55}tei^{31}pa^{55} 关系好的人

  二黄/条/杆子/不扯/瓜/杵/□ ər^{31}xuɑŋ^{42}/t^{h}iau^{42}/kan^{55}tsʅ/pu^{24}tʂ^{h}e^{55}/kua^{24}/tʂ^{h}u^{55}/ɕin^{31} 不聪明者

（六）身体等

  脚底板儿 tɕyo^{24}ti^{55}par^{55} 脚掌

  赤巴脚 tʂ^{h}ʅ^{24}pa tɕyo^{24} 光脚

  脸坷垯儿 lian^{55}k^{h}ɯ^{24}t^{h}ar^{42} 脸蛋儿

  枯楚纹儿 k^{h}u^{24}tʂ^{h}u^{31}uər^{42} 脸部皱纹

  呼歇顶儿 xu^{24}ɕie^{31}tiər^{55} 卤门

  眼眨毛 ian^{55}tʂan^{24}mau^{42} 睫毛

  鼻子 pi^{42}tsʅ ①鼻涕：流清～ ②鼻子：～疼

  浓鼻夯 nuŋ^{24}pi^{42}xɑŋ^{24} 鼻涕多、堵在鼻孔中

  吐沫 t^{h}u^{31}mo 唾液

  耳根儿/道 ər^{55}kər/tau 耳朵

  脖儿梗 po^{42}ər^{42}kəŋ^{55} 脖子

  圪老肢儿 k^{h}ɯ^{24}lau^{55}tʂʅr^{24} 腋下

  肋巴骨 lɛ^{24}paku^{24} 肋骨

  肚么脐儿 tu^{31}mets^{h}iər^{31} 肚脐儿

  坷膝盖儿 k^{h}ɯ^{24}tɕ^{h}i^{31}kar^{31} 膝盖

  壳廊子 k^{h}ɯ^{24}lɑŋ^{42}tsʅ 胸腔

  槌头 tʂ^{h}uei^{31}təu 拳头

  星星指 siŋ^{24}siŋ tʂʅ^{24} 二拇指头

背锅儿　pei²⁴kuor²⁴　驼背
腼子　tɕiaŋ⁵⁵tsʅ　手或脚掌上因摩擦日久而形成的硬皮组织
吐/乾拉舌儿　tʰu²⁴/tɕʰian⁴²la³¹ʂər　吐字不清

（七）疾病

不得劲/不美气/不得了　puʔ³¹tɛ⁴²tɕin³¹/puʔ³¹mei²⁴tɕʰi/puʔ³¹tɛ²⁴lə　病了
冒肚/蹿鞭杆子　mau³¹tu²⁴/tsʰuan²⁴pian²⁴kan⁵⁵tsʅ　拉肚子
风发　fəŋ²⁴fa　感冒
放老犍　faŋ³¹lau⁵⁵tɕian³¹　发疟疾
噎食病　ie²⁴ʂʅ⁴²piŋ³¹　食道癌
干哕　kan²⁴yo³¹　干呕
抓药　tʂua²⁴yo²⁴　买药
科子　kuo⁵⁵tsʅ　疖子
种花儿　tʂuŋ³¹xuar⁵⁵　种牛痘
羊羔风　iaŋ⁴²kaufəŋ²⁴　癫痫

（八）日常生活

剃头　tʰi³¹tʰəu⁴²　理发
挪骚坡儿　nuo⁴²sau²⁴pʰor²⁴　女子生孩子满月后回娘家
栽嘴儿　tsɛ²⁴tsuer⁵⁵　打盹儿
屎布　ʂʅ⁵⁵puʔ³¹　尿布
噘人　tɕyo³¹ʐən⁴²　骂人
老黑猫　lau⁵⁵xɯ²⁴mau²⁴　专门用来吓唬小孩子的动物
光肚儿　kuaŋ²⁴tur²⁴　光着身子
圪意　kɯ⁴²i³¹　恶心、讨厌
白脖儿　pɛ⁴²por³¹　外行
跟盖儿　kən²⁴kər　跟前、旁边
沤　əu³¹　迟迟疑疑、落后于人
缠磨头　tʂʰan⁴²mo³¹tʰəu⁴²　纠缠不休者
空壳篓儿　kʰuŋ²⁴kʰɯ³¹ləur²⁴　①空壳；②什么都没有
布住　puʔ³¹tʂu　抱住
日噘　ʐʅ²⁴tɕyo³¹　严厉批评
抬杠　tʰɛ⁴²kaŋ³¹　斗嘴
嫁　tɕia³¹　女性再婚
出门　tʂʰu²⁴mən⁴²　①姑娘出嫁：大妮出门陪嫁可多；②出门在外

来　lε⁴²　女性自称出嫁：我～咱家时你才几岁
去活　tɕʰy³¹xuo⁴²　①算了：你不去～；②不行了：这事儿～了
突鲁　tʰu²⁴lu　往下滑
强量　tɕʰiaŋ⁴²liaŋ　霸道
圪料　kɯ³¹liau　①（人或动物）怪僻、暴躁；②树木不直
萦记　iŋ²⁴tɕi　惦记
缺　tɕʰyo²⁴　骗
没耳性　mu⁴²ər⁵⁵siŋ³¹　没记性

（九）饮食　穿戴等

好面　xau⁵⁵mian³¹　小麦面
豆面　tou³¹mian³¹　黄豆面
死面　sʅ⁵⁵mian³¹　非发酵面
糊涂　xu⁴²tu²⁴　一种红薯面做的稀饭
面疙瘩　mian³¹kɯ⁵⁵ta²⁴　一种小麦面做的有小疙瘩的稀饭
油馍　iəu⁴²mo　①油条：炸～；②烙饼：烙～
锅圪渣　kuo²⁴kɯ³¹tʂa²⁴　锅巴
菜马鳖　tsʰε³¹ma⁵⁵pie　一种卷菜面食
忌讳　tɕi³¹xuei³¹　醋的他称
斯气味儿　sʅ²⁴tɕʰiuer³¹　食物变质的味儿
包谷糁儿　pau²⁴kuʂər²⁴　玉米糁儿
胡辣汤　xu⁴²la²⁴tʰaŋ²⁴　汤类小吃
浆面条　tsiaŋ²⁴mian³¹tʰiaur⁴²　粉浆面条
控干饭　kʰuŋ³¹kan²⁴fan³¹　蒸米饭
米气儿　mi⁵⁵tɕʰiər³¹　一种小米汤中下面条儿的饭食
菜盒儿　tsʰε³¹xɤr⁴²　面皮儿中夹菜制成的食品
花积台儿　xua³¹tɕi²⁴tʰar⁴²　用膨化大米做成的圆形食品
豆筋　təu³¹tɕin²⁴　腐竹
冰棒　piŋ²⁴paŋ⁴²　冰棍儿
茶　tʂʰa⁴²　白开水
茶叶茶　tʂʰa⁴²ie³¹tʂʰa⁴²　茶
袄　au⁵⁵　棉袄
夹袄　tɕia²⁴au⁵⁵　带里的双层上衣
衣裳　i²⁴ʂaŋ　衣服
老靴/～头　lau⁵⁵ɕye²⁴/～tʰəu　棉鞋

布袋儿/兜儿 pu³¹tɛr²⁴/təur²⁴　衣服上的口袋：裤子~/裤~
颌水排儿　xan²⁴ʂuei⁵⁵pʰɛr²⁴　小孩围嘴儿
遮巾儿　tʂe²⁴tɕiər　涎布
提兜儿　tʰi³¹təur²⁴　手提包儿
布衫儿　pu³¹ʂar²⁴　上衣
小坎儿　siɑu⁵⁵kʰar³¹　背心儿
鸭绒袄　ia²⁴ʐuŋ⁴²ɑu⁵⁵　羽绒服

（十）动作、行为等

挺　tʰiŋ⁵⁵　躺
搊　tʂʰəu²⁴　用手用力往一定的方向扶或托举
撅　tɕyo²⁴　滚/走开：~一边去
拌　pan⁵⁵　扔、丢弃
抬　tʰɛ⁴²　①藏：~起来；②吵、争辩：别~了
□　pia²⁴　粘、贴
□　tʂʰua⁵⁵　抢：A趁B不注意~走了B手里的笔
翁　uəŋ²⁴　用力推
连　lian²⁴　缝：千针万线都是我们~
撵　nian⁵⁵　追、赶
怼　tei⁵⁵　①撞：~树上了；②言辞激烈回驳对方
蛮　man⁴²　小孩用腿从别人头上翘过
楠　nan⁵⁵　大口吃：~炒面
碰见　pʰəŋ³¹tɕian　遇到
打圪噔儿　ta⁵⁵kɯ³¹tər　打嗝儿
敹　liɑu²⁴　手工缝纫：~裤腿儿
挖　ua⁵⁵　舀取：~面
拍话儿　pʰɛ²⁴xuar³¹　聊天
吃/坐桌　tʂʰʅ²⁴/tsuo³¹tʂuo²⁴　吃酒席
圪蹴/谷堆　kɯ²⁴tsiəu²⁴/ku²⁴tei　蹲
喝汤　xɤ²⁴tʰɑŋ²⁴　吃晚饭
协活　ɕie³¹xuo　喊叫
摆置　pɛ⁵⁵tʂʅ　收拾
板倒　pan⁵⁵tɑu³¹　摔倒
砍住　kʰan⁵⁵tʂu　盖住
藏猫儿　tsʰɑŋ³¹maur²⁴　捉迷藏

浮水　fu⁴² ʂuei⁵⁵　游泳

白吭气儿　pɛ⁴²kʰəŋ²⁴tɕʰiər³¹　别说话

做终　tsəu³¹tʂuŋ²⁴　做好：饭~了

（十一）形容词

好　xɑu⁵⁵

赖/害　lɛ³¹/xɛ³¹　坏

囊/不赖　nɑŋ⁴²/pu²⁴lɛ³¹　好：东西真~

能　nəŋ⁴²　聪明能干（无贬义色彩）

精　tsiŋ²⁴　聪明（有贬义色彩）

口　kʰəu⁵⁵　①厉害；②不好惹

恶　ɤ²⁴　厉害

铁　tʰie⁴²　身体好

秦　tsʰin⁴²　阴险

奸　tɕian²⁴　自私

甜　tʰian⁴²　与"咸"相对：这顿吃~饭不吃咸饭

悭　kʰən²⁴　节省：平时白₍别₎太~了

暄　ɕyan²⁴　面发得好

尖/抠　tsian²⁴/kʰəu²⁴　吝啬：这人太~

鬼诈　kuei⁵⁵tʂa　爱炫耀

让　ʐɑŋ⁴²　①身体或材质弱、差：身体~；②称重时量不足：称~

排场　pʰɛ⁴²tʂʰɑŋ　漂亮

瓷实　tsʰɿ⁴²ʂɿ　密且硬

刷刮　ʂua³¹kua　干净利索，衣着整洁好看

没囊　mu³¹nɑŋ　不聪明

没腔　mu³¹tɕʰiɑŋ²⁴　尴尬：~哩很

窄掐　tʂæ²⁴tɕʰia　不宽绰

烧燥　ʂau²⁴tsau　出风头

（十二）代词　量词

俺/俺们　an⁵⁵/an⁵⁵mən　我/我们

俺俩/俺们俩　an⁵⁵lia⁵⁵　我们俩

您　nən⁵⁵　你/你们

自个儿　tsɿ³¹ker²⁴　自己

啥　ʂa⁴²　什么

□　tʂua⁴²　"治啥"合音
咋　tsa⁵⁵　怎么
咋着　tsa⁵⁵tʂuo　想干什么
一干/起子　i³¹kan²⁴/tɕʰi⁵⁵tsʅ　一伙/群
一撮儿　i³¹tsʰuor³¹　几个手指头捏起的分量
一扑拉　i³¹pu²⁴la　一片/群
一出儿　i³¹tʂʰur²⁴ɕi³¹　～戏
一伐儿　i³¹far³¹　同样年龄：～哩人
一拈儿拈儿　i³¹niar²⁴niar²⁴　一点点儿：～东西
一骨嘟儿　i³¹ku²⁴tu　头儿/个儿：～蒜
一骨爪儿　i³¹ku²⁴tʂuar⁴²　～葡萄
一忽峦　i³¹xur²⁴luan⁴²　～电线
一圪节儿　i³¹kɯ³¹tɕier⁴²　～藕

（十三）方位词

尽里头　tsin⁵⁵li²⁴tʰəu²⁴　最里头
□　tɕʰi⁴²　紧邻某位置的边缘：头/边/角/口/儿～，如床头儿/井边儿/墙根儿/墙角儿～
□上　mar³¹ʂaŋ²⁴　家门外及附近
南□　nan⁴²mar³¹　①村里的南边：～一家不姓张。②村里南边的住户：～穷北□富
□　mer²⁴　边、面：东/西/南/北/这/那/左/右/里/外～
里□　li⁵⁵mer²⁴　卧室
正间　tʂəŋ³¹tɕian²⁴　客厅
囊　nɑŋ³¹　指定的方向位置：往～走
浮水儿　fu³¹ʂuer⁵⁵　游泳

（十四）副词

精　tsiŋ²⁴　程度高：～瘦
歇　ɕie²⁴　程度高：～嫩
死　sʅ⁵⁵　程度高：～懒
稀　ɕi²⁴　程度高：～烂/松
棒　pɑŋ³¹　程度高：～冷
滂　pʰɑŋ²⁴　程度高：～臭
通　tʰuŋ²⁴　很

光　kuɑŋ^{24}　只：~吃菜

齁咸　xəu^{24}ɕian^{42}　咸得很

□白　p^{h}a^{55}pɛ^{42}　很白很白

情　ts^{h}iŋ^{42}　①只管：你~吃了，管你吃饱 ②劝诫：~使劲喝了，有你身体受不了的时候

清（是）　ts^{h}iŋ^{24}（ʂʅ^{31}）　①的确：这妮~机灵；②无论如何：我~不信他

叫起儿　tɕiɑu^{31}tɕ^{h}iər^{55}　稍微

稀候儿　ɕi^{55}xour　差点儿

齐咋着　ts^{h}ʅ^{24}tsa^{55}tʂu　无论如何

将将儿　tɕiɑŋ^{55}tɕiɑr^{31}　刚才，刚刚

高低儿　kɑu^{24}tiər　终于：~考上大学了。

不腔　pu^{31}tɕ^{h}iɑŋ^{24}　可能不：他~来了

（十五）介词

叫　tɕiɑu^{31}　①被；②把

给　kɯ^{24}　①把；②被；③对

打　ta^{55}　从：~这走

掌/拿　tʂaŋ^{55}/na^{31}　用：~鸡蛋换玩具

跟　kən^{24}　同：不~她样哩

该　kɛ^{55}　在：他~家住

参考文献

一 著作类

Thomason Sarah Grey, *Language Contact*, Georgetown University, Press, 2001.
曹广顺：《近代汉语助词》，语文出版社1995年版。
（清）曹雪芹、高鹗：《红楼梦》，人民文学出版社2005年版。
陈保亚：《论语言接触与语言联盟——汉越（侗台）语源关系的解释》，语文出版社1996年版。
陈高华等点校：《元典章》，中华书局、天津古籍出版社2011年版。
陈章太、李行健主编：《普通话基础方言基本词汇集》，语文出版社1996年版。
崔山佳：《近代汉语语法历史考察》，崇文书局2004年版。
戴耀晶：《现代汉语时体系统研究》，浙江教育出版社1997年版。
邓州市地方史志编纂委员会编：《邓州市志》，中州古籍出版社1996年版。
丁全、田小枫：《南阳方言》，中州古籍出版社2001年版。
丁声树等：《现代汉语语法讲话》，商务印书馆1961年版。
杜贵晨：《李绿园与歧路灯》，辽宁教育出版社1992年版。
方城县地方志编纂委员会编：《方城县志》，中州古籍出版社1992年版。
方平权：《汉语词义探索》，岳麓书社2006年版。
冯春田：《〈聊斋俚曲〉语法研究》，河南大学出版社2003年版。
冯春田：《近代汉语语法问题研究》，山东教育出版社1991年版。
冯春田：《近代汉语语法研究》，山东教育出版社2000年版。
高小方、蒋来娣：《汉语史语料学》，高等教育出版社2005年版。
郭熙：《中国社会语言学》（增订本），浙江大学出版社2004年版。

何乐士：《汉语语法史断代专书比较研究》，河南大学出版社 2007 年版。

贺巍：《获嘉方言研究》，商务印书馆 1989 年版。

李荣主编，贺巍编纂：《洛阳方言词典》，江苏教育出版社 1996 年版。

贺巍：《洛阳方言研究》，社会科学文献出版社 1993 年版。

侯精一：《现代晋语的研究》，商务印书馆 1999 年版。

侯精一、温端政：《山西方言调查研究报告》，山西高校联合出版社 1993 年版。

胡明扬：《胡明扬语言学论文集》，商务印书馆 2003 年版。

黄伯荣：《汉语方言语法类编》，青岛出版社 1996 年版。

蒋绍愚：《汉语词汇语法史论文集》，商务印书馆 2000 年版。

蒋绍愚：《近代汉语研究概况》，北京大学出版社 1994 年版。

蒋绍愚、曹广顺主编：《近代汉语语法史研究综述》，商务印书馆 2005 年版。

蒋绍愚、江蓝生：《近代汉语研究》（二），商务印书馆 1999 年版。

胡竹安、杨耐思、蒋绍愚：《近代汉语研究》，商务印书馆 1992 年版。

［美］拉波夫（William Labov）：《拉波夫语言学自选集》，北京语言文化大学出版社 2001 年版。

兰陵笑笑生著，戴鸿森校点：《金瓶梅词话》，人民文学出版社 1992 年版。

（清）李海观：《古本小说集成·歧路灯》，上海古籍出版社 1994 年版。

李静：《平顶山方言研究》，三秦出版社 2008 年版。

（清）李绿园著，栾星校注：《歧路灯》，中州书画社 1980 年版。

（清）李绿园：《歧路灯》（排印本），北京朴社 1927 年版。

李荣主编：《现代汉语方言大词典》，江苏教育出版社 2002 年版。

李如龙：《汉语方言的比较研究》，商务印书馆 2001 年版。

李珊：《现代汉语被字句研究》，北京大学出版社 1994 年版。

刘丹青主编：《汉语方言语法研究的新视角：第五届汉语方言语法国际学术研讨会论文集》，上海教育出版社 2013 年版。

刘丹青：《语法调查研究手册》，上海教育出版社 2008 年版。

刘丹青：《语序类型学与介词理论》，商务印书馆 2003 年版。

刘坚、江蓝生、白维国、曹广顺：《近代汉语虚词研究》，语文出版社 1992 年版。

刘俐李、王洪钟、柏莹编著：《现代汉语方言核心词·特征词集》，凤凰出版社 2007 年版。

卢甲文：《郑州方言志》，语文出版社 1992 年版。

河南省地方志编纂委员会总编辑室编：《河南地方志资料丛编之四·河南方言资料》，河南人民出版社 1984 年版。

鲁剑：《平顶山方言》，中州古籍出版社 2014 年版。

陆俭明：《现代汉语语法研究教程》，北京大学出版社 2003 年版。

吕叔湘主编：《现代汉语八百词》（增订本），商务印书馆 1999 年版。

孟庆泰、罗福腾：《淄川方言志》，语文出版社 1994 年版。

内乡县地方史志编纂委员会编：《内乡县志》，生活·读书·新知三联书店 1994 年版。

齐沪扬：《语气词与语气系统》，安徽教育出版社 2002 年版。

钱乃荣：《当代吴语研究》，上海教育出版社 1992 年版。

钱曾怡主编：《汉语官话方言研究》，齐鲁书社 2010 年版。

钱曾怡主编：《山东方言研究》，齐鲁书社 2001 年版。

维坊市史志办公室、钱曾怡、罗福腾：《潍坊方言志》，潍坊市新闻出版局 1992 年版。

乔全生：《晋方言语法研究》，商务印书馆 2000 年版。

邵文杰总纂：《河南省志·方言志》，河南人民出版社 1995 年版。

沈家本、陈垣：《沈刻元典章：附陈氏校补校例》，中国书店 2011 年版。

沈兴华：《黄河三角洲方言研究》，齐鲁书社 2005 年版。

石毓智：《汉语研究的类型学视野》，江西教育出版社 2004 年版。

石毓智：《语法化的动因与机制》，北京大学出版社 2006 年版。

石毓智、李讷：《汉语语法化的历程——形态句法发展的动因和机制》，北京大学出版社 2001 年版。

宋玉柱：《现代汉语特殊句式》，山西教育出版社 1991 年版。

孙国文主编：《内乡民俗志》，中州古籍出版社 1993 年版。

孙锡信：《汉语历史语法要略》，复旦大学出版社 1992 年版。

［日］太田辰夫：《汉语史通考》，江蓝生、白维国译，重庆出版社 1991 年版。

［日］太田辰夫：《中国语历史文法》，蒋绍愚、徐昌华译，北京大学出版社 2003 年版。

唐圭璋编：《全宋词》，中华书局 1988 年版。

唐河县地方史志编纂委员会编：《唐河县志》，中州古籍出版社 1993 年版。

唐贤清：《〈朱子语类〉副词研究》，湖南人民出版社 2004 年版。

汪维辉：《东汉—隋常用词演变研究》，南京大学出版社 2000 年版。

王季思：《全元戏曲》，人民文学出版社 1999 年版。

王金祥主编：《方城民俗志》（中州民俗丛书），中州古籍出版社 1991 年版。

王力：《汉语史稿》，中华书局 2004 年版。

王力：《汉语语法史》，商务印书馆 1989 年版。

王力：《汉语语音史》，中国社会科学出版社 1985 年版。

王力：《王力文集》（第一卷），山东教育出版社 1984 年版。

王全：《全唐诗》，中华书局 1960 年版。

（清）文康著，（清）董恂评，尔弓校释：《儿女英雄传》，齐鲁书社 1990 年版。

吴福祥：《〈朱子语类辑略〉语法研究》，河南大学出版社 2004 年版。

吴福祥：《敦煌变文 12 种语法研究》，河南大学出版社 2004 年版。

吴福祥：《敦煌变文语法研究》，岳麓书社 1996 年版。

吴福祥：《汉语语法化研究》，商务印书馆 2005 年版。

（清）吴敬梓：《儒林外史》，人民文学出版社 1958 年版。

吴秀玉：《李绿园与其〈歧路灯〉研究》，台北师大书苑有限公司 1996 年版。

西峡县志编纂委员会：《西峡县志》，河南人民出版社 1990 年版。

西周生著，袁世硕、邹宗良校注：《醒世姻缘传》，人民文学出版社 2015 年版。

向熹：《简明汉语史》，高等教育出版社 1993 年版。

辛永芬：《浚县方言语法研究》，中华书局 2006 年版。

邢福义主编：《汉语被动表述问题研究新拓展》，华中师范大学出版社 2006 年版。

邢福义主编：《汉语语法特点面面观》，北京语言文化大学出版社 1999 年版。

邢向东：《陕北晋语语法比较研究》，商务印书馆 2006 年版。

邢向东：《神木方言研究》，中华书局 2002 年版。

邢向东、张永胜：《内蒙古西部方言语法研究》，内蒙古人民出版社 1997 年版。

徐通锵：《历史语言学》，商务印书馆 1991 年版。

徐奕昌、张占献编著：《新野方言志》，文心出版社 1987 年版。

徐奕昌、张占献主编：《南阳方言与普通话》，文心出版社 1993 年版。

许宝华、[日]宫田一郎主编：《汉语方言大词典》，中华书局 1999 年版。

薛才德主编：《新世纪语言学的新探索》，复旦大学出版社2007年版。
薛才德主编：《语言接触与语言比较》，学林出版社2007年版。
薛才德：《汉藏语言研究》，复旦大学出版社2007年版。
杨耐思：《〈中原音韵〉音系》，中国社会科学出版社1981年版。
杨荣祥：《近代汉语副词研究》，商务印书馆2005年版。
杨永龙：《〈朱子语类〉完成体研究》，河南大学出版社2001年版。
姚雪垠：《长夜》，人民文学出版社1981年版。
姚雪垠：《李自成》（第1卷），中国青年出版社2005年版。
姚雪垠：《李自成》（第2卷），中国青年出版社1999年版。
叶宝奎：《明清官话音系》，厦门大学出版社2001年版。
《大元圣政国朝典章》（影印元刊本），中国广播电视出版社1998年版。
游汝杰：《汉语方言学教程》，上海教育出版社2004年版。
俞光中、[日] 植田均：《近代汉语语法研究》，学林出版社1999年版。
袁宾、徐时仪、史佩信、陈年高：《二十世纪的近代汉语研究》，书海出版社2001年版。
袁家骅等：《汉语方言概要》（第二版），文字改革出版社1989年版。
曾光平、张启焕、许留森：《洛阳方言志》，河南人民出版社1987年版。
詹伯慧主编：《汉语方言及方言调查》，湖北教育出版社2001年版。
张斌主编：《现代汉语虚词词典》，商务印书馆2001年版。
张美兰：《〈祖堂集〉语法研究》，商务印书馆2003年版。
张美兰：《近代汉语语言研究》，天津教育出版社2001年版。
张启焕、陈天福、程仪：《河南方言研究》，河南大学出版社1993年版。
张邱林：《"方—普"语法现象与句法机制的管控》，中国社会科学出版社2009年版。
张生汉：《〈歧路灯〉词语汇释》，河南大学出版社1999年版。
张相：《诗词曲语辞汇释》，中华书局1953年版。
张谊生：《现代汉语副词研究》，学林出版社2000年版。
振生：《邓州方言研究》，河南大学出版社1992年版。
镇平县地方史志编纂委员会编：《镇平县志（1986—2000）》，中州古籍出版社2007年版。
中国社会科学院语言研究所词典编辑室：《现代汉语词典》（第6版），商务印书馆2012年版。
中州书画社：《〈歧路灯〉论丛》（一、二），中州书画社1982年版。
周同宾：《皇天后土——九十九个农民说人生》，漓江出版社1996年版。

周同宾：《皇天后土：俺是农民》，文化艺术出版社 2007 年版。
朱德熙：《语法讲义》，商务印书馆 1982 年版。
祝敏彻：《近代汉语句法史稿》，中州古籍出版社 1996 年版。
邹嘉彦、游汝杰：《语言接触论集》，上海教育出版社 2004 年版。
祖生利、李崇兴点校：《大元圣政国朝典章·刑部》，山西古籍出版社 2004 年版。

二　论文类

丁全：《南阳方言中的程度副词》，《南都学坛》2000 年第 5 期。
丁全：《南阳方言中的特殊副词》，《南都学坛》2001 年第 4 期。
丁喜霞：《〈歧路灯〉助词"哩"之考察》，《古汉语研究》2000 年第 4 期。
冯春田：《〈歧路灯〉结构助词"哩"的用法及其形成》，《语言科学》2004 年第 4 期。
冯春田：《合音式疑问代词"咋"与"啥"的一些问题》，《中国语文》2003 年第 3 期。
傅书灵：《〈歧路灯〉"叫"字句考察》，《周口师范学院学报》2007 年第 4 期。
傅书灵：《〈歧路灯〉程度副词"极"字考察》，《安阳师范学院学报》2005 年第 4 期。
傅书灵：《〈歧路灯〉里的"V 不曾"及其历时考察》，《平顶山学院学报》2013 年第 1 期。
傅书灵：《〈歧路灯〉中的"把"字句》，《平顶山师专学报》2004 年第 6 期。
傅书灵：《〈歧路灯〉中的动态助词"的"》，《安阳师范学院学报》2006 年第 6 期。
傅书灵：《〈歧路灯〉中的能性"V 不得（O）"》，《信阳师范学院学报》（哲学社会科学版）2005 年第 2 期。
傅书灵、邓小红：《〈歧路灯〉句中助词"哩"及其来源》，《殷都学刊》1999 年第 2 期。
高育花：《〈歧路灯〉中的助词"哩"》，《甘肃社会科学》1998 年第 4 期。
关键：《"V/A 得慌"的语法化和词汇化》，《南开语言学刊》2010 年第 1 期。
郭熙：《河南境内中原官话的"哩"》，《语言研究》2005 年第 3 期。

何乐士：《专书语法研究的回顾与展望》，《湖北大学学报》（哲学社会科学版）2001年第6期。

贺巍：《汉语方言语法研究的几个问题》，《方言》1992年第3期。

胡伟、甘于恩：《河南滑县方言的五类处置式》，《方言》2015年第4期。

黄晓雪、贺学贵：《从〈歧路灯〉看官话中"叫"表处置的现象》，《中国语文》2016年第6期。

蒋绍愚：《〈世说新语〉、〈齐民要术〉、〈洛阳伽蓝记〉、〈贤愚经〉、〈百喻经〉中的"已"、"竟"、"讫"、"毕"》，《语言研究》2001年第1期。

李崇兴：《〈元典章·刑部〉中的"了"和"讫"》，《语言研究》2002年第4期。

李剑锋：《"跟X一样"及其相关句式考察》，《汉语学习》2000年第6期。

李品素：《〈歧路灯〉中的"讫"》，《深圳大学学报》（人文社会科学版）2008年第5期。

李炜：《清中叶以来北京话的被动"给"及其相关问题——兼及"南方官话"的被动"给"》，《中山大学学报》（社会科学版）2004年第3期。

李炜：《清中叶以来使役"给"的历时考察与分析》，《中山大学学报》（社会科学版）2002年第3期。

李向农：《再说"给……一样"及其相关句式》，《语言教学与研究》1999年第3期。

李新魁：《汉语共同语的形成和发展》（上），《语文建设》1987年第5期。

李新魁：《汉语共同语的形成和发展》（下），《语文建设》1987年第6期。

李玉晶：《河南南阳话的频率副词"肯"及其来源》，《语言研究》2015年第4期。

刘丹青：《汉语差比句和话题结构的同构性：显赫范畴的扩张力一例》，《语言研究》2012年第4期。

梅祖麟：《现代汉语完成貌句式和词尾的来源》，《语言研究》1981年第1期。

聂志平：《说"X得慌"》，《齐齐哈尔大学学报》（哲学社会科学版）1993年第1期。

裴泽仁：《明代流民与豫西方言——河南方言的形成》（二），《中州学刊》1990年第4期。

晴天：《〈歧路灯〉与河南方言》，《中原文化》1934 年第 5 号。

秦崇海：《〈歧路灯〉中原语词考释》，《周口师范学院学报》2003 年第 4 期。

沈明：《太原话的"给"字句》，《方言》2002 年第 2 期。

史金生：《语气副词的范围、类别和共现顺序》，《中国语文》2003 年第 1 期。

唐健雄：《河北方言里的"X 得慌"》，《河北师范大学学报》（哲学社会科学版）2008 年第 2 期。

唐钰明：《唐至清的"被"字句》，《中国语文》1987 年第 3 期。

汪化云：《从语法看杭州方言的性质》，《方言》2014 年第 4 期。

汪化云：《黄孝方言的"在"类词研究》，《语言研究》2016 年第 4 期。

王鸿雁：《〈歧路灯〉的选择疑问句研究》，《广西民族学院学报》2005 年第 3 期。

王晓红：《河南南阳方言中的代词》，《现代语文》（语言研究版）2008 年第 10 期。

王晓红：《南阳方言中的助词"哩"》，《南阳师范学院学报》（社会科学版）2003 年第 2 期。

萧斧：《早期白话中的"X 着哩"》，《中国语文》1964 年第 4 期。

肖燕：《〈〈歧路灯〉词语汇释〉补遗》，《洛阳大学学报》2005 年第 3 期。

闫克：《南阳方言的"给"字句》，《郑州航空工业管理学院学报》（社会科学版）2013 年第 3 期。

闫克：《南阳方言副词"情"与"情管"》，《宁夏大学学报》（人文社会科学版）2013 年第 3 期。

阎德亮：《南阳方言语法拾零》，《南都学坛》1990 年第 2 期。

杨德峰：《程度副词修饰动词再考察》，《汉语学习》2014 年第 4 期。

余辉：《〈歧路灯〉校注的问题》，《河南图书馆学刊》1994 年第 3 期。

张赪：《从汉语比较句看历时演变与共时地理分布的关系》，《语文研究》2005 年第 1 期。

张桂宾：《相对程度副词与绝对程度副词》，《华东师范大学学报》（哲学社会科学版）1997 年第 2 期。

张辉：《〈歧路灯〉中的"没蛇（可）弄"》，《南阳师范学院学报》2015 年第 10 期。

张辉：《河南唐河方言的"X 讫"》，《汉语学报》2016 年第 1 期。

张辉：《豫西南方言的"讫"》，《方言》2017 年第 1 期。

张明海：《〈歧路灯〉中原口语词探释》，《商丘师范学院学报》2000 年第 3 期。

张生汉：《〈歧路灯〉词语例释》，《古汉语研究》1995 年第 4 期。

张生汉：《〈歧路灯〉词语杂释》，《河南大学学报》（社会科学版）2000 年第 1 期。

张生汉：《从〈歧路灯〉看十八世纪河南方言词汇》，《河南广播电视大学学报》2001 年第 4 期。

张生汉、刘永华：《清中叶北方方言的予词句演变研究》，《宁夏大学学报》（人文社会科学版）2007 年第 2 期。

赵江：《洛阳方言中的若干古语词》，《语文研究》2002 年第 3 期。

钟兆华：《近代汉语完成态动词的历史沿革》，《语言研究》1995 年第 1 期

周磊：《乌鲁木齐话"给"字句研究》，《方言》2002 年第 1 期。

崔晓飞：《〈歧路灯〉语言应用研究》，博士学位论文，暨南大学，2011 年。

樊守媚：《南阳方言语法现象研究》，硕士学位论文，信阳师范学院，2012 年。

傅书灵：《〈歧路灯〉"哩"字研究》，硕士学位论文，河南大学，1999 年。

瞿燕：《明清山东方言助词研究》，博士学位论文，山东大学，2006 年。

柯移顺：《〈歧路灯〉疑问句研究》，硕士学位论文，武汉大学，2005 年。

李华：《〈歧路灯〉副词"通"研究》，硕士学位论文，河南大学，2014 年。

李俊辉：《〈歧路灯〉程度副词语法化考察》，硕士学位论文，山东大学，2006 年。

李炎：《〈醒世姻缘传〉语法研究》，博士学位论文，厦门大学，2003 年。

刘胜利：《南阳方言助词研究》，硕士学位论文，山东大学，2009 年。

刘永华：《〈红楼梦〉、〈歧路灯〉和〈儒林外史〉中的"与"和"给"》，硕士学位论文，河南大学，2004 年。

马凤霞：《〈歧路灯〉祈使句研究》，硕士学位论文，苏州大学，2010 年。

马利：《〈歧路灯〉动态助词研究》，硕士学位论文，山东大学，2006 年。

毛晓新：《〈歧路灯〉连词研究》，硕士学位论文，贵州大学，2009 年。

庞丽丽：《〈歧路灯〉被动句式研究》，硕士学位论文，华侨大学，2011 年。

秦晶:《〈歧路灯〉介词结构初探》,硕士学位论文,山东大学,2006年。
邵会平:《〈歧路灯〉量词研究》,硕士学位论文,湘潭大学,2010年。
苏俊波:《丹江方言语法研究》,博士学位论文,华中师范大学,2007年。
王鸿雁:《〈歧路灯〉助词研究》,硕士学位论文,华中科技大学,2003年。
王群:《〈醒世姻缘传〉副词研究》,硕士学位论文,山东师范大学,2001年。
王群:《明清山东方言副词研究》,博士学位论文,山东大学,2006年。
王秀玲:《〈歧路灯〉中的代词、助词和副词》,博士学位论文,中山大学,2007年。
魏红:《明清山东方言特殊语法词研究》,博士学位论文,山东大学,2007年。
岳立静:《〈醒世姻缘传〉助词研究——兼与现代山东中西部方言助词比较》,博士学位论文,北京语言大学,2006年。
张蔚虹:《〈歧路灯〉"把"字句研究》,硕士学位论文,河南大学,2005年。